suhrkamp taschenbuch
wissenschaft 284

Nach seiner Berufung an die New School of Social Research in New York im Jahre 1952 begann Alfred Schütz mit der Arbeit an dem Werk *Strukturen der Lebenswelt*, in dem er die Ideen des *Sinnhaften Aufbaus der sozialen Welt* von Grund auf erneut entwickeln wollte. Schütz starb 1959, das Werk blieb Fragment. Sein Schüler Thomas Luckmann übernahm es, aus den teils nur skizzierten Vorlagen diesen Plan auszuführen. (Der vorliegende Band, auf deutsch zuerst 1975 erschienen, ist der erste Band dieses Werkes; der zweite liegt ebenfalls in der Reihe »suhrkamp taschenbücher wissenschaft« vor: stw 428.) In außerordentlich klarer, detaillierter Analyse werden darin die Welt des Alltags als alltägliche »Lebenswelt der natürlichen Einstellung« erforscht und die Aufschichtungen dieser Lebenswelt am Leitfaden des alltäglichen Wissens und seiner Relevanzstruktur dargestellt.

Schütz behält den Grundgedanken seines *Sinnhaften Aufbaus*, die Strukturanalyse des Alltags sei auf die Sinnzusammenhänge der im Alltag Handelnden zurückzuführen, bei, hält auch an der von Bergson bestimmten engen Konzeption des Sinnes aller Welterfahrung als einer rein reflexiven, erst im nachhinein zugänglichen Sinnstruktur fest, aber er differenziert diese Sinnzusammenhänge nach mannigfaltigen »provinces of meaning«, nach abgeschlossenen Sinnbereichen, z. B. des Alltags oder der wissenschaftlichen Theorie. (Richard Grathoff)

Von Alfred Schütz' (1899-1959) Werken liegen im Suhrkamp Verlag außerdem vor: *Das Problem der Relevanz* (herausgegeben und erläutert von Richard Zaner; mit einer Einleitung von Thomas Luckmann), 1971; *Der sinnhafte Aufbau der sozialen Welt. Eine Einleitung in die verstehende Soziologie*, 1974 (stw 92); *Theorie der Lebensformen. Frühe Manuskripte aus der Bergson-Periode* (herausgegeben und eingeleitet von Ilja Srubar), 1981 (stw 350); (mit Talcott Parsons) *Zur Theorie sozialen Handelns. Ein Briefwechsel* (herausgegeben und eingeleitet von Walter M. Sprondel), 1977 (stw 202).

Thomas Luckmann, geboren 1927, war von 1960 bis 1965 Professor der New School of Social Research in New York; von 1965 bis 1970 hatte er einen Lehrstuhl für Soziologie an der Johann-Wolfgang-Goethe-Universität in Frankfurt inne; gegenwärtig lehrt er an der Universität Konstanz. Eine seiner wichtigsten Veröffentlichungen, die außerordentlich viel dem Einfluß Alfred Schütz' verdankt, ist (zusammen mit Peter Berger): *Die gesellschaftliche Konstruktion der Wirklichkeit*, Frankfurt 1969.

Alfred Schütz
Thomas Luckmann

Strukturen der Lebenswelt

Band 1

Suhrkamp

Die Deutsche Bibliothek – CIP-Einheitsaufnahme
Schütz, Alfred:
Strukturen der Lebenswelt / Alfred Schütz ;
Thomas Luckmann. – Frankfurt am Main : Suhrkamp.
NE: Luckmann, Thomas:

Bd. 1. – 5. Aufl. –1994
(Suhrkamp-Taschenbuch Wissenschaft ; 284)
ISBN 3-518-27884-3
NE: GT

suhrkamp taschenbuch wissenschaft 284
Erste Auflage 1979

Satz: IBV Lichtsatz KG, Berlin
Druck: Nomos Verlagsgesellschaft, Baden-Baden
Printed in Germany
Umschlag nach Entwürfen von
Willy Fleckhaus und Rolf Staudt

5 6 7 8 9 10 – 99 98 97 96 95 94

Inhalt

Thomas Luckmann
Vorwort*

Alfred Schütz starb im Frühjahr 1959 mit 61 Jahren. Der Tod überraschte ihn mitten in den Vorbereitungen zu einem Buch, das er lange geplant und für das er im Jahr vor seinem Tod intensive Vorarbeiten begonnen hatte. Die Absicht, die seine Arbeit für dieses Buch vorantrieb, lag in dem Wunsch, seine Untersuchungen zu den Strukturen der Lebenswelt zusammenzufassen und die Ergebnisse – bislang noch in unterschiedlichen Publikationen verstreut – als zusammenhängende Argumentation vorzulegen.

Dieses Buch also, *Die Strukturen der Lebenswelt*, wurde unter ungewöhnlichen Umständen geschrieben. Die Pläne, die Schütz zum Zeitpunkt seines Todes entworfen hatte, waren bereits soweit gereift, daß sie die Hauptlinie des Arguments zeigten und sowohl detaillierte Hinweise auf die Veröffentlichungen und deren Einbeziehung in das Buch einschlossen, als auch Entwürfe und aide-mémoires zu Analysen, die noch zu leisten blieben. Bei den Diskussionen, die seine Witwe und ich über dieses Material führten, waren wir beide von dem Wert und der Nützlichkeit überzeugt, die seine Publikation für die Schütz-Schüler bringen würde, ebenso wie für alle jene, denen an einer exakten Rekonstruktion und angemessenen Interpretation des philosophischen und soziologischen Werkes von Schütz lag. Wir waren uns jedoch klar darüber, daß eine derartige posthume Veröffentlichung auch nicht annähernd die Absichten erreichen konnte, die Schütz bei seiner eigenen Konzeption des Buches geleitet hatten. Als ein ehemaliger Schüler, dessen Denken entscheidend von Schütz beeinflußt worden war, willigte ich ein, diese Aufgabe dort weiterzuführen, wo er selbst hatte aufgeben müssen. Ich befürchtete, daß ich mich auf ein schwieriges Unterfangen eingelassen hatte – wie schwierig es tatsächlich war, sollte sich erst noch erweisen. *Die Strukturen der Lebenswelt* zu vervollständigen brachte eine doppelte Schwierigkeit mit sich: einerseits die posthume Herausgabe des Manuskripts eines großen Lehrers durch seinen Schüler, andererseits die pro-

* Übersetzung von Monika Reif

blematische Zusammenarbeit zwischen zwei ungleichen Autoren: der eine tot, der andere lebendig; der eine, der zurückblickt auf die Ergebnisse jahrelanger, einzigartig konzentrierter Bemühungen, die alle der Lösung derjenigen Probleme gewidmet waren, von denen sein Buch handelt, der andere, der Nutznießer dieser Bemühungen war und ist; der eine Lehrer, ständig bereit, seine Analysen bis zu seinem Tode zu revidieren, der andere Schüler, der einerseits nur zögernd die Schriften des Lehrers revidiert, andererseits aber durch – im Sinne seines Lehrers – konsequentes Weiterdenken der Analysen manchmal gezwungen, einen Gedanken zu seinen Ursprüngen zurückzuverfolgen und neu anzusetzen.

Einerseits ist dieses Buch die Summe aus Schütz' Leben und damit sein Buch allein. Andererseits ist es der zusammenfassende Höhepunkt der Arbeit vieler Autoren, unter denen Schütz der Wichtigste ist und ich nur der Letzte. Die Analyse der Strukturen des Alltagslebens wird in diesem Buch selbstverständlich nicht zu Ende geführt. Sie bleibt die nie endende Aufgabe einer philosophia perennis und einer historischen Gesellschaftstheorie.

Schütz hatte seine Studien an der Grenze zwischen Philosophie und Soziologie fortgeführt, seit sein erstes großes Werk, *Der sinnhafte Aufbau der sozialen Welt*, von Springer 1932 in Österreich veröffentlicht worden war. Sein Geburtsland Österreich war ebenso das Land seiner Kindheit, Jugend, des Militärdienstes im 1. Weltkrieg, seines Rechts-, Ökonomie- und Philosophiestudiums wie seiner ersten Berufserfahrungen auf juristischem und Banksektor. Zwischen Schützens erstem Buch (gleichzeitig dem einzigen, das zu seinen Lebzeiten veröffentlicht wurde) und dem Entwurf für ein zweites liegt ein Vierteljahrhundert. In dieser Zeit begegnete er Husserl, der sein Buch mit großem Wohlwollen gelesen hatte und ihm anbot, sein Assistent in Freiburg zu werden – ein Angebot, das Schütz ablehnen mußte. Es waren die Jahre, in denen sich Faschismus und Nazismus langsam aber unaufhaltsam ausbreiteten. Vor Hitlers Einmarsch in Österreich ging Schütz nach Paris. 1939 emigrierte er zusammen mit seiner Frau in die Vereinigten Staaten, wo beide unter ihnen fremden Bedingungen eine neue Existenz aufbauten. Darin teilte er das Schicksal vieler anderer europäischer Gelehrter. Ungewöhnlich war jedoch, daß er in seiner neuen Heimat neben einer wirtschaftsjuristischen Laufbahn seine Forschungen fortsetzte und an der Graduate Faculty der New School for Social Research in New York zu lehren begann

– einer Institution, die unter der Schirmherrschaft Alvin W. Johnsons Zuflucht für manchen emigrierten Wissenschaftler geworden war. Erst in den letzten Jahren seines Lebens schränkte Schütz seine vielen anderen Aktivitäten ein, zugunsten einer Professur, die er 1952 an dieser Institution einnahm.

So turbulent diese 25 Jahre in Schütz' Leben auch gewesen sein mochten, sie waren dennoch ausgefüllt mit intensiver Forschung zur Begründung der Sozialwissenschaften. Zunehmend war er davon überzeugt, daß eine adäquate Lösung für methodologische Grundprobleme der Humanwissenschaften nur in einer exakten Beschreibung der spezifisch menschlichen Konstitution des Gegenstandsbereichs dieser Wissenschaften zu suchen sei. Seine frühe Überzeugung, daß Husserls Phänomenologie eine konsequente Methode zur deskriptiven Analyse der Konstitution von Alltagswelt im menschlichen Erfahrungsbereich bereitstellte, bestätigte sich für Schütz in seinen späteren Arbeiten. Aber er sah auch, daß die phänomenologische Methode auf die soziale Welt, dieses Ergebnis menschlicher, symbolischer Handlungen und materieller Arbeit, anzuwenden blieb. Schütz gründete also seine Arbeit auf das Werk Husserls. In seinem Bemühen, die Beziehungen zu erhellen, die zwischen sozialwissenschaftlichen Methoden und Theorien und ihrem empirischen Fundament, der Alltagswelt, herrschen, nahm er jedoch Gedanken des späten Husserl vorweg und wandte sie auf die Sozialwissenschaften an – Gedanken, die erst nach der Veröffentlichung der wichtigsten »Krisis«-Manuskripte in *Die Krisis der europäischen Wissenschaften und die transzendentale Phänomenologie* (1954) bekannt werden sollten. Schütz war jedoch nicht nur ein Philosoph phänomenologischer Provenienz. Er war ebenso ein Sozialwissenschaftler, dessen Ausbildung Recht, Ökonomie und Soziologie umfaßte. Er teilte Max Webers *methodologischen* Individualismus und erkannte die strategische Bedeutung einer adäquaten Handlungstheorie für sozialwissenschaftliche Methodologie. Unter diesem Aspekt bildet Schütz' Arbeit eine eindrucksvolle Fortsetzung und Weiterentwicklung eines Weberschen Anliegens. Es kann allerdings kein Zweifel darüber bestehen, daß Schütz' eigenständige Gedanken und systematische Untersuchungen auf neues Gebiet führten, wohin ihm wahrscheinlich weder Husserl noch Weber hätten folgen können oder wollen – der eine nicht, weil seine Beschäftigung mit sozialwissenschaftlichen Problemen seiner Kenntnis der Naturwissenschaften (und seiner Beherrschung von Mathematik und Logik) weit unterlegen war; der andere nicht, weil sein Denken sich nie ganz von konventionellen Prämissen der neu-kantianischen Philosophie lösen konnte. Auf jenem neuen Gebiet leistete Schütz Pionierarbeit, und eine Generation jüngerer Wissenschaftler verfolgte Linien, die von ihm vorgezeichnet wurden.

Die mehr als 30 Essays und Aufsätze, die dem *Sinnhaften Aufbau* folgten und noch zu seinen Lebzeiten erschienen, wurden in englischer Sprache veröffentlicht (mit Ausnahme einiger weniger, die in deutsch, französisch und spanisch erschienen) und in verschiedenen philosophischen und soziologischen Zeitschriften und Sammelbänden ediert.[1]

Sie behandeln ein breites Spektrum von Problemen, das von Intersubjektivität, Zeichen und Symbolen, Sprache, Typisierungen und Wissen, über »vielfältige« Wirklichkeiten und soziales Handeln, bis hin zur Methodologie der Sozialwissenschaften und kritischer Diskussion der Position von William James, Max Scheler, Jean-Paul Sartre und – natürlich – Husserl reicht. Die Anlage und Auffächerung der Themen zeigen deutlich die Interessen eines ausgreifenden Geistes – obwohl die äußere Form der hier und dort verstreuten Publikationen den oberflächlichen Eindruck eines fragmentarisch gebliebenen Werkes zu vermitteln scheint.

Dieser Eindruck ist irreführend. Die grundlegende Konzeption des Schützschen Denkens, wie sie sich im *Sinnhaften Aufbau* darbietet, war für neue intellektuelle Anregungen zwar offen, konnte durch Einflüsse, wie zum Beispiel die Begegnung mit dem amerikanischen Pragmatismus und besonders mit William James und George Herbert Mead bereichert, jedoch nicht in ihrem Kern verändert werden. Dem aufmerksamen Leser der Essays wird nicht entgehen, daß sich Schützens Werk in die Richtung weiterentwikkelt, für die sein erstes Buch durchaus als Wegzeichen gelten kann.

[1] Die meisten dieser Veröffentlichungen wurden nach seinem Tod von Nijhoff, Den Haag, zwischen 1962 und 1966 in den drei Bänden seiner *Collected Papers* neu aufgelegt. Als Herausgeber zeichneten nacheinander sein Schüler Maurice Natanson, sein Kollege Arvid Brodersen und seine Witwe, Ilse Schütz. Für bibliographische Hinweise vgl. den Anhang zu Bd. II dieses Buches; und: die Bibliographie zur Schütz-Auswahl *On Phenomenology and Social Relations*, hrsg. von einem weiteren Schüler, Helmut Wagner, für *Heritage of Sociology Series* der University of Chicago Press (1970); oder: die Bibliographie zu den in Erinnerung an Alfred Schütz von Maurice Natanson herausgegebenen Essays, *Phenomenology and Social Reality*, Nijhoff, Den Haag (1970).

Am deutlichsten aber zeigt sich die Einheit seines Denkens in dem Vergleich des *Sinnhaften Aufbaus* mit dem Entwurf zu den *Strukturen der Lebenswelt.* Die Untersuchungen, die Schütz in den 25 Jahren zwischen seinem ersten Buch und dem Plan für sein zweites beschäftigten, können als Variationen des ursprünglichen Leitmotivs betrachtet werden, vielleicht als Umsetzungen in eine andere Tonart, oder gelegentlich auch Ausarbeitung und Akzentuierung von Themen, die einmal Nebenmotive waren. Blickt man auf diese Periode zurück mit dem Konzept des späteren Plans vor Augen, so können Schütz' Forschungen jener Zeit auch interpretiert werden als das erneute Hinwenden eines einzigartig konsistenten Geistes zu Problemen, die in seinem früheren Werk schon als Themen aufgetaucht oder berührt worden waren. Die endgültige Zusammenfassung seiner Gedanken und seiner Arbeit, die als systematische Beschreibung von Alltagswelt als sozialer Wirklichkeit[2] entworfen war, sollte ganz eindeutig auf der Lösung jener Probleme beruhen.

Die außerordentlich genauen Analysen der Objektivierungen menschlicher Bewußtseinstätigkeit und deren wichtigster Ergebnisse, nämlich der Typisierungen und Zeichen und Symbole in intersubjektiver Kommunikation, waren offensichtlich notwendige Voraussetzungen für diese Zusammenfassung. Ausgehend von Husserls und seiner eigenen Analyse der menschlichen Orientierung in Zeit und Raum, und von seinen Untersuchungen über die Erfahrung der Beteiligten an einer »face-to-face« Situation, deckte Schütz schrittweise jene elementaren Strukturen des Alltagslebens auf, die sozialer Erfahrung, Sprache, sozialem Handeln und somit auch der komplexen historischen Welt menschlichen Lebens zugrundeliegen.

Es ist bedauerlich, daß Schütz die Pläne nicht zu Ende führen konnte, deren Abschluß – mit leichter Übertreibung – als der »terminus ad quem« seines Lebens als Philosoph und Soziologe zu bezeichnen wäre. Wahrscheinlich ist es müßig, sich vorstellen zu wollen, wie letztlich der Aufbau und die endgültigen Formulierungen seines Buches ausgesehen hätten, wäre ihm die Zeit gegeben

[2] Dies ist auch der Titel einer kurzen und ungemein präzisen Diskussion der Schützschen Ideen von seinem Freund Aron Gurwitsch in Social Research XXIX, Nr. 1 (Frühjahr 1962), S. 50-72:
Common Sense World as Social Reality.

worden, es zu vollenden. Aber vielleicht sollte doch eine Selbstverständlichkeit hier betont werden: Dieses Buch kann nicht so sein, wie Schütz es geschrieben hätte. Ja, es ist nicht einmal so, wie ich denke, daß er es geschrieben hätte: ein völliges Aufgehen meiner eigenen Gedanken und Arbeiten in seiner Konzeption war weder möglich, noch hätte Schütz es unter den gegebenen Umständen gewollt, dessen bin ich sicher. Andererseits jedoch habe ich mich bemüht, der eigentlichen Intention seines Entwurfs so getreu wie möglich zu folgen: der Analyse der Strukturen der Lebenswelt.

Die folgende Einteilung entspricht dem ursprünglichen Plan der Kapitel und Abschnitte:

Kapitel i: Die Lebenswelt der natürlichen Einstellung
- A. Als unbefragter Grund der natürlichen Einstellung
- B. Das fraglos Gegebene und das Problematische
- C. Als Struktur für das erlebende Subjekt
- D. Entwürfe und Durchführbarkeiten

Kapitel ii: Aufschichtungen der Lebenswelt
- A. Räumlich
- B. Zeitlich
- C. Sozial
- D. Wirklichkeitsbereiche mit geschlossener Sinnstruktur
- E. Zeichen- und Symbolsysteme
- F. Relevanz-Bereiche

Kapitel iii: Wissen von der Lebenswelt. Relevanz und Typik
- A. Zuhandener Wissensvorrat und seine Struktur
- B. Die Situation
- C. An Handlungsentwurf gebundenes Interesse
- D. Relevanz
- E. Typisierung
- F. Typik, Erfahrungsvorrat, Zukunftswissen
- G. Relevanz-bedingte Typik
- H. Typen in der sozialen Welt
- J. Sozialisation bei der Entwicklung von Typen

Kapitel iv: Die Lebenswelt als der Bereich der Praxis
- A. Verhalten, Handeln, Motiv
- B. Der Handlungsentwurf

Ich bin der Grundstruktur des Schützschen Entwurfes gefolgt, allerdings mit zwei wesentlichen Abweichungen. Das dritte Kapitel über den subjektiven Wissensvorrat hat einen etwas anderen inneren Aufbau als das von Schütz entworfene; ausschlaggebender jedoch ist, daß zwei relativ untergeordnete Abschnitte der ursprünglichen Konzeption dieses Kapitels – über die Typisierungen sozialer Realität und über die Sozialisation von Typen – ausführlicher dargestellt worden sind. Zusatzanalysen der Probleme, die in diesen Abschnitten entworfen wurden, zeigten bald die Notwendigkeit einer systematischen Behandlungsweise. Das Ergebnis ist ein völlig neues Kapitel: das gegenwärtige Kapitel 4 über Wissen und Gesellschaft. Die andere wesentliche Veränderung ergibt sich aus meinem Entschluß, das entworfene Schlußkapitel über die Methodologie der Sozialwissenschaften aufzugeben. Schütz' Entwürfe scheinen nicht wesentlich über das hinauszugehen, was schon in dem Essay über »common sense« und wissenschaftliche Interpretation menschlichen Handelns systematisch entwickelt wurde; noch liefern sie ausreichende Hinweise darüber, wie er vorzugehen beabsichtigte. Deshalb hätte ich die Analyse *dieses* Problems wahrscheinlich nicht im Sinne von Schütz erfolgreich entwickeln können (ich habe meine eigenen Überlegungen zu diesem Thema andernorts dargelegt).

Häufig habe ich mich aber den Details der Schützschen Konzeption der einzelnen Kapitel angeschlossen. Wo dies nicht geschehen ist, lag es an analyseimmanenten Bedingtheiten und der Systematisierung der Darstellung. Ich sollte hinzufügen, daß Schütz selbst sicherlich nicht gezögert hätte, Änderungen dieser Art vorzunehmen. Als eine Art »Nachfolgeautor« mußte ich natürlich alle Änderungen, für die er nur einen Gedanken benötigt hätte, zweimal überdenken.

Diese Abweichungen können hier nicht einzeln aufgeführt werden. In einigen Fällen hätte ich es selbst als schwierig empfunden, den Grad der Buchstabentreue gegenüber den Details des ursprünglichen Planes zu rekonstruieren. Die Anhänge zum zweiten Band werden die ursprünglichen Entwürfe von Schütz, seine Arbeitspapiere und alle anderen relevanten Manuskripte enthalten. Interessierte Leser, Schüler, die vielleicht eine genauere Kenntnis der Schützschen Schriften erwerben wollen, und schließlich alle, die die Angemessenheit von Absichten gegenüber Abweichungen im Detail abwägen wollen, seien auf die Anhänge verwiesen.

Für die allgemeine Orientierung des Lesers wird es jedoch nützlich sein, an dieser Stelle eine Vorstellung der Art und Weise des Schützschen Entwurfes zu vermitteln und kurz die Arbeitspapiere und Manuskripte zu charakterisieren. Der Entwurf besteht aus Karteikarten verschiedener Farben (die Farben werden dazu benutzt, Unterschiede zwischen kapitelumfassenden Karten, abschnitte- und unterabschnittsbezogene Karten, und numerierten Verweiskarten, die sich auf verschiedene Schriften beziehen, anzuzeigen). Die Arbeitspapiere und Manuskripte bestehen aus Referenzen und Exzerpten von Husserls MSS in Louvain (Serie A: 6001-6073), Buffalo (B 115: 6100-6159 und B 16: 6160-6186) und Exzerpten aus Husserls »Krisis« (7001-7076). Es gibt auch einen Hinweis auf den »Brief Boehm«. Des weiteren enthält eine Anzahl der in die allgemeine Konzeption eingearbeiteten Karten Referenzen zum »Großen Relevanzmanuskript« (das später von Richard Zaner herausgegeben und auf Englisch unter dem Titel »Reflections on the Problem of Relevance« [New Haven: Yale University Press, 1970] und auf Deutsch als »Das Problem der Relevanz« [Frankfurt 1971] posthum veröffentlicht wurde), wie auch Referenzen zu Abschnitt X des Relevanz-Manuskripts, und zum Manuskript über die »Leerstelle«, das ihm angefügt ist. Die Manuskripte, die ausdrücklich als vorbereitende Schriften für die »Strukturen« konzipiert sind, bestehen aus sechs in deutscher Sprache abgefaßten Notizbüchern. Schütz beabsichtigte, das Buch in deutsch zu schreiben, und dies ist wahrscheinlich der Grund dafür, daß er auch die vorbereitenden Arbeiten in dieser Sprache abfaßte. Dies war auch für mich der Anlaß, mich beim Schreiben dieses Buches des Deutschen zu bedienen.

Die Notizbücher enthalten Materialien von unterschiedlicher Wichtigkeit. Zum Teil bestehen sie aus deutschen Übersetzungen von Begriffen und ganzen Abschnitten aus Schütz' englischen Artikeln, kurzen Exzerpten von (und »aide-mémoires« zu) Publikationen anderer Autoren, die die Probleme abgehandelt hatten, mit denen Schütz sich beschäftigte, und aus einigen detaillierten Entwürfen für die Umstrukturierung von Analysen aus seinem veröffentlichten Werk, die offensichtlich in der Absicht niedergeschrieben worden waren, diese besser in das Schema des geplanten Buches einzufügen. Diese Entwürfe wurden offensichtlich zum Teil in der detaillierten Skizzierung der Kapitel und Abschnitte aufgegriffen, die er später in den erwähnten Indexkarten festhielt.

Wichtiger noch ist, daß die Notizbücher eine Revision einiger Analyseabschnitte seiner schon veröffentlichten Schriften aufweisen, die manchmal über das rein Stilistische hinausreicht. Am wichtigsten jedoch ist, daß sie auch Entwürfe neuer Analysen enthalten und offene Probleme feststellen, deren Lösung später nachzuholen sei. MS I (Bar Habor, Me., 1957) befaßt sich hauptsächlich mit der Relevanz-Theorie; MS II (Seelisberg, Schweiz, 12. bis 16. August 1958) diskutiert vorwiegend die Handlungstheorie und geht auf »Common Sense and the Scientific Interpretation of Human Action«, »Choosing Among Projects of Action« und »Concept and Theory Formation in the Social Sciences« zurück; MS III (Seelisberg, 17.-18. August 1958) greift dasselbe Problem auf und bezieht sich gleichfalls in erster Linie auf die genannten Artikel; MS IV (Seelisberg 19.-27. August 1958) beschäftigt sich vor allem mit den Problemen der Kommunikationstheorie und basiert auf »Symbol, Reality and Society«; MS V (Minnewaska, N.Y., 26. Oktober-9. November 1968) gründet wieder auf demselben Artikel und behandelt dasselbe Problem, stößt aber auch zu Problemen vielfältiger Wirklichkeiten, dem »Transzendenzproblem«, und erneut zur Relevanz-Theorie vor; MS VI (New York, 9.-14. November 1958) ist eine Fortsetzung von V. Die Notizbücher wurden von Frau Schütz transkribiert.[3]

Die Geschichte meiner eigenen Verflechtung mit den *Strukturen der Lebenswelt* durchzieht den größten Teil meiner Erwachsenenjahre, ist aber dennoch schnell erzählt. Nach einigen Jahren des Studiums der Linguistik, Literatur, Psychologie und Philosophie an verschiedenen Orten kam ich Anfang der fünfziger Jahre nach New York, um erst Philosophie und später Soziologie an der »Graduate Faculty of the New School for Social Research« zu studieren. Unter meinen Lehrern waren Karl Löwith, Kurt Riezler, Kurt Goldstein, Dorion Cairns und drei Wissenschaftler, die mein späteres Denken unmittelbar beeinflußt haben. Einer war Carl Mayer, ein hervorragender Max Weber-Fachmann und Religionssoziologe, dessen großer Einfluß hauptsächlich über seine Lehrveranstaltungen zum Tragen kam. Der zweite war Albert Salomon, dessen große Leidenschaft der Geschichte der politischen und sozialen Ideen galt und dessen tiefes Wissen Studenten verschie-

[3] Genaueres findet sich, wie gesagt, im Anhang zu Bd. II.

denster intellektueller Herkunft begeisterte. Der dritte war Alfred Schütz.

Ich habe viel von diesen Männern gelernt und sehe mich außerstande, ihren Einfluß auf mein eigenes Denken säuberlich aufzuteilen. Eine Möglichkeit dafür gibt es vielleicht. Seitdem ich mehrere Jahre an Schützens Seminaren teilnahm, mit ihm über Skizzen einiger meiner eigenen frühen Arbeiten korrespondierte, seine Schriften immer wieder las, für die englische Veröffentlichung ein Schlüsselkapitel aus seinem *Sinnhaften Aufbau* bearbeitete, Einführungen und Diskussionen zu seinen Werken schrieb, die Ergebnisse seiner Analysen in verschiedene meiner Schriften einflocht und schließlich jahrelang an den *Strukturen der Lebenswelt* arbeitete – seither gibt es ganze Bereiche in meinem Denken – besonders auf dem Gebiet der Handlungs- und Kommunikationstheorie – bei denen ich schwerlich mit Sicherheit sagen könnte, was *nicht* von ihm stammt.

Beim Erzählen der Geschichte dieser Jahre möchte ich die Gelegenheit nicht ungenutzt lassen, Aron Gurwitsch zu danken, der zwar nie – formal gesehen – mein Lehrer war, aber von dem ich trotzdem viel gelernt habe, besonders während wir in der ersten Hälfte der sechziger Jahre Kollegen an der Graduate Faculty of the New School for Social Research waren (ich erinnere mich gerne an ein gemeinsames Seminar über Schütz) – danken möchte ich ihm für die aufmerksame Lektüre früher Skizzen zu einem Großteil dieses Buches. Auf sein Anraten habe ich einen ganzen Abschnitt über die Grenzen der sozialen Welt aus dem Manuskript gestrichen. Ursprünglich hatte ich es für die *Strukturen* verfaßt, war aber zu Schlußfolgerungen gekommen, mit denen – wie Gurwitsch feststellte – Schütz nicht übereingestimmt hätte. Es wurde in »Phenomenology and Social Reality: Essays in Memory of Alfred Schütz« veröffentlicht, herausgegeben von Maurice Natanson (Den Haag, Nijhoff, 1970).

Ausgelassen wurde auch ein anderer Abschnitt des ersten Bandes. Er handelt von Sprache im Alltagsleben und sollte eine Schlüsselstellung in der Analyse über die Verbindung verschiedener geschlossener Sinnprovinzen am Ende des zweiten Kapitels einnehmen. Während des Schreibens uferte der Abschnitt aus und entwickelte sich zu einer Analyse der Sprachkonstitution im Alltagsleben. Ich werde ihn in das sechste Kapitel der *Strukturen*, Band II, einbauen, wohin er in der jetzigen Form logischerweise gehört. In einen etwas anderen Kontext gestellt, bildet er den Kern meines Beitrags zu »Life-World and Consciousness: Essays for Aron Gurwitsch«, herausgegeben von Lester E. Embree (Evanston, Ill.: Northwestern University Press, 1972). Unglücklicherweise bleibt dadurch die Analyse der Verbindung der geschlossenen Sinnprovinzen und mithin auch der Schlußteil des zweiten Kapitels unvollständig. Der Leser wird auf den zweiten Band verwiesen.

Ich werde diese Gelegenheit *nicht* nützen, Frau Schütz zu danken, denn das wäre unangebracht. Sie ist zu sehr ein Teil des Lebens von Alfred Schütz, auch seines wissenschaftlichen Lebens, und viel zu eng mit den Bemühungen verbunden, sein Vermächtnis Früchte tragen zu lassen, als daß es sich irgend jemand – sogar jemand, der eng an diesen Bemühungen teilhatte – erlauben dürfte, ihr für etwas zu danken, was jetzt Teil *ihres* Lebens ist.

1960, ein Jahr nach dem Tode Schütz', kam ich zu meiner »alma mater« zurück. Ich lehrte dort in dem Department, das Schütz' Fachbereich gewesen war, bis 1965 und kam 1966 noch einmal für ein Semester. Der ursprüngliche Entwurf für die ersten vier Kapitel der *Strukturen* wurde in dieser Zeitspanne abgefaßt, das meiste der ersten drei Kapitel während eines Frei-Semesters 1963/64 (das ich im Schwarzwald verbrachte). Anschließend lehrte ich bis 1970 in Frankfurt. Während dieser Zeit überarbeitete ich die Originalfassung. Die endgültige Fassung wurde dann zu Richard Zaner und H. Tristram Engelhardt Jr. geschickt, die ich glücklicherweise als Übersetzer beanspruchen konnte.

Der zweite Band – der zwei Kapitel, eines über soziales Handeln und eines über Zeichen, Symbole und Kommunikation, sowie die Anhänge mit den Schützschen Originalmaterialen zu diesem Buch enthält – ist 1984 bei Suhrkamp erschienen (stw 428).

Kapitel I

Die Lebenswelt des Alltags und die natürliche Einstellung

A. Die Lebenswelt als unbefragter Boden der natürlichen Weltanschauung

Die Wissenschaften, die menschliches Handeln und Denken deuten und erklären wollen, müssen mit einer Beschreibung der Grundstrukturen der vorwissenschaftlichen, für den – in der natürlichen Einstellung verharrenden – Menschen selbstverständlichen Wirklichkeit beginnen. Diese Wirklichkeit ist die alltägliche Lebenswelt. Sie ist der Wirklichkeitsbereich, an der der Mensch in unausweichlicher, regelmäßiger Wiederkehr teilnimmt. Die alltägliche Lebenswelt ist die Wirklichkeitsregion, in die der Mensch eingreifen und die er verändern kann, indem er in ihr durch die Vermittlung seines Leibes wirkt. Zugleich beschränken die in diesem Bereich vorfindlichen Gegenständlichkeiten und Ereignisse, einschließlich des Handelns und der Handlungsergebnisse anderer Menschen, seine freien Handlungsmöglichkeiten. Sie setzen ihm zu überwindende Widerstände wie auch unüberwindliche Schranken entgegen. Ferner kann sich der Mensch nur innerhalb dieses Bereichs mit seinen Mitmenschen verständigen, und nur in ihm kann er mit ihnen zusammenwirken. Nur in der alltäglichen Lebenswelt kann sich eine gemeinsame kommunikative Umwelt[1] konstituieren. Die Lebenswelt des Alltags ist folglich die vornehmliche und ausgezeichnete Wirklichkeit des Menschen.

Unter alltäglicher Lebenswelt soll jener Wirklichkeitsbereich verstanden werden, den der wache und normale Erwachsene in der Einstellung des gesunden Menschenverstandes als schlicht gegeben vorfindet. Mit schlicht gegeben bezeichnen wir alles, was wir als fraglos erleben, jeden Sachverhalt, der uns bis auf weiteres unproblematisch ist. Daß freilich jederzeit das bishin Fraglose in Frage gestellt werden kann, ist ein Punkt, mit dem wir uns noch zu beschäftigen haben werden.

In der natürlichen Einstellung finde ich mich immer in einer Welt, die für mich fraglos und selbstverständlich »wirklich« ist. Ich wurde in sie hineingeboren und ich nehme es als gegeben an, daß

[1] Im Sinne Husserls; vgl. seine Ideen II, Haag, Nijhoff, 1952, S. 50, 51, bes. pp. 185 und 193.

sie vor mir bestand. Sie ist der unbefragte Boden aller Gegebenheiten sowie der fraglose Rahmen, in dem sich mir die Probleme stellen, die ich bewältigen muß. Sie erscheint mir in zusammenhängenden Gliederungen wohlumschriebener Objekte mit bestimmten Eigenschaften. Die Welt ist für den Menschen in der natürlichen Einstellung niemals eine bloße Ansammlung von Farbflecken, unzusammenhängenden Geräuschen oder Zentren von Kalt und Warm. Die Möglichkeit einer Reduktion der Erfahrung auf solches – und die sich daraus ergebende Frage, wie sich solches wieder zu Erfahrungsgegenständen rekonstruiert – begegnet mir nicht in der natürlichen Einstellung, sondern stellt ein Problem des spezifisch philosophischen und wissenschaftlichen Denkens dar.

Ferner nehme ich als schlicht gegeben hin, daß in dieser meiner Welt auch andere Menschen existieren, und zwar nicht nur leiblich wie andere Gegenstände und unter anderen Gegenständen, sondern als mit einem Bewußtsein begabt, das im wesentlichen dem meinen gleich ist. So ist meine Lebenswelt von Anfang an nicht meine Privatwelt, sondern intersubjektiv; die Grundstruktur ihrer Wirklichkeit ist uns gemeinsam. Es ist mir selbstverständlich, daß ich bis zu einem gewissen Maß von den Erlebnissen meiner Mitmenschen Kenntnis erlangen kann, so z. B. von den Motiven ihres Handelns, wie ich auch annehme, daß das gleiche umgekehrt für sie mit Bezug auf mich gilt. Wie sich diese Gemeinsamkeit der Lebenswelt konstituiert, welche Struktur sie hat und welche Bedeutung sie für soziales Handeln hat, wird genau zu untersuchen sein. Vorerst genügt es, festzustellen, daß ich es in der natürlichen Einstellung hinnehme, daß die Gegenstände der äußeren Umwelt für meinen Mitmenschen prinzipiell die gleichen sind wie für mich. So ist auch die »Natur«, der Bereich der Außenweltdinge rein als solcher, intersubjektiv. Ferner nehme ich es als selbstverständlich hin, daß die Bedeutung dieser »Naturwelt« – die schon von unseren Vorfahren erfahren, bewältigt, benannt wurde – für meinen Mitmenschen grundsätzlich die gleiche ist wie für mich, da sie eben auf einen gemeinsamen Interpretationsrahmen bezogen ist. In diesem Sinn ist auch der Bereich der Außenweltdinge für mich sozial.

Allerdings besteht meine Lebenswelt nicht nur aus diesem – wiewohl schon auf den Mitmenschen bezogenen – aber als »Natur« erlebten Bereich. Denn ich finde nicht nur »Natur«, sondern auch Mitmenschen als Elemente meiner umweltlichen Situation. In der natürlichen Einstellung ist es mir selbstverständlich, daß ich auf meine Mitmenschen wirken kann, wie auch, daß sie auf mich wirken können. Ich weiß, daß ich mit ihnen in mannigfache Sozialbeziehungen treten kann. Dieses Wissen impliziert auch die Annahme, daß sie, meine Mitmenschen, ihre mich einschließenden wechselseitigen Beziehungen in einer Weise erfahren, die der, in welcher ich sie erfahre, für alle praktischen Zwecke hinreichend ähnlich ist.

Da wir auf das phänomenologische Problem der Konstitution der Intersubjektivität hier nicht eingehen können, müssen wir uns mit der Feststellung begnügen, daß ich in der natürlichen Einstellung des Alltags folgendes als fraglos gegeben hinnehme: a) die körperliche Existenz von anderen Menschen; b) daß diese Körper mit einem Bewußtsein ausgestattet sind, das dem meinen prinzipiell ähnlich ist; c) daß die Außenweltdinge in meiner Umwelt und der meiner Mitmenschen für uns die gleichen sind und grundsätzlich die gleiche Bedeutung haben; d) daß ich mit meinen Mitmenschen in Wechselbeziehung und Wechselwirkung treten kann; e) daß ich mich – dies folgt aus den vorangegangenen Annahmen – mit ihnen verständigen kann; f) daß eine gegliederte Sozial- und Kulturwelt als Bezugsrahmen für mich und meinen Mitmenschen historisch vorgegeben ist, und zwar in einer ebenso fraglosen Weise wie die »Naturwelt«; g) daß also die Situation, in der ich mich jeweils befinde, nur zu einem geringen Teil eine rein von mir geschaffene ist.

Die alltägliche Wirklichkeit der Lebenswelt schließt also nicht nur die von mir erfahrene »Natur«, sondern auch die Sozial- bzw. Kulturwelt, in der ich mich befinde, ein. Die Lebenswelt besteht nicht erschöpfend aus den bloß materiellen Gegenständen und Ereignissen, denen ich in meiner Umgebung begegne. Freilich sind diese ein Bestandteil meiner Umwelt, jedoch gehören zu ihr auch alle Sinnschichten, welche Naturdinge in Kulturobjekte, menschliche Körper in Mitmenschen und der Mitmenschen Bewegungen in Handlungen, Gesten und Mitteilungen verwandeln. Nun nennt zwar William James das Subuniversum der sinnlich wahrnehmbaren physischen Welt die »ausgezeichnete Wirklichkeit« (Paramount Reality).[2] Aus den vorangegangenen Bemerkungen geht aber hervor, daß es zwingende Gründe gibt, die gesamte Wirklichkeit des Alltagslebens als unsere vornehmliche Realität anzusetzen.

[2] Principles of Psychology, II, New York, Henry, 1890, Kap. XXI.

Was uns in der natürlichen Einstellung schlicht gegeben ist, schließt keineswegs nur die Gegenstände der äußeren Wahrnehmung – rein als solche verstanden – ein, sondern auch die Sinnschichten niederer Ordnung, dank welcher Naturdinge als Kulturobjekte erlebt werden. Da allerdings diese Sinnschichten nur durch Objekte, Tatbestände und Ereignisse der äußeren Welt für mich Wirklichkeit erlangen, glauben wir, daß unsere Definition mit der von James nicht unverträglich ist. Wir stimmen mit Santayana überein, »daß der Geist ohne materielle Mittel und ohne einen materiellen Anlaß Ideen niemals haben, geschweige denn mitteilen kann. Die Zunge muß sich bewegen; das hörbare konventionelle Wort muß über die Lippen kommen und ein williges Ohr erreichen; die Hände, Werkzeuge oder Pläne haltend, müssen intervenieren, um das Projekt auszuführen.«[3]

Die Lebenswelt, in ihrer Totalität als Natur- und Sozialwelt verstanden, ist sowohl der Schauplatz als auch das Zielgebiet meines und unseres wechselseitigen Handelns. Um unsere Ziele zu verwirklichen, müssen wir ihre Gegebenheiten bewältigen und sie verändern. Wir handeln und wirken folglich nicht nur innerhalb der Lebenswelt, sondern auch auf sie zu. Unsere leiblichen Bewegungen greifen in die Lebenswelt ein und verändern ihre Gegenstände und deren wechselseitige Beziehungen. Zugleich leisten diese Gegenstände unseren Handlungen Widerstand, den wir entweder überwinden oder dem wir weichen müssen. Die Lebenswelt ist also eine Wirklichkeit, die wir durch unsere Handlungen modifizieren und die andererseits unsere Handlungen modifiziert. Wir können sagen, daß unsere natürliche Einstellung der Welt des täglichen Lebens gegenüber durchgehend vom *pragmatischen Motiv* bestimmt ist.

Jedoch schon in der natürlichen Einstellung ist mir die Welt zur Auslegung aufgegeben. Ich muß meine Lebenswelt zu jenem Grad verstehen, der nötig ist, um in ihr handeln und auf sie wirken zu können. Auch das Denken in der lebensweltlichen Einstellung ist pragmatisch motiviert. Wir haben schon die hauptsächlichen Selbstverständlichkeiten, die der natürlichen Einstellung zugrunde liegen, angeführt. Wir wenden uns nun noch einer knappen Beschreibung der Struktur des Denkens in der natürlichen Einstellung zu.

[3] Dominations and Powers, New York, Serigner, 1951, p. 146.

Jeder Schritt meiner Auslegung der Welt beruht jeweils auf einem Vorrat früherer Erfahrung: sowohl meiner eigenen unmittelbaren Erfahrungen als auch solcher Erfahrungen, die mir von meinen Mitmenschen, vor allem meinen Eltern, Lehrern usw. übermittelt wurden. All diese mitgeteilten und unmittelbaren Erfahrungen schließen sich zu einer gewissen Einheit in der Form eines Wissensvorrats zusammen, der mir als Bezugsschema für den jeweiligen Schritt meiner Weltauslegung dient. Alle meine Erfahrungen in der Lebenswelt sind auf dieses Schema bezogen, so daß mir die Gegenstände und Ereignisse in der Lebenswelt von vornherein in ihrer Typenhaftigkeit entgegentreten, allgemein als Berge und Steine, Bäume und Tiere, spezifischer als Grat, als Eiche, als Vögel, Fische usw.

Wie sich Typisierungen im Wissensvorrat konstituieren, ist ein Problem, das noch genau zu untersuchen sein wird. In der natürlichen Einstellung jedenfalls ist es mir selbstverständlich, daß diese Bäume »wirklich« Bäume sind, für dich und für mich, diese Vögel »wirklich« Vögel usw. Jedes lebensweltliche Auslegen ist ein Auslegen innerhalb eines Rahmens von bereits Ausgelegtem, innerhalb einer grundsätzlich und dem Typus nach vertrauten Wirklichkeit. Ich vertraue darauf, daß die Welt, so wie sie mir bisher bekannt ist, weiter so bleiben wird und daß folglich der aus meinen eigenen Erfahrungen gebildete und der von Mitmenschen übernommene Wissensvorrat weiterhin seine grundsätzliche Gültigkeit beibehalten wird. Wir mögen das mit Husserl als die Idealität des »Und-so-weiter« bezeichnen. Aus dieser Annahme folgt die weitere und grundsätzliche Annahme, daß ich meine früheren erfolgreichen Handlungen wiederholen kann. Solange die Weltstruktur als konstant hingenommen werden kann, solange meine Vorerfahrung gilt, bleibt mein Vermögen, auf die Welt in dieser und jener Weise zu wirken, prinzipiell erhalten. Korrelativ zur Idealität des »Und-so-weiter« bildet sich, wie Husserl gezeigt hat, die weitere Idealität des »Ich-kann-immer-wieder«[4]. Beide Idealitäten und die darin begründete Annahme der Konstanz der Weltstruktur, der Gültigkeit meiner Vorerfahrung und meines Vermögens, auf die Welt zu wirken, sind wesentliche Aspekte des Denkens in der natürlichen Einstellung.

[4] Formale und transzendale Logik, Halle, Niemeyer, 1929, § 74. Erfahrung und Urteil, Prag, Academia, 1939; Hamburg, c/o Assen & Goverts, 1948², §§ 24, 58, 61, 51b.

B. Das fraglos Gegebene und das Problematische

Wir haben nun sowohl die wichtigsten Strukturmerkmale des lebensweltlichen Denkens als auch die Selbstverständlichkeiten der natürlichen Einstellung beschrieben. Im wesentlichen deckt sich diese Beschreibung mit dem von Max Scheler geprägten Begriff der relativ-natürlichen Weltanschauung[5], deren bestimmendes Merkmal auch er in ihrer fraglosen Gegebenheit sieht. Sie ist die sedimentierte Gruppenerfahrung, die die Probe bestanden hat und vom einzelnen nicht auf ihre Gültigkeit nachgeprüft werden muß.

Nun bilden aber die in der relativ-natürlichen Weltanschauung enthaltenen typischen Erfahrungen, Maximen und Anschauungen nicht ein geschlossenes, logisch gegliedertes System, wie die von Scheler der relativ-natürlichen Anschauung entgegengesetzten höheren Wissensformen. Um so mehr gilt dies für meinen eigenen lebensweltlichen Wissensvorrat, der zum großen Teil aus der Gruppenerfahrung übernommen ist und außerdem meine eigenen unmittelbaren Vorerfahrungen einschließt. Die mangelnde Übereinstimmung der Bestandteile meines Wissensvorrats gefährdet jedoch seine Selbstverständlichkeit, seine Gültigkeit »bis auf weiteres« grundsätzlich nicht, wiederum im Gegensatz zu den höheren Wissensformen, z.B. der Wissenschaft mit ihrem Postulat der logischen Kongruenz der geltenden Theorien. In der natürlichen Einstellung tritt mir der mangelnde Einklang meines Wissensvorrats nur dann ins Bewußtsein, wenn eine neuartige Erfahrung nicht in das bishin als fraglos geltende Bezugsschema hineinpaßt. Somit kommen wir wieder zu einem Problem, das wir schon eingangs vermerkt haben und dem wir uns nun zuwenden müssen: Was heißt es, etwas »bis auf weiteres« als schlicht gegeben hinzunehmen? Und wie wird das fraglich Gewordene in neue Fraglosigkeit überführt? Zur Beantwortung dieser Fragen müssen wir zunächst näher beschreiben, wie Fragloses erfahren wird. Dann müssen wir uns einer genauen Analyse der Anlässe zuwenden, durch die wir

[5] S. Max Scheler: Die Wissensformen und die Gesellschaft, Leipzig, Der Neue Geist, 1926, pp. 58ff., p. 60ff.

motiviert werden, eine Erfahrung als auslegungsbedürftig anzusehen. Hierauf werden wir untersuchen, unter welchen typischen Umständen ein Problem als gelöst, eine Auslegung als ausreichend betrachtet wird.

Das Fraglose bildet nicht einen geschlossenen, eindeutig gegliederten und übersichtlichen Bereich. Das in der jeweiligen lebensweltlichen Situation Fraglose ist umgeben von Unbestimmtem. Man erlebt das Fraglose als einen Kern der schlichten und inhaltlichen Bestimmtheit, dem ein unbestimmter und folglich nicht in gleicher Schlichtheit vorliegender Horizont mitgegeben ist. Zugleich ist aber dieser Horizont als grundsätzlich bestimmbar, als auslegungsfähig erlebt. Der Horizont ist zwar nicht von vornherein als fragwürdig – im Sinne von zweifelhaft – wohl aber als befragbar vorhanden. Schon das Fraglose hat demnach seine Auslegungshorizonte, also Horizonte der bestimmbaren Unbestimmtheit. Der Wissensvorrat des lebensweltlichen Denkens ist nicht zu verstehen als ein in seiner Gesamtheit durchsichtiger Zusammenhang, sondern vielmehr als eine Totalität der von Situation zu Situation wechselnden Selbstverständlichkeiten, jeweils abgehoben von einem Hintergrund der Unbestimmtheit. Diese Totalität ist nicht als solche erfaßbar, ist aber, als ein sicherer, vertrauter Boden jeglicher situationsbedingter Auslegung erlebt, im Erfahrungsablauf mitgegeben.

Andererseits ist, vom jeweiligen »Kern« der Selbstverständlichkeit her gesehen, der – noch – unbestimmte Horizont ein *mögliches* Problem, wobei ich in der natürlichen Einstellung grundsätzlich mit meinem Vermögen, dieses Problem zu lösen, rechne. Wie es zur Verwandlung eines möglichen in ein aktuelles Problem kommt, wie ich zu einer Horizontauslegung motiviert werde, ist eine Frage, deren Beantwortung wir uns nun zuwenden, soweit dies möglich ist, bevor wir eine genaue Analyse der Relevanzstrukturen und der Typenbildung unternommen haben.[6]

Das Fraglose ist gewohnheitsmäßiger Besitz: es stellt Lösungen zu Problemen meiner vorangegangenen Erfahrungen und Handlungen dar. Mein Wissensvorrat besteht aus solchen Problemlösungen. Diese hatten sich in Erfahrungsinterpretationen bzw. Horizontauslegungen konstituiert. In solchen Auslegungen wurden die fraglich gewordenen Wahrnehmungen, Erfahrungen und

6 Vgl. Kap. III, B und C.

Handlungsalternativen in die zuhandenen Bezugsschemata eingeordnet und modifizierten ihrerseits, unter bestimmten Umständen, diese Bezugsschemata. Die Auslegung – die prinzipiell nie »endgültig« abgeschlossen ist – wurde immer nur so weit vorangetrieben, wie es zur Bewältigung der – durch das pragmatische Motiv bestimmten – lebensweltlichen Situation nötig war. Wenn eine aktuelle neue Erfahrung in einer ähnlichen lebensweltlichen Situation einem aus vorangegangenen Erfahrungen gebildeten Typ widerspruchslos eingeordnet werden kann und so in ein relevantes Bezugsschema »hineinpaßt«, bestätigt sie ihrerseits die Gültigkeit des Erfahrungsvorrats. Das bloß durch die Neuigkeit jeder aktuellen Erfahrung gegebene Fragliche wird im routinemäßigen Ablauf der Ereignisse in der natürlichen Einstellung routinemäßig in Fraglosigkeit überführt. Das Fragliche dieser Art ist jedoch nicht eigentlich problematisch, und die »Lösung« hebt sich auch nicht als solche im Bewußtsein ab. Die aktuelle Erfahrung erscheint mir vielmehr im allgemeinen von vornherein als vertraut, ihrem Typ nach und erst recht, wenn es sich um eine echte Identitätssetzung, z.B. mit einem früher wahrgenommenen Gegenstand, handelt. Zumeist erscheint mir die aktuelle Erfahrung als etwas im Kern Fragloses, obwohl sie natürlich prinzipiell »neu« ist. Die Abfolge der Erfahrungen in der natürlichen Einstellung bildet typisch eine Kette von Selbstverständlichkeiten. Unsere Frage ist nun, wie diese routinemäßige Abfolge unproblematischer Erfahrungen unterbrochen wird und wie sich gegen einen Hintergrund von Selbstverständlichem ein Problem abhebt. Erstens mag sich die aktuelle Erfahrung nicht in ein typisches Bezugsschema, das der situationsrelevanten Typikebene entspricht, schlicht einordnen. So mag es mir z.B. nicht genügen, eine Pflanze als Pilz zu erkennen, wenn ich vorhabe, ihn zu pflücken, da für mich die untergeordneten Typisierungen »genießbar«, »giftig« relevant sind. Andererseits mag ich auf einem Spaziergang einfach »Pilze« wahrnehmen, ohne daß ich zur Auslegung »eßbarer Pilz« motiviert werde.

Aber auch ohne eine derartige situationsbedingte Auslegungsmotivierung mag eine aktuelle Erfahrung einer – als relevant gegebenen – Typik widersprechen. Wie geschieht dies? Wenn ich an dem fraglos als Pilz wahrgenommenen Gegenstand vorbeigehe, tritt mir die Rückseite des Gegenstandes mit unmittelbarer Evidenz in mein Gesichtsfeld. Nehmen wir nun an, sie entpuppt sich als keineswegs einfügbar in irgendeine, als »Pilzrückseite« gegebene, typische Vorerfahrung. Die schon eingetretene routinemäßige Einordnung meiner Erfahrung in ein habituelles Bezugsschema stößt auf Widerspruch. Der fraglose Ablauf meiner Erfahrung wird unterbrochen. Allgemein ausgedrückt: Wohl das wichtigste Element meiner Erfahrung ist, was ich im direkten Zugriff meines Bewußtseins in unmittelbarer Evidenz habe. Jedoch gehören zu jener Erfahrung, neben der Retention vergangener Bewußtseinsphasen, auch Antizipationen weiterer Bewußtseinsphasen, die ihrer Typik nach mehr oder minder bestimmt sind. Der unmittelbaren Wahrnehmung ebenfalls mitgegeben sind jeweils nicht unmittelbar evidente Aspekte; der Vorderseite des Pilzes z. B. ist eine typische Rückseite appräsentiert.[7] Nun mag ein vormals appräsentierter Aspekt in meinem weiteren Erlebnisablauf selber evident werden, aber zur nun erinnerten Appräsentation in Widerspruch treten bzw. es mag die antizipierte Phase, wenn sie nun aktuell wird, der Antizipation widersprechen. Wir können sagen, daß die Fraglosigkeit meiner Erfahrung »explodiert«, wenn appräsentierte Aspekte eines Gegenstandes bzw. antizipierte Phasen meines Bewußtseins, zur Selbstgegebenheit gekommen, mit der vorangegangenen Erfahrung inkongruent sind. Das bishin Fraglose wird im nachhinein in Frage gestellt. Die lebensweltliche Wirklichkeit fordert mich sozusagen zur Neuauslegung meiner Erfahrung auf und unterbricht den Ablauf der Selbstverständlichkeitskette. Der Kern meiner Erfahrung, den ich auf Grund meines Wissensvorrats »bis auf weiteres« als selbstverständlich an mir vorbeipassieren ließ, ist mir problematisch geworden, und ich muß mich ihm nun zuwenden. Das heißt aber, daß auch die in meinem Erfahrungsvorrat sedimentierten Auslegungen des Erfahrungskerns in eine »bis auf weiteres« ausreichende Horizonttiefe nun nicht mehr als ausreichend angesehen werden können und ich die Horizontauslegung wieder aufnehmen muß. Die Grundmotivierung dafür ist schon dadurch gegeben, daß die Diskrepanz zwischen meinem Erfahrungsvorrat und der aktuellen Erfahrung jedenfalls prinzipiell einen Teilbereich meines Wissensvorrats in Frage stellt. (Die Tatsache, daß unter bestimmten Umständen mein Wissensvorrat als solcher mitsamt den Sedimentierungsprozessen, durch welche Typisierungen überhaupt gebildet werden, fraglich

[7] Zur Analyse der Appräsentation s. Husserl, vor allem: Cartesianische Meditationen und Pariser Vorträge, Haag, Nijhoff, 1950, §§ 49-54 und Ideen, II §§ 44-47.

werden kann, also die Tatsache einer radikalen »Krise«, brauchen wir hier nicht zu erörtern.) Wenn ich also an eine Wiederauslegung des Horizonts des fraglich gewordenen Erfahrungskerns herangehe, ist die Auslegungstiefe und -breite durch die neue Problemstellung bedingt. Nehmen wir wieder das Beispiel des Pilzes, dessen Rückseite in keinerlei Pilzrückseitentypik hineinpaßt. Wenn die Wiederauslegung nur durch die Diskrepanz der aktuellen Erfahrung mit meinem Wissensvorrat motiviert ist und sonst für mich keinerlei anderweitig motivierte Bedeutung hat, muß ich meine Pilztypik im allgemeinen modifizieren. Durch näheres Betasten, Besehen usw. kann ich z. B. zum Schluß kommen, daß es sich dennoch um einen Pilz handelt. Mein modifizierter Typ »Pilz« wird also von nun an eine *bisher* pilz-atypische Rückseite enthalten müssen. Oder aber ich finde bei der weiteren Auslegung des vorliegenden vorderseitig pilzähnlichen Gegenstands, daß seine anderen Qualitäten mit dem Typ »Pilz« unvereinbar sind. In diesem Fall wird mein modifizierter Pilz-Typ insofern enger sein, als er *bishin* typische Pilz-Vorderseiten in Verbindung mit fernerhin pilz-atypischen Rückseiten vom Typ »Pilz« ausschließt. In beiden Fällen wird aber das vorliegende Problem gelöst und das fraglich gewordene, unter Typ-Modifizierung, wiederum »bis auf weiteres« in Fraglosigkeit überführt. Wenn meine Problemstellung noch andere Motivationen enthält, mag ich natürlich die Horizontauslegung weitertreiben, bevor ich eine »bis auf weiteres« befriedigende Lösung finde.

Bisher besprachen wir Fälle, in denen die aktuelle Erfahrung nicht schlicht in eine situationsrelevante Typik eingefügt werden konnte. Eine wichtige Motivierung zur Horizontauslegung ist aber auch gerade dadurch gegeben, daß eine Erfahrung zwar ohne weiteres in die Bezugsschemata und die Typik meines Wissensvorrats hineinpaßt, aber dennoch nicht einfach »vorbeipassiert«, sondern in der neuen Situation fraglich wird, weil sich die Typik*ebene* als unzureichend herausstellt. Vertrautheit ist lediglich Vertrautheit mit Bezug auf Typisches, während die atypischen Horizontaspekte unbestimmt bleiben, weil sich mit Bezug auf sie eine Typisierung als überflüssig erwies – in der jeweiligen vergangenen Auslegungssituation. Unser Wissen ist fraglos; das heißt, das Fragwürdige wurde ausgelegt, das Problem gelöst – in einer Weise und bis zu einem Grad, der für die jeweilige situationsbedingte Problematik zureichend war. Dies bedeutet aber auch, daß der Auslegungsprozeß irgendwo abgebrochen wurde (grundsätzlich könnte er immer weitergetrieben werden!), daß die Lösung eine Teillösung bzw. eine Lösung »bis auf weiteres« war. Unser Wissensvorrat und dessen korrelative Typisierungsschemata resultieren aus dem Abbruch von Auslegungsprozessen und stellen die Sedimentierung vergangener Situationsproblematiken dar.

Nun mag aber jede neue Situation ontologisch, biographisch und sozial bestimmte Aspekte haben, die mir an einer aktuellen Erfahrung die bisher ausreichende Typisierung unzureichend erscheinen lassen und mich dazu motivieren, an Hand der aktuellen Erfahrung zu Neuauslegungen zu schreiten. Ein einfaches Beispiel haben wir schon angeführt. Ich mag bisher Pilze nicht gegessen haben, und die Typisierungsebene »Pilz« war für mich ausreichend. Durch Hungersnot – was immer für natürliche oder soziale oder spezifisch biographische Umstände sie verursacht haben – bin ich jetzt daran interessiert, Pilze zu essen. Wenn ich nun einen Pilz sehe (d.h. sich eine aktuelle Erfahrung fraglos in das Bezugsschema »Pilz« einfügt), tritt mir die Unzulänglichkeit des Typs »Pilz« für meine jetzigen situationsbedingten Erfahrungen und Handlungen ins Bewußtsein. Wenn ich schon früher einmal zwischen genießbaren und ungenießbaren Pilzen zu unterscheiden gelernt hatte, mag ich nun versuchen, die in Undurchsichtigkeit versunkenen Pilzhorizonte in Erinnerung zu rufen. Wenn nicht, werde ich nur von der ebenfalls in meinem Wissensvorrat verankerten Vermutung, daß ebenso wie viele andere Probleme auch dieses von meinen Vorgängern oder Mitmenschen vorausgelegt ist, Gebrauch machen: Ich kann den Pilz nach Hause mitnehmen und mir ein Pilzbuch kaufen. Oder – angenommen, ich sei ganz auf mich allein angewiesen – ich mag verschiedene Experimente, z.B. mit Tieren, vornehmen. Die Anlage der Experimente wird von meinem Wissensvorrat abhängen (z.B.: Mein Körper und die Körper bestimmter Tiere sind in dem und jenem Punkt als ähnlich erfaßt worden; also mag ich sie versuchsweise auch in diesem Punkt gleichsetzen, wenn mir ins Bewußtsein tritt: wenn ich keine Pilze esse, muß ich auf jeden Fall verhungern, falls ich Pilze esse, die Tieren nicht schädlich sind, mag ich mit einer gewissen Wahrscheinlichkeit überleben.)

In all diesen Fällen handelt es sich um eine Weiterauslegung des Horizonts. Es hatte sich herausgestellt, daß die in meinem Erfahrungsvorrat gespeicherten vorangegangenen Auslegungen – von früheren Situationen bestimmt und für frühere Situationen als genügende Lösungen betrachtet – für die Lösung der aktuellen Situationsproblematik nicht ausreichen. Nun bin ich dazu motiviert, mit der Auslegung fortzufahren, bis die Lösung auch für das aktuell vorliegende Problem als ausreichend erscheint.

Es gibt einen weiteren Umstand, durch den mir eine Erfahrung mit Bezug auf meinen Wissensvorrat problematisch werden kann. Wie schon gesagt, ist mein Wissensvorrat nicht ein logisch integriertes System, sondern nur die Totalität meiner sedimentierten situationsbedingten Auslegungen, die außerdem teilweise aus eigenen, teilweise aus sozial übermittelten »traditionellen« Problemlösungen bestehen. Aus jeder neuartigen Situation wächst mir neues Wissen zu, das *nicht* auf seine Verträglichkeit mit Bezugsschemata, die für die vorliegende Problematik irrelevant scheinen, überprüft wird. Solche Bezugsschemata kommen mir dann überhaupt nicht in den Griff des Bewußtseins. Nun kann an Hand mancher aktuellen Erfahrungen die Unzulänglichkeit der bisher relevanten Auslegungen und sogar ganzer Bereiche von Bezugsschemata bewußt werden. Dann wende ich mich einer Auslegung mit Hilfe anderer, bishin nicht unmittelbar relevant erscheinender Bezugsschemata zu. Erst dann kann mir eine etwaige Unverträglichkeit zweier oder mehrerer Bereiche von Bezugsschemata ins Bewußtsein treten. Diese Unverträglichkeit motiviert mich ihrerseits zur Neuauslegung der aktuellen Erfahrung und der fragwürdig gewordenen Horizonte, die sie umgeben, oder der bisher als zureichend angesehenen Schemata. So kann ich schon in praktischen Problemen, wie sie mir im Alltag begegnen, einen Ansatz zum »theoretischen« Denken oder jedenfalls zu einer wenigstens partiellen Integration unverträglicher Bezugsschemata in meinem Erfahrungsvorrat finden. Selbstverständlich ist damit eine logische Gliederung meines Wissensvorrats noch keineswegs erreicht. Die Gesamtsphäre des Vorausgelegten bleibt mir nach wie vor mehr oder minder undurchsichtig.

Während diese allgemeine Undurchsichtigkeit des lebensweltlichen Erfahrungsvorrats vom Standpunkt theoretischen Wissens als ein Mangel erscheint, muß daran erinnert werden, daß ich in der natürlichen Einstellung vom pragmatischen Motiv beherrscht werde. Der Erfahrungsvorrat dient mir zur Lösung praktischer Probleme. Im theoretischen Denken kann ich den Zweifel zum methodologischen Prinzip machen. In der Welt des Alltags liegt mir dagegen daran, mich routinemäßig in meinem Handeln orientieren zu können. Die in meinem Wissensvorrat sedimentierten Auslegungen haben den Status von Gebrauchsanweisungen: Wenn die Dinge so und so liegen, dann werde ich so und so handeln. Durch die erfolgreiche Anwendung von Gebrauchsanweisungen brauche ich nicht an jeweils neue Problemlösungen, Horizontauslegungen usw. zu gehen, sondern ich kann handeln, wie ich schon eh und je »in solchen Lagen« gehandelt habe. Die Gebrauchsanweisung mag also in ihren »theoretischen« Horizonten durchaus undurchsichtig sein und mir in »praktischen« Lagen dennoch als selbstverständlich anwendungsfähig erscheinen. Ihr kontinuierlicher »praktischer« Erfolg garantiert mir ihre Zuverlässigkeit, und sie wird als Rezept habitualisiert. Ferner ist natürlich anzumerken, daß mein Erfahrungsvorrat zum großen Teil sozial übermittelt ist; die Rezepte haben sich schon anderweitig »bewährt«. Die erste Garantie des Rezepts ist sozial.

C. Strukturiertheit der Lebenswelt für das erlebende Subjekt

Die Lebenswelt ist, wie wir schon sagten, von Anbeginn intersubjektiv. Sie stellt sich mir als subjektiver Sinnzusammenhang dar; sie erscheint mir sinnvoll in Auslegungsakten meines Bewußtseins; sie ist nach meinen Interessenlagen etwas zu Bewältigendes, ich projiziere in sie meine eigenen Pläne und sie leistet mir Widerstand bei der Verwirklichung meiner Zwecke, wodurch manches für mich durchführbar, anderes undurchführbar ist. Jedoch finde ich in meiner Lebenswelt von Anfang an Mitmenschen, die mir nicht nur als Organismen, sondern als mit Bewußtsein ausgestattete Körper, als Menschen »wie ich« erscheinen. Ihr Verhalten ist nicht ein beliebiges raum-zeitliches Ereignis, sondern Handeln »wie meines«: das heißt, für sie in subjektive Sinnzusammenhänge eingebettet und subjektiv motiviert, nach ihren Interessenlagen zielstrebig, nach für sie gültigen Durchführbarkeiten gegliedert. In der natürlichen Einstellung »wissen« wir im Normalfall, was der andere tut, warum er es tut und wieso er es jetzt und unter diesen Umständen tut.

Sinn ist nicht eine Qualität gewisser ausgezeichneter im Bewußtseinsstrom auftauchender Erlebnisse bzw. der darin konstituierten Gegenständlichkeiten. Sinn ist vielmehr das Resultat meiner Auslegung vergangener Erlebnisse, die von einem aktuellen Jetzt und von einem aktuell gültigen Bezugsschema reflektiv in den Griff genommen werden. Solange ich in meinen Erlebnissen befangen und auf die darin intendierten Objekte gerichtet bin, haben die Erlebnisse keinen Sinn für mich (von der besonderen Sinn- und Zeitstruktur des Handelns sei hier abgesehen!). Die Erlebnisse werden erst dann sinnvoll, wenn sie post hoc ausgelegt und mir als wohlumschriebene Erfahrungen faßlich werden. Subjektiv sinnvoll sind also nur Erlebnisse, die über ihre Aktualität hinaus erinnert, auf ihre Konstitution befragt und auf ihre Position in einem zuhandenen Bezugsschema ausgelegt werden.[8] Demnach wird mir mein eigenes Verhalten erst in Auslegung sinnvoll. Aber auch das Verhal-

[8] Vgl. dazu: Der sinnhafte Aufbau der sozialen Welt, 2. Abschnitt.

ten meines Mitmenschen wird mir durch die Deutung seines leiblichen Wirkens, seiner Ausdrucksbewegungen usw. mit Hilfe meines Wissensvorrats »verständlich«, wobei ich die Möglichkeit seines sinnvollen Verhaltens schlicht als gegeben hinnehme. Ferner weiß ich, daß mein Verhalten von ihm entsprechend in seinen Interpretationsakten als sinnvoll ausgelegt werden kann, und »ich weiß, daß er weiß, daß ich weiß«. Die alltägliche Lebenswelt ist also grundsätzlich intersubjektiv, ist Sozialwelt. Handlungen überhaupt verweisen auf Sinn, der von mir auslegbar ist und von mir ausgelegt werden muß, wenn ich mich in meiner Lebenswelt zurechtfinden will. Sinndeutung, »Verstehen«, ist ein Grundprinzip der natürlichen Einstellung mit Bezug auf Mitmenschen.

Aber nicht nur aktuell erfaßtes mitmenschliches – oder eigenes – Handeln ist als motiviert und zielstrebig, also als sinnvoll erlebt, sondern auch die Institutionalisierungen des Handelns in sozialen Einrichtungen. Diese verweisen prinzipiell auf das Handeln meiner Mitmenschen, meiner Vorgänger, ob diese als anonym, als »man pflegt so zu tun«, oder als individualisierte Gesetzgeber, Religionsstifter usw. ausgelegt werden; ihr Handeln wiederum verweist auf den Sinn, den sie mit ihrem Handeln verbunden haben.

Analoges gilt für Vergegenständlichungen menschlicher Intentionen in Zeichensystemen und der Sprache und ebenso für objektivierte Resultate menschlicher Handlungen, wie Kunstwerke. Sie alle verweisen ebenfalls auf ursprüngliche sinnstiftende Akte reflexiver Auslegungen, nachfolgende Wiederauslegungsakte und deren Habitualisierung in Sinn-Selbstverständlichkeiten für meine Vorgänger und für meine Zeitgenossen, in Tradition und relativnatürlicher Weltanschauung.[9]

Aber auch Werkzeuge werden nicht nur als Dinge der äußeren Welt erfahren – was sie freilich auch sind – sondern in einem subjektiven Bezugsschema von Interessen- und Planungszusammenhängen. Sie sind für mich »Zange« oder »Hammer«, mit denen ich bestimmte Resultate erreichen kann. Zugleich verweisen sie aber auf ein mehr oder minder anonymes Bezugsschema ihrer Brauchbarkeit »für jedermann« oder für »Handwerker« usw. Und schließlich ist ein prinzipieller Verweis auf ursprüngliche sinnstiftende Akte von »jemand« oder einer bestimmten historischen oder mythologischen Figur möglich, die das Werkzeug »erfunden« hat.

[9] Der Ausdruck wird hier im Sinne Max Schelers verwendet.

In der natürlichen Einstellung haften diese verschiedenen kulturellen Sinnschichten dem Gegenstand immer an, auch wenn ich die sinnstiftenden Akte nicht reflektierend ins Auge fasse.

Schließlich sind, wie schon gesagt, auch Naturobjekte als solche in den Sinnbereich der Kultur einbezogen. Meinen lebensweltlichen Erlebnissen von Naturgegenständlichkeiten haftet immer der Sinn ihrer prinzipiellen Erfahrbarkeit durch Mitmenschen an, und sie erscheinen mir in sprachlichen Typisierungen, Verhaltensrezepten usw., in denen mir die Auslegungen meiner Vorgänger immer gegenwärtig sind. Ich bin mir schon in der natürlichen Einstellung der Historizität der Sozial- und Kulturwelt bewußt. Die Befragbarkeit der Sozial- und Kulturwelt ist historischen Charakters. Ihre Objektivierungen sind rückführbar auf menschliche Tätigkeiten, die auf ihren Sinn hin auslegbar sind. Durch diese Auslegungen »verstehe« ich den Zweck des Werkzeugs, erfasse, wofür ein Zeichen steht, wie sich ein Mensch in seinem Verhalten an einer sozialen Einrichtung orientiert.

Nun ist es mir in der natürlichen Einstellung selbstverständlich, daß »jedermann« ebenso wie ich die verschiedenen, uns von Natur- und Sozialwelt auferlegten Widerstände und Beschränkungen von Projekten wie auch die »selbstverständlichen« Handlungsmotive usw. grundsätzlich in subjektiven Sinnzusammenhängen erlebt. Ebenso ist es mir auch selbstverständlich, daß dieses mich und ihn transzendierende Gefüge von Natur und Gesellschaft dasselbe, ist, daß daher seine subjektiven Sinnzusammenhänge wie die meinigen Erlebnis-Abschattungen und Auffassungsweisen einer »objektiven« Ordnung sind.

Jedermann erlebt seinen individuellen Lebenszyklus von Geburt, Altern und Tod, ist dem Wechsel von Gesundheit und Krankheit unterworfen, wechselt zwischen Hoffnung und Sorge hin und her. Jedermann nimmt teil am Rhythmus der Natur, sieht die Bewegung von Sonne, Mond und Sternen, erlebt den Wechsel von Tag und Nacht, steht in der Folge der Jahreszeiten. Jedermann steht in wechselseitigen Beziehungen zu anderen Menschen, ist Mitglied einer sozialen Gliederung, in die er geboren wurde oder der er sich angeschlossen hat, die vor ihm bestanden hat und nach ihm bestehen wird. Jedes gesellschaftliche Gesamtsystem hat Verwandtschaftsstrukturen, Altersgruppen, Geschlechtsgliederungen, hat Arbeitsteilung und Differenzierung nach Beschäftigungen, hat Macht- und Herrschaftsverhältnisse, Führer und Geführte und die mit all dem zusammenhängenden sozialen Typisierungen. Für jedermann ist auch die Sozialwelt als ein Ordnungssystem mit bestimmten Verhältniskonstanten erlebbar, wiewohl seine Auffassungsperspektiven, seine subjektiven Auslegungen der gesellschaftlichen Ordnungen von seinem Standort abhängen, der ihm teils auferlegt, teils aus der biographischen Kette seiner Entscheidungen bestimmt ist – aber wiederum in einer Weise, die mir prinzipiell »verstehbar« ist.

D. Pläne und Durchführbarkeiten

Wir sagten, daß das Denken in der natürlichen Einstellung vom pragmatischen Motiv bestimmt ist. Wir müssen uns in der Lebenswelt zurechtfinden und uns mit den uns von Natur und Gesellschaft auferlegten Gegebenheiten leidend und handelnd auseinandersetzen. Nun ist es aber durch mein Handeln, durch mein leibliches und leibvermitteltes Wirken, daß ich das mir Auferlegte zu verändern suche. Jeder Schritt steht unter diesem Gebot. Die Lebenswelt ist vornehmlich der Bereich der Praxis, des Handelns. Die Probleme des Handelns und der Wahl müssen also einen zentralen Platz in der Analyse der Lebenswelt einnehmen.[10] Hier seien nur einige Bemerkungen vorangeschickt, mit denen die Rolle des pragmatischen Motivs in der natürlichen Einstellung allgemein charakterisiert werden soll.

Im lebensweltlichen Denken sind wir vorzüglich auf die Zukunft ausgerichtet. Was schon eingetreten ist, kann noch reinterpretiert werden, aber es läßt sich nicht ändern. Was noch kommt, ist aber – wie wir an Hand vorangegangener Erfahrung wissen – zum Teil zwar durch uns unbeeinflußbar, aber zum Teil durch unsere möglichen Handlungen modifizierbar. Dieses Wissen beruht natürlich auf den Idealisierungen des »Und-so-weiter« und »Ich-kann-immer-wieder«. Bezüglich der unbeeinflußbaren zukünftigen Ereignisse sind wir zwar nur Zuschauer, jedoch sind wir nicht unbeteiligt, sondern durch Sorge und Hoffnung motiviert. Hinsichtlich jener zukünftigen Ereignisse, von denen wir annehmen, daß sie durch unser Handeln modifizierbar sind, müssen wir uns entscheiden, ob wir handeln wollen oder nicht, und, gegebenenfalls, wie wir handeln. Nun finden wir aber in jeder bestimmten biographischen Lage – zu der natürlich auch mein Erfahrungsvorrat gehört – daß manche Elemente der Lebenswelt unabänderlich, andere aber durch mein Handeln modifizierbar sind. Ich finde mich in einer raum-zeitlichen und sozialen Lage, in einer natürlich und gesellschaftlich gegliederten Umwelt. Daraus wachsen mir Relevanzstrukturen zu, die sich mit meiner Erinnerung an meine Vergangenheit, an vergangene Entscheidungen, an begonnene

[10] Vgl. Kap. V.

Handlungen, an unvollendete Projekte, zu einem zwar nicht homogenen, aber mir einheitlich erscheinenden Plansystem zusammenschließen. Es mag nun jeweils *ein* Plan, der von einem vorherrschenden Interesse bestimmt ist, im Vordergrund meines Bewußtseins stehen. Jedoch ist er immer mit einem Sinnhorizont umgeben, dem ich mich wiederum auslegend zuwenden kann. Dann entdecke ich, daß das vorherrschende Interesse mit anderen Interessen verbunden ist, daß ein zu verwirklichendes Ziel ein Teilschritt zur Verwirklichung übergeordneter Ziele ist, daß Entscheidungen sich aus Vorentscheidungen »ergeben« haben. Im täglichen Leben sind Handlungen Teilhandlungen innerhalb eines übergeordneten Plansystems – für einen bestimmten lebensweltlichen Bereich, für den Tag, für das Jahr, für Arbeit und Freizeit – die wiederum in einem mehr oder minder bestimmten Lebensplan ihren Platz haben. Wenn ich im Augenblick meine Absicht verwirkliche, meinem Freund einen Brief zu schreiben, so könnte ich ohne weiteres erklärend hinzufügen: ich habe heute gerade einige Stunden Zeit – aus den und den Gründen – ich habe vor, demnächst die Stadt zu besuchen, in der mein Freund wohnt – aus den und den Gründen – ich muß in den nächsten Tagen ein Problem bewältigen, über das mein Freund Bescheid weiß – und so weiter und so fort.

Zugleich ist es mir in meinem Erfahrungsvorrat gegeben, daß meine Handlungen, die ich als typische Handlungen aufzufassen vermag, typische Folgen haben werden. Ich habe an andere Freunde Briefe ähnlichen Inhalts geschrieben, und sie haben so und so reagiert. Ich habe an den gleichen Freund Briefe anderen Inhalts geschrieben, und er hat so und so reagiert. Und noch einfacher: Es ist mir gelungen, durch mein Schreiben eine unwiderrufliche Veränderung, wenn auch noch so geringen Ausmaßes, in meiner Umwelt hervorzurufen. Jedes Handeln in meiner Umwelt verändert diese.

Ferner ist es mir aber auch verständlich, daß ich – um meinem Freund zu schreiben – eine ganze Reihe von Teilhandlungen vornehmen muß, die untergeordnete Zwecke zum übergeordneten Ziel sind. Ich muß bestimmte Schriftzeichen niederschreiben; ich kann mir den Brief nicht nur denken. Es stehen mir zwar einige Möglichkeiten zur Wahl, von denen ich durch meine Vorerfahrung weiß: Feder, Bleistift, Schreibmaschine, von denen jede wiederum einen schon vorausgelegten Sinnhorizont hat, wie Unpersönlichkeit, Nachlässigkeit usw. Diese Möglichkeiten werden mir ihrerseits, je nach meiner Interessenlage, meinem Verhältnis zu meinem Freund und der Situationsbedingtheit (ich schreibe etwa auf der Bahn und habe nur einen Bleistift zur Hand), Entscheidungen in einer Planhierarchie aufnötigen. Wenn ich mich für die Feder entscheide, kann ich andererseits nicht den gleichen Brief mit dem Bleistift schreiben; wenn ich meinen Freund um gewisse Information »bitte«, kann ich ihn nicht um sie »ersuchen« usw. Wenn meine Zeit sehr begrenzt ist, kann ich jetzt nur meinem Freund X, aber nicht auch Y und Z schreiben. Kurz, in der natürlichen Einstellung handle ich nicht nur innerhalb einer biographisch bedingten Planhierarchie, sondern sehe auch typische Folgen meiner als typisch aufgefaßten Handlungen und füge mich in eine als selbstverständlich erlebte Struktur von Unverträglichkeiten ein, die teils ontologischen Charakters (ich kann nicht Briefe mit meinen Augen schreiben), teils historischen Charakters (es wäre mir, im 16. Jahrhundert lebend, nicht »in den Sinn gekommen«, anders als mit der Feder zu schreiben) und teils biographisch (ich habe nie leserlich zu schreiben gelernt, ich muß mit der Schreibmaschine schreiben) sind. So konfrontieren die bloß erdenklichen Planhierarchien bestimmte und zum Teil unabänderliche Unverträglichkeitssphären: es resultiert ein System von Motivierungen für *durchführbare* Ziele.

Kapitel II

Die Aufschichtung der Lebenswelt

Einführung

Wir beschäftigten uns bisher mit der Lebenswelt des Alltags, die wir als jene Wirklichkeit definierten, die der wache, normale Erwachsene in der natürlichen Einstellung als schlicht gegeben vorfindet. Schon der Begriff der alltäglichen Lebenswelt umfaßt also mehr als William James' Begriff der vornehmlichen Wirklichkeit (paramount reality) der sinnlich wahrnehmbaren physischen Welt. Wie wir zeigten, gehört zur alltäglichen Lebenswelt sowohl die kulturelle Sinnschicht, die physische Objekte erst zu Gegenständen der naiven Erfahrung macht, als auch die alltägliche Sozialwelt. Jedoch umfaßt die Lebenswelt noch mehr als die alltägliche Wirklichkeit. Der Mensch versinkt in Schlaf, Tag für Tag; er gibt die alltägliche natürliche Einstellung auf, um in fiktive Welten, ins Phantasieren, zu verfallen. Er vermag den Alltag vermittels von Symbolen zu transzendieren. Schließlich, als Sonderfall, mag er bewußt aus der natürlichen Einstellung hinüberwechseln. Wir können nun den Begriff der Lebenswelt so breit fassen, daß er alle Modifikationen der Einstellung und der Wachheit bzw. der Bewußtseinsspannung des normalen Erwachsenen einschließt. Wir können auch die Welt wissenschaftlichen Denkens der Lebenswelt der natürlichen Erfahrung gegenüberstellen. Das ist zu guter Letzt eine terminologische Frage. Sachlich wichtig ist es aber, die Struktur der quasi-ontologischen Wirklichkeitsbereiche, wie sie vom normalen Erwachsenen erlebt werden, zu beschreiben, wobei wir vom Sonderproblem der Kinderwelt und der pathologischen Wirklichkeiten absehen müssen. Es ist noch einmal festzuhalten, daß die alltägliche Lebenswelt der vornehmlichste Wirklichkeitsbereich ist und daß die natürliche Einstellung die Grundeinstellung des normalen Erwachsenen ist. Unsere Untersuchung wird sich auch im folgenden auf die Beschreibung dieses für die Sozialwissenschaften wichtigsten Bereichs konzentrieren: im zweiten Abschnitt dieses Kapitels wollen wir die zeitliche, räumliche und soziale Aufschichtung dieses Bereichs analysieren. Zunächst ist jedoch die quasi-ontologische Struktur der Lebenswelt, im weiteren Sinne verstanden, zu untersuchen.

A. Realitätsbereiche geschlossener Sinnstruktur

1) Realitätsakzent

In einem berühmt gewordenen Kapitel seines Werkes »The Principles of Psychology«[1] behauptet William James, daß Wirklichkeit nichts anderes sei als ein Bezogensein auf unser tätiges und emotionales Leben. Der Ursprung aller Realität sei subjektiv; alles, was unser Interesse hervorruft, ist wirklich. Einen Gegenstand real nennen heißt, daß dieser Gegenstand in einer bestimmten Beziehung zu uns stünde. »Kurzum, das Wort ›real‹ ist ein Bedeutungshof (fringe)«. Unser erster Impuls sei, alles Vorgestellte als unmittelbar real zu nehmen, solange es unwidersprochen bleibt. Jedoch gäbe es mehrere, wahrscheinlich sogar unendlich viele verschiedene Wirklichkeitsordnungen, die jeweils ihren besonderen, nur ihnen eigenen Seinsstil haben. James nennt sie Sub-universa. Als Beispiele führt er an die Sinnwelt bzw. die Welt der physischen Gegenstände – die für ihn die vornehmliche Wirklichkeitsordnung ausmacht – die Welt der Wissenschaft, die Welt der idealen Beziehungen, die Welt der Idole, die verschiedenen übernatürlichen Welten der Mythologie und der Religion; die verschiedenen Subuniversa der indivuellen Meinungen, die Welten der Phantasten und der Geisteskranken. Während man ihr zugewandt ist, ist jede dieser Welten in ihrer eigenen Weise real; aber sowie man ihr die Aufmerksamkeit entzieht, verschwindet sie als Wirklichkeit. Nach James werden alle Sätze, ob attributiv oder existentiell, durch die bloße Tatsache, daß sie gedacht werden, geglaubt, solange sie nicht mit anderen, zugleich geglaubten Sätzen dadurch kollidieren, daß sie den Anspruch erheben, ihre Termini seien mit denen der anderen Sätze identisch. So ist zum Beispiel die Spielwelt des kleinen Mädchens »real«, solange sie ungestört bleibt. Das Mädchen ist »wirklich« die Mutter, ihre Puppe »wirklich« das Kind. In der Welt des Kunstwerks haben zum Beispiel Ritter, Tod und Teufel auf Dürers Blatt »reale« Existenz, nämlich als Seiendes im Sinnbereich der künstlerischen Phantasie. In der Wirklichkeit der Außenwelt sind sie bildliche »Darstellungen«. Während des Schauspiels

[1] Band II, Kap. XXI, pp. 283-322.

ist Hamlet für uns als Hamlet real, nicht als der Schauspieler X, der den Hamlet »darstellt«.

Mit diesen Einsichten über den Charakter der Wirklichkeit rührt James an wesentliche, auch für unsere Überlegungen bedeutsame Probleme. Allerdings bewegt sich James bewußt innerhalb der Grenzen einer psychologischen Fragestellung, und es heißt nun, seinen Ansatz in eine andere Perspektive zu rücken. Wichtig ist es vor allem, zu betonen, daß die Wirklichkeitsordnungen nicht durch eine etwaige ontologische Struktur ihrer Objekte, sondern durch den Sinn unserer Erfahrung konstituiert werden.[2] Aus diesem Grund ziehen wir es vor, nicht – wie James – von Sub-universa der Realität, sondern von geschlossenen Sinngebieten zu sprechen, deren jedem wir den Akzent der Wirklichkeit verleihen können. Ein geschlossenes Sinngebiet besteht also aus sinnverträglichen Erfahrungen. Anders gesagt, alle Erfahrungen, die zu einem geschlossenen Sinngebiet gehören, weisen einen besonderen Erlebnis- bzw. Erkenntnisstil auf; mit *Bezug auf diesen Stil* sind sie untereinander einstimmig und miteinander verträglich. Die hervorgehobene Einschränkung ist wichtig. Unstimmigkeiten und Unverträglichkeiten einiger einzelner Erfahrungen, mit *Bezug auf ihren partiellen Aussagesinn*, können durchaus im gleichen Sinngebiet auftreten, ohne daß diesem der Akzent der Wirklichkeit entzogen wird. Vielmehr mag dies nur die Ungültigkeit eben der betreffenden Erfahrungen innerhalb des geschlossenen Sinngebietes zur Folge haben.

Die Geschlossenheit eines Sinngebietes – der alltäglichen Lebenswelt, der Traumwelt, der Welt der Wissenschaft, der Welt religiöser Erfahrung – beruht auf der Einheitlichkeit des ihm eigenen Erlebnis- bzw. Erkenntnisstils. Einstimmigkeit und Verträglichkeit hinsichtlich dieses Stils sind demnach auf ein gegebenes Sinngebiet beschränkt. Keinesfalls ist das, was innerhalb des geschlossenen Sinngebietes P verträglich ist, auch innerhalb des geschlossenen Sinngebietes Q verträglich. Im Gegenteil, gesehen von dem als real

[2] Vgl. Husserl, Ideen, I § 55 p. 106: »In gewisser Art und mit einiger Vorsicht im Wortgebrauch kann man auch sagen: *Alle realen Einheiten sind Einheiten des Sinnes... eine absolute Realität gilt genau so viel wie ein rundes Viereck.* Realität und Welt sind eben hier Titel für gewisse gültige *Sinneseinheiten,* nämlich Einheiten des ›Sinnes‹, bezogen auf gewisse ihrem Wesen nach gerade so und nicht anders sinngebende und Sinnesgültigkeit aufweisende Zusammenhänge des absoluten reinen Bewußtseins« (Husserls Unterstreichung).

angesetzten P erscheint Q mitsamt den zu Q gehörigen besonderen Erfahrungen als bloß fiktiv und inkonsistent und umgekehrt. Aus diesem Grund sind wir berechtigt, von *geschlossenen* Sinngebieten zu sprechen. Es gibt keine Möglichkeit, ein geschlossenes Sinngebiet auf ein anderes als mit Hilfe einer Verwandlungsformel zurückzuführen. Der Übergang von einem Sinngebiet zum anderen kann sich nur durch einen »Sprung« (im Sinne Kierkegaards) vollziehen. Dieser »Sprung« ist nichts anderes als das Vertauschen eines Erlebnisstils mit einem anderen; da, wie wir gleich sehen werden, zum Erlebnisstil wesentlich eine spezifische Bewußtseinsspannung gehört, ist ein solcher »Sprung« von einem Schockerlebnis begleitet, das durch die radikale Veränderung der Bewußtseinsspannung verursacht wird. Wenn wir von geschlossenen Sinngebieten sprechen, so ist die Geschlossenheit nur auf die entsprechende Sinnstruktur bezogen. Denn im Laufe eines Tages, ja einer Stunde können wir durch Modifikationen der Bewußtseinsspannung eine ganze Reihe solcher Gebiete durchlaufen.[3] Es gibt ebenso viele Schockerlebnisse wie es geschlossene Sinngebiete gibt, die durch Einstellungsänderungen den Akzent der Wirklichkeit erhalten können. Wir führen hier nur einige Beispiele an: das Einschlafen als Sprung in den Traum, das Erwachen, das Öffnen des Theatervorhangs, das »Versenken« in ein Gemälde; ferner die Bewußtseinsverschiebung, wenn man zu spielen beginnt, das Erlebnis des »Numinosen«, auch der Ruck, mit dem sich zum Beispiel der Wissenschaftler nach dem Mittagessen in die theoretische Attitude versetzt, aber auch das Lachen als Reaktion auf die Realitätsverschiebung, die einem Witz zugrunde liegt.

Solange unsere Erfahrungen am gleichen Erlebnis- bzw. Erkenntnisstil teilhaben, solange sie also in einem geschlossenen Sinnbereich bleiben, dauert für uns die Wirklichkeit dieser Erfahrungen an. Nur wenn wir von unserem Lebensplan her motiviert sind, eine andere Einstellung anzunehmen (»ich darf nicht weiter vor mich hinträumen, ich muß an die Arbeit«), oder wenn wir durch einen »fremden Eingriff« gestört werden (z. B. durch einen Knall bei der Betrachtung eines Bildes, ein Stolpern bei einem Tagtraum, plötzlichen Hunger bei wissenschaftlicher Kontemplation

[3] Ferner besteht noch das Problem der »Enklaven«: jeder Entwurf einer Handlung in der alltäglichen Lebenswelt z. B. erfordert eine Art von reflektiver, wenn auch nicht wissenschaftlicher Einstellung.

etc. – man denke auch an religiöse »Erleuchtung«), wenn wir also einen spezifischen Schock erfahren, der die Grenzen des für uns augenblicklich »realen«, geschlossenen Sinngebiets sprengt, müssen – oder »wollen« – wir den Realitätsakzent auf ein anderes Sinngebiet verlegen. Nach den Beispielen schiene es, als ob die alltägliche Lebenswelt einen gewissen Vorrang hätte. In der Tat stellt sie den Urtypus unserer Realitätserfahrung dar. Im täglichen Ablauf werden wir wiederholt in sie zurückgeholt, und mit einer gewissen Einschränkung können wir die anderen Sinngebiete als Modifikationen der alltäglichen Lebenswelt auffassen. Allerdings darf man nicht vergessen, daß der Realitätsakzent einem jeden Sinnbereich erteilt werden kann, daß zwar von der alltäglichen Lebenswelt her die anderen Sinnbereiche nur als Quasi-Realitäten erscheinen mögen, daß aber zugleich von der wissenschaftlichen Einstellung her, oder auch von der religiösen Erfahrung her, die alltägliche Lebenswelt als Quasi-Realität gesehen werden kann.

2) Erlebnis- bzw. Erkenntnisstil und Bewußtseinsspannung

Wir sagten, daß der Realitätsakzent auf der Einstimmigkeit zwischen Erfahrungen und einem spezifischen Erlebnis- bzw. Erkenntnisstil beruht. Was heißt nun Erlebnis- bzw. Erkenntnisstil? Er ist fundiert auf der *spezifischen Spannung des Bewußtseins.* Wie Bergson ausführt, sind Bewußtseinsspannungen Funktionen unserer »Einstellung zum Leben« (attention à la vie).[4] Handeln ist mit der höchsten Bewußtseinsspannung verbunden und bekundet das stärkste Interesse, der Realität zu begegnen, während der Traum mit dem völligen Mangel eines solchen Interesses gekoppelt ist und den niedrigsten Grad der Bewußtseinsspannung darstellt. Dieses Interesse ist das grundlegende regulative Prinzip unseres bewußten Lebens. Es definiert den für uns relevanten Bereich der Welt. Es motiviert uns dazu, daß wir in unseren gegenwärtigen Erlebnissen aufgehen und unmittelbar auf ihre Objekte gerichtet sind, oder es motiviert uns dazu, daß wir uns unseren vergangenen (etwa auch gerade vergangenen) Erlebnissen zuwenden und sie nach ihrem

[4] Vgl. Henri Bergson: *Essai sur les Données Immédiates de la Conscience,* Paris, Alcan, 1938, p. 20ff., pp. 94-106; *Matière et Mémoire,* Paris, Alcan, 1889, pp. 189-195, pp. 224-233; *L'Energie Spirituelle,* Paris, Alcan, 1919, pp. 15-18, pp. 80-84, pp. 108-111, pp. 129-137, pp. 164-171.

Sinn befragen, oder aber uns in einer entsprechenden Einstellung dem Entwurf zukünftiger Handlungen widmen.

Wir wollen uns etwas eingehender mit dem für uns besonders wichtigen Grad der Bewußtseinsspannung beschäftigen, nämlich mit der *hellen Wachheit.* Das Bewußtsein befindet sich in höchster Spannung, die einer Einstellung voller Aufmerksamkeit auf das Leben und seine Erfordernisse entspringt. In Handlungen und Verrichtungen, die auf die Umwelt gerichtet sind, ist das Ich am Leben voll interessiert und daher hell wach. Das Ich lebt in seinen Akten. Seine Aufmerksamkeit ist auf die Ausführung seiner Vorhaben konzentriert. Es handelt sich hier um eine aktive, nicht um eine bloß passive Aufmerksamkeit. In passiver Aufmerksamkeit erfahre ich z. B. die *petites perceptions,* die (bloß passive) Erlebnisse und nicht sinnvolle Manifestationen der Spontaneität sind. Sinnvolle Spontaneität kann – im Sinne von Leibniz – als die Anstrengung, zu immer neuer Perzeption zu gelangen, definiert werden. In ihrer niedrigsten Form führt sie zur Umgrenzung von Perzeptionen und der Umformung in Apperzeptionen, in ihrer höchsten Form zu Handlungen, insbesondere solchen, die in die Außenwelt eingreifen und sie verändern, also zum Wirken. Der Zustand der hellen Wachheit umreißt jenen Bereich der Welt, der pragmatisch relevant ist. Pragmatische Relevanz bestimmt ihrerseits Form und Inhalt unseres Bewußtseins: die Form, weil sie die Spannung unseres Gedächtnisses und dadurch die Spannweite unserer Erinnerungen an vergangene Erlebnisse und zugleich die Spannweite unserer Erwartungen bestimmt; den Inhalt, weil alle unsere aktuellen Erlebnisse modifiziert werden durch das vorentworfene Vorhaben und seine Ausführung.[5]

Ein weiterer Aspekt des Erlebnis- bzw. Erkenntnisstils, der unmittelbar mit der Bewußtseinsspannung zusammenhängt, ist eine *vorherrschende Form der Spontaneität.* Tagträumen verläuft z. B. in Passivität, wissenschaftliche Arbeit in Denkakten, das Leben im Alltag in Akten des Wirkens (das heißt in sinnvoller Spontaneität, die auf einem Vorhaben beruht und dadurch charakterisiert ist, daß der projizierte Zustand durch in die Außenwelt eingreifende Leibbewegungen herbeizuführen ist) usw.

[5] Hier allerdings gelangen wir von der Analyse der Bewußtseinsspannung als solcher zur Analyse der Zeitdimension, in der das handelnde Ich seine eigenen Handlungen erlebt, und zu anderen Problemen einer Theorie des Handelns. (Zu diesen Fragen siehe Kap. V.)

Ferner gehört zum Erkenntnisstil eine *besondere Epoché.* Die phänomenologische Einklammerung der Hinnahme der Weltwirklichkeit unterscheidet sich wesentlich von den verschiedenen Epochén, die der Methodologie der empirischen Wissenschaft zugrunde liegen. Aber auch die natürliche Einstellung des täglichen Lebens kennt eine besondere Form der Epoché. In der natürlichen Einstellung suspendiert der Mensch allerdings nicht seinen Glauben an die Existenz der äußeren Welt und ihrer Objekte, sondern im Gegenteil, er suspendiert jeglichen Zweifel an ihrer Existenz. Was er einklammert, ist gerade der Zweifel, daß die Welt und ihre Objekte anders sein könnten als sie ihm gerade erscheinen.[6]

Der Erlebnis- bzw. Erkenntnisstil enthält ferner eine *spezifische Form der Sozialität.* Hier gibt es wiederum verschiedene Möglichkeiten: von der Einsamkeit – des Träumenden zum Beipiel – bis zu den verschiedenen Formen der Erfahrung der anderen, ihrer Mitteilungen und »Erzeugnisse« in der gemeinsamen intersubjektiven alltäglichen Lebenswelt, in welcher Kommunikation und intersubjektiv bezogenes Handeln die Regel sind.

Wie eine spezifische Form der Sozialität gehört zum Erlebnis- bzw. Erkenntnisstil auch eine entsprechende *spezifische Form der Selbsterfahrung.* Man kann sich im Traum, oder auch in der Phantasie als mit völlig anderen Attributen, einer anderen Biographie, ausgestattet erleben als denen, die man im täglichen Leben »hat«. In der wissenschaftlichen Einstellung erlebt man sich als Wissenschaftler, man denkt in einer vom Wissenschaftsstand vorbestimmten Problemlage, also sozusagen anonym. Man kann sich in der religiösen Erfahrung in der Totalität seiner selbst erleben oder sich in alltäglichen sozialen Beziehungen nur unter verschiedenen Rollenaspekten erfahren.

Außerdem gehört zum Erlebnis- bzw. Erkenntnisstil eine besondere *Zeitperspektive.* Die innere Zeit des Traums und des einsamen Ich unterscheidet sich von der homogenen Raum/Zeit der Naturwissenschaft, aber auch von der sozialen Standardzeit, die im Schnittpunkt der inneren Zeit mit der Welt-Zeit ihren Ursprung hat und der allgemeinen Zeitstruktur der intersubjektiven Lebenswelt als Grundlage dient. Es wäre im übrigen eine wichtige Auf-

[6] Vgl. Spiegelberg: »The Reality Phenomenon and Reality«, in *Philosophical Essays in Memory of Edmund Husserl,* (Hrsg. Marvin Farber) Cambridge, Harvard University Press, 1940.

gabe, eine systematische Typologie der verschiedenen Sinngebiete und der ihnen eigenen Erlebnis- bzw. Erkenntnisstile zu versuchen. Es wäre genau aufzuweisen, wie mit abnehmender Bewußtseinsspannung und Abkehr vom täglichen Leben immer größere Abschnitte und Schichten der alltäglichen Lebenswelt ihre Selbstverständlichkeit und den Realitätsakzent verlieren. Es wäre zu zeigen, wie die Epoché der natürlichen Einstellung, die den Zweifel an der Existenz der alltäglichen Lebenswelt suspendiert, durch andere Formen der Epoché ersetzt wird, die den Glauben an bestimmte Bereiche der alltäglichen Lebenswelt »einklammern«. Hier kann eine solche Typologie nicht in aller Ausführlichkeit vorgelegt werden, da unsere Hauptaufgabe die Analyse der täglichen Lebenswelt ist, die ja mit einiger Berechtigung als die Vorzugsrealität bezeichnet werden darf. Wir werden uns im folgenden Abschnitt der Beschreibung der Aufschichtung dieses vornehmlichsten Sinngebietes widmen und werden in diesem Zusammenhang den Erlebnis- bzw. Erkenntnisstil dieses Bereichs zu charakterisieren haben. Vorerst wollen wir aber einiges über andere Sinngebiete geschlossener Sinnstruktur sagen, um einen Hintergrund zu schaffen, von dem sich diese Beschreibung eindringlich abheben soll. Wir nehmen uns als Beispiel die Traumwelt und die Welten der Phantasie.

3) Phantasiewelten

Wir sprechen von Phantasiewelten, da es sich nicht um ein einziges, sondern um mehrere geschlossene Sinngebiete handelt. Obwohl sie gerade im Kontrast zur Lebenswelt miteinander eng verwandt erscheinen, da sie alle bestimmten Schichten der alltäglichen Lebenswelt einklammern, sind sie doch heterogen und nicht aufeinander reduzierbar. Dies leuchtet ein, wenn wir als Beispiel die in sich geschlossenen Sinnstrukturen des Tagtraumes, des Spiels, des Märchens, des Witzes, der Dichtung betrachten. Dennoch sind diesen Phantasiewelten gerade als solchen einige wesentliche Elemente des Erlebnis- bzw. Erkenntnisstils gemeinsam.

a) Wenn sich meine Aufmerksamkeit in eine der verschiedenen Phantasiewelten versenkt, brauche ich die Außenwelt nicht mehr zu bewältigen. Es gibt keinen Widerstand von mich umgebenden Objekten, der zu überwinden wäre. Ich bin von der Dringlichkeit des pragmatischen Motivs, unter der ich in der natürlichen Einstellung des Alltags stehe, befreit. Die intersubjektive Standardzeit der alltäglichen Lebenswelt knechtet mich nicht mehr, noch ist die Welt eingegrenzt durch das, was in meiner Wahrnehmung, meiner Erinnerung und meinem Wissen vorliegt. Ereignisse und Situationen, über die ich keine Kontrolle habe, nötigen mir nicht Alternativen auf, zwischen denen ich zu wählen habe. Mein Leistungsvermögen ist nicht eingeschränkt durch äußere Umstände. Allerdings kann ich, solange ich in Phantasiewelten lebe, auch nichts »leisten« im Sinne einer Handlung, die in die Außenwelt eingreift und sie verändert. Ich kann, solange ich in der Phantasiewelt verweile, nichts vollbringen, außer eben zu phantasieren. Jedoch kann ich unter Umständen den Phantasieverlauf als solchen vorentwerfen (ich werde mir ausmalen, die Märchenfee stellte mir drei Wünsche frei) und dann diesen Entwurf erfüllen. Es bleibe dahingestellt, ob dies unter eine weit gefaßte Definition des Begriffs »Handeln« fällt. Wichtig ist, daß das Phantasieren in sich abgeschlossen bleibt, daß die Absicht zur Tat fehlt – im Gegensatz zum Planen einer Handlung in der alltäglichen Lebenswelt, das (strikt als Planen) in gewissem Sinn auch »bloßes Denken« ist.[7]

Aber handelt denn Don Quixote nicht? Greift er nicht in die Außenwelt ein, wenn er gegen die Windmühle Attacke reitet? Dazu ist zu sagen, daß Don Quixote nicht aus den Grenzen des phantastischen Sinngebietes, dem er den Realitätsakzent erteilt, heraustritt. Für ihn, den Phantasten, mit Alltagsrealitäten konfrontiert (so wie umgekehrt der Realist Eulenspiegel Phantasmagorien begegnet), sind Riesen wirkliche Riesen, nicht imaginäre Gebilde. In der Windmühlenepisode muß er zwar erkennen, daß seine Auffassung des ihm vorgegebenen Objektes von dem folgenden Ereignis in Frage gestellt wurde. Wir erfahren in der natürlichen Einstellung ja das gleiche, wenn sich herausstellt, daß das entfernte Etwas, das wir für einen Baum hielten, ein Mann ist.[8] Aber Don Quixote verhält sich anders als wir: nichts vermag ihn aus dem Sinnbereich seiner Phantasiewelt herauszubringen. Er gibt nicht zu, daß die Ge-

[7] In den Worten Husserls – Ideen I & III – könnten wir sagen, daß alles Phantasieren »neutral« sei, d.h. der spezifischen Positionalität des thetischen Bewußtseins ermangele.

[8] Für eine genaue Analyse dieses Problems siehe Husserl, Ideen I § 103, und Erfahrung und Urteil, pp. 99ff. und 370ff.

genstände, die er für Riesen hielt, schon immer Windmühlen waren und er sich eben geirrt haben mußte. Sicherlich, er muß zugeben, daß die Gegenstände jetzt, in diesem Augenblick, Windmühlen sind. Er bestreitet nicht die Realität der aktuellen Erfahrung: es waren Windmühlenflügel, die ihn so unsanft aus dem Sattel hoben. Aber die aktuelle Erfahrung erhält ihren Sinn nur im Sinnbereich der Phantasiewelt. Der Schock, den er erfährt, ist ein physischer; er zwingt ihn nicht dazu, den Realitätsakzent zu verlagern, sondern nur, für das Ereignis eine dem Sinngebiet der spezifischen Phantasiewelt angemessene Erklärung zu finden. Don Quixote findet sie auch: sein Erzfeind, der Zauberer, muß im letzten Augenblick die Riesen in Windmühlen verwandelt haben, denn daß sie Riesen gewesen waren, kann nicht bezweifelt werden. Mit dieser Erklärung schließt sich Don Quixote endgültig in die Welt seiner Phantasie ein und verlegt sich die Möglichkeit, in die Alltagsrealität hinüberzuwechseln, da er dieser prinzipiell den Realitätsakzent entzogen hat. Die Riesen sind wirklich, die Windmühlen Schein, Phantasmagorien.

Wir erinnern noch einmal an William James' Diktum, daß »jedes Objekt, das unwidersprochen bleibt, ipso facto geglaubt wird und als absolute Realität gesetzt wird«.[9] Auch Husserl kommt zum gleichen Resultat.[10] Er unterscheidet zwischen Existentialprädikationen, deren Gegenteil Negate der Existenz sind, und Wirklichkeitsprädikationen, deren Gegenteil Prädikationen der Unwirklichkeit, der Fiktion, sind. Er schreibt: *»In der natürlichen Einstellung gibt es zunächst* (vor der Reflexion) *kein Prädikat ›wirklich‹, keine Gattung ›Wirklichkeit‹.«* Erst wenn wir phantasieren und aus der Einstellung des Lebens in der Phantasie (also des Quasi-Erfahrens in all seinen Modi) übergehen zu den gegebenen Wirklichkeiten, und wenn wir dabei über die zufällige einzelne Phantasie und ihr Phantasiertes hinausgehen, diese als Exempel nehmend für mögliche Phantasien überhaupt und Fikta überhaupt, erwachsen uns die Begriffe Fiktum (bzw. Phantasie) und auf der anderen Seite die Begriffe »mögliche Erfahrung überhaupt« und »Wirklichkeit«. Husserl schreibt dann: »Von dem Phantasierenden, der in der Phantasiewelt lebt (vom ›Träumenden‹) können wir nicht sagen, daß er Fikta als Fikta setzt, sondern er hat modifizierte

[9] Principles of Psychology, II, p. 289.
[10] Erfahrung und Urteil § 74 a, pp. 359ff.

Wirklichkeiten, *Wirklichkeiten-als-ob. Erst wer in der Erfahrung lebt und von da aus in die Phantasie ›hineinfaßt‹, wobei das Phantasieren mit dem Erfahrenen kontrastiert, kann die Begriffe Fiktion und Wirklichkeit haben.«* (Hervorhebungen Husserls).[11]

Aus den vorangegangenen Überlegungen folgern wir, daß die Verträglichkeitszusammenhänge des Alltagslebens im Bereich der Phantasie nicht bestehen. Die logische Struktur der Einstimmigkeit dagegen (in Husserls Terminologie: die Prädikationen der Existenz und Nichtexistenz) behält ihre Gültigkeit. Ich kann Riesen, Zauberer, geflügelte Pferde, Zentauren und sogar ein perpetuum mobile phantasieren, nicht aber ein regelmäßiges Dekahedron, es sei denn, ich bliebe bei der Nebeneinanderstellung leerer Begriffe stehen. Im geschlossenen Sinngebiet der Phantasie können nur faktische, aber nicht logische Unverträglichkeiten überwunden werden.

b) Dazu kommt, daß die in der Lebenswelt des Alltags gültigen Grenzen und Bedingungen unserer Spontaneität nicht im gleichen Sinn für unser Phantasieren gelten. Einer, der phantasiert, kann phantasieren, *was* er will (wenn auch nicht *wie* er will). Er kann leere Erwartungen seines Phantasierens mit jedem beliebigen denkmöglichen Inhalt füllen. Wenn man Phantasieren überhaupt als Handeln im prägnanten Sinn bezeichnen kann, so ist es ein Handeln nach freiem Ermessen.

c) Auch die *Zeitperspektive* der Phantasiewelten unterscheidet sich grundlegend von der Zeitperspektive der Lebenswelt des Alltags. Nach Husserl[12] haben Phantasmen keine feste Zeitstelle in der objektiven Zeit. Daher sind sie nicht individualisiert, und die Kategorie der Selbigkeit ist auf sie nicht anwendbar. »Dasselbe« Phantasma mag innerhalb einer einzigen kontinuierlichen phantasierenden Aktivität wiederkehren, wobei die Einheit dieser Aktivität durch die Kontinuität der inneren Zeit, in der sie abfolgt, gewährleistet ist. Aber Phantasmen, die verschiedenen Phantasiereihen angehören – oder die, in unserer Terminologie, zu verschiedenen Bereichen geschlossener Sinnstruktur gehören – können hinsichtlich ihrer Selbigkeit oder Gleichheit nicht miteinander verglichen werden. Es ist sinnlos, zu fragen, ob die Hexe eines Märchens mit der eines anderen identisch sei. Das phantasierende Ich kann in sei-

[11] Erfahrung und Urteil, p. 360.
[12] Erfahrung und Urteil §§ 39-42.

nen Phantasien alle Merkmale der Standard-Zeit mit Ausnahme ihrer Unumkehrbarkeit umfingieren. Ich kann den Ereignisablauf sozusagen durch eine Zeitlupe oder einen Zeitraffer phantasieren. Die Unumkehrbarkeit aber entzieht sich jeder Variation durch die Phantasie, weil sie der Dauer der inneren Zeit selbst entspringt, die selbst für unsere Phantasien und die darin produzierten Phantasmen konstitutiv ist. Während ich phantasiere – und auch während ich träume – werde ich älter. Ich kann zwar in einer gegenwärtigen Phase meine Vergangenheit umfingieren, aber die gegenwärtige Phantasie selbst wird in der Dauer des Bewußtseinsstroms konstituiert und trägt ihre Merkmale.

d) Wenn ich mein eigenes *Selbst als Gegenstand des Phantasierens* nehme, so kann ich mich in jede nur erdenkliche Rolle hineinversetzen. Aber mein so imaginiertes Selbst wird nur als ein Teil meiner Gesamtpersönlichkeit erfahren, als ein Aspekt meiner selbst, der nur von meinen Gnaden besteht. Ich kann in meinen Phantasien auch meine Leiblichkeit umfingieren, aber innerhalb der Schranken, die durch die primordiale Erfahrung der Grenzen meines Leibes gesetzt sind. Ich kann mich als Zwerg oder Riese phantasieren, aber immer als eine nach außen abgegrenzte Innerlichkeit.

c) *Die gesellschaftliche Struktur der Phantasiewelten* ist komplex. Man kann allein phantasieren oder mit anderen; mit einem Mitmenschen, mit mehreren, mit denen man in sozialen Beziehungen steht, und in der Masse. Der Tagtraum ist einsam, gemeinsames Phantasieren reicht von der folie à deux (um ein extremes Beispiel zu nennen) über das wechselseitig orientierte intersubjektive Kinderspiel zu verschiedenen, von der Massenpsychologie untersuchten Phänomenen.

Andererseits können Mitmenschen, Vorgänger, auch Nachfahren, sowie alle möglichen Arten von sozialen Beziehungen, Handlungen und Reaktionen zu Inhalten meines Phantasierens werden. Die Freiheit des phantasierenden Ich hat hier einen weiteren Spielraum. Es ist z. B. möglich, daß die Phantasie die imaginierte Kooperation eines fingierten Mitmenschen in einem solchen Ausmaß einschließt, daß das fingierte Verhalten dieses Mitmenschen mein eigenes Phantasma entweder erhärten oder vernichten kann.

4) Die Traumwelt

a) Schlaf ist völlige *Entspannung des Bewußtseins* und mit völliger *Abkehr vom Leben* verbunden. Das schlafende Ich hat keinerlei pragmatisch bedingtes Interesse, seine verworrenen Perzeptionen in Klarheit und Deutlichkeit zu überführen, das heißt, sie in Apperzeptionen zu verwandeln. Es fährt aber fort zu perzipieren, sich zu erinnern, zu denken. So gibt es Perzeptionen des eigenen Leibes, seiner Stellung, seiner Schwere, seiner Grenzen; Perzeptionen von Licht, Ton, Wärme. Alle diese Perzeptionen sind passiv, ohne jegliche Zuwendung, ohne die Aktivitäten des Hörens, Schauens, die die Perzeptionen erst zu Apperzeptionen formen würden. Die »petites perceptions« werden erlebt, sie entgehen aber der selektiven und formenden Tätigkeit, die der Einstellung zum Leben (attention à la vie) entstammt. Obwohl sie nicht klar und deutlich werden, sondern im Zustand der Verworrenheit verharren, sind sie durch die Überformungen der aktiven, pragmatisch motivierten Aufmerksamkeit nicht mehr verdeckt. Es ist vielmehr die passive Aufmerksamkeit, daher die Gesamtheit der petites perceptions in ihrer Einwirkung auf das intime Personenzentrum des Träumers, die sein Interesse und die Themen seines Traumes bestimmt.

b) Die typische Form der *Spontaneität* in der Traumwelt hat gewisse Ähnlichkeit mit der der Phantasiewelten. Das träumende Ich *handelt* aber nicht einmal im losen Sinn dieses Begriffes. Die Phantasiewelten sind durch Freiheit des Ermessens gekennzeichnet, während es in der Traumwelt keine solche Freiheit gibt. Das phantasierende Ich kann »willkürlich« seine leeren Erwartungen mit beliebigen Inhalten füllen, und es sind gerade diese Inhalte, denen es den Realitätsakzent erteilt. Es kann seine Möglichkeiten nach Belieben als Faktizitäten fingieren. Der Träumer hingegen kann weder leere Erwartungen nach seinem Ermessen erfüllen, noch seine Möglichkeiten »verwirklichen«. Der Alpdruck zeigt deutlich die Unausweichlichkeit des Traumgeschehens und die Machtlosigkeit des Träumers.

Dennoch ist der Traum nicht ausschließlich auf passives Bewußtsein beschränkt. Er hat nur keine zu verwirklichenden Projekte. Ich kann mich aber selbst als handelnd träumen, auch wenn der Traum oft vom Wissen begleitet ist, daß ich nicht »wirklich« handle. In diesem Fall hat mein geträumtes Handeln sogar seine Schein-Projekte, Schein-Pläne, die alle aus den sedimentierten

Vorerfahrungen des täglichen Lebens entspringen. Es fehlt aber das voluntative Fiat.

c) Die *Zeitstruktur* der Traumwelt ist außerordentlich komplex. Früher oder später, Gegenwart, Vergangenheit und Zukunft scheinen vermengt zu sein. Der Träumende betrachtet künftige Ereignisse, als wären sie vergangen; vergangene Ereignisse werden als offen und modifizierbar geträumt und tragen daher einen deutlichen Zukunftscharakter; Abfolgen werden in Gleichzeitiges verwandelt; und so weiter. Es scheint, als ob die Traumerlebnisse unabhängig von der inneren Dauer, der Zeitlichkeit des Bewußtseinsstroms, abliefen. Dieser – allerdings trügerische – Schein entsteht dadurch, daß die Traumerlebnisse von den festen Kategorien der Standardzeit losgelöst sind. Sie sind nicht in die objektive Zeitordnung eingefügt. Während aber nun die Traumerlebnisse in der inneren Zeit verlaufen, werden Erlebnisse, die aus dem wachen Leben des Träumenden stammen (und sich auf die Kategorien der Standardzeit beziehen, deren kategorialer Zusammenhang sich aber in der Traumwelt auflöst), in die Dauer des Traumes hineingezogen. Die Unumkehrbarkeit der Dauer bleibt auch in der Traumwelt bestehen. Nur der Erwachte, der versucht, sich an seinen Traum zu erinnern, mag zuweilen die Illusion einer möglichen Umkehrung haben.

d) Bezüglich der *Sozialität* ist zu sagen, daß der Zustand des Träumens im Gegensatz zu dem des Phantasierens *wesentlich* einsam ist. Wir können nicht zusammen träumen. Der andere bleibt immer nur Objekt meiner Träume, unfähig, sie zu teilen. Der andere, von dem ich träume, erscheint nicht in einer gemeinsamen lebendigen Gegenwart, sondern in einer quasi-sozialen Beziehung. Der andere, selbst wenn ich ihn in Aspekten seiner Leiblichkeit und in enger Beziehung zu meinem intimen Selbst träume, erscheint als Typus, der vorgestellt wird, mit dem ich aber nicht zusammen lebe. Die Monade, mit all ihren Spiegelungen des Universums, einschließlich der Sozialwelt, ist in der Tat im Zustand des Träumens einsam.

Dies bringt uns zu einem Punkt, der gerade vorhin in der Besprechung der Zeitstruktur der Traumwelt angeklungen war: nur der Wachende kann kommunizieren. Dies birgt eine ernste Schwierigkeit für die Beschreibung der Traumphänomene. Ich kann mich nur im wachen Zustand »bewußt« dem Traum zukehren. In dieser Zukehr bediene ich mich der Begriffe und Kategorien – vor allem jener der Sprachstruktur – der alltäglichen Lebenswelt, die den Grundsätzen der Verträglichkeit dieses Sinngebiets unterworfen sind. Es gibt für den Träumenden im Traum keine Möglichkeit der Kommunikation. Diese wird erst möglich, wenn das geschlossene Sinngebiet des Traums verlassen wird. Wir können die Sphäre des Traums nur durch »indirekte Mitteilung« erfassen, um einen Ausdruck Kierkegaards zu gebrauchen. Das heißt aber, daß die Traumerlebnisse sozusagen nur in »negativer« Abhebung, d.h. in ihrer Verschiedenheit von den Sinnstrukturen der Alltagserlebnisse mitgeteilt werden können. Der Dichter, der Künstler ist einer sinngerechten Beschreibung der Traumwelt weitaus näher als der Wissenschaftler und Philosoph, da seine Kommunikationsmittel ohnehin die Sinnstruktur des Alltags und der Alltagssprache zu transzendieren versuchen.

B. Aufschichtungen der Lebenswelt des Alltags

1) Der Erlebnisstil der alltäglichen Lebenswelt

Im Verhältnis zu anderen Wirklichkeitsbereichen geschlossener Sinnstruktur ist die Lebenswelt des Alltags die Vorzugsrealität. Die Gründe hierfür haben wir schon eingehend erörtert. Sie ist der Bereich meiner leiblichen Handlungen; sie bietet Widerstand, und es erfordert Anstrengung, diesen zu überwinden. Der Alltag stellt mich vor Aufgaben, und ich muß meine Pläne in ihm durchführen. Er läßt mich in meinen Versuchen, meine Ziele zu verwirklichen, erfolgreich sein oder scheitern. Durch mein Wirken greife ich in die alltägliche Wirklichkeit ein und verändere sie. Ich kann die Resultate meines Wirkens als Ereignisse innerhalb einer intersubjektiven, daher »objektiven« Welt prüfen und von anderen prüfen lassen, und zwar losgelöst vom subjektiven Erzeugungsprozeß, unabhängig von dem Umstand, daß sie durch mein Wirken hervorgebracht wurden. Ich teile diese Wirklichkeit mit anderen Menschen, mit denen ich sowohl Ziele als auch Mittel zur Verwirklichung dieser Ziele gemeinsam habe. Ich wirke auf andere Menschen, sie wirken auf mich, wir können zusammen handeln. Die Lebenswelt des Alltags ist jene Wirklichkeit, in der wechselseitige Verständigung möglich ist.

Die Welt des täglichen Lebens ist uns fraglos gegeben. Auch diesen Umstand haben wir schon eingehend besprochen. Der Sinnbereich der alltäglichen Lebenswelt behält den Realitätsakzent, solange unsere praktischen Erfahrungen die Einheit und Einstimmigkeit dieses Bereichs ausweisen. Er erscheint uns als die »natürliche« Wirklichkeit, und wir sind nicht bereit, die darauf beruhende Einstellung aufzugeben, wenn nicht ein besonderes Schockerlebnis die Sinnstruktur des Alltags durchbricht und uns veranlaßt, den Realitätsakzent einem anderen Sinnbereich zu übertragen. Was sind nun die Wesenszüge des Erlebnis- bzw. Erkenntnisstils, der die Welt des täglichen Lebens kennzeichnet? Wir wollen mit einer knappen Charakteristik beginnen, wobei wir teils vorangegangene eingehendere Ausführungen zusammenfassen, teils aber auf noch vorzunehmende genauere Analysen verweisen müssen.

a) Die das tägliche Leben kennzeichnende Form der Bewußtseinsspannung ist die der hellen Wachheit, die dem Interesse der vollen Aufmerksamkeit (attention à la vie) entspringt.[13]

b) Die charakteristische Epoché ist die Epoché der natürlichen Einstellung, in der der Zweifel an der Existenz der äußeren Welt und ihrer Objekte suspendiert wird. Die Möglichkeit, daß diese Welt anders sein könnte, als sie mir in der Alltagserfahrung erscheint, wird eingeklammert.[14]

c) Die vorherrschende Form der Spontaneität ist sinnvolles Handeln, das durch Leibbewegungen in die Außenwelt eingreift.[15]

d) Die spezifische Form der Sozialität beruht auf der Erfahrung des anderen als eines mit Bewußtsein ausgestatteten Mitmenschen, der mit mir eine gemeinsame intersubjektive Welt der Verständigung und des Handelns teilt.[16]

e) Die charakteristische Form der Selbsterfahrung ist doppelgründig, sie besteht aus der sozial »gebundenen« Habe seiner selbst unter verschiedenen Rollenaspekten und dem Handeln des »freien« Ich.[17]

f) Die Zeitperspektive ist die der Standardzeit, die im Schnittpunkt der inneren Dauer und der Welt-Zeit als der Zeitstruktur der intersubjektiven Welt ihren Ursprung hat.[18] Nun gilt es, die in diesem Erlebnisstil sich konstituierenden räumlichen, zeitlichen und sozialen Strukturen der alltäglichen Erfahrung zu beschreiben.

2) Räumliche Aufschichtung der alltäglichen Lebenswelt

a) Welt in aktueller Reichweite

Der hellwache Mensch ist in der natürlichen Einstellung vor allem an jenem Sektor seiner alltäglichen Lebenswelt interessiert, der in seiner Reichweite liegt und der sich räumlich und zeitlich um ihn als Mittelpunkt anordnet. Der Ort, an dem ich mich befinde, mein aktuelles »Hier«, ist der Ausgangspunkt für meine Orientierung

[13] Vgl. Kap. II, A 2.
[14] Vgl. Kap. II, A 2.
[15] Vgl. Kap. V.
[16] Vgl. Kap. II, B 5.
[17] Vgl. Kap. II, B 6 und III, B 4.
[18] Vgl. Kap. II, B 4.

im Raum, er ist der Nullpunkt des Koordinatensystems, innerhalb dessen die Orientierungsdimensionen, die Distanzen und Perspektiven der Gegenstände in dem mich umgebenden Feld bestimmt werden. Relativ zu meinem Leib gruppiere ich die Elemente meiner Umgebung unter die Kategorien rechts, links, oben, unten, vorn, hinten, nah, fern usw.

Den Sektor der Welt, der meiner unmittelbaren Erfahrung zugänglich ist, wollen wir Welt in aktueller Reichweite nennen. Er umfaßt sowohl aktuell wahrgenommene als auch bei aufmerkender Zuwendung wahrnehmbare Gegenstände. Abgesehen von der auf mich zentrierten Orientierung dieses Sektors nach Nähe und Ferne enthält die Welt in meiner aktuellen Reichweite eine Gliederung nach den Sinnesmodalitäten, durch die mir die Objekte dieses Sektors gegeben sind. Diese Gliederung in Sehweite, Hörweite, ja sogar Reichweite ist allerdings überdeckt von der der natürlichen Einstellung selbstverständlichen Identität der gesehenen, gehörten etc. Dinge. Immerhin sind die Wahrnehmungsmodalitäten innerhalb der Welt in aktueller Reichweite noch von größerer subjektiver Bedeutung, während sie in der Erinnerung zunehmend verblassen, da die durch sie erfaßten Gegenstände in der Erinnerung immer mehr vermittels Typisierungen geweckt werden, die in sozial objektivierte, versprachlichte Bedeutungszusammenhänge eingebettet sind. Die letzteren aber idealisieren und anonymisieren weitgehend die in der aktuellen Erfahrung noch lebendigen Sinnesmodalitäten und Auffassungsperspektiven.[19]

b) Welt in potentieller Reichweite

I) Wiederherstellbare Reichweite

Die Welt in meiner aktuellen Reichweite, der in unmittelbarer Erfahrung zugängliche Sektor der Welt, hat eine feste Struktur in einem Koordinatensystem, das seinen Bezugspunkt mit der auf meinen Leib zentrierten Orientierung erhält; der Inhalt dieses Sektors ist daher mit den Bewegungen meines Leibes einem stetigen Wandel unterworfen. Durch meine Bewegungen versinken nahe Schichten des Feldes in der Ferne, ferne Schichten kommen näher, und schließlich bleibt keine Überschneidung zwischen der Welt in meiner aktuellen Reichweite und dem Sektor, der eben noch in

[19] Vgl. Kap. III, C 2.

meiner aktuellen Reichweite war. Ich verlasse mein Zimmer, ich bewege mich hinweg: ich kehre mich von dem Sektor ab, der gerade noch in meiner aktuellen Reichweite war. Auf der Straße erinnere ich mich an ein Buch, das ich auf meinem Tisch liegen ließ. Das Buch war vormals in meiner Reichweite, nun ist es nicht mehr in ihr, es transzendiert meine aktuelle Reichweite, aber es gehört zu meiner Erfahrung dieser Transzendenz, daß es in meiner wiederherstellbaren Reichweite liegt. Ich muß nur in mein Zimmer zurückkehren, dann habe ich die große Chance – für die meisten praktischen Zwecke des täglichen Lebens können wir sagen: Gewißheit –, daß ich dieses Zimmer mit dem Tisch und Buch, von dem ich nun abgekehrt bin, wieder vorfinden werde, und zwar so vorfinden werde, wie ich es verlassen habe. Das Haus, in dem ich wohne, wird stehen (außer ein Feuer habe es verzehrt), der Tisch wird am Fenster stehen (außer jemand habe ihn verrückt), das Buch wird auf ihm liegen (außer jemand habe es weggenommen). Diese Annahmen sind natürlich Beispiele der Grundannahme der Konstanz der Weltstruktur bzw. der lebensweltlichen Idealisierung des »Und-so-weiter«.[20] Ich setze also – ceteris paribus – den Sektor, der vormals in meiner aktuellen Reichweite war, als konstant, oder konstant veränderlich, an. Ferner weiß ich, daß ich nur diese und jene Bewegungen ausführen, diese und jene Schritte tun muß, um diesen Sektor wieder in meine aktuelle Reichweite zu bringen. *Daß* ich solche Bewegungen ausführen, solche Schritte tun kann, ist mir auf Grund der zweiten lebensweltlichen Idealisierung, des »Ich-kann-immer-wieder«, selbstverständlich.[21] Die empirischen Aufstufungen der Wiederherstellbarkeit erklären sich aus den in meinem Wissensvorrat sedimentierten Erfahrungen: ich brauche nur umzukehren, und in fünf Minuten werde ich wieder zu Hause sein; ich muß ein langes sorgfältiges Training bestehen, um wieder einen Dreitausender besteigen zu können.

Sektoren der Welt, die nur je in meiner Reichweite waren, reihen sich also in oft unmerklichen Überschneidungen an zu einem Gesamtbereich der Welt, der in meiner wiederherstellbaren Reichweite liegt. Ich bin mit ihm aus eigener Erfahrung mehr oder minder vertraut, er transzendiert zwar den Sektor, der aktuell in meiner Reichweite liegt, aber diese Erfahrung der Transzendenz

[20] Vgl. Kap. I, B.
[21] Vgl. Kap. I, B.

stellt eine alltägliche lebensweltliche Erfahrung der Transzendenz von Bekanntem, Vertrautem dar.

II) Erlangbare Reichweite

Während die Zone der Wiederherstellbarkeit innerhalb der Welt in potentieller Reichweite den Zeitcharakter der – erinnerten – Vergangenheit trägt, ist eine andere Zone mit dem Zeitcharakter der Zukunft gekennzeichnet. Welt, die nie in meiner Reichweite war, die aber in sie gebracht werden kann, soll Welt in erlangbarer Reichweite genannt werden. Meine Annahme, daß ich grundsätzlich Welt, auch noch deren mir unbekannte Sektoren, in meine Reichweite bringen kann, beruht – allgemein gesagt – ebenfalls auf den Idealisierungen des »Und-so-weiter« und »Ich-kann-immer-wieder«. Allerdings ergeben sich hier verschiedene Probleme. Die grundsätzliche Erwartung, daß ich beliebige Sektoren der Welt in meine Reichweite bringen kann, ist empirisch sowohl nach *subjektiven Wahrscheinlichkeitsstufen* als auch nach physischen, technischen usw. *Vermögensgraden* gegliedert. Zum letzteren gehört meine Stellung in einer bestimmten Zeit und Gesellschaft. (Ein Bürger des Mittelalters konnte nur mit allergrößten Schwierigkeiten und mit größtem Zeitaufwand nach China reisen, heute kann ich in einem Tag nach Hongkong fliegen, meine Kinder mögen eine Reise auf den Mond unternehmen können. Ich kann nicht die Eigernordwand erklettern, ein anderer kann es. Aber vielleicht könnte ich es auch, wenn... usw. All dies sind Beispiele für die Variationen der technischen Möglichkeiten.) Hinzu kommen jedoch noch meine biographische Situation, die sich daraus ergebenden Pläne und Planhierarchien und die damit verknüpften subjektiven Wahrscheinlichkeiten (ich könnte nach Hongkong fliegen, aber es ist für *mich* unwahrscheinlich, daß ich es tun werde).

Auch die Welt in bloß erlangbarer Reichweite ist mir verschieden vertraut, je nach der anwendbaren Typik meiner im Wissensvorrat sedimentierten Vorerfahrungen: Ich kenne die Dolomiten, aber nicht die mexikanische Sierra Madre. Doch las ich irgendwo, daß bestimmte Ähnlichkeiten bestehen. Ich kenne subtropische Flußlandschaften im Süden der Vereinigten Staaten, aber nicht den Amazonas usw. usw.

Es läßt sich aus dem schon Gesagten entnehmen, daß die Chancen der Wiederherstellbarkeit bzw. Erlangbarkeit, die den zwei Zonen der potentiellen Reichweite zukommen, keineswegs äquivalent sind. Wir wollen es mit Bezug auf die zeitliche Dimension der räumlichen Gliederung präzisieren. Was die erstere Zone der Potentialität anbelangt, so haben wir zu bedenken, daß das, was jetzt für mich die Chance einer leicht wiederherstellbaren Reichweite hat, vordem in meiner aktuellen Reichweite war. Meine vergangenen Handlungen und Erfahrungen gehörten der Welt in meiner damaligen Reichweite an. Sie sind andererseits mit meinem gegenwärtigen Bewußtseinszustand verknüpft, der nur dadurch das ist, was er ist, weil die jetzt vergangene Realität einmal meine aktuelle war. Die Erwartung der Wiederaktualisierung der einst aktuell gewesenen Welt in Reichweite ist daher fundiert auf die Erinnerungen meiner eigenen bereits erfüllten »erfolgreichen« Erlebnisse. Die Chancen der Wiederherstellbarkeit sind daher, ceteris paribus, maximal.

Die zweite Zone der Potentialität bezieht sich antizipatorisch auf meine zukünftigen Bewußtseinszustände. Sie ist mit meinen vergangenen Erlebnissen nicht direkt verknüpft, sondern nur dadurch, daß meine Erwartungen meinem Wissensvorrat entspringen, der sedimentierte vergangene Erlebnisse enthält. Auf dieser Grundlage kann ich die Chancen für geplante Handlungen abwägen, mein Vermögen, dies oder jenes Ziel zu erlangen, abschätzen. Es ist klar, daß diese zweite Zone der Potentialität keineswegs homogen ist, sondern in Unterstufen verschiedener Chancen der Erlangbarkeit gegliedert ist. Die Chancen vermindern sich typisch im Verhältnis zur zunehmenden räumlichen, zeitlichen und sozialen Distanz der betreffenden Unterstufe vom Zentrum meiner aktuellen Welt.

III) Hinweis auf die soziale Dimension der räumlichen Gliederung

Die Welt, die in der aktuellen Reichweite eines Mitmenschen ist, überschneidet sich weitgehend, aber nicht vollständig, mit der Welt, die in meiner aktuellen Reichweite ist. Auf Grund meines Wissensvorrates ist es mir in der natürlichen Einstellung selbstverständlich, daß durch Platztausch der gesamte Sektor in seiner aktuellen Reichweite in meine aktuelle Reichweite gebracht werden kann. Auch hier ergeben sich Sonderprobleme des Vermögens: Obwohl ich »natürlich« von seinem Platz aus das sehen könnte, was er soeben sieht, kann ich das doch nicht, falls ich z. B. kurzsichtig bin. Obwohl also strenggenommen die Welten in meiner bzw. in seiner aktuellen Reichweite nicht identisch sind, überschneiden sich die Sektoren doch so sehr, daß ich in der natürlichen Einstellung für alle praktischen Zwecke von einer gemeinsamen Umwelt sprechen kann.

Unsere Biographien sind aber verschieden. Sektoren der Welt, die in seiner vormaligen und nun wiederherstellbaren Reichweite sind, mögen für mich in bloß erlangbarer Reichweite sein und umgekehrt. Was für mich erlangbar ist, mag auch für ihn prinzipiell erlangbar sein, aber – angesichts der Abstufungen der subjektiven Wahrscheinlichkeit und des Vermögens – wird es von ihm wahrscheinlich doch nicht erlangt werden. Das gleiche gilt natürlich auch umgekehrt.

Ferner lassen sich diese Abstufungen für die aktuelle, wiederherstellbare und erlangbare Reichweite nicht nur meiner und seiner Welt, sondern auch der Welt Dritter und schließlich »jedermanns« aufweisen. So erstreckt sich ein System räumlicher Gliederungen über die verschiedenen Schichten der Sozialwelt. Dieses System ist ein wichtiger Aspekt der sozialen Beziehungen. Es geht in die Differenzierung der Intimität und Anonymität, der Fremdheit und Vertrautheit, der *sozialen* Nähe und Distanz ein (meine Frau und ich, die nicht die gleichen Kindheitslandschaften teilen; mein Jugendfreund, der zehn Jahre lang mein Nachbar war; ein Unbekannter aus einer amerikanischen Kleinstadt, in der ich beheimatet bin, den ich in Budapest treffe usw.). Zugleich ist andererseits die soziale Differenzierung, nach Intimität und Anonymität usw., ein wichtiger Aspekt der subjektiven Erfahrung der räumlichen Gliederung der Lebenswelt, was sich bei einer weiteren Auslegung auch schon der oben ausgeführten Beispiele zeigen ließe (Heimat, Fremde). In der höchsten Stufe der sozialen Anonymität und zugleich »Objektivität« konstituiert sich dann eine Welt, die potentiell für jedermann, »willing, fit and able«, erreichbar ist.

Und schließlich ist vorwegnehmend zu sagen, daß die formale Struktur der Erlangbarkeit und Wiederherstellbarkeit für das subjektive Erleben der Sozialwelt überhaupt gilt, ganz abgesehen von Aspekten der räumlichen Gliederung. So bestehen zum Beispiel spezifische, mehr oder minder hohe Chancen der Wiederherstellbarkeit einer freundschaftlichen Beziehung zu einem Jugendfreund, den ich lange nicht gesehen habe. Es bestehen mehr oder minder hohe Chancen der Erlangbarkeit einer bestimmten Beziehung mit dem mir unbekannten Freund meines Freundes, spezifische Chancen der Erlangbarkeit bestimmter Beziehungen mit

Bauern, wenn ich selbst Bauer bin, mit Historikern, wenn ich selber Soziologe bin, usw.

3) Die Wirkzone

Die Analyse der Wiederherstellbarkeit und Erlangbarkeit hat uns zu Problemen geführt, die über die räumliche Gliederung als solche hinausführen und sowohl die zeitliche als auch die soziale Aufschichtung der Lebenswelt betreffen, Aufschichtungen, die wir in den folgenden Abschnitten dieses Kapitels behandeln werden. Zunächst wenden wir uns aber der Beschreibung einer Zone zu, die sich ursprünglich innerhalb der Welt in Reichweite konstituiert. Diese Beschreibung führt uns jedoch wiederum an Probleme des Handelns heran, die ausführlich erst in einem späteren Kapitel (V) untersucht werden sollen.

Innerhalb der Welt der Reichweite gibt es eine Zone, auf die ich durch *direktes* Handeln einwirken kann. Wir nennen diese Zone die Wirkzone. G. H. Mead hat das Verdienst, die Realitätsstruktur der physischen Objekte in bezug auf menschliches Handeln, vor allem die Manipulation solcher Objekte, analysiert zu haben. Die von ihm so genannte *manipulative* Zone stellt den Kern der Wirklichkeit dar. Sie umfaßt jene Objekte, die sowohl gesehen als betastet werden können, im Gegensatz zur Zone der Ferndinge, die nicht durch leiblichen Kontakt erfahren werden können, aber im Sehfeld liegen. Nur die Erfahrung physischer Gegenstände in der manipulativen Zone gestattet uns den »Grundtest aller Realität«, nämlich die Erfahrung des Widerstandes; nur sie definiert die »Standardgröße« der Dinge, die außerhalb der manipulativen Zone in den Verzerrungen der optischen Perspektiven erscheinen.[22]

Meads Theorie, daß die manipulative Zone den Realitätskern der Lebenswelt darstellt, stimmt mit unserer Auffassung überein. Allerdings sollte die Meadsche Unterscheidung zwischen manipulativer Zone und Fernzone nicht überbetont werden. Diese Unterscheidung ist zwar von großer Bedeutung für die Analyse des Ursprungs der Objekterfahrung, nicht aber für uns, die wir uns mit

[22] Vgl. G. H. Mead: Philosophy of the Present, Chicago, Open 1932, p. 124f.; Philosophy of the Act, Chicago, Open Count, 1938, pp. 103-106, 121 ff., 151 f., 190-192, 196-197, 282-284.

der Beschreibung der natürlichen Einstellung des normalen, hellwachen Erwachsenen befassen. Denn dieser verfügt schon über einen Erfahrungsvorrat, zu welchem auch die Kategorie der Distanz gehört und das selbstverständliche Wissen, daß Distanz durch Handlungen, nämlich zielgerichtete Ortsveränderungen, überwunden werden kann. In der natürlichen Einstellung ist die visuelle Wahrnehmung eines Ferndings unmittelbar mit der Erwartung verbunden, daß das Fernding durch Ortsveränderung in manipulative Nähe gebracht werden könnte; dazu gehört auch die Erwartung, daß die verzerrte Perspektive der Objekte dadurch verschwinden und ihre Standardgröße hergestellt werden wird. Diese automatische Erwartung mag in der Folge erfüllt werden oder auch nicht. (Ein Kind mag z.B. versuchen, die Sterne mit der Hand zu fassen.) Für den Erwachsenen in der natürlichen Einstellung sind aber Erwartungen dieser Art nur eine Umkehrung des Vorganges, durch den Gegenstände aus der Wirkzone, in der sie von allen Seiten besehen und betastet wurden, in die Ferne rückten. Die Erfahrung wird auf Gegenstände »ähnlicher Art«, die noch nicht besehen und betastet wurden und ihm zuerst als Ferndinge begegnen, ausgedehnt. Natürlich kommen Fehltypisierungen auch beim Erwachsenen vor, je nach den in seinem Wissensvorrat abgelagerten Vorerfahrungen. Das Greifen nach den Sternen ist allerdings eine Fehltypisierung des Kindes (etwa nach der Art: ich kann glitzernde Dinge, wie z.B. solche, die am Weihnachtsbaum hängen, ergreifen).

Es ist klar, daß sich durch meine Ortsveränderungen die Welt in meiner Reichweite einschließlich der Wirkzone verändert. Durch meine Leibbewegungen verlege ich das Zentrum O meines Koordinatensystems nach O' und dieser Umstand allein genügt, die Koordinatengrößen, die diesem System angehören, zu verändern. Hier ist ein Unterschied zu vermerken: Die Verlagerungen der Welt in meiner Reichweite sind typischerweise gleitend. Teils ist dieser Umstand den Eigenheiten visueller Wahrnehmung zuzuschreiben: was Hintergrund war, wird zur Figur; ich drehe meinen Kopf und ein Panorama rollt an mir vorbei. Teils ist es aber der Verschachtelung der Wahrnehmungsmodalitäten zuzuschreiben, durch die mir die Welt in Reichweite präsent wird: ich überquere die Brücke und sehe den Wald vor mir »größer« werden, während ich das Geräusch des Baches hinter mir verstummen höre usw. Dagegen ist meine eigentliche Wirkzone enger umschrieben und konstituiert sich in der Verschränkung von Kinaesthesien und Lokomotionen. Wenn ich mich fortbewege, kann ich nach einem Schritt das Buch (das Glas, das Sicherungsseil usw.) nicht mehr ergreifen. Wenn mir auf einem Abhang ein Ball entgleitet, muß ich ihm nachlaufen; wenn ich mit einem Gegner kämpfe, bringen ihn wenige Schritte aus dem Bereich meiner Hände, meines Messers, meines Speers, meines Bogens. So sind die Grenzen der eigentlichen Wirkzone im subjektiven Erleben sozusagen greifbarer, schärfer umrissen, »wichtiger«.

Aber das letzte Beispiel weist schon eine gewisse Künstlichkeit der Definition der Wirkzone auf, und wir mußten uns dadurch absichern, daß wir von einer eigentlichen Wirkzone sprachen. Mit diesem Eigenschaftswort wollten wir allerdings nicht eine eigentliche von einer uneigentlichen Wirkzone scheiden, sondern auf eine genetisch (biographisch) ursprüngliche Zone hinweisen, in der sich unmittelbares Handeln ereignet und in unmittelbaren Resultaten (auch Fehlresultaten) bestätigt. Wenn wir aber in dem erwähnten Beispiel zuerst von Händen, dann aber vom Messer usw. sprachen, überschritten wir schon, vielleicht unmerklich, die Grenzen eines solchen ursprünglichen Bereichs des Wirkens. Denn bald, nachdem das Kind seine Fortbewegung meistert und lernt, seine Hände zielstrebig zu koordinieren, lernt es auch, Werkzeuge zu verwenden, Löffel, Stühle usw. einzubeziehen, um auf die Kommode reichen zu können. Die eng begrenzte ursprüngliche Wirkzone des Kindes erweitert sich sprunghaft, bis sie die im jeweiligen gesellschaftlichen Wissensvorrat angelegten technologischen Grenzen erreicht.

Diese Betrachtung bringt uns zum nächsten, dem vorigen nahe verwandten Problem, das sich aus unserer ersten Definition der Wirkzone als dem Bereich des unmittelbaren Handelns ergibt. Wir leben in einer Zeit, in der z. B. die ICBM die Möglichkeiten des Handelns enorm ausgeweitet haben, in der Entfernung, in der Quantität, in den Resultaten. Übrigens gilt Entsprechendes auch für die Welt in Reichweite: ich kann telefonieren, auf dem Fernsehschirm Ereignisse auf einem anderen Erdteil verfolgen, während sie geschehen usw. Offensichtlich ist hier durch die technologische Entwicklung ein qualitativer Sprung in der Reichweite der Erfahrung und eine Erweiterung der Wirkzone eingetreten, ein Sprung allerdings, der sich an die Reihe der Erfindungen von Bogen und Pfeil, Rauchsignalen, Schießpulver usw. anschließt. Zu guter Letzt handelt es sich hier um Fragen der Unmittelbarkeit und Mittelbarkeit des Handelns und der Erfahrung überhaupt, auf die wir hier noch nicht eingehen wollen. Es ist allerdings ratsam, eine Unterscheidung einzuführen zwischen der *primären Wirkzone* (dem Bereich unmittelbaren Handelns und entsprechend auch einer primären Welt in Reichweite) und der sich darauf aufbauenden *sekundären Wirkzone* (und entsprechend sekundären Reichweiten), die ihre Grenze am jeweiligen Stand der Technologie einer Gesellschaft findet. Hinsichtlich der sekundären Wirkzonen (und Reichweiten) ist dann noch zu unterscheiden zwischen dem nach dem technologischen Wissensstand der Gesellschaft möglichen und dem für typische Personen im täglichen Leben typisch verwendeten und erreichbaren Ausdehnungsfaktor des Wirkens (und der Reichweite). Gesellschaftsstrukturen werden eine typische Verteilung der Zugangschancen zum selbstverständlichen, zum gelegentlichen, zum in Ausnahmefällen durch Institutionen streng überwachten Gebrauch des Ausdehnungsfaktors haben, die in der empirischen Analyse der Lebenswelt des Eskimos, des modernen Amerikaners usw. in Betracht gezogen werden muß, wenn auch nicht in der formalen Analyse lebensweltlicher Strukturen überhaupt.

Es kann nun gesagt werden, daß jene Teile der Welt in meiner primären Reichweite, die nicht zur primären Wirkzone gehören, diese transzendieren. Sie stellen einen Bereich meines möglichen Wirkens dar, wobei die Möglichkeit typisch größer ist als für die Welt, die gegenwärtig außerhalb meiner Reichweite ist. Ferner gehören hierzu Abstufungen des Vermögens, die mit den Abstufungen der Wiederherstellbarkeit und Erlangbarkeit verknüpft sind. Das Verhältnis von sekundären Wirkzonen und sekundären Reichweiten dagegen ist weniger einfach: Zwischen der sekundären Wirkzone und der sekundären Reichweite bestehen Überschneidungen und Überdeckungen (die zudem auch noch historisch veränderlich sind), während die primäre Wirkzone immer in die primäre Welt in Reichweite eingefügt ist. Wir können mit Raketen den Mond, den wir jede Nacht sehen können, beschießen, aber noch nicht die Fixsterne, die wir »genauso« sehen können.

4) Die zeitliche Struktur der alltäglichen Lebenswelt

a) Die Weltzeit

I) Die Fortdauer der Welt und Endlichkeit

Als wir die Transzendenz der Welt in potentieller Reichweite zur Welt in aktueller Reichweite beschrieben, waren wir vor allem am räumlichen Aspekt dieser Transzendenz interessiert.[23] Wir konnten aber nicht umhin, schon da im Vorgriff auf deren zeitliche Aspekte hinzuweisen, da es sich im Grund um ein zeitliches Problem der Abkehr und Zukehr handelt: Die Welt in vormals aktueller Reichweite (das Buch auf dem Tisch zu Hause), von der ich mich abgekehrt habe (als ich wegging), transzendiert die Welt in aktueller Reichweite (die Straße, auf der ich gehe), der ich zugekehrt bin (ich sehe mir die Auslagen an). Aber ich kann mich jederzeit der Welt in meiner einstigen Reichweite wieder zuwenden, aus verschiedenen Motivationen (ich sehe die Auslage eines Buchladens, erinnere mich, daß ich ein Buch zu meinem Freund mitnehmen wollte, und orte nun in der Erinnerung das Buch als noch zu Hause auf dem Tisch liegend). Nun ist die Welt in meiner einstigen Reichweite zwar nicht mehr in meiner Reichweite; sie ist aber das Thema meiner aktuellen Bewußtseinsaktivität, in der Form der Erinnerung und der Antizipation: das Buch als *noch* auf dem Tische liegend. Die Idealisierungen, die dieser Antizipation zugrunde liegen, haben wir schon besprochen. In solcher motivierter Abkehr und Zukehr setze ich Segmente der Welt, die meine aktuelle Reichweite transzendieren und deren Gleichzeitigkeit mit meiner inneren Dauer ich nicht direkt erfahre, als fortdauernd an. Schon dieses alltägliche Transzendenzerlebnis betrifft also nicht nur Welt als Ausdehnung, sondern auch Welt als Dauer.

Eine noch eindeutigere zeitliche Grundlage hat das Transzendenzerlebnis des Schlafes. Durch radikale Veränderung der Bewußtseinsspannung kehre ich mich von der intersubjektiven Alltagswelt ab. Die auf »Welt« bezogenen Bewußtseinsaktivitäten stelle ich ein, und der Bewußtseinsstrom fließt in Passivität weiter (das Problem der Traumaktivitäten, das wir in der Analyse der Gebiete geschlossener Sinnstruktur angeschnitten haben, bleibe hier dahingestellt). Beim Aufwachen beginnen meine Bewußtseinsak-

[23] Vgl. Kap. II, B 2 b I.

tivitäten dort, wo sie vor dem Einschlafen aufgehört haben. Wir lassen hier deren Modifikationen durch die in der inneren Dauer sich vollziehenden passiven Ereignisse unbeachtet. Vor dem Schlafen habe ich mir vorgenommen, morgen früh sofort nach dem Aufwachen aus dem Bett zu springen; nun begegne ich (was immer ich auch inzwischen geträumt haben mag) diesem Entschluß. In diesem Sinn »finde« ich mich am Morgen, wie ich mich am Abend »verlassen« hatte. Es scheint zunächst, daß ich an die abends »abgebrochene« Zeit meines wachen Lebens wieder anknüpfe. Aber zwischen meiner Abkehr von der alltäglichen Lebenswelt und meiner neuerlichen Zukehr zu ihr ist »die Zeit nicht stillgestanden«; es ist morgen geworden. Ich erfahre die Welt als älter geworden (gestern war Sonntag, heute ist Montag). Ich erlebe die Weltzeit als »meine« Zeit transzendierend. Dieses Transzendenzerlebnis, wiewohl alltäglich, betrifft Welt in ihrer Zeitstruktur überhaupt.

Die Transzendenz der Weltzeit kann in der Abkehr des Schlafes und Zukehr des Erwachens ohne Bezug auf die Existenz von Mitmenschen erfahren werden. Dies ist nicht der Fall in einer sonst ähnlichen Erfahrung der Transzendenz der Weltzeit, die wesentlich der Reflexion der intersubjektiven Welt entspringt. Während ich wohlumschriebene Erlebnisse in meinem Bewußtsein zurückverfolgen und mich an ein erstes Dies, ein erstes Jenes erinnern kann, bekomme ich einen »absoluten Anfang« nicht in den Griff der Reflexion. Man hat mir gesagt, daß ich geboren wurde, ich »weiß« es. Ich kann meine Geburt auch auf Grund eines Syllogismus, der auf meinem Wissen beruht (alle Menschen werden geboren; ich bin ein Mensch, also wurde ich geboren), orten. Ich kann meine Geburt nicht in meiner inneren Dauer orten – ganz abgesehen von den Antinomien, die sich daraus ergeben würden. Ich kann sie nur als eine ursprüngliche »Zukehr« in eine sie transzendierende, von ihr unabhängige Welt deduzieren. Ich kann das mit mir tun, wie mit meinem Mitmenschen, mit Nationen, Fixsternen usw., und zwar je nach Wissenstand mit mehr oder weniger Sicherheit. In der natürlichen Einstellung, in der ich nicht über die Bedingungen meines Wissens reflektiere, ist es mir selbstverständlich, daß die Welt vor meiner Geburt bestanden hat, wie ich weiß, daß sie vor der Geburt meiner Kinder bestand, und wie ich nicht bezweifle, daß sie vor der Geburt meines Urgroßvaters bestanden hatte.

Auch die Erwartung meines Todes, als einer endgültigen Abkehr (von der Lebenswelt), entspringt meiner Existenz in der intersubjektiven Welt. Andere werden älter, sterben, die Welt besteht weiter (und ich in ihr). Nun ist es aber eine meiner Grunderfahrungen, daß ich älter werde. Ich werde älter, also weiß ich, daß ich sterben werde, und ich weiß, daß die Welt fortdauern wird. Ich weiß, daß meiner Dauer Grenzen gesetzt sind. Daraus leitet sich das Relevanzsystem der natürlichen Einstellung ab: die mannigfach ineinander verschlungenen Systeme von Hoffnung und Furcht, Bedürfnissen und Befriedigungen, Chancen und Risiken, die den Menschen veranlassen, seine Lebenswelt zu meistern, Hindernisse zu überwinden, Pläne zu entwerfen und durchzuführen.

II) Die Zwangsläufigkeit der Weltzeit und first things first

Das Wissen um die Endlichkeit hebt sich von der Erfahrung der Fortdauer der Welt ab und ist das von der lebensweltlichen Zeit bestimmte Grundmoment aller Entwürfe im Rahmen des Lebensplans. In die Verwirklichung konkreter Entwürfe, in die alltägliche Lebensführung treten aber als bestimmende Faktoren noch weitere, mit der Struktur der lebensweltlichen Zeit verknüpfte Momente. Die Struktur der lebensweltlichen Zeit baut sich auf in Überschneidungen der subjektiven Zeit des Bewußtseinsstroms, der inneren Dauer, mit der Rhythmik des Körpers wie der »biologischen Zeit« überhaupt, mit den Jahreszeiten wie der Welt-Zeit überhaupt und dem Kalender, der »sozialen Zeit«. Wir leben in all diesen Dimensionen zugleich. Da aber keine absolute Kongruenz, sozusagen der Gleichzeitigkeit, zwischen Ereignissen in diesen Dimensionen besteht, ist uns als unausweichliche Folge dieser Inkongruenz das Warten auferlegt. Dieses merkwürdige Phänomen, in Philosophie, Psychologie und Sozialwissenschaft weitgehend unbeachtet, wurde von Bergson untersucht.[24] Wenn ich Zuckerwasser zubereiten will, muß ich warten, bis der Würfel sich auflöst. Mein Bewußtseinsstrom fließt unabhängig von der Abfolge der Naturereignisse fort, auf deren Ende ich warten muß. Carrel und Lecomte de Noüy[25] haben einen Aspekt der biologischen Zeit analysiert, den Heilprozeß von Wunden: wiederum muß man warten.

[24] L'Evolution Créatrice, Paris, Alcan, 1907.

[25] Alexis Carrel, Man the Unknown, New York, Harper, 1939; Lecomte du Noüy, Human Destiny, New York, McKay, 1947.

Die schwangere Frau muß warten, bis sie das Kind austrägt. Der Bauer muß warten, bis die richtige Zeit für die Saat, für die Ernte kommt. Im Warten begegnen wir einer uns auferlegten Zeitstruktur.

Aber nicht nur die Inkongruenz der verschiedenen Zeitdimensionen, deren subjektives Korrelat das Warten ist, ist uns auferlegt, sondern auch eine objektive, außerhalb meines Einwirkens liegende Struktur von Gleichzeitigkeit und Abfolge. Die Möglichkeit, eine Anzahl von Plänen zu verwirklichen, Handlungen zu unternehmen, Erfahrungen zu haben, ist auch schon nur von der Zeit her begrenzt. Gleichzeitig kann ich nur das eine, vielleicht noch das andere, aber nicht mehr das dritte tun. Ich muß mich in die mir auferlegte Abfolge der Ereignisse in der äußeren Welt, in meinen körperlichen Rhythmus, in den sozialen Kalender einfügen und das eine zurückstellen, dem anderen zeitliche Priorität geben. Ich muß nicht nur meine Handlungen entwerfen, zwischen Alternativen nach einer Welthierarchie wählen, sondern außerdem noch die zeitliche Abfolge meines Tuns nach Dringlichkeitsstufen ausarbeiten. Während die Welthierarchien einen dem Tagesablauf übergeordneten Status einnehmen – wiewohl sie von der Endlichkeit überhaupt bedingt sind – sind die Dringlichkeitsstufen Aspekte der Realisierbarkeit von Wertentscheidungen in der auferlegten Zeitstruktur des Alltags. *Zuerst* muß ich diese – im übrigen unwichtige, subalterne – Angelegenheit aus dem Weg räumen, um mich dann der bedeutsameren Sache zuwenden zu können. (Ich muß mich rasieren, wobei ich zunächst warten muß, bis das Wasser heiß geworden ist, bevor ich zu einer Unterredung gehe, die eine Wendung in meinem Leben zur Folge haben mag.) Alle die »unwichtigen« Zwischenstücke, Teilhandlungen usw., die ich z. B. in meinen Tagträumen überspringen kann, sind notwendige Elemente meines Lebens im Alltag, in dem mir Natur und Gesellschaft einschließlich ihrer Zeitstruktur »Widerstand« leisten. Ich kann nicht über meinen Schatten springen, obwohl ich über die Stelle springen kann, über der mein Schatten *lag;* ich kann nicht mit vollem Mund deutlich sprechen; ich muß in das Automobil steigen, den Motor anwerfen und hunderterlei Bewegungen machen, bevor ich an die Stelle gelange, an die ich in meinen Gedanken vorausgeeilt war; ich muß mich zuerst rasieren, dann die Krawatte umbinden usw. Die mir auferlegte, zwangsläufige Zeitstruktur stellt mir dem von meiner Endlichkeit bestimmten Lebensplan einen Tagesplan zur Seite. Dieser Tagesplan ist nur mittelbar von den endlichkeitsbedingten Planhierarchien bestimmt, hängt aber unmittelbar vom Prinzip des »first things first«, den Zwangsläufigkeiten des Alltags, ab.

III) Weltzeit und Situation

Wir können sagen, daß Weltzeit als Transzendenz meiner Endlichkeit erfahren wird und daß diese Erfahrung zum Grundmotiv des Lebensplanes wird. Wir können ferner sagen, daß die Zwangsläufigkeit der Weltzeit sich in den Strukturgesetzen der Abfolge und Gleichzeitigkeit im lebensweltlichen Alltag ausdrückt und zum Grundmotiv des Tagesplanes wird. Selbstverständlich sind Endlichkeit und Zwangsläufigkeit, Lebensplan und Tagesplan verknüpft. In der natürlichen Einstellung erfährt der Mensch Endlichkeit und Zwangsläufigkeit als ihm auferlegt und unausweichlich, als die Grenze, innerhalb der sein Handeln möglich ist, als die zeitliche Grundstruktur seiner Wirklichkeit, der Wirklichkeit seiner Vorfahren, seiner Mitmenschen, seiner Nachkommen.

Nun wird aber Weltzeit als irreversibel erfahren: ich werde älter und kann nicht jünger werden; die Französische Revolution kann es nicht noch einmal geben. »Gleiches«, wenn es sich zum zweiten Mal ereignet, ist nicht mehr das erste, sondern das zweite »Gleiche«. Es ist zwar in der natürlichen Einstellung ein Unterschied zwischen der Geschichtlichkeit der Natur und der Geschichtlichkeit der Menschenwelt angelegt. Die relativ-natürlichen Weltanschauungen weichen im übrigen diesbezüglich voneinander ab; sie mögen sogar von der Überzeugung der ewigen Wiederkehr auch menschlichen Geschehens geprägt sein. Jedoch ist grundsätzlich, bei jedem in Sprache und Kultur gegebenen Grad der Scheidung zwischen Menschenwelt und Naturwelt, allein auf Grund der subjektiven Erfahrung der Generationenfolge (Vater, Großvater, Kinder), die Sozialwelt als geschichtlich erlebt. Es braucht kaum gesagt zu werden, daß dies keineswegs mit einem reflektierten Bewußtsein von Historie, wie es etwa im abendländischen (relativnatürlichen) Denken vorherrscht, verbunden sein muß. In eine Familie geboren, weiß ich, daß mein Großvater in einer »anderen Zeit« gelebt hat, daß das »goldene Zeitalter«, die Zeit der Stammesgründer, der Sündenfall, das »Mittelalter« usw. weit zurückliegen. Auch dies erlebe ich als mir auferlegt: daß ich in diese Zeit und keine andere hineingeboren wurde. Auch dies erlebe ich als ein zeitliches Grundmoment meines Daseins in der Lebenswelt: eine geschichtliche Situation. Auch davon weiß ich meine Mitmenschen mitbetroffen: nicht nur sind sie sterblich wie ich und können nicht gleichzeitig an zwei Orten sein, auch sind sie in eine besondere geschichtliche Situation hineingeboren. All dies sind unmodifizierbare zeitliche Elemente des Daseins in der Lebenswelt, aber mit einem wichtigen Unterschied: Endlichkeit und Zwangsläufigkeit sind sowohl unmodifizierbar als auch invariabel, während die geschichtliche Situation des Einzeldaseins als solche zwar unabänderlich, aber eine andere für mich, eine andere für meinen Urgroßvater und eine andere für meine Kinder ist.

Nun haben wir drei Aspekte der lebensweltlichen Zeit beschrieben: Fortdauer/Endlichkeit, Zwangsläufigkeit/first things first und Geschichtlichkeit/Situation. Wir haben betont, daß Endlichkeit, Zwangsläufigkeit und Situation unabänderliche, auferlegte Elemente des lebensweltlichen Daseins sind. Innerhalb der mir auferlegten Grundstruktur, den unabänderlichen »Grenzen« meiner Erfahrung und meines Handelns – und letztlich durch meine Endlichkeit motiviert –, mache ich Anstrengungen, überwinde Widerstände, handle. Die unabänderlichen »Grenzen« – über die ich in der natürlichen Einstellung kaum je reflektiere, da im alltäglichen Geschehen dazu im allgemeinen kein Motiv vorliegt – sind mir der selbstverständliche Boden meines Tuns. Wir haben schon in der Beschreibung der Wirkzone die Struktur des Eingreifens in die Umwelt und deren Veränderung durch mein Handeln besprochen, allerdings unter dem Gesichtspunkt der Zone, in die ich aktuell handelnd eingreifen kann. Nun können wir den Begriff erweitern und von einem *Bereich des Bewirkbaren* überhaupt sprechen, der sich in meinem Wissensvorrat aus meinen Erfahrungen in vormalig aktuellen Wirkzonen aufgebaut hat. Dieser Bereich des Bewirkbaren findet seine absolute Begrenzung in der unmodifizierbaren ontologischen Struktur der Lebenswelt, vornehmlich in ihrer Zeitstruktur. Er ist aber auch relativ begrenzt: durch den technologisch-praktischen (indirekt etwa auch durch den theoretisch-wissenschaftlichen) Wissensstand der Gesellschaft, in die ich hineingeboren wurde, und durch meine eigenen Vorerfahrungen. Der Bereich des Bewirkbaren ist also auch unmittelbar durch meine geschichtliche und biographische Situation begrenzt.

b) *Die Zeitstruktur der Reichweite*

Wir haben in der Analyse der Reichweite schon einiges über deren Zeitcharakter gesagt und können uns hier mit einer zusammenfassenden Darstellung begnügen. Die Welt in aktueller Reichweite hat wesentlich den Zeitcharakter der Gegenwart. Die aktuellen Erfahrungen verweisen einmal auf den jeweils zuhandenen Wissensvorrat, der sich seinerseits durch Vergangenheitssedimentierungen aufgebaut hat, und zum zweiten verweisen die aktuellen Erfahrungen auf ihre Horizonte, die ihrerseits in zukünftigen Schritten der Auslegung aktualisiert werden können.

Die Welt in potentieller Reichweite hat eine weit kompliziertere Zeitstruktur. Die Welt in wiederherstellbarer Reichweite bezieht sich auf die Vergangenheit, auf das, was früher einmal in meiner Reichweite war und das – wie ich auf Grund der Idealisierungen des »Und-so-weiter« und »Ich-kann-immer-wieder« annehme – wieder in meine aktuelle Reichweite gebracht werden kann. Die Verlegung des Schnittpunktes meines Koordinatensystems hat mein früheres Hier in ein Dort verwandelt. Unter den genannten Idealisierungen nehme ich an, daß ich das aktuelle Dort (das frühere Hier) wieder in ein aktuelles Hier rückverwandeln kann. Die Welt in meiner vergangenen Reichweite hat so den Charakter einer Welt, die aktualisiert werden kann. So fungiert z. B. meine vormalige Wirkzone auch weiterhin in meiner Gegenwart als eine potentielle Wirkzone im Modus des Dort und hat nunmehr als solche eine spezifische Chance der Wiederherstellbarkeit, die ebenfalls eine zeitliche Dimension hat.

Wie die erste Zone der Potentialität der Vergangenheit verhaftet ist, so beruht die zweite auf Vorwegnahmen der Zukunft. In meiner potentiellen Reichweite ist auch die Welt, die niemals in meiner aktuellen Reichweite war, aber unter der Idealisierung des »Und so weiter« als früher oder später erlangbar gesetzt ist. Der wichtigste Fall dieser zweiten Zone ist die Wirkzone meines Mitmenschen. Während wir in einer gemeinsamen (räumlich-zeitlich-sozialen) Situation stehen, deckt sich seine Wirkzone nur teilweise oder vielleicht auch gar nicht mit der meinen. Für mich ist seine Wirkzone eine Wirkzone im Modus des Dort, aber eine (im Modus des Hier) erlangbare Wirkzone, wäre ich eben nun an seiner Stelle, was ich wiederum durch entsprechende Ortsveränderung bewirken kann. G. H. Mead kommt zu einem ähnlichen Ergebnis: »Gegenwärtige

Realität ist eine Möglichkeit. Sie ist, was sein würde, wäre ich dort statt hier.«[26]

Mit einer gewissen Vereinfachung können wir demnach sagen, daß die Struktur der Reichweite die folgenden subjektiven zeitlichen Korrelate hat: die aktuelle Reichweite – die gegenwärtige Phase des Bewußtseinsstroms mit ihrem aktuellen Thema und den auslegbaren, auf den Erfahrungsvorrat fundierten Horizonten; die wiederherstellbare Reichweite – die Erinnerung; die erlangbare Reichweite – die Erwartung.

c) *Die subjektive Zeit*

I) Die zeitliche Artikulierung des Bewußtseinsstroms

Wir haben bisher von den subjektiven Korrelaten der Weltzeit gesprochen. Nun müssen wir aber die eigentliche subjektive Zeit, die innere Dauer und deren Artikulierung, behandeln. Gibt es denn überhaupt zeitlich strukturierte »Einheiten« des Bewußtseinsstroms, und wenn ja, wie artikulieren sie sich? Das zu behandelnde Problem ist aufs engste mit dem Problem der zeitlichen Struktur des Sinns der Erfahrungen, die sich in der inneren Dauer ausformen, verknüpft. Diese Verknüpfung ist von drei Philosophen, die den Stil und die Fragestellung der modernen Philosophen entscheidend beeinflußt haben (Bergson, William James und Husserl), unabhängig voneinander gesehen und untersucht worden. Wir können uns hier damit nur insofern beschäftigen, als es für die Beschreibung der Zeitstruktur der natürlichen Einstellung unmittelbar wichtig ist.[27]

Die Einheit des Bewußtseinsstroms beruht, wie Husserl ausgeführt hat, auf dem Charakter der Zeit als der Form der Erlebnisse. In zwangsläufiger Abfolge verwandelt sich ein Jetzt in ein gerade Vorhin und wird ein vergangenes Jetzt. Die aktuelle impressive Phase einer Erfahrung ist nichts als eine Grenzphase kontinuierlicher Retentionen und ebenfalls kontinuierlicher Protentionen. Jedes aktuelle Erlebnis trägt notwendig einen Vergangenheitshorizont und einen Zukunftshorizont. Der letztere ist mit typisierend

[26] The Objective Reality of Perspectives, in: *Philosophy of the Present*, p. 173.
[27] Vgl. A. Schütz: William James' Concept of the Stream of Thought Phenomenologically Interpreted, in: Collected Papers, III, Haag, Nijhoff, 1966, pp. 1-141.

antizipierten Erlebnissen erfüllt. Die Antizipationen werden bestätigt oder enttäuscht, während sie sich in impressive Phasen verwandeln. Als solche tragen sie neue Antizipationen und werden alsbald Retentionen, während ihnen neue impressive Phasen nachfolgen.[28]

Nun ist es, wie Husserl gezeigt hat, ein allgemeines Prinzip des Bewußtseins, daß ich, in meinen Bewußtseinsakten »lebend«, deren intentionalen Objekten und nicht den Akten selber zugewandt bin. Um diese Akte zu erfassen, muß ich mich ihnen reflektierend, also notwendigerweise post hoc, zuwenden. Ich muß, wie Dewey es ausgedrückt hat, »stehen bleiben und nachdenken«. Reflektierend werde ich nicht mehr vom Bewußtseinsstrom mitgerissen, ich »lebe« nicht in den aktuellen Phasen als solchen, sondern stelle mich »außerhalb« und blicke »zurück«. Diese Ausdrucksweise könnte vielleicht mißverstanden werden. Es gibt kein überzeitliches »Ufer«, an das ich mich aus dem Strom retten könnte. Während ich mich reflektiv den vergangenen oder auch den soeben gegenwärtig gewordenen Phasen zuwende, bleibe ich »im« Bewußtseinsstrom. Die innere Dauer ist kontinuierlich und die reflektiven Akte selber haben ebenfalls eine zeitliche Struktur innerhalb des Bewußtseinsstroms. Jeder Versuch, die Phänomene der inneren Dauer in räumliche Ausdrücke zu übersetzen, ist, wie Bergson deutlich gezeigt hat, irreführend.[29] Mit diesem Vorbehalt mag aber Deweys Phrase dennoch helfen, die Zeitstruktur der Sinnkonstitution von Erfahrungen zu verdeutlichen. Der Sinn einer Erfahrung wohnt nicht der Erfahrung »als solcher« inne, sondern wird ihr in einer reflektiven Zuwendung verliehen.

Es gibt zwei verschiedene Weisen, in denen der Sinn vergangener Erfahrungen »erfaßt« werden kann. Alle Erfahrungen bauen sich ursprünglich Schritt für Schritt in der inneren Dauer auf – polythetisch, wie Husserl diesen Vorgang bezeichnet hat.[30] In reflektiver Zuwendung mag ich nun daran gehen, diesen polythetischen Aufbauvorgang im aktuellen Bewußtsein nachzuvollziehen. Da die polythetische Konstitution alle Erfahrungen kennzeichnet, kann ich grundsätzlich, um den Sinn einer jeglichen Erfahrung zu erfas-

[28] Man vergleiche W. James' Begriff des »Specious present«, Principles of Psychology, I, p. 608 ff.

[29] Essai sur les données immédiates de la conscience, pp. 136 ff., 142 ff., 174-180.

[30] Siehe Husserl, Vorlesungen zur Phänomenologie des inneren Zeitbewußtseins, Halle, Niemeyer, 1928, § 11.

sen, den polythetischen Aufbau dieser Erfahrung reflektierend nachvollziehen. Ich *kann* das tun, zumindest unter idealen Bedingungen. Ich *muß* es dagegen tun, wenn ich versuchen will, den Sinn von solchen Erfahrungen zu erfassen, deren Sinn *wesentlich* die polythetische Struktur ihrer Elemente in der inneren Dauer enthält, also Erfahrungen sogenannter Zeitobjekte. Wenn es sich um den Sinn eines musikalischen Themas, eines Gedichtes usw. handelt, muß ich polythetisch nachvollziehen, was sich polythetisch aufgebaut hat. Ich kann zwar den »Inhalt« eines Gedichtes mit wenigen (oder auch vielen) Worten angeben, aber nicht dessen eigentlichen Sinn erfassen, ohne die polythetischen Phasen aktuell zu durchlaufen. Um den Sinn einer Komposition zu erfassen, muß ich sie vom ersten bis zum letzten Takt reproduzieren, zumindest innerlich.

Mit Erfahrungen aber, die sich nicht auf Zeitobjekte beziehen, kann ich zwar ebenso verfahren, muß aber nicht. Ich kann den Sinn von polythetisch aufgebauten Erfahrungen in einem einzigen Zugriff – monothetisch, wie Husserl sagt – erfassen. Ein wichtiges Beispiel hierfür sind Erfahrungen, die sich auf formales Wissen beziehen, wie Denken im engeren Sinn überhaupt. Der Unterschied zwischen polythetischem und monothetischem Erfassen des Sinns von Erfahrungen wird übrigens von großer Bedeutung für die Beschreibung der Konstitution des Wissensvorrats, dessen sozialer Übermittlung und ebenfalls für die Analyse des Verstehens der Handlungen von Mitmenschen sein.[31]

Die Unterscheidung ist aber schon an dieser Stelle deswegen wichtig, weil sie uns an einen wesentlichen Punkt der zeitlichen Artikulierung des Bewußtseins führt. Die Möglichkeit, den Sinn einer Erfahrung, der monothetisch erfaßbar ist, wiederum in polythetische Einzelschritte aufzulösen, hat Grenzen. Es ist eine Besonderheit unseres Bewußtseins, daß seine Erlebnisse nicht unbegrenzt aufteilbar sind. Wie Bergson gezeigt hat, kann die innere Dauer nicht in quantitativ homogene Einheiten zerstückelt werden. Sogar gewisse räumlich/zeitliche Phänomene widersetzen sich einer verräumlichten Analyse. Wenn wir eine in sich einheitliche Bewegung mit dem durchmessenen Raum gleichsetzen, wird der Pfeil in der Tat nie sein Ziel erreichen, Achilles nie die Schildkröte überholen. Die »Einheiten« der inneren Dauer sind nicht

[31] Vgl. Kap. III, bes. A 2, und Kap. IV B 2,3.

homogene Maßeinheiten, wie sie auf Ausdehnung und analog auf die »Ausdehnung« der Weltzeit angewandt werden. Es sind vielmehr Einheiten der zeitlichen Artikulation, die in der, räumlichen Ausdrucksweisen verhafteten, Sprache nur schwer beschreibbar sind. Gesehen wurde das Problem auch von William James, der den glücklichen Vergleich mit dem Vogelflug angewandt hat und von »Flugstrecken und Raststellen« (stretches of flight and resting places)[32] des Bewußtseins gesprochen hat.

Die Frage der zeitlichen Artikulierung kann also nicht eine Frage nach homogenen Struktureinheiten einer zeitlichen »Ausdehnung« sein. Vielmehr handelt es sich darum, den zeitlichen Bezugsrahmen aufzuweisen, welcher der Konstitution wohlumschriebener Erfahrung im Bewußtsein und dem Erfassen ihres Sinns zugrunde liegt. Die »Einheiten« der inneren Dauer sind, knapp formuliert, nicht-homogene »Größen«-Einheiten des Sinns. Wie schon gesagt, gibt es keine vereinzelten, in sich abgeschlossenen Erfahrungen. Jede gegenwärtige Erfahrung bezieht sich auf einen Erfahrungszusammenhang, der aus vergangenen, schon »abgeschlossenen« Erfahrungen und aus mehr oder minder offenen Erwartungen zukünftiger Erfahrung besteht. Die Erfahrung, die sich nun aktuell im Bewußtseinsstrom aufbaut, wurde also schon in einem gewissen Sinn in vergangenen Phasen dieses gleichen Bewußtseins antizipiert; natürlich nicht als diese spezifische, nun in aller Einzigartigkeit ablaufende Erfahrung, aber dennoch antizipiert als eine Erfahrung der einen oder der anderen Art. Ob übrigens vergangene Antizipationen aktuell bestätigt oder enttäuscht werden, tut nichts zur Sache. Auch der Sinn einer »unerwarteten« Erfahrung – also einer Erfahrung, welche die vorangegangene Antizipation enttäuscht – baut sich auf in Abhebung zur antizipierten, aber nicht eingetretenen Erfahrung. Der ursprüngliche Sinnzusammenhang meiner Erfahrung, der Zusammenhang, in dem sich eine Erfahrung als solche und nicht andere konstituiert, hat die zeitliche Relation zwischen aktueller Erfahrung, vergangener Erfahrung und antizipierter Erfahrung zur Voraussetzung. Zur Struktur dieses zeitlichen Sinnzusammenhangs gehören die schon besprochenen Idealisierungen des »Und-so-weiter« und des »Ich-kann-immer-wieder«.

Erfahrungen können nicht in Einheiten gepreßt werden, die die-

[32] W. James, Principles of Psychology, Vol. I, IX.

sem Zusammenhang nicht Rechnung tragen. Wenn ich einen Vogel im Flug beobachte, so sehe ich nicht jetzt Phase a 1 für sich, dann a 2 für sich und so weiter. Jede aktuelle Phase enthält Retentionen der gerade gegenwärtig gewesenen, die Retentionen dieser enthalten wiederum Retentionen der im Verhältnis zu ihnen gerade vergangenen Phasen; ferner enthält jede aktuelle Phase Antizipationen typischer Fortsetzungsphasen. Bergson nannte dies die kinematographische Funktion des Bewußtseins.[33] Eine künstliche Trennung des Phasenablaufs in voneinander isolierte »Einheiten«, Momentaufnahmen sozusagen, zerstückelt den Sinnzusammenhang. Dieses Bergsonsche Beispiel ist verhältnismäßig einfach. Man könnte die zeitliche Relation aber auch an komplexen Sinnstrukturen veranschaulichen. Als Beispiel könnte die Beschreibung des Sinnes eines musikalischen Themas oder eines Gesprächs dienen. Kennzeichnend für beide Beispiele ist die gleitende Abfolge von impressiven Phasen, in denen der Anfang (des Themas, des Satzes) retentiv nachhallt und sich mit Antizipationen der Vollendung verbindet.

Es handelt sich im Besprochenen um ein allgemeines Kennzeichen des Bewußtseinslebens. Das Bewußtseinsleben enthält nicht gleichmäßige homogene Raumzeit-Elemente (wie es manche psychologischen Schulen haben wollen), sondern artikuliert sich in »Einheiten« der inneren Dauer, die Bezugseinheiten sind. Auf Retention, Impression und Antizipation beruhen die »Quanta« der inneren Dauer; diese reihen sich aber in charakteristische Rhythmen aneinander. Die Rhythmen werden von der jeweils vorherrschenden Bewußtseinsspannung bestimmt. Sie bilden die Basis, auf der reflektive Zuwendungen zu vergangenen Erfahrungen möglich werden. Daß reflektive Zuwendungen ihrerseits motiviert sind und daß die Motivierung wiederum die Spannweite der Rückwendung und die »Einheiten« des so entstehenden Sinns bestimmen, sind Tatsachen, die noch näherer Erörterung bedürfen werden. Im Augenblick können wir uns damit begnügen, festzustellen, daß verschiedene Grade der Bewußtseinsspannung – und korrelativ verschiedene Wirklichkeitsbereiche geschlossener Sinnstruktur – ihren charakteristischen Rhythmus, ihr charakteristisches »Tempo« haben und daß diese die »Größenordnungen« des subjektiven Zeiterlebnisses bestimmen.

[33] Bergson, L'Evolution Créatrice, pp. 340-343.

II) Über biographische Artikulation

Die Bewußtseinsspannung, die sich bei Übergängen von einem Wirklichkeitsbereich geschlossener Sinnstruktur zum anderen, aber auch in geringerem Maß bei Übergängen von einer Situation zur anderen in der alltäglichen Lebenswelt verändert, bestimmt die zeitliche Artikulierung des Bewußtseinsstroms. Damit haben wir aber nur etwas über die Artikulierungen des Tagesablaufs gesagt. Sicherlich handelt es sich dabei um die zeitlichen Grundstrukturen der inneren Dauer, in denen sich der Sinn von Erfahrungen jeglicher Art konstituiert. Nun müssen wir jedoch noch fragen, ob es nicht eine bedeutungsmäßig übergeordnete Ebene der zeitlichen Artikulation gibt. Wie fügt sich der Tagesablauf mit seinen zeitlichen Artikulierungen in den Lebenslauf ein? Wie konstituiert sich Sinn größerer Spannweite und wie schichtet er sich auf die alltäglichen Sinnstrukturen zeitlich auf? Eine zufriedenstellende Beantwortung dieser Fragen werden wir in diesem Abschnitt noch nicht liefern können, da sie keineswegs aus der Analyse des subjektiven Dauerablaufs als solchem abgeleitet werden kann. Vielmehr betrifft sie Probleme, denen wir uns erst in den folgenden Kapiteln zuwenden werden: die Struktur der vollen intersubjektiven Welt und die sozialbiographische Situation des einzelnen mit dem verwickelten Komplex von Relevanzstrukturen, Planhierarchien und Handlungsspannweiten. Die Kategorien biographischer Artikulierung sind nicht eigentlich Kategorien der inneren Dauer, sondern intersubjektiv ausgeformte, in der relativ-natürlichen Weltanschauung festgelegte Kategorien. Sie sind im Grund dem einzelnen auferlegt und werden von ihm verinnerlicht. Die formalen Strukturen von Kindheit, Jugend, Reife, Alter usw. weisen große soziale Schwankungen der Spannweite wie auch große Variationen des Inhalts auf. Diese unterschiedlichen historischen Ausformungen biographisch sinngebender Kategorien werden jedoch in der natürlichen Einstellung als selbstverständliche Artikulationen des Lebenslaufs erfahren. Mit dieser grundsätzlichen Einschränkung, mit der wir auf spätere Ausführungen verweisen wollen[34], läßt sich nun doch noch einiges über biographische Artikulation sagen.

Die zeitliche Artikulierung im Tageslauf und die zeitliche Artikulierung im Lebenslauf stehen miteinander in einem wechselseiti-

[34] Vgl. vor allem II, B 6; auch III, A 1 d und IV, A 2.

gen Verhältnis. *Einerseits* ist die biographische Artikulation dem Tagesrhythmus *übergeordnet*. Wenn ich mich reflektiv vergangenen Lebensabschnitten zuwende, um sie zusammenfassend zu überblicken und auf ihren Sinn zu befragen, so bekomme ich in solchen post hoc Interpretationen größter Spannweite ungeheure Strecken polythetisch aufgebauter Tagesläufe monothetisch in den Griff. (Wie ist es »dazu gekommen«, daß ich ein Säufer wurde?) Gleichfalls, wenn ich Pläne größerer Spannweite entwerfe, antizipiere ich typisierend als »Mittel zum Zweck« große Strecken von Tagesabläufen. (Ich nehme mir vor, eine vergleichende Untersuchung über Sprichwörter zu schreiben.) Wodurch ich zu solchen Interpretationen und Entwürfen motiviert werde, ist eine Frage, die wir hier nicht beantworten können.[35]

Andererseits sind aber die Interpretationen und Entwürfe, deren Sinnspannweite der Lebenslauf ist, in den Tageslauf der inneren Dauer *eingefügt*. Sie sind sowohl von der aktuellen Situation bestimmt als auch ganz allgemein den Artikulierungen der inneren Dauer unterworfen, grundsätzlich nicht anders als z. B. die Beobachtung des Vogelflugs. Sie bilden also in dieser Hinsicht kein gesondertes, noch nicht abgehandeltes Problem.

Ein weiterer Aspekt der biographischen Artikulation betrifft die einzigartige Abfolge und Sedimentierung meiner Erfahrungen in der inneren Dauer. Wie wir ausgeführt haben, ist meine Situation in der Lebenswelt bestimmt durch die allgemeine Struktur der Weltzeit und meiner Endlichkeit in ihr, durch die Zwangsläufigkeit der Weltzeit und das Prinzip des first things first und durch die Geschichtlichkeit meiner Situation. Nun ist aber meine gegenwärtige Situation auch noch in einem anderen Sinn »geschichtlich«. Meine Situation besteht aus der Geschichte *meiner* Erfahrungen. Zu den strukturell bestimmten Elementen meiner Situation kommen auch autobiographisch bestimmte. Unter diesen gibt es nun wiederum viele, die sich aus der sozialen Einbettung meiner Erfahrungen ableiten lassen. Es gehören aber dazu auch wesentlich private Erlebnisse, die nicht mitteilbar sind, oder jedenfalls wesentlich private Aspekte meiner Erfahrungen. Der wichtigste und absolut einzigartige autobiographische Aspekt – so sehr er durch die soziale Überformung biographischer Kategorien »standardisiert« sein mag – ist die Abfolge der Erfahrungen in meiner inneren

[35] Siehe die Analyse von Relevanzstrukturen, III B.

Dauer. Da jede Situation und jede Erfahrung einen Vergangenheitshorizont hat, ist jede aktuelle Situation und Erfahrung von der Einzigartigkeit der Erfahrungsabfolge, der Autobiographie, notwendig mitbestimmt. Es ist von größter Bedeutung, in welcher Abfolge sich die Erfahrungen aneinanderreihen, und es ist korrelativ von größter Bedeutung, an welcher »Stelle« des Lebenslaufs bestimmte Erfahrungen auftreten. Wenn wir uns als Erwachsene vergangenen Abschnitten unseres Lebens zuwenden, können wir meist »entscheidende« Erfahrungen entdecken, die unser Leben in der Folge bestimmten; häufig spielen diese Erfahrungen eine solche Rolle weniger wegen einer ihnen etwa innewohnenden Qualität, als wegen des besonderen Zeitpunkts, zu dem sie sich ereigneten. Wir haben ein Buch in einer besonderen Phase unserer geistigen Entwicklung gelesen, lernten zu einem »entscheidenden« Zeitpunkt eine Person kennen, wurden zu einer bestimmten Zeit krank, wurden »zu früh« oder »zu spät« von der einen oder anderen Erfahrung befriedigt, enttäuscht usw. All dies sind Erfahrungen, die den gleichen Strukturgesetzen unterliegen, wie alle meine anderen Erfahrungen, wie die Erfahrungen meiner Mitmenschen; es sind typische Erfahrungen dieser oder jener Art, aber sie haben eine einzigartige biographische Artikulierung und dadurch einen besonderen Sinn, weil sie sich an einer besonderen Stelle in den Ablauf unserer Dauer einfügten.

5) Die soziale Struktur der Lebenswelt des Alltags

a) Die Vorgegebenheit des anderen und die Intersubjektivität der fraglos gegebenen Welt

Daß die Lebenswelt von vornherein intersubjektiv ist, haben wir schon festgestellt. Wir führten aus[36], daß man in der natürlichen Einstellung des Alltags es als fraglos gegeben hinnimmt, daß andere Menschen existieren. Die in meiner Umwelt vorfindlichen menschlichen Körper sind für mich selbstverständlich mit einem Bewußtsein ausgestattet, das dem meinen prinzipiell ähnlich ist; ferner ist es mir selbstverständlich, daß die Außenweltdinge für die anderen und für mich grundsätzlich die gleichen sind; weiterhin,

[36] Vgl. Kap. I, A.

daß ich mit meinen Mitmenschen in Beziehung treten und mich mit ihnen verständigen kann und schließlich, daß eine gegliederte Sozial- und Kulturwelt mir und meinen Mitmenschen historisch vorgegeben ist. Diese schlichten Gegebenheiten der natürlichen Einstellung wollen wir nun näher untersuchen, mit der Vorgegebenheit des Mitmenschen beginnend.

Die *Grundaxiome* der sozialisierten natürlichen Einstellung sind erstens die Existenz intelligenter (mit Bewußtsein ausgestatteter) Mitmenschen und zweitens die – prinzipiell meiner Erfahrung ähnliche – Erfahrbarkeit der Gegenstände der Lebenswelt für meine Mitmenschen. Nun folgt aber schon aus der Erfahrung der räumlichen Gliederung der Lebenswelt[37], der Erfahrung der eigenen Wirkzone[38] und der biographischen Artikulation[39], daß das zweite Grundaxiom modifizierende Momente enthalten muß. Aus der Erfahrung jener Strukturen wächst mir das Wissen zu, daß »dasselbe« Objekt notwendig für jeden von uns Unterschiede aufweisen muß; erstens, weil die Welt in meiner Reichweite nicht identisch sein kann mit der Welt in deiner, seiner etc. Reichweite, weil mein Hier dein Dort ist und weil meine Wirkzone nicht gleich der deinen ist; und zweitens, weil meine biographische Situation mit ihren Relevanzsystemen, Planhierarchien usw. nicht die deine ist und folglich die Auslegungen der Gegenstandshorizonte bei mir und bei dir in durchaus verschiedenen Richtungen verlaufen können. Diese Modifikationen des zweiten Grundaxioms beruhen auf dem ersten Grundaxiom. Genauer gesagt, sie ergeben sich aus der Auslegung meiner Erfahrung anderer Menschen in meiner Umwelt. In der voll-sozialisierten natürlichen Einstellung werden aber diese Modifikationen – für alle praktischen Zwecke des Alltags – wieder aufgehoben durch die folgenden pragmatisch motivierten Grundkonstruktionen bzw. Idealisierungen:

Erstens die Idealisierungen der *Vertauschbarkeit der Standpunkte*. Wäre ich dort, wo er jetzt ist, würde ich die Dinge in gleicher Perspektive, Distanz, Reichweite erfahren wie er; und wäre er hier, wo ich jetzt bin, würde er die Dinge in gleicher Perspektive erfahren wie ich.

Zweitens die Idealisierung der *Kongruenz der Relevanzsysteme*.

[37] Vgl. Kap. II, B 2.
[38] Vgl. Kap. II, B 3.
[39] Vgl. Kap.II, B 4 c II.

Ich und er lernen es als gegeben hinzunehmen, daß Unterschiede der Auffassung und Auslegung, die sich aus der Verschiedenheit meiner und seiner biographischen Situation ergeben, für seine und meine, für unsere gegenwärtigen praktischen Zwecke irrelevant sind, daß ich und er, daß wir so handeln und uns so verständigen können, als ob wir die aktuell und potentiell in unserer Reichweite stehenden Objekte und deren Eigenschaften in identischer Weise erfahren und ausgelegt hätten. Und – dies kommt hinzu und verbindet sich mit den Idealisierungen des »Und-so-weiter« und des »Ich-kann-immer-wieder« – wir lernen, als gegeben hinzunehmen, daß wir grundsätzlich auf diese Weise fortfahren können: daß also nicht nur unsere schon gemeinsam erfahrene Welt sozialisiert ist, sondern daß meine noch erfahrbare Welt prinzipiell sozialisierbar ist.

Die Idealisierungen der Vertauschbarkeit der Standpunkte und der Kongruenz der Relevanzsysteme bilden zusammen die *Generalthese der wechselseitigen Perspektiven.* Diese These ist ihrerseits die Grundlage für die soziale Ausbildung und sprachliche Fixierung von Denkobjekten (Whiteheads objects of thought)[40], welche die Denkobjekte meiner vorsozialen Welt ersetzen oder, besser gesagt, sie überformen. Um dem Mißverständnis vorzubeugen, die Denkobjekte seien das Ergebnis eines »contrat social«, muß betont werden, daß sie für jeden einzelnen, der in eine geschichtliche Situation hineingeboren ist, schon in der Sprache vorfindbar sind. Daß aber die sprachliche, also soziale Ausformung der Lebenswelt überhaupt vom einzelnen als die Basis seiner Weltsicht erworben werden kann, beruht auf der Generalthese der wechselseitigen Perspektiven. Diese Generalthese setzt, wie gesagt, die fraglose Gegebenheit der Existenz von Mitmenschen voraus, welche die natürliche Einstellung von vornherein kennzeichnet. In der vollsozialisierten natürlichen Einstellung ist es selbstverständlich, daß die von mir als gegeben hingenommene Lebenswelt auch von dir als gegeben hingenommen ist, mehr noch, von uns, grundsätzlich von jedermann.

Nun erst entsteht die Möglichkeit einer weiteren Differenzierung. Das *Wir*, das grundsätzlich jedermann bedeutet, mag sich wieder verengen. Ich erfahre in reflektiver Auslegung einer sozialen Begegnung, eines Gesprächs, daß du die Welt bzw. einen be-

40 Alfred North Whitehead, Process and Reality, New York, Free Press, 1969, p. 67.

stimmten Sektor der Welt nicht einmal für die praktischen Zwecke der gegenwärtigen Situation so erfahren hast wie ich und wie andere, mit denen ich solche Situationen geteilt habe. Ich komme zum Schluß, daß du meine Relevanzsysteme gar nicht in dem Maß teilst, daß ich die Generalthese der reziproken Perspektiven bzw. die Idealisierung der Kongruenz der Relevanzsysteme noch aufrechterhalten könnte. Du bist also nicht »jedermann«, sondern etwas anderes. Von da an gibt es grundsätzlich zwei Möglichkeiten: Ich erkenne, daß auch wir nicht jedermann sind, sondern daß es verschiedene Arten von Menschen gibt, z. B. Uns und Euch. Es ist aber auch möglich, wie am ethnologischen Material abzulesen ist, daß ich an der Identität vom Wir und jedermann festhalte, dann kannst du kein (»normaler«) Mensch sein. Mit diesen Bemerkungen greifen wir aber Fragen vor, die erst im folgenden behandelt werden. Hier sei nur gesagt, daß die relativ-natürliche Weltanschauung die eine oder die andere dieser Lösungen zur »natürlichen« stempelt.

b) Die unmittelbare Erfahrung des anderen

I) Die Du-Einstellung und die Wir-Beziehung

Alle Erfahrung der sozialen Wirklichkeit ist auf das Grundaxiom der Existenz von anderen Wesen »gleich mir« fundiert. Die Formen, in die sich meine Erfahrung der sozialen Wirklichkeit auffächert, sind dagegen sehr verschieden. Ich erfahre andere Menschen in verschiedenen Perspektiven, und meine Beziehung zu ihnen gliedert sich nach verschiedenen Stufen der Erlebnisnähe, Erlebnistiefe, und Anonymität. Die Variationsbreite meiner Erfahrung der Sozialwelt reicht von der Begegnung mit einem anderen Menschen bis zur vagen Einstellung zu Institutionen, Kulturgebilden, »Menschheit im allgemeinen«. Es heißt nun, die Strukturen, in denen sich die Sozialwelt in der Erfahrung aufbaut, zu beschreiben. Wir können zunächst eine grobe Unterscheidung zwischen der unmittelbaren Erfahrung eines anderen und der mittelbaren Erfahrung der Sozialwelt treffen. Da, wie wir noch zeigen werden, die mittelbaren Erfahrungen sich grundsätzlich von der unmittelbaren Erfahrung ableiten lassen, beginnen wir mit einer Analyse der letzteren.

Ich erfahre einen anderen Menschen unmittelbar nur dann, wenn er mit mir einen gemeinsamen Sektor des lebensweltlichen Raums und der Weltzeit teilt. Nur dann erscheint mir der andere in seiner Leiblichkeit: sein Körper ist für mich ein wahrnehmbares und auslegbares Ausdrucksfeld, das mir sein bewußtes Leben erschließt. Nur dann ist es möglich, daß mein Bewußtseinsstrom und sein Bewußtseinsstrom in echter Gleichzeitigkeit verlaufen können: er und ich altern zusammen. Die Begegnung (face-to-face situation) ist die einzige soziale Situation, die durch zeitliche und räumliche Unmittelbarkeit gekennzeichnet ist. Sowohl der Stil als auch die Struktur der sozialen Beziehungen und Handlungen, die in dieser Situation stattfinden, sind dadurch wesentlich bestimmt.

Wie konstituiert sich eine solche Situation? Es ist vorausgesetzt, daß ich meine Aufmerksamkeit dem anderen zuwende. Diese Zuwendung, die wir mit dem Ausdruck *Du-Einstellung* bezeichnen, ist die allgemeine Form, in der ein anderer in Person erfahren wird. Wir wollen im folgenden einen solchen anderen einen Mitmenschen nennen. Die Du-Orientierung entsteht schon einfach durch die Tatsache, daß ich etwas in der Welt in meiner Reichweite als »mir gleich« erfahre. Es muß aber betont werden, daß es sich hierbei nicht um ein Analogieurteil handelt. Die Du-Einstellung ist ursprünglich pre-prädikativ: ich reflektiere nicht erst polythetisch: dies hier ist ein Mensch (wie ich), sondern ich erfasse den Menschen aktuell in seiner Existenz vor mir, in zeitlicher und räumlicher Unmittelbarkeit. Demnach erfordert der Begriff der Du-Einstellung nicht, daß ich auch *weiß*, was für ein Mensch (in seinem »So-sein« also) da vor mir steht. Es ist klar, daß es sich hier um einen formalen Begriff handelt; empirisch gibt es keine »reine« Du-Einstellung. Wenn ich einem Mitmenschen begegne, so ist es auch immer ein bestimmter Mensch, oder jedenfalls ein bestimmter Typ von Mensch, mit seinen Besonderheiten. Die Du-Einstellung aktualisiert sich also immer wieder in verschiedenen Stufen der konkreten Auffassung und Typisierung des Du.

Die Du-Einstellung kann entweder einseitig oder wechselseitig sein. Es ist möglich, daß ich mich dir zuwende, du aber mein Dasein nicht beachtest. Es mag aber auch sein, daß ich mich dir zuwende, wie auch du dich mir. Im Fall der wechselseitigen Du-Einstellung konstituiert sich eine soziale Beziehung, die wir mit dem Ausdruck *Wir-Beziehung* bezeichnen wollen. Analog zu dem, was über die Du-Einstellung gesagt wurde, können wir wieder formal von einer »reinen« Wir-Beziehung sprechen – die sich in wechselseitiger »reiner« Du-Einstellung konstituiert – wobei nicht zu vergessen ist, daß sich auch die Wir-Beziehung nur in verschiedenen Stufen der konkreten Auffassung und Typisierung des anderen aktualisiert.

Ich kann am bewußten Leben eines anderen Menschen nur dann teilnehmen, wenn wir uns in einer *konkreten* Wir-Beziehung begegnen. Wenn du mit mir sprichst zum Beispiel, kann ich die objektive Bedeutung deiner Worte (ihre Bedeutung in einem hochanonymen Zeichensystem) auslegen. Außerdem nehme ich aber an der schrittweisen Konstitution deines Sprechens in der echten Gleichzeitigkeit der Wir-Beziehung teil. Infolgedessen kann ich (mehr oder weniger adäquat beziehungsweise inadäquat) die subjektive Sinnkonfiguration, in der dein Sprechen und deine Worte für dich stehen, erfassen. Die Auslegungsvorgänge, durch die die subjektiven Sinnkonfigurationen meines Mitmenschen von mir erfaßt werden, gehören allerdings, genau genommen, nicht der Wir-Beziehung an. Die Worte meines Mitmenschen sind vor allem Zeichen in einem objektiven Bedeutungszusammenhang. Ferner sind sie auch Anzeichen (»Symptome«) für den subjektiven Sinn, den alle seine Erfahrungen, einschließlich seines aktuellen Sprechens, für ihn haben. Ich bin es aber, der die Zeichen in objektiven und eventuell subjektiven Sinnzusammenhängen auslegt; der Auslegungsvorgang gehört folglich der Wir-Beziehung nicht an, obwohl er sie voraussetzt.

Der Ablauf der konkreten Erfahrungen, in denen sich die Wir-Beziehung aktualisiert, weist weitgehende »inhaltliche« Ähnlichkeiten mit meinem inneren Erlebnisablauf auf. Ein grundlegender Unterschied bleibt aber; mein Erlebnisablauf ist Erlebnisablauf in der inneren Zeit meines Bewußtseinsstroms. In der Wir-Beziehung besteht zwar echte Gleichzeitigkeit der Erlebnisabläufe, doch begegne ich einem Mitmenschen, dessen Hier für mich ein Dort ist. Obwohl wir von der »unmittelbaren« Erfahrung des Mitmenschen sprechen, ist natürlich auch diese Erfahrung im strengsten Sinne des Wortes »vermittelt«. Den Erlebnisablauf des Mitmenschen erfasse ich nur »mittelbar«, indem ich seine Bewegungen, seinen Ausdruck, seine Mitteilungen als Anzeichen von subjektiv sinnvollen Erfahrungen eines fremden Ich auslege. Unter all meinen Erfahrungen eines fremden Ichs ist aber die Begegnung des Mitmenschen in der Gleichzeitigkeit der Wir-Beziehung die gleichsam am wenigsten mediatisierte. So sprechen wir weiterhin, wenn auch inexakt, von einer unmittelbaren Erfahrung des Mitmenschen.

Diese Unmittelbarkeit bleibt nur so lange erhalten, wie ich in der Wir-Beziehung lebe, das heißt, solange ich am gemeinsamen Ablauf *unserer* Erfahrungen teilhabe. Wenn ich mich unseren Erfahrungen *reflektierend* zuwende, habe ich mich sozusagen außerhalb der Wir-Beziehung gestellt. Bevor ich über eine Wir-Beziehung nachdenken kann, müssen deren lebendige Erlebnisphasen abgebrochen worden oder verklungen sein. Ich lebe in einer Wir-Beziehung – und erlebe sie – nur dann, wenn ich in unseren gemeinsamen Erfahrungen aufgehe. Ich kann über sie reflektieren, aber nur ex post facto. Dabei können jedoch vergangene gemeinsame Erfahrungen sowohl in großer Klarheit und genau als auch unscharf und verworren erfaßt werden. Je mehr ich mich dem Nachdenken widme, um so weniger lebe ich in der gemeinsamen Erfahrung und um so entfernter, mittelbarer ist der Nebenmensch. Der andere, den ich in der Wir-Beziehung unmittelbar erfahren habe, wird ein Objekt meines Denkens in der Reflexion. Diesen Punkt werden wir noch später verfolgen[41]; es sei vorausgeschickt, daß ich mich auch während einer sozialen Begegnung entschließen kann, aus der Wir-Beziehung »herauszutreten«. Auch in dieser Situation kann ich den Mitmenschen in einen typischen Nebenmenschen verwandeln.

II) Die soziale Begegnung

Die »reine« Wir-Beziehung, die sich in der wechselseitigen Du-Einstellung konstituiert, besteht aus dem bloßen Bewußtsein des Daseins eines anderen und enthält nicht notwendig die Erfassung spezifischer Merkmale des anderen. Gerade eine solche Erfassung gehört aber zu allen konkreten sozialen Beziehungen. Das Ausmaß meines Wissens um den anderen kann natürlich ganz verschieden sein. Das heißt also, daß konkrete soziale Beziehungen, die den Charakter einer Begegnung haben, zwar auf der »reinen« Wir-Beziehung fundiert sind, daß es aber nicht genügt, daß ich dem Mitmenschen zugewandt bin und daß ich sehe, daß er mir zugewandt ist. Darüber hinaus muß ich mehr oder minder genau erfassen, *wie* er mir zugewandt ist. In der Gemeinsamkeit von Raum und Zeit, in der leibhaftigen Gegenwart des Mitmenschen gelingt mir dies durch unmittelbare Beobachtung. Im Gegensatz zur reflektiven Erfassung der Wesenszüge der »reinen« Wir-Beziehung erfasse ich

[41] Vgl. Kap. II, B 5 c I und II.

den anderen aktuell in einer gewissen Bestimmtheit. Auch *uns* erfahre ich nur in der Bestimmtheit unserer wechselseitigen Beziehung, also zum Beispiel in einer freundschaftlichen Beziehung zwischen mir, dem Jüngeren und ihm, dem Älteren; oder der feststehend oberflächlichen Beziehung zwischen mir, dem Kunden und ihm, dem Verkäufer. Diese zwei Beispiele verdeutlichen es, daß sich die Wir-Beziehung in verschiedenen Weisen aktualisieren kann. Mein Gegenüber erscheint mir in räumlich, zeitlich und sozial-biographisch differenzierten Auffassungsperspektiven, die einen gewissen Zwang auf meine Erfahrung vom anderen ausüben. Ferner erlebe ich die Partner in Wir-Beziehungen nicht in gleicher Erlebnisnähe und Erlebnistiefe. Schließlich mag ich in einer Wir-Beziehung aufmerksam die Erfahrungen meines Partners verfolgen, das heißt, mich in seine Bewußtseinsvorgänge und subjektiven Motivierungen »hineinleben« (wie dies zum Beispiel der Fall ist bei einem für den Außenstehenden sinnlosen Gespräch zwischen zwei Liebenden), oder ich mag daran nur indirekt interessiert sein, mich statt dessen auf seine Handlungen und deren objektive Folgen (wenn wir zu zweit einen Stamm zersägen, kann es mir gleich sein, »was er sich dabei denkt«, solange er eben nur im Rhythmus der Zusammenarbeit bleibt), oder auf den objektiven Sinn seiner Mitteilung (wie z. B. in einer wissenschaftlichen Diskussion) konzentrierend. Die Wir-Beziehungen aktualisieren sich immer in den angeführten Dimensionen. Innerhalb der – formal – durch wechselseitige Du-Einstellung in räumlicher und zeitlicher Gemeinsamkeit konstituierten Wir-Beziehung bilden sich in verschiedenen Verbindungen dieser Dimensionen die Abstufungen der Unmittelbarkeit aus. Wir wollen diese Feststellung durch ein Beispiel verdeutlichen.

Sowohl der Liebesakt als auch ein oberflächliches Gespräch zwischen zwei Unbekannten sind Beispiele der Wir-Beziehung. In beiden Fällen begegnen sich die Mitmenschen in einer *face-to-face situation*, wie der soziologische Fachausdruck lautet. Jedoch welcher Unterschied in der »Unmittelbarkeit« der Beziehung! Ganz abgesehen davon, daß durch die jeweils betroffenen Sinnesmodalitäten das eine Mal eine vollständige Synchronisierung der inneren Zeit erreicht wird und das andere Mal nicht, gibt es weitere große Unterschiede in den Auffassungsperspektiven, in Erlebnisnähe und Erlebnistiefe. Aber nicht nur meine Erfahrungen vom anderen variieren in diesen Dimensionen, sondern – wie ich in der Spiegelung durch den anderen erfahre – auch die seinen. Wir dürfen sagen, daß die Variationen im Grad der Unmittelbarkeit die Wir-Beziehung als solche kennzeichnen. Damit berühren wir ein Problem, das für die subjektive Erfahrung der Sozialwelt überhaupt von großer Bedeutung ist und mit dem wir uns in der Analyse des Übergangs von der unmittelbaren zur mittelbaren Erfahrung der sozialen Wirklichkeit noch näher beschäftigen werden.

In der Begegnung ist mir das Bewußtseinsleben des anderen durch ein Maximum an Symptomfülle zugänglich. Da er mir leiblich gegenübersteht, kann ich die Vorgänge in seinem Bewußtsein nicht nur durch das, was er mir vorsätzlich mitteilt, erfassen, sondern auch noch durch Beobachtung und Auslegung seiner Bewegung, seines Gesichtsausdrucks, seiner Gesten, des Rhythmus und der Intonation seiner Rede usw. Jede Phase meiner inneren Dauer ist mit einer Phase des Bewußtseinslebens des anderen koordiniert. Da ich ununterbrochen die kontinuierlichen Manifestationen der subjektiven Vorgänge des Mitmenschen wahrnehme, bleibe ich ununterbrochen auf sie abgestimmt. Eine besonders wichtige Folge des Umstands ist die Tatsache, daß mir in einem gewissen Sinn der Mitmensch »lebendiger« und »unmittelbarer« gegeben ist als ich mir selbst. Natürlich »kenne« ich mich selber viel besser als ihn: meine Biographie ist für mich in unendlich detaillierterer Weise erinnerbar als für jemand anderen. Aber dies ist Wissen für mich, Erinnerung an meine Vergangenheit, und erfordert eine reflektive Einstellung. Während ich unreflektiert lebe und in der aktuellen Erfahrung aufgehe, steht der Mitmensch in größerer Symptomfülle vor mir als ich mir selbst – solange wir eben in der zeitlichen und räumlichen Gemeinsamkeit der Wir-Beziehung verharren.

Wir haben bisher die Unmittelbarkeit meiner Erfahrung des Mitmenschen betont. Aber ich bringe in jede konkrete Situation, in der ich einem anderen begegne, meinen Wissensvorrat, das heißt also die Sedimentierung vergangener Erfahrungen mit. Dieser Wissensvorrat schließt natürlich auch ein Geflecht von Typisierungen von Menschen im allgemeinen, ihrer typisch-menschlichen Motivierungen, Handlungsmuster, Planhierarchien usw. ein. Er schließt mein Wissen um Ausdrucksschemata und Auslegungsschemata und meine Kenntnis objektiver Zeichensysteme, besonders der Sprache ein. Diesem allgemeinen Wissen untergeordnet ist ferner die detaillierte Kenntnis der Motivationen, Handlungen,

Ausdrucksschemata usw. bestimmter Typen von Menschen, zum Beispiel von Männern und Frauen, Jungen und Alten, Gesunden und Kranken, Bauern und Städtern, Vätern und Müttern, Freunden und Feinden, Amerikanern und Chinesen usw. Schließlich mag mein Wissensvorrat auch noch Vorerfahrungen von diesem ganz bestimmten Mitmenschen einschließen. Im Ablauf der Wir-Beziehung wende ich mein Wissen an, überprüfe es, modifiziere es und erwerbe neue Erfahrungen. Mein gesamter Wissensvorrat unterliegt demnach ebenfalls einer Veränderung, manchmal nur einer verschwindend geringen, manchmal aber auch einer einschneidenden. Meine Erfahrung des Mitmenschen in der Wir-Beziehung steht also in einem vielfachen Sinn- und Auslegungszusammenhang: es ist die Erfahrung eines Menschen, es ist die Erfahrung eines typischen Akteurs auf der Bühne der Sozialwelt, es ist die Erfahrung dieses ganz bestimmten, einzigartigen Mitmenschen in dieser ganz bestimmten Situation.

Wir haben bisher nur eine Schicht meiner Erfahrung des Mitmenschen beschrieben. Denn ein weiterer wesentlicher Bestandteil meiner Erfahrung vom anderen ist, daß ich auch *seine* Einstellung zu mir erfasse: Auch er erfährt mein Handeln nicht bloß in einem objektiven Deutungszusammenhang, sondern als Äußerung meines Bewußtseinslebens. Ferner erfasse ich, daß er mich als jemand erfährt, der sein Tun als Äußerung seiner Subjektivität erlebt. In der Wir-Beziehung sind unsere Erfahrungen voneinander nicht nur koordiniert, sondern auch wechselseitig bestimmt und aufeinander bezogen. Ich erfahre mich selbst durch den Mitmenschen, und er erfährt sich durch mich. Die Spiegelung des Selbst in der Fremderfahrung – genauer in meinem Erfassen der Erfahrung des anderen von mir – ist ein konstitutives Element der Wir-Beziehung. Die wechselseitige Spiegelung ist von grundlegender Bedeutung für den Sozialisierungsprozeß, wie schon C. H. Cooley eindringlich gezeigt hat.[42] Es muß noch bemerkt werden, daß die vielfachen Brechungen der Spiegelungsvorgänge nicht in ihren einzelnen Strahlen in den Griff des Bewußtseins kommen; denn weder die Wir-Beziehung noch der Mitmensch in ihr werden reflektiv erfaßt, sondern werden unmittelbar erlebt. Meine Erfahrung des eigenen Erlebnisablaufs und des koordinierten Erlebnisablaufs des Mitmenschen ist einheitlich: Erfahrungen in der Wir-Beziehung

[42] Human Nature and Social Order, Schocken, 1964, pp. 152-163.

sind gemeinsame Erfahrungen.

Dies ist ein wichtiger Umstand nicht nur für die Struktur sozialer Beziehungen, sondern auch für die Struktur des sozialen Handelns in der Begegnung, wie im Vorgriff auf die Analyse der Handlungsstruktur[43] zu vermerken ist. Ich kann die Erfüllung oder das Mißlingen der konkreten Entwürfe des Mitmenschen im Verlauf seines Handelns beobachten. Dagegen kann ich außerhalb der Wir-Beziehung aufgrund meines Wissensvorrats die objektiven Chancen für die Erfüllung bestimmter Handlungsziele, die von typischen Akteuren entworfen werden, zwar kalkulieren und typischen Handlungsresultaten zuordnen. Ich kann aber nur im Verlauf der gemeinsamen Erfahrungen das Resultat der Handlung eines Mitmenschen unmittelbar und im Bezug auf sein Bewußtseinsleben erfassen, da ich den Ablauf des Handelns miterlebe.

Wir haben gesagt[44], daß die natürliche Einstellung durch die Annahme charakterisiert ist, daß die von mir als gegeben hingenommene Lebenswelt auch von meinem Mitmenschen als gegeben hingenommen wird. Wir haben auch gezeigt, daß diese Selbstverständlichkeit, auf der Grundthese der Reziprozität der Perspektiven beruhend, ihren Ursprung in der Erfahrung des anderen innerhalb der Welt in meiner Reichweite hat und zu einem Bestandteil des in der voll-sozialisierten natürlichen Einstellung fraglos Gegebenen wird. Die Selbstverständlichkeit bestätigt sich nun kontinuierlich in der Folge von Wir-Beziehungen, in denen andere zu Mitmenschen werden, deren Welt in Reichweite weitgehend mit der meinen zusammenfällt. Dieser Umstand ist von großer Bedeutung im Aufbau meines Wissensvorrats überhaupt. Ich kann immer die Adäquanz meiner Deutungsschemata für die Erfassung der Ausdrucksschemata meines Mitmenschen dadurch überprüfen, daß ich auf Gegenstände in unserer gemeinsamen Umwelt hinweise. Wenn es sich bestätigt, daß er seine Erfahrungen zumindest von solchen Gegenständen, die vor uns stehen, auf ähnliche Weise auslegt wie ich, habe ich einen Ansatzpunkt dafür, daß seine Ausdrucksschemata mit meinen Deutungsschemata jedenfalls für die meisten praktischen Zwecke ausreichend übereinstimmen.

Allgemein gesagt, ist es also die Wir-Beziehung, in der sich die Intersubjektivität der Lebenswelt überhaupt ausbildet und konti-

43 Vgl. Kap. V.
44 Vgl. II, B 5 a.

nuierlich bestätigt. Die Lebenswelt ist weder meine private Welt, noch deine private Welt, auch nicht die meine und die deine addiert, sondern die Welt unserer *gemeinsamen* Erfahrung. Daß übrigens auch bei der normalen Ausbildung einer intersubjektiven Welt der Abbruch oder auch nur eine radikale Einschränkung der kontinuierlichen Bestätigung dieses ihres Charakters schwerwiegende Folgen hat, sei hier nur am Rande vermerkt. Der Bestand an Selbstverständlichkeiten, der die gewohnte Lebenswelt untermauert, wird zum Beispiel in der Einzelhaft gefährdet, oft auch abgebaut. Die Technik der Gehirnwäsche scheint diesen Umstand sehr wohl zu verwerten.

c) Die mittelbare Erfahrung der Sozialwelt

I) Von der unmittelbaren zur mittelbaren Erfahrung des anderen
Die Begegnung ist nur eine, wenn auch in ihrer Unmittelbarkeit die ursprünglichste und genetisch wichtigste soziale Beziehung. Wir haben aber gefunden, daß innerhalb der räumlichen und zeitlichen Unmittelbarkeit der Wir-Beziehung sich schon Unterschiede in der Unmittelbarkeit meiner Erfahrung des anderen abzeichnen, die von der Auffassungsperspektive, der Erlebnistiefe, -Nähe und -Intensität bestimmt werden. Diese Abstufung erstreckt sich in meine Erfahrung der Sozialwelt überhaupt. Der Hauptbereich der Sozialwelt, der nicht unmittelbar erlebt wird, besteht aus Zeitgenossen. So wollen wir andere Menschen bezeichnen, mit denen ich nicht aktuell in einer Wir-Beziehung stehe, deren Leben aber in der gleichen gegenwärtigen Spanne der Weltzeit abläuft wie das meinige. Wir können die Abstufungen der Unmittelbarkeit am besten an einem einfachen Beispiel der Verwandlung eines Mitmenschen in einen bloßen Zeitgenossen verfolgen. Nun befinde ich mich Angesicht zu Angesicht mit einem Bekannten. Er verabschiedet sich, schüttelt mir die Hand, entfernt sich. Er dreht sich um und ruft mir etwas zu. Nun ist er noch ferner, er winkt mir noch einmal zu und verschwindet um die Ecke. Es wäre schwer, wenn überhaupt sinnvoll, genau zu bestimmen, wann die Wir-Beziehung zu Ende kam, wann der Mitmensch, der mir in unmittelbarer Erfahrung gegeben war, zum bloßen Zeitgenossen wurde, von dem ich zwar aufgrund meines Wissensvorrats mit größerer oder geringerer Wahrscheinlichkeit das eine oder das andere vermuten oder behaupten kann. (»Er ist inzwischen wohl zu Hause angekommen«.) Immerhin aber

ist eine qualitative Veränderung meiner Erfahrung von ihm eingetreten, wann immer man den Zeitpunkt ansetzen will. Die Abstufungen der Unmittelbarkeit könnte man auch anders verdeutlichen, indem man zum Beispiel typische Formen der Verständigung beschriebe, von dem Gespräch in einer Begegnung über ein Telefongespräch zum Briefwechsel, zu Nachrichten, die über Dritte vermittelt werden usw. In allen diesen Fällen läßt sich eine Abnahme der Symptomfülle nachweisen, durch die mir das Bewußtseinsleben des anderen zugänglich ist. Während wir an der Unterscheidung zwischen unmittelbarer und mittelbarer Erfahrung des anderen festhalten dürfen, da es sich um mehr als bloß quantitative Unterschiede handelt, dürfen wir nicht vergessen, daß es sich um zwei Pole handelt, zwischen denen viele empirische Übergangsformen bestehen. Diese Feststellung heißt es nun genauer zu begründen.

In der natürlichen Einstellung des täglichen Lebens drängt sich uns der Übergang von der direkten zur indirekten Erfahrung des anderen selten auf. In der Routine des Alltags fügen wir sowohl unser eigenes Verhalten als auch das anderer Menschen in Sinnzusammenhänge, die von dem *Hic et Nunc* der aktuellen Erfahrung relativ unabhängig sind. Dieses ist ein Grund, warum die Unmittelbarkeit oder Mittelbarkeit einer Erfahrung bzw. sozialen Beziehung nicht zum Problem wird und im Alltag der Auslegung nicht bedarf. Der tiefere Grund dafür ist aber die Tatsache, daß die unmittelbare Erfahrung des Mitmenschen ihre konstitutiven Züge beibehält, auch wenn dieser zum bloßen Zeitgenossen wurde. Die aktuelle unmittelbare Erfahrung wird zur vergangenen, nun wieder erinnerten unmittelbaren Erfahrung. Wir sehen nicht ohne weiteres ein, warum der Mitmensch, mit dem wir sprachen, den wir liebten oder haßten, der so und nicht anders war, plötzlich doch »anders« geworden sein sollte, nur weil er im Augenblick nicht da ist. Wir lieben oder hassen ihn noch immer, und nichts im alltäglichen Lauf der Dinge zwingt uns, zu bemerken, daß sich unsere Erfahrung von ihm in ihrer Struktur wesentlich verändert hat. Daß dies dennoch der Fall ist, kann nur durch eine sorgfältige Beschreibung aufgewiesen werden. Die Erinnerung an den Mitmenschen trägt in der Tat die konstitutiven Wesenszüge der – vergangenen – Wir-Beziehung, die grundsätzlich verschieden sind von den Merkmalen einer Einstellung – und von Bewußtseinsakten überhaupt – die sich auf bloße Zeitgenossen beziehen. In der Wir-

Beziehung war der Mitmensch leiblich gegenwärtig; ich konnte sein Bewußtseinsleben in der größten Symptomfülle erfassen. Wir waren in der zeitlichen und räumlichen Gemeinsamkeit aufeinander abgestimmt; ich spiegelte mich in ihm, er sich in mir; seine Erfahrungen und meine Erfahrungen formten einen gemeinsamen Ablauf: wir alterten zusammen. Sobald er mich verläßt, setzt dagegen eine Veränderung ein. Ich weiß zwar, daß er in einem Sektor der Welt ist, der jetzt in seiner aber nicht in meiner Reichweite ist. Ich weiß, daß seine Dauer in die gleiche Weltzeit eingefügt ist wie die meine, aber unsere Bewußtseinsvorgänge sind nicht in echter Gleichzeitigkeit verbunden. Ich weiß auch, daß er älter geworden sein muß, und, wenn ich darüber reflektiere, weiß ich auch, daß er sich, streng genommen, mit jeder neuen Erfahrung verändert haben muß. Aber ohne Reflexion lasse ich in der natürlichen Einstellung des Alltags all dies außer acht und halte an der vertrauten Vorstellung des Mitmenschen fest. Bis auf Widerruf setze ich jene Bestandteile meines Wissensvorrats, die diesen Mitmenschen betreffen und die sich in lebendigen Wir-Beziehungen sedimentiert haben, als invariant an. Bis auf Widerruf, das heißt, bis ich gegenteiliges Wissen erwerbe. Dieses Wissen ist jedoch Wissen um einen Zeitgenossen, dem ich nicht in einer Du-Einstellung zugewandt bin. Allerdings ein Zeitgenosse, der einst mein Mitmensch war und über den ich Erfahrung aus erster Hand habe, also Erfahrung, die grundsätzlich vom Wissen verschieden ist, das ich von Menschen habe, die nie mehr als bloße Zeitgenossen waren.

Dies bringt uns zu einem Punkt, der schon früher angedeutet wurde, als wir sagten, daß die formale Struktur der Erlangbarkeit und Wiederherstellbarkeit, die die räumliche Erfahrung der alltäglichen Lebenswelt kennzeichnet, auch auf das subjektive Erleben der Sozialwelt übertragen werden kann.[45] Der Welt in aktueller Reichweite kann die unmittelbare soziale Umwelt, die lebendige Wir-Beziehung, analog gesetzt werden; der wiederherstellbaren Reichweite die wiederherstellbaren Wir-Beziehungen; und der Welt in erlangbarer Reichweite die Sozialwelt meiner Zeitgenossen mit ihrer Untergliederung nach den verschiedenen Chancen der Erlangbarkeit. Um diese Analogie zu erläutern, müssen wir auf das Wesen jener sozialen Beziehungen eingehen, für welche – um mit Max Weber zu sprechen[46] – »die Chance einer kontinuierlichen

[45] Vgl. Kap. II, B 2 b III.
[46] Vgl. Wirtschaft und Gesellschaft, Tübingen 1972[5], S. 14, Punkt 4.

Wiederkehr eines sinnentsprechenden (das heißt, dafür geltenden und demgemäß erwarteten) Verhaltens besteht«. Wir pflegen Ehe oder Freundschaft vorwiegend als soziale Beziehungen vom Typ einer Begegnung – und zwar von besonderer Erlebnisnähe – zu deuten. Der Grund dafür liegt in der schon erwähnten Tatsache, daß wir dazu neigen, Handlungsabläufe als Einheiten in größeren – und andauernderen – Sinnzusammenhängen zu verstehen, ungeachtet dessen, ob sich diese Einheitlichkeit auch subjektiv, das heißt, in den Entwürfen und Auslegungen der Betroffenen, auf diese Weise konstituiert. Bei näherer Betrachtung löst sich denn auch die so angesetzte Einheitlichkeit (des Sinnes) einer Ehe oder einer Freundschaft in vielfältige, in der sozialen Zeit gelagerte (»Goldene Hochzeit«, Jugendfreundschaft«) Beziehungen auf, die teils aus lebendigen Wir-Beziehungen, teils aus Beziehungen unter Zeitgenossen bestanden. Strenggenommen sind diese sozialen Beziehungen nicht kontinuierlich, wohl aber »wiederkehrend«.

Was kann also gemeint sein, wenn zum Beispiel zwei Freunde von ihrer Freundschaft sprechen? Erstens mag A, der in einer Freundesbeziehung zu B steht, an vergangene Wir-Beziehungen mit B denken. Diese Wir-Beziehungen allerdings bilden nicht einen ununterbrochenen Ablauf, sondern eine Serie, die von »einsamen« Erlebnisabläufen und von Wir-Beziehungen verschiedenster Art mit anderen unterbrochen ist. Zweitens mag A, wenn er von seiner Freundschaft mit B spricht, nicht nur an vergangene konkrete Wir-Beziehungen denken, sondern auch die Tatsache meinen, daß sein Verhalten überhaupt, oder bestimmte Aspekte bestimmter Typen seines Verhaltens an B orientiert sind, und zwar am schlichten Dasein des B oder an bestimmten Attributen des B oder sogar an bestimmten als möglich angesetzten Alternativen des Handelns des B. Das bedeutet, daß A in einer bestimmten Einstellung zum Zeitgenossen B steht (»Er-Einstellung«), einer Einstellung, die zeitweise von einer unmittelbaren Du-Einstellung abgelöst wird, der wiederum von einer bloßen Er-Einstellung erfüllte Phasen folgen. Schließlich mag A auch meinen, daß die Wir-Beziehung mit B grundsätzlich – ungeachtet technischer Hindernisse – wiederherstellbar ist, und er mag mit subjektiver Sicherheit erwarten, daß auch die Erlebnistiefe, die Auffassungsperspektiven usw., die die vergangenen Wir-Beziehungen zu B auszeichneten, in künftigen Wir-Beziehungen mit B ebenfalls wiederherstellbar sind.

Nun ergibt sich aus dem Gesagten eine allgemeine Feststellung:

Es gibt soziale Beziehungen, die sich wesentlich nur in der Unmittelbarkeit von lebendigen Wir-Beziehungen konstituieren können. Selbstverständlich gehören dazu Beziehungen, die mir biographisch auferlegt sind und biosoziale Rollen involvieren, wie Beziehungen zwischen Eltern und Kindern, aber auch Wahl-Beziehungen, für die eine bestimmte Erlebnisnähe und -tiefe konstitutiv ist, wie zum Beispiel eine Liebesbeziehung, Freundschaft (wobei Phänomene wie die intellektuellen, brieflichen »Freundschaften« der Renaissance, oder die – allerdings einseitigen – Schwärmereien für Filmstars usw. eine gesonderte Untersuchung erfordern würden). Abgesehen von der ursprünglichen Bildung solcher sozialer Beziehungen spielen dann die Chancen der Wiederherstellbarkeit einer lebendigen Wir-Beziehung eine wichtige Rolle. Wie lange kann man zum Beispiel Vater, Ehemann, Freund par distance sein? Zweifellos ist hier auch die soziale Durchformung der Zeit von großer Bedeutung.

Dann gibt es aber auch soziale Beziehungen, die nicht notwendig erst in lebendigen Wir-Beziehungen geformt sein müssen, wie zum Beispiel die Beziehung Herrscher-Untertan (man soll die historische Variation hier beachten: das Vasallenverhältnis zum Beispiel verlangte bis in die Verfallszeit des Feudalismus eine ursprüngliche – und grundsätzlich wiederherstellbare – Wir-Beziehung), Produzent-Verbraucher usw. Hier sei nur angedeutet, daß damit eine Problematik angeschnitten wird, die in der empirischen Soziologie in den Begriffspaaren »Gemeinschaft und Gesellschaft«, »mechanische und organische Solidarität«, »Primärgruppen und Sekundärgruppen« bis heute noch nicht genügend präzisiert ist. Inwiefern außerdem langfristige sozialhistorische Veränderungen in der Vorherrschaft des einen oder des anderen Typus von sozialen Beziehungen und inwiefern die regelmäßige Wiederkehr von lebendigen Wir-Beziehungen im Gegensatz zu anderen Abfolgereihen von sozialen Beziehungen die Personstruktur beeinflussen, sind Fragen, die hier offengelassen werden müssen.

Im Vorangegangenen beschäftigten wir uns mit Übergängen von lebendigen Wir-Beziehungen zu sozialen Bereichen zwischen Zeitgenossen. Damit untersuchten wir einen Grenzbereich, der zwischen der unmittelbaren und der mittelbaren Erfahrung des anderen liegt. Je mehr wir uns der letzteren nähern, um so geringer ist der Grad der Unmittelbarkeit und um so höher ist der Grad der Anonymität, der meine Erfahrung vom anderen kennzeichnet. Wir können demnach die Welt meiner Zeitgenossen in verschiedene Schichten einteilen: Mitmenschen in früheren Wir-Beziehungen, die jetzt nur Zeitgenossen sind, mit denen aber eine lebendige Wir-Beziehung – mit größerer oder geringerer Wahrscheinlichkeit – wiederherstellbar ist; ebensolche, mit denen eine Wir-Beziehung nicht mehr herstellbar ist (sie sind gestorben); Zeitgenossen, die früher Mitmenschen meines jetzigen Partners in einer Wir-Beziehung waren, die für ihn sozusagen »wiederherstellbare« und für mich »erlangbare« Mitmenschen sind (dein mir noch unbekannter Freund X); Zeitgenossen, von deren persönlicher Existenz ich weiß, denen ich in Kürze von Angesicht zu Angesicht begegnen werde (Herr Y, dessen Buch ich gelesen habe und mit dem ich nächste Woche eine Verabredung habe); Zeitgenossen, von deren Existenz ich »im allgemeinen« weiß, das heißt, deren Existenz ich aufgrund meines Wissens von der Sozialwelt als Bezugspunkten typischer sozialer Funktionen ableiten kann (Postbeamte, die *meinen* Brief befördern); institutionelle Wirklichkeiten, über deren Struktur ich unterrichtet bin und deren Personal mir anonym ist, wiewohl ich das letztere ausfindig machen könnte (der Bundestag); institutionelle Wirklichkeiten, die wesentlich anonym sind und mir deshalb nie begegnen können (das kapitalistische Wirtschaftssystem); sozial ausgeformte objektive Sinnzusammenhänge (die französische Grammatik) und schließlich Artefakten im breitesten Sinn, die als Zeugnisse auf subjektive Sinnzusammenhänge eines unbekannten Erzeugers, Benutzers, Betrachters rückverweisen. All dies sind Beispiele für die zunehmend anonymen Schichten der zeitgenössischen Sozialwelt und die Übergänge von der unmittelbaren Erfahrung des anderen zur mittelbaren Erfahrung der Sozialwelt.

II) Der Zeitgenosse als Typus und die Ihr-Einstellung

Die räumliche und zeitliche Unmittelbarkeit, eine Voraussetzung für die Du-Einstellung und die Wir-Beziehung, fehlt in meiner Erfahrung von Zeitgenossen. Zeitgenossen sind nicht leiblich gegenwärtig; also sind sie mir nicht in vor-prädikativer Erfahrung als diese besondere, einzigartige Person gegeben. Ich habe auch nicht einmal direkte Erfahrung von ihrem bloßen Dasein. Ich weiß nur, daß Zeitgenossen, oder auch ganz bestimmte Zeitgenossen, mit mir in der Weltzeit koexistieren, ich weiß auch nur, daß diese Zeitgenossen oder dieser Zeitgenosse bestimmte Züge aufweisen. Dies weiß ich auf Grund meiner Vorerfahrung und meines Wissensvorrats, mit Hilfe verschiedener lebensweltlicher Idealisierungen, aber nur mit größerer oder geringerer Sicherheit und Wahrscheinlichkeit. Während ich also einen Mitmenschen unmittelbar in seinem Dasein und seinem So-sein in der sozialen Begegnung konkret erfahre, erfasse ich Dasein und Sosein eines Zeitgenossen nur vermittels abgeleiteter Typifizierungen. Obwohl das allgemeine Problem der Typisierung erst im folgenden genauer untersucht wird[47], kann die Erfahrung der Sozialwelt ohne einen Vorgriff auf diese Analyse gar nicht beschrieben werden. Deshalb müssen wir uns nun mit gewissen Beschränkungen der Untersuchung jener Typisierungen zuwenden, vermittels welcher die Erfassung von Zeitgenossen möglich wird.

Eine der Weisen, wie ich Zeitgenossen erfahren kann, konstituiert sich in Ableitungen von vorangegangenen direkten Erfahrungen von Mitmenschen. Diesen Konstitutionsmodus haben wir bereits beschrieben und dabei gefunden, daß Wissen, das sich in der unmittelbaren Erfahrung des anderen aufbaut, bis auf Widerruf konstant gehalten und als gültig betrachtet wird, auch nachdem der Mitmensch zum Zeitgenossen wurde. Eine andere Weise, in der ich Zeitgenossen erfahre, ist der ersten ähnlich. Frühere Mitmenschen meines aktuellen Mitmenschen werden erfaßt, indem ich dem Beispiel meines Partners in der Wir-Beziehung folge und von ihm das Wissen von einem anderen, das er in direkter Erfahrung gewonnen hatte und nun konstant hält, übernehme. In diesem Fall kann ich mich jedoch nicht auf meine eigenen unmittelbaren – wenn auch vergangenen – Erfahrungen berufen, sondern muß zuerst seine Mitteilungen über den Dritten auslegen, bevor ich das in der Mitteilung enthaltene Wissen als gültig setzen kann.

In beiden Fällen ist die Erfahrung des Zeitgenossen entweder durch meine eigenen *vergangenen* Erfahrungen begründet, sowohl meine unmittelbaren als auch mittelbaren Erfahrungen vom anderen, oder durch die vermittelten Äußerungen eines anderen über Dritte. Es liegt auf der Hand, daß alles so vermittelte Wissen auf eine ursprüngliche direkte Erfahrung von Mitmenschen zurückverweist und sich in ihr begründet. Ich kann aber Wissen über Zeitgenossen auch auf andere Weise erwerben. Meine Erfahrung von Dingen und Ereignissen in der Lebenswelt, von Geräten und

[47] Vgl. Kap. III, C.

Artefakten im breitesten Sinn, enthalten Verweise auf die Sozialwelt – auf die Welt meiner Zeitgenossen und meiner Vorfahren. Ich kann sie immer als Zeugnisse des Bewußtseinslebens anderer Wesen »gleich mir« ausdeuten, als Zeichen, Anzeichen, Handlungsresultate. Solche Deutungen sind ebenfalls abgeleitet, und zwar auch von meinen Erfahrungen von besonderen Mitmenschen. In der Begegnung mit einem Mitmenschen war ich, in echter Gleichzeitigkeit mit meiner inneren Dauer, Zeuge, wie sich sein Verhalten polythetisch aufbaute, wie er Schritt für Schritt seine Handlungsentwürfe verwirklichte, wie er ein Gerät herstellte, wie er ein Artefakt schuf und betrachtete, wie er Zeichen setzte. Nun kann ich das fertige Gerät, Artefakt, das eingravierte, geschriebene oder sonstwie in der Außenwelt festgelegte Zeichen als ein Anzeichen der in sie eingegangenen schrittweisen subjektiven Vorgänge auslegen. Ohne die Möglichkeit eines solchen Rückverweises, einer ursprünglichen Begründung wären die Geräte, Zeichen usw. nichts als bloße Gegenstände in der Naturwelt.

Meine Erfahrung von Zeitgenossen ist also notwendig indirekt, vermittelt, auf Bezug auf ursprüngliche Erfahrungen angewiesen. Das heißt aber nicht, daß ich mich nicht auf Zeitgenossen einstellen, mit ihnen in sozialen Beziehungen stehen, auf sie zu handeln kann. Das Problem sozialen Handelns wird uns noch zu beschäftigen haben. Vorläufig wollen wir nur in Analogie zur Du-Einstellung (auf Mitmenschen in einer sozialen Begegnung bezogen) den Begriff der *Ihr-Einstellung* bzw. Er-Einstellung (auf mehrere oder einen Zeitgenossen bezogen) festlegen, die Wesenszüge einer solchen Einstellung beschreiben und anschließend die auf sie fundierten sozialen Beziehungen untersuchen.

Im Gegensatz zur Weise, wie ich das Bewußtseinsleben eines Mitmenschen erfasse, erscheinen mir die Erfahrungen von bloßen Zeitgenossen als mehr oder minder anonyme Vorgänge. Der Bezugspunkt der Ihr-Einstellung ist ein Typus von bewußten Vorgängen typischer Zeitgenossen und nicht das Dasein eines konkret und unmittelbar erfahrenen Alter Ego, nicht sein Bewußtseinsleben mitsamt dessen schrittweise sich aufbauenden subjektiven Sinnzusammenhängen. Der Bezugspunkt der Ihr-Einstellung ist von meinem Wissen um die Sozialwelt überhaupt abgeleitet und steht notwendig in einem objektiven Sinnzusammenhang. Nur post hoc kann ich Auslegungen, die auf subjektive Sinnzusammenhänge eines einzelnen verweisen, hinzufügen, wie in der Analyse personaler Typen zu zeigen sein wird. Mein Wissen um die Sozialwelt ist typisches Wissen um typische Vorgänge. Im Grund mag ich es offen lassen, in wessen Bewußtsein diese typischen Vorgänge stattfinden, mit wessen einzigartigem Dasein sie verknüpft sind. In ihrer Ablösung von subjektiven Vorgängen in der inneren Dauer enthalten diese Vorgänge – »typische Erfahrungen von irgend jemandem« – die Idealisierungen des »Und-so-weiter« und des »Ich-kann-immer-wieder«, also Annahmen typischer anonymer Wiederholbarkeit.

Die Einheit des Zeitgenossen konstituiert sich ursprünglich in der Einheit meiner Erfahrungen, genauer, in der Synthese meiner Auslegung des Wissensvorrats von der Sozialwelt. In dieser Synthese kann ich die typischen Bewußtseinsvorgänge einem einzigen Bewußtsein zuordnen; ich bilde einen individualisierten Typus. Dies ist um so einfacher, je leichter ich diesen Typus an meine Erfahrungen von einem ehemaligen Mitmenschen anschließen kann. Je mehr aber aufeinander abgestufte und voneinander abhängige objektive Sinnzusammenhänge an die Stelle subjektiver Sinnzusammenhänge treten, um so anonymer wird der Bezugspunkt meiner Ihr-Einstellung sein. Grundsätzlich ist ein individualisierter Typ eine Vorstellung, nicht eine Erfahrung konkreter anderer. Es werden typische Attribute invariant gehalten, die die Modifikationen dieses Attributs in der inneren Dauer eines konkreten anderen außer acht lassen müssen. Wir wollen diesen Punkt mit einigen Beispielen verdeutlichen.

Wenn ich einen Brief in einen Briefkasten werfe, handle ich in der Erwartung, daß bestimmte Zeitgenossen meinen Wunsch, den ich durch das Adressieren und Frankieren dieses Briefes in einer sozial approbierten Form ausdrückte, auf eine für diesen praktischen Zweck geeignete Weise auslegen und sich dementsprechend verhalten werden. Meine Erwartung bezog sich, so sagten wir zunächst, auf bestimmte Zeitgenossen. Es ist aber klar, daß der Bezugspunkt nicht bestimmte Personen, sondern bestimmte Typen von Zeitgenossen (Postangestellte) waren. Die Annahme von Geld beruht, in den Worten Max Webers, auf der subjektiven Chance, daß Zeitgenossen diese kleinen physischen Gegenstände als Zahlung annehmen werden. Beides sind Beispiele einer Ihr-Einstellung, die sich auf typisches Verhalten typischer Zeitgenossen bezieht. Wenn ich mich auf bestimmte Art und Weise verhalte und bestimmte Handlungen unterlasse, so tue ich das, um das als typisch angesetzte Verhalten typischer Zeitgenossen (Polizeibeamte,

Richter) zu vermeiden, um ein anderes von Weber gebrauchtes Beispiel anzuführen.

In diesen Beispielen ist mein Verhalten von der Erwartung geleitet, daß bestimmtes Verhalten seitens bestimmter Zeitgenossen (Postangestellten, Händlern, Polizeibeamten) wahrscheinlich ist. All diesen Zeitgenossen gegenüber habe ich eine bestimmte Einstellung. Ich beziehe diese Zeitgenossen in mein eigenes Verhalten ein; kurzum, ich stehe zu ihnen in einer sozialen Beziehung, die wir mit dem Ausdruck Ihr-Beziehung bezeichnen. Es muß betont werden, daß diese Beziehungen nicht konkrete und spezifische andere betreffen, sondern Typen, denen ich bestimmte Attribute, bestimmte Funktionen, bestimmtes Verhalten zuschreibe. Sie sind für mich nur insofern relevant, als sie diesen Typisierungen – wohl mehr oder minder »gut« – entsprechen. In der Ihr-Beziehung verhalte ich mich auf Grund meines Wissens von der Sozialwelt: es gibt Menschen, die »typische« Postangestellte, Polizeibeamte usw. sind. Ihr Verhalten steht für mich im Grunde in einem objektiven Sinnzusammenhang. Es ist mir gleich, was sie sich »dabei denken«, das heißt, die subjektiven Sinnzusammenhänge sind für mich – und für die Ihr-Beziehung – irrelevant, solange sie sich faktisch als Postangestellte, Polizeibeamte usw. verhalten. Meine Partner in Ihr-Beziehungen sind Typen.

An dieser Stelle muß ein wichtiger Punkt zur Analyse der Du-Einstellung und der Wir-Beziehung nachgetragen werden. Die Typenhaftigkeit ist ein Wesenszug der Ihr-Einstellung und Ihr-Beziehung. Das heißt aber nicht, daß sie auf diese beschränkt bleibt. Ich *kann* bloße Zeitgenossen zwar nicht anders als in Typisierung erfahren, aber das gleiche gilt, wie wir sehen werden, für Nachfahren und Vorfahren. Wichtig ist vor allem, daß mein Wissensvorrat von der Sozialwelt überhaupt aus Typisierungen besteht. Da ich auch in jede unmittelbare Begegnung mit einem Mitmenschen schon einen Wissensvorrat mitbringe, werden also Typisierungen zwangsläufig auch in die Du-Einstellung und Wir-Beziehung hineinspielen. Ich erfasse auch den einzigartigen Mitmenschen, der mir von Angesicht zu Angesicht gegenübersteht, mit Hilfe von Typisierungen. Grundsätzlich bleibt dennoch ein wesentlicher Unterschied bestehen. Meine Typisierungen vom Mitmenschen werden in seine in der lebendigen Wir-Beziehung unmittelbar erfaßte Einzigartigkeit hineingezogen und von ihr modifiziert. Die Typisierungen werden in der Anwendung auf den

Mitmenschen »belebt« und der lebendigen Wirklichkeit ein- und untergeordnet. Es sei im Vorübergehen angemerkt, daß allerdings die Möglichkeit besteht, daß man sich, auch wenn man einem Mitmenschen begegnet, aus der lebendigen Wir-Beziehung »heraushält« und sie sozusagen durch eine Ihr-Beziehung ersetzt. Dies ist bis zu einem gewissen Grad bei institutionalisierten Handlungsmustern wechselseitig der Fall: Käufer und Verkäufer. Inwiefern darin auch der Ansatz zur Reifizierung des anderen liegt, ist eine Frage, die hier nicht untersucht werden kann.[48] Wir wollen nur die Voraussetzung zum Enstehen dieses Problems in der lebensweltlichen Erfahrung des anderen an Hand eines einfachen Beispiels verfolgen.

Nehmen wir an, ich befinde mich von Angesicht zu Angesicht mit einigen Mitmenschen. Unsere Erfahrungen erscheinen mir als ein ununterbrochener und gemeinsamer Erfahrungsablauf. Aber ich kann auch meine Aufmerksamkeit auf einen einzelnen richten; das »Wir« kann ich in mich und ihn zerlegen. Nehmen wir an, ich spiele Karten mit drei Partnern. Ich kann meine Aufmerksamkeit dem einen oder dem anderen zuwenden. In der Du-Einstellung erfasse ich vermittels seiner Worte, seines Gesichtsausdrucks, seiner Handbewegungen usw. seine Bewußtseinsvorgänge Schritt für Schritt und versenke mich in die subjektiven Zusammenhänge, in denen ihm das Spiel und sein Handeln im Spiel erscheint. Ich kann mich in einer solchen Einstellung allen Kartenspielern nacheinander zuwenden. Als ein unbeteiligter Beobachter kann ich aber auch eine Transposition vornehmen: ich versetze die beobachtete Situation aus der mitmenschlichen Unmittelbarkeit in die typisierte Welt der Zeitgenossen. Ich lege die Situation auf Grund meines Wissensvorrats aus: die drei (bzw. die vier, denn ich kann mich auch selbst in diesem Sinn »beobachten«) spielen Bridge. Feststellungen dieser Art betreffen das Bewußtseinsleben der einzelnen Spieler nur insofern, als die typischen Handlungen – Bridge spielen – mit typischen Sinnzusammenhängen für die Spieler gekoppelt sind und ich solche Sinnzusammenhänge mit dem Bewußtseinsleben der einzelnen Spieler koordinieren kann. Somit kann ich auch annehmen, daß der Vorgang für jeden einzelnen in einem subjektiven Sinnzusammenhang steht. Grundsätzlich brauche ich aber nur

[48] Hierzu gibt es eine stetig anwachsende Literatur, die sowohl vom Begriff der Entfremdung bei Marx als auch vom soziologischen Begriff der Rolle ausgeht.

zu postulieren, daß sein Verhalten irgendwie subjektiv an dem objektiven Sinnzusammenhang – Spielregeln für Bridge – orientiert sei. Dieses Postulat gilt natürlich allgemein für »Leute, die Bridge spielen«, wer immer sie sein mögen, wann immer und wo immer sie es tun mögen. Es ist also ein typisierendes und hochanonymes Postulat, das keineswegs auf die Spieler vor mir beschränkt ist. Es ist zwar der Fall, daß keine konkrete Erfahrung des A mit keiner Erfahrung des B identisch sein kann, für so typisch sie in einem objektiven Sinnzusammenhang auch gelten mag, da sie dem Bewußtseinsstrom eines einzigartigen Menschen in einer spezifischen biographischen Artikulation angehört. Die konkrete Erfahrung ist unwiederholbar. Nur das Typische »an ihr« ist wiederholbar. Nur insofern ich die konkreten Mitmenschen A, B und C einklammere und sage, »Sie« spielen Karten, kann ich in ihnen Repräsentanten des Typus Kartenspieler erfassen. Damit habe ich aber eine Auslegung vorgenommen, durch die die Mitmenschen A, B und C anonymisiert wurden.

Dem mag entgegengehalten werden, daß schließlich A, B und C, auch wenn sie Karten spielen, »noch immer« meine Freunde Kaspar, Melchior und Balthasar sind. Wenn der Einwand auf die fertig konstituierten Erlebnisabläufe in der natürlichen Einstellung bezogen ist, hat er seine Berechtigung. Bezüglich der Konstitution der alltäglichen Erfahrung »meine-Freunde-Kaspar-Melchior-und-Balthasar-spielen-Bridge« ist jedoch zu sagen, daß eine Anonymisierung des lebendigen Vorgangs und seine Versetzung in einen objektiven Sinnzusammenhang eine Voraussetzung meiner einheitlichen Erfahrung ist. Der objektive Sinnzusammenhang, der auf Grund meines Wissensvorrats und der ihm eigenen Axiome, Idealisierungen und Typisierungen aufgebaut wurde, kann sekundär in subjektive Sinnzusammenhänge rücktransportiert werden: Ich verwende mein typisches Wissen auch in Situationen, die Mitmenschen involvieren. Ich erfasse die Mitmenschen als »Leute wie...«. Aber zugleich erfahre ich sie in der Wir-Beziehung als einzigartige Menschen, deren Bewußtseinsleben sich vor meinen Augen manifestiert. Sie haben also einen Doppelcharakter: sie sind »Leute wie...« und sie sind ein Du. Auf der Grundlage dieses Doppelcharakters der Mitmenschen erfolgt dann eine dritte Transposition: der bloße Zeitgenosse, von mir als Typus erfahren, wird mit einem Bewußtseinsleben wie ein Mitmensch ausgestattet. Es muß aber festgehalten werden, daß ich das Bewußtseinsleben des Zeitgenossen nicht unmittelbar erfahre, sondern dem Bezugspunkt der Ihr-Einstellung, dem Typus, Bewußtsein »einhauche«, in einem Auslegungsakt meinerseits. Deshalb bleibt dieses Bewußtsein eben ein typisches, anonymes Bewußtsein. Es wird deutlich, daß wir hier ein wichtiges Problem der Sozialwissenschaften berührt haben, das Problem der lebensweltlichen Grundlage des sogenannten Idealtypus. Im folgenden wollen wir das für die Analyse der Lebenswelt wichtige Verhältnis von Typisierung und Anonymität in seiner Bedeutung für die Erfahrung der sozialen Wirklichkeit untersuchen.

III) Die Stufen der Anonymität in der sozialen Welt

Das Grundmoment der Ihr-Einstellung ist, daß man sich den anderen, dessen Existenz angenommen oder vermutet wird, als Bezugspunkt typischer Eigenschaften, Merkmale usw. vorstellt. Abgesehen von diesem Grundmoment unterscheiden sich aber die spezifischen Erfahrungen von anderen in der Ihr-Einstellung in verschiedener Hinsicht. Die wichtigste Variable ist der Grad der Anonymität. Wir können sagen, daß die Welt der Zeitgenossen nach Stufen der Anonymität gegliedert ist. Je anonymer der Typus, vermittels dessen ein Zeitgenosse erfahren wird, um so stärker ist der Sinnzusammenhang, der dem anderen unterschoben wird, objektiviert.

Die Anonymität eines (individualisierten sozialen) Typus muß nun näher erläutert werden. Wir sagten schon, daß die »reine« Du-Einstellung in der auf die bloße Existenz des Mitmenschen gerichteten unmittelbaren Aufmerksamkeit besteht und daß die Erfassung des Soseins eines Mitmenschen auf die »reine« Du-Einstellung gegründet ist. Dies trifft für die Ihr-Einstellung nicht zu. Die Ihr-Einstellung besteht grundsätzlich darin, daß man sich bestimmte typische Eigenschaften vorstellt. In solchen Vorstellungen setze ich zwar solche Eigenschaften als existent, als bei Menschen jetzt oder früher vorhanden, mit. Ich brauche jedoch nicht das Vorhandensein einer solchen Eigenschaft in einem bestimmten anderen zu einem bestimmten Zeitpunkt, an einem bestimmten Ort zu setzen. Die typische Eigenschaft ist mit Bezug auf jede einzelne Person anonym. Infolgedessen ist der Zeitgenosse, der, wie wir gezeigt haben, nur vermittels solcher Typisierungen erfaßt werden kann, in diesem Sinn ebenfalls anonym. Das *Dasein* des Zeitgenossen ist nicht unmittelbar erfahren, sondern nur vermutet, angenommen oder auch als fraglos gegeben gesetzt. In meiner *aktuellen* Erfahrung hat der Zeitgenosse nur den Status eines Schnittpunkts typischer Eigenschaften; sein Dasein hat für mich subjektiven Chancencharakter. Daraus folgt übrigens, daß das Risiko meiner auf Zeitgenossen bezogenen Handlungen ungemein größer ist als die ohnehin grundsätzlich Chancencharakter tragende Handlungsstruktur sozialer Begegnungen. Welche Folgen dieser Umstand für die Struktur sozialer Beziehungen zwischen Zeitgenossen hat, wird noch zu zeigen sein.

Wir können aber von Anonymität individualisierter sozialer Typisierungen noch in einem anderen Sinn sprechen. Die Anonymität einer Typisierung ist zu ihrer Inhaltserfülltheit umgekehrt proportional. Die Inhaltserfülltheit ihrerseits hängt ab vom Grad der Allgemeinheit bzw. Detailliertheit meines Wissensvorrats bezüglich der als invariant gesetzten typischen Eigenschaft. Das Deutungsschema, das einer Ihr-Einstellung zugrunde liegt, mag von unmittelbaren Erfahrungen eines früheren Mitmenschen abgeleitet sein; es kann sich aber auch auf Verallgemeinerungen der sozialen Wirklichkeit überhaupt beziehen. Im ersten Fall wird der Typus, ein personaler Typus, verhältnismäßig detailliert und inhaltserfüllt sein; im zweiten Fall wird die Typisierung verhältnismäßig inhaltsleer und generell sein. Wir können sagen, daß die Inhaltserfülltheit des individualisierten sozialen Typus der relativen Unmittelbarkeit der Erfahrungen, aus denen er konstituiert wurde, entspricht.

Nun sind aber Typisierungen nicht in sich abgeschlossene, isolierte Deutungsschemata, sondern miteinander verbunden und aufeinander aufgestuft. Auf je mehr Typisierungen ein individualisierter Typus aufgebaut ist, um so anonymer ist er und um so weiter ist der Bereich der im Typus als selbstverständlich vorausgesetzten Deutungsschemata. Die Unterschichten der Typisierungen bzw. der typisierenden Deutungsschemata kommen dabei nicht explizit in den Griff des Bewußtseins und werden nur in mehr oder minder vager Weise als fraglos und unproblematisch mitgesetzt. Dies läßt sich leicht verdeutlichen. Man braucht nur in Betracht zu ziehen, wieviel selbstverständliche und doch unklare Deutungsschemata Typisierungen wie »Weltbürger«, »Winzer«, »Linksintellektueller«, »Kriegsteilnehmer«, »Amerikaner« zugrunde liegen.

Der Grad der Anonymität eines individualiserten sozialen Typus hängt also, wie wir sagen können, davon ab, wie leicht die durch ihn konstituierte Beziehung (oder mit-konstituierte Beziehung) in eine Wir-Beziehung verwandelt werden kann. Je eher ich die typischen Züge von »irgend jemand« als Eigenschaften eines Mitmenschen, als Bestandteile seines Bewußtseinslebens unmittelbar erfahren kann, um so weniger anonym ist die betreffende Typisierung. Das sei an zwei Beispielen veranschaulicht. Nehmen wir an, ich denke an meinen abwesenden Freund Hans, der vor einer schwierigen Entscheidung steht. Aus sedimentierten unmittelbaren Erfahrungen meines Freundes habe ich den individualisierten Typus »mein Freund Hans«, der zum Bezugspunkt meiner gegenwärtigen Er-Einstellung wird. Ich mag auch Verhaltenstypen formulieren: »mein Freund Hans vor schwierigen Entscheidungen«, das heißt, »Leute wie Hans« pflegen sich so und so unter solchen und ähnlichen Umständen zu verhalten. Trotzdem es sich um Typisierungen handelt, sind diese doch minimal anonym, hochgradig inhaltserfüllt, von vergangenen unmittelbaren Erfahrungen abgeleitet. Ferner kann mein Zeitgenosse Hans jederzeit wieder zum Mitmenschen Hans werden. Nehmen wir ein anderes Beispiel: Mein Freund Hans erzählt mir von dem mir unbekannten X, den er kürzlich kennengelernt hat und beschreibt ihn; das heißt, er konstruiert Typisierungen von X, indem er seine eigenen Erfahrungen von den Eigenschaften des X vermittels der sprachlichen Kategorien seines Wissensvorrats fixiert und invariant setzt. Die Auswahl der Eigenschaften und deren sprachliche Festlegung ist also vom Wissensvorrat meines Freundes, von seiner biographischen Situation, seinen Motivationen und Plänen, als er X getroffen hatte, wie auch seinen Motivationen und Plänen, während er mir von X erzählt, abhängig. Während ich der Beschreibung des X zuhöre, lege ich die Beschreibung anhand meiner sprachlichen Interpretationsschemata mit Hilfe meines Wissensvorrats und im Zusammenhang mit meinen Interessen an »Leuten wie X«, aber auch im Bezug auf mein Wissen über meinen Freund aus. Der individualisierte soziale Typus X kann für meinen Freund und für mich nicht völlig identisch sein. Ich mag sogar die Charakterisierung, oder Teile davon, in Frage stellen und ausklammern auf Grund meines – typisierenden – Wissens um meinen Freund (mein Freund ist leicht erregbar, bei Leuten »wie X« hat er ein blindes Auge usw.). Das Gemeinsame an diesen zwei Beispielen ist, daß sie aus unmittelbarer Erfahrung eines Mitmenschen, aus erster Hand oder aus zweiter Hand, abgeleitet sind und verhältnismäßig inhaltserfüllt und noch nicht sehr anonym sind. Die Erinnerung an den lebendigen Mitmenschen durchdringt noch die Typisierungen, die aktuell anstelle des Mitmenschen stehen. Solche individualisierten Typen wollen wir *personale Typen* nennen.

Eine andere, gleichsam schwächer individualisierte Typenbildung erfaßt Zeitgenossen nur mit Bezug auf bestimmte typische Funktionen. Nehmen wir wieder das Beispiel des Postangestellten. Meine Beziehung zum Postangestellten ist viel anonymer als die zu einem personalen Typus, da es sich nicht um einen bestimmten anderen handelt, den ich als Mitmenschen erfahre, erfahren habe oder voraussichtlich erfahren werde. Sogar wenn wir uns begegnen sollten, ist es hochwahrscheinlich, daß wir uns beide auf Grund von in diese Situation »importierten« Ihr-Einstellungen verhalten werden, wie das die Institutionalisierung solcher Situationen typisch mit sich bringt. Wenn ich einen Brief aufgebe, brauche ich mich nicht einmal – streng genommen – auf einen individualisierten Typus »Postangestellter« zu beziehen, dem ich zumindest reflektiv unterschieben kann, daß sein Verhalten für ihn in spezifisch subjektiven Sinnzusammenhängen (Gehalt, der Chef, der Kontrolleur, Magenverstimmung – all dies bezogen auf Hans Müller) steht; vielmehr mag ich mich auf reine *Verhaltenstypen* (standardisierte Abläufe der Brieferledigung, Abstempelung, Beförderung, Austragung) beziehen. Daß ich den Verhaltenstypen dann jemand (»irgend jemand«) zuordne, der sich eben so und nicht anders verhält, ist von untergeordneter Bedeutung. Solche Typisierungen, die reinen Verhaltenstypen näher benachbart sind und die schon einen höheren Grad der Anonymität erreichen, wollen wir mit dem Ausdruck *Funktionärstypus* bezeichnen.

Im Vergleich mit dem personalen Typus ist der Funktionärstypus verhältnismäßig anonym. Beide individualisierte Typen, auch der letztere, sind jedoch verhältnismäßig inhaltserfüllt (und erlebnisnah), wenn man sie anderen typisierenden Deutungsschemata für soziale Wirklichkeit entgegenhält. Typisierungen sogenannter sozialer Kollektiva, zum Beispiel, obwohl sie noch Individualisierungen enthalten, sind hochanonym, da sie als solche nie unmittelbar erfahren werden können. Die Gruppe solcher Typisierungen ist jedoch ihrerseits wiederum nach Anonymitätsstufen gegliedert. »Der Bundestag«, »der Aufsichtsrat der Rockefeller Foundation«, »der Kegelverein«, sind Typisierungen, die innerhalb dieser

Gruppe verhältnismäßig niedrige Anonymität aufweisen, da sie auf individualisierte Funktionärstypen oder auch Personaltypen aufbauen, die ihrerseits zumindest prinzipiell in die unmittelbare Erfahrung von Mitmenschen überführt werden können. Eine solche Überführung wird schwieriger (wenngleich sie institutionell manipulierbar ist), wenn es sich um Kollektiva handelt, deren individualisiertes Substrat unklaren und schwankenden Begrenzungen unterliegt, wie zum Beispiel »die Feinde unseres Volkes«. Vollends unmöglich wird eine solche Überführung in die lebendige Wirklichkeit eines Mitmenschen, wenn es sich um Typisierungen wie »*der* Staat«, »*die* Wirtschaft«, »*die* sozialen Klassen« usw. handelt. In diesen Typisierungen werden hochanonyme objektive Sinnzusammenhänge und Verhaltenszusammenhänge erfaßt.[49] Wir werden uns noch mit der Frage zu beschäftigen haben, inwiefern soziale Kollektiva bzw. die ihnen zugeschriebenen objektiven Sinnzusammenhänge in Symbolen verkörpert werden, die gemeinschaftsstiftend wirken, und wie diese Symbole zu fraglosen Gegebenheiten der Sozial- und Kulturwelt werden, in die der einzelne hineingeboren ist.[50]

[49] Die Auffassung, daß diese objektiven Sinn- und Verhaltenszusammenhänge einem Bewußtseinsstrom zugeordnet und in einen subjektiven Sinnzusammenhang verwandelt werden könnten, ist eine historische, wie der Wissenssoziologe sagen würde, eine ideologische Konstruktion. Die Tätigkeiten »des Staates«, »der Wille des Volkes« usw. können vielleicht in einem objektiven Sinnzusammenhang – zum Beispiel dem der historischen Wissenschaften – ausgelegt werden, wobei die Termini allerdings ihre eigenen Gefahren bergen. Ansonsten kann damit nur gemeint sein, daß diese und jene Aspekte der objektiven Sinnzusammenhänge typische Momente der subjektiven Bewußtseinsvorgänge von staatlichen Funktionären, Volksrepräsentanten usw. sind. Zu den letzteren kann man sich in einer Ihr-Einstellung vermittels von Funktionärstypen und prinzipiell auch personalen Typen orientieren. *Die* Tätigkeiten *des* Staates können keinem Bewußtsein, keinem subjektiven Sinnzusammenhang adäquat unterschoben werden. Es bleibt für die Soziologie und vor allem für die Theorie der Sozialisierung eine noch zu bewältigende Aufgabe, das Substrat kollektiver sozialer Wirklichkeiten genauer als bisher zu analysieren und seinen Ursprung in unmittelbaren und mittelbaren Erfahrungen von anderen aufzuweisen. Eine Untersuchung der Möglichkeiten und der Grenzen der Verwandlung der Sinnzusammenhänge sozialer Kollektive in subjektive Sinnzusammenhänge ihrer Funktionäre – und somit die Verantwortlichkeit der Funktionäre – ist ein Problem, das für die Jurisprudenz und die politische Wissenschaft von besonderer Bedeutung ist.

[50] Vgl. Kap. VI.

IV) Soziale Beziehungen zwischen Zeitgenossen

Während soziale Beziehungen zwischen Mitmenschen auf die Du-Einstellung fundiert sind, beruhen soziale Beziehungen zwischen Zeitgenossen auf der Ihr-Einstellung. Während also soziale Begegnungen in der wechselseitigen Spiegelung der unmittelbaren Erfahrung des anderen verlaufen, bestehen soziale Beziehungen zwischen Zeitgenossen in der Erfassung des anderen als eines (personalen oder Funktionärs-)Typus. Infolgedessen haben soziale Beziehungen zwischen Zeitgenossen grundsätzlich nur Chancencharakter. In solchen Beziehungen muß ich mich mit der Aussicht auf Erwartung begnügen, daß der Zeitgenosse, auf den ich orientiert bin, seinerseits auf mich orientiert ist, und zwar vermittels einer sinnadäquaten komplementären Typisierung. Wir wollen diesen Punkt an einem Beispiel veranschaulichen.

Wenn ich einen Zug besteige, ist mein Verhalten an der Erwartung orientiert, daß bestimmte Personen bestimmte Handlungen vornehmen werden, die mich mit größter Wahrscheinlichkeit an meinen Bestimmungsort bringen werden. Mit diesen Personen stehe ich in einer sozialen Beziehung zwischen Zeitgenossen oder, wie wir auch sagen können, einer *Ihr-Beziehung*. Diese Beziehung kann zustande kommen erstens, weil mein Wissensvorrat den Funktionärstypus »Eisenbahnangestellte« (»Leute, die alles Nötige tun, damit Leute wie ich...«) enthält, und zweitens, weil ich unter bestimmten zweck- und situationsgebundenen Umständen *mein Verhalten an diesem Typus orientiere*. Drittens gehört zu einer faktischen lebensweltlichen Beziehung zwischen Zeitgenossen, daß nicht nur ich mein Verhalten an einem bestimmten Typus orientiere, sondern daß andere ihr eigenes Verhalten an diesem Typus bzw. am Komplementärtypus (»Reisende«) orientieren. Dies bedeutet, daß ich meinem Partner in der Sozialbeziehung ein Erwartungs- und Deutungsschema zuschreibe, das *mich als Typus* enthält. In diesem Beispiel wird der verhältnismäßig anonyme Charakter des Funktionärstypus deutlich: ich und mein Zeitgenosse orientieren unser Verhalten weniger an individualisierten Typen als an Verhaltenstypisierung bzw., wie wir auch sagen können, an *Handlungsablauftypen.* Soziale Beziehungen zwischen Zeitgenossen sind durch die subjektiven Chancen der sinnadäquaten Komplementarität der von den Partnern angewandten Typisierungen bestimmt. An die Stelle der wechselseitigen Bestätigung (oder Modifikation oder Widerlegung) der Erwartungen in der unmittelbaren Erfahrung einer Wir-Beziehung treten in sozialen Beziehungen zwischen Zeitgenossen Bewußtseinsakte (Reflexionen, Vorstellungen) über die Typisierungen, die vermutlich das Verhalten des Partners orientieren. Je standardisierter ein Typisierungsschema ist (unter Umstand vom Typus X verhalten sich Leute vom Typus A gegenüber Leuten vom Typus B auf die Weise vom Typus Z), um so größer ist die subjektive Chance für jeden der Partner in der Beziehung, daß sich seine Erwartung bestätigen wird. Die subjektiven Chancen sind abgestuft von bloßer Vermutung (er könnte mich für X oder Z halten; wenn für X, dann könnte er sich auf die Weisen a, b, c, verhalten, wenn für Z, auf die Weisen d, e, f) bis zur subjektiven Sicherheit (er ist im Adreßbuch als Briefmarkenhändler angegeben; wenn ich ihm eine Bestellung schicke, kann er sich nur so oder so verhalten). Die Typisierungsschemata können, um einen noch zu behandelnden Punkt anzuschneiden, auf verschiedene Weisen standardisiert sein. Entweder sind Anwendungsbereich und Anwendungsart von Institutionen garantiert (wenn ich nicht das Fahrgeld bezahle, werden Leute vom Typus Bahnpolizei typische Handlungen vornehmen, die daran orientiert sind, daß ich ein Mensch von gesetzlich festgelegtem Typus Fahrgeldpreller bin, ob mir diese Typisierung genehm ist oder nicht); oder sind die Typisierungsschemata traditionell festgelegt, das heißt, ich weiß, daß ihr Anwendungsbereich und ihre Anwendungsart eine allgemeine soziale Verteilung haben; oder beruht die Standardisierung darauf, daß es um Handlungsablauftypen geht, die einem »rationalen« Mittel-Zweck-Schema zugeordnet sind.

Diese Wesenszüge sozialer Beziehungen zwischen Zeitgenossen haben einige wichtige Folgen. Dazu gehört erstens, daß, im Gegensatz zur fortlaufenden Anreicherung meiner Erfahrung vom Mitmenschen in einer Wir-Beziehung, in einer Ihr-Beziehung dies nur mit radikalen Einschränkungen der Fall ist. Meine Erfahrungen von Zeitgenossen verändern zwar meinen Wissensvorrat von der Sozialwelt, und die Typisierungen, die einer Ihr-Beziehung zugrunde liegen, können modifiziert werden. Dies trifft aber nur in verschwindend geringem Ausmaß zu, solange die Interessenlage, die die ursprüngliche Anwendung des Typus bestimmte, unverändert bleibt.[51]

[51] Manche Studien stellen den geringen Einfluß »persönlicher Kontakte« auf soziale »Stereotypen« mit etwas naiver Verwunderung fest.

Ein zweiter erwähnenswerter Punkt weist auf unsere Analyse der Generalthese der reziproken Perspektiven. In der Wir-Beziehung kann ich immer – und immer wieder – bestätigt finden, daß meine Erfahrungen von der Lebenswelt mit deinen Erfahrungen von ihr kongruent sind. Wir haben gesehen, daß diese Annahme wie selbstverständlich auf andere Menschen ausgedehnt wird. Eine Bestätigung mit Bezug auf bloße Zeitgenossen ist aber nicht möglich. Sie kann nur auf dem Umweg über Zeitgenossen, die frühere Mitmenschen sind und als Mitmenschen »wiederherstellbar« sind, aufrecht erhalten werden. Hier sei übrigens wieder auf die Folgen völliger und relativer Isolation verwiesen.

Von der Struktur der Ihr-Beziehung ausgehend, ergeben sich zwei weitere Punkte, die aber hier nur im Vorgriff auf die Analyse sozialer Handlung und die Analyse von Zeichensystemen angedeutet werden sollen. Da soziale Beziehungen subjektiven Chancencharakter tragen, kann nur im Nachhinein festgestellt werden, ob zwischen einem bestimmten Zeitgenossen und mir tatsächlich die von mir angenommenen Beziehungen bestanden haben. Ich kann bei den Entwürfen meiner Handlungen nur insofern mit seinen Motivationen rechnen als sie dem ihm zugeschriebenen Typus ausdrücklich angehören, als typische und *für die erwarteten Handlungsabläufe zureichende* Motivationen. Wenn ich einen Brief einwerfe, stehe ich vermutlich – in diesem Fall mit subjektiver Sicherheit – in einer Ihr-Beziehung zu Postangestellten, für die ich, wiederum vermutlich bzw. mit subjektiver Sicherheit, als »Absender« fungiere. Ich rechne nun damit, daß »Leute, die Postbeamte werden«, ausreichend motiviert sind, Postbeamtenhandlungen vorzunehmen, wie sie ihrerseits damit rechnen, und zwar ebenfalls mit subjektiver Sicherheit, daß »Leute, die Briefe in Postkasten werfen«, damit den Zweck verfolgen, den Brief weiter befördern zu lassen. In welchen subjektiven Sinnzusammenhängen das Briefschreiben für mich und die Postbeamtenkarriere für ihn stehen, ist für uns beide irrelevant. In diesem Sinn haben seine Motive mit den meinen nichts zu tun. Wir werden später sehen[52], wie sich diese Situation von der Struktur sozialen Handelns in der Begegnung unterscheidet.

Der zweite Punkt bezieht sich auf Kommunikation.[53] Wenn ich

[52] Vgl. Kap. V.
[53] Vgl. Kap. VI.

mich mit meinem Partner in der sozialen Begegnung verständige, benutze ich auch Zeichensysteme; in der Ihr-Beziehung dagegen bin ich so gut wie ausschließlich darauf angewiesen. Hinzu kommt, daß je »anonymer« mein Partner ist, um so »objektiver« der Gebrauch der Zeichensysteme sein muß. Daran wird wieder deutlich, wie eng das Verhältnis zwischen dem Anonymitätsgrad der Erfahrung sozialer Wirklichkeit und der Ersetzung subjektiver Sinnzusammenhänge durch systematisch objektivierte Bedeutungen ist. So kann ich nicht voraussetzen, daß ein Zeitgenosse, mit dem ich in einer Ihr-Beziehung stehe, die Nuancen meiner Aussage, die sich aus meiner Betonung, meinem Gesichtsausdruck usw. (und einem in unmittelbaren Erfahrungen gewonnenen »Wissen«, wie das alles zu interpretieren ist und in welchem Bezug zu meiner biographischen Situation, der augenblicklichen Stimmung usw. es steht) ergeben, adäquat auffaßt. Wenn ich ihm solche Nuancen bewußt mitteilen will, muß ich sie in objektive Bedeutungskategorien transponieren, wodurch sie unvermeidlich ihren Nuancencharakter verlieren. Außerdem muß ich Mitteilungen an einen Zeitgenossen in ihrer Gesamtheit ansetzen. Das Risiko, daß meine Vorinterpretation seiner Reaktion unzutreffend ist, bezieht sich folglich auf diese Gesamtheit, während ich in der Wir-Beziehung Schritt für Schritt unmittelbar erfahre, ob er mich richtig oder falsch verstanden hat.

Abschließend soll noch einmal an das Verhältnis der Ihr-Beziehung zur Wir-Beziehung erinnert werden. Ihr-Beziehungen, die durch einen verhältnismäßig geringen Anonymitätsgrad gekennzeichnet sind, können in verschiedenen Übergangsphasen in Wir-Beziehungen überführt werden. Umgekehrt werden Wir-Beziehungen von besonderer Unmittelbarkeit und Erlebnistiefe in Ihr-Beziehungen geringen Anonymitätsgrads verwandelt. Dies ist ein wichtiger Faktor in der Ausbildung eines festen Sinns (zum Beispiel der Erlebnistiefe einer Freundschaft) für soziale Beziehungen, der von der Struktur der Unmittelbarkeit und Mittelbarkeit *relativ* unabhängig ist. Und schließlich sind die Übergänge von unmittelbaren zu mittelbaren Erfahrungen, so wie sie in der natürlichen Einstellung des Alltags auftreten, fließend und drängen sich aus den schon früher besprochenen Gründen dem Bewußtsein gewöhnlich nicht auf.

V) Vorwelt, Geschichte, Generationen

Wenn ich eine Wir-Beziehung oder eine Ihr-Beziehung durchlebt habe, kann ich meine Erfahrungen in ihnen schrittweise in meiner Erinnerung reproduzieren, oder ich kann sie im Rückblick monothetisch erfassen. In beiden Fällen bleiben die konstitutiven Merkmale dieser Erfahrungen, ihre Unmittelbarkeit oder Mittelbarkeit, erhalten. Diese Erfahrungen, die seinerzeit aktuelle Erfahrungen meines Bewußtseins waren, sind aber in einer Hinsicht wesentlich verändert: sie haben den Stellenwert der Geschichtlichkeit bekommen. Das heißt, sie sind abgeschlossen, zu Ende gegangen. In den lebendigen Phasen der aktuellen Erfahrung hatte diese offene Zukunftshorizonte; jetzt hat sie keine mehr. Was in einer sozialen Beziehung subjektiven Chancencharakter trug, zum Beispiel meine Erwartungen hinsichtlich des zukünftigen Verhaltens des Partners, ist jetzt absolut sicher. Die Erwartungen haben sich erfüllt, wurden enttäuscht. Die zeitlichen Strukturen der Erfahrung, so zum Beispiel die dem Handeln eigene Zeitstruktur[54], können zwar eventuell als solche in der Erinnerung reproduziert werden; die Erinnerung aber, die nun meine gegenwärtige Bewußtseinsphase erfüllt, hat eine andere Struktur und hat eine andere Lage in meiner biographischen Situation. Die gegenwärtige biographische Situation ist der jetzige Horizont der erinnerten Erfahrung: »ich wollte zuerst dies, dann suchte ich nach Mitteln, mein Ziel zu verwirklichen, dann tat ich dies, machte jenes usw.« – aber in *jeder* dieser erinnerten Phasen klingt mit: »tatsächlich erreicht habe ich nur das«.

Die Trennungslinie zwischen der Welt meiner Zeitgenossen und der Vorwelt ist unscharf. Ich kann schließlich alle Erinnerungen an meine eigenen Erfahrungen anderer als Erfahrung vergangener sozialer Wirklichkeit betrachten. Allerdings bleiben in solchen Erinnerungen, wie wir soeben bemerkten, die konstitutiven Merkmale dieser Erfahrungen erhalten; es sind Erfahrungen, in denen ich die anderen in Gleichzeitigkeit mit meinem Leben vor mir hatte. Ich kann die vergangenen Phasen des Bewußtseinslebens dieser anderen mit vergangenen Phasen meines eigenen Bewußtseins koordinieren. Das bedeutet vor allem, daß ich im Rückblick meine Aufmerksamkeit auf den schrittweisen Aufbau subjektiver Sinnzusammenhänge in seiner inneren Dauer mitverfolgen kann.

Für die Vorwelt im engeren Sinn trifft dies jedoch nicht zu. Die

[54] Vgl. Kap. V.

Vorwelt ist *endgültig* abgeschlossen; nicht nur die Erfahrungen, die meine Vorfahren durchlebt hatten, sind zu Ende gekommen; auch die biographische Artikulation, in die die einzelnen Erfahrungen gefügt waren, ist endgültig fertig. Hinsichtlich der Vorwelt kann nichts mehr erwartet werden. Aus diesem Grund kann ich Vorfahren nicht als frei erfahren; sie können nicht mehr handeln. Nun ist die »Freiheit« meiner bloßen Zeitgenossen, so wie ich sie erfahre, auch beschränkt, da ich sie durch Typisierung erfasse, die Motive und Handlungsabläufe als konstant ansetzen. Auch Vorfahren erfasse ich nur vermittels von Typisierungen; aber in diesem Fall wird nichts konstant gehalten, was nicht schon ohnehin invariabel ist. Die Invariabilität charakterisiert die gesamte Vorwelt.

Ich kann mich vermittels von Typisierungen auf meine Vorwelt einstellen (auf meinen Großvater, auf Napoleon), aber ich kann nicht auf sie zu handeln. Auch meine Einstellung zu Vorfahren hat einen anderen Charakter als die Du-Einstellung und die Ihr-Einstellung. Mein Verhalten kann am Verhalten meiner Vorfahren nur insofern orientiert sein, als deren Handlungen Weil-Motive[55] für mein Handeln werden können, ich aber hinsichtlich meiner Vorfahren nichts mehr bewirken kann. Soziale Beziehungen, die wesentlich reziprok sind, können mit Vorfahren nicht bestehen. Handlungen meiner Vorfahren, die an mir (als dem hochanonymen Typ »Nachfahre«) orientiert sind, zum Beispiel eine Klausel im Testament meines Großvaters, kann ich nur mit einer auf den Großvater gerichteten Einstellung begegnen – abgesehen von der schon erwähnten Tatsache, daß die Handlung ein Weil-Motiv meines Verhaltens werden kann (ich studiere an einer bestimmten Universität seiner Wahl).

Die Erfahrungen der Vorwelt sind selbstverständlich indirekt. Sie können durch Mitteilungen meiner Mitmenschen oder Zeitgenossen vermittelt sein, die auf ihren eigenen unmittelbaren Erfahrungen beruhen (Kindheitserinnerungen meines Vaters) oder können selber abgeleitet sein (mein Vater erzählt mir von den Bürgerkriegserlebnissen seines Großonkels). Diese Beispiele zeigen im übrigen wieder, wie unscharf die Trennungslinie zwischen der Welt der Zeitgenossen und Vorfahren in der alltäglichen Erfahrung ist. Mein Vater ist gegenwärtig in einer Wir-Beziehung mit mir; seine eigenen Kindheitserfahrungen beziehen sich auf eine Zeit vor

[55] Vgl. Kap. V.

meiner Geburt, sie sind »Geschichte« für mich. Und dennoch sind es die Erfahrungen eines Mitmenschen. Also kann ich seine Erfahrungen, auch jene, die für mich »Geschichte« sind, subjektiven Sinnzusammenhängen des mir gegenwärtigen Mitmenschen zuordnen.

Abgesehen von der Vermittlung von Mitmenschen und Zeitgenossen, in meiner Erfahrung der Vorwelt spielen die Werke meiner Vorfahren eine entscheidende Rolle. Sie sind Äußerungen ihres Bewußtseinslebens. Wir können hier verschiedene Möglichkeiten unterscheiden. Die Werke können Mitteilungen sein, die an die Zeitgenossen der Vorfahren gerichtet waren; sie können auch an Nachfahren gerichtet worden sein. Die Adressaten können spezifische Personen oder hochanonyme Typen sein. Insofern es sich um Mitteilungen handelt, stehen sie jedenfalls in einem objektiven Sinnzusammenhang, dem Zeichensystem, und sind also ihrem Wesen nach anonym. Die Zeichen sind aber auch Manifestationen des Bewußtseinslebens desjenigen, der die Zeichen setzte, und ich kann versuchen, sie als solche auszulegen. Durch diesen Wechsel in meiner Einstellung versetze ich mich in eine Art von Pseudo-Gleichzeitigkeit mit dem historischen Subjekt. Die historische Forschung ist zwar selten direkt am Bewußtseinsleben des historischen Subjekts interessiert. Es soll aber nicht vergessen werden, daß historische Quellen, Dokumente usw. immer einen Rückverweis solcher Art gestatten, da sie Erfahrungen der sozialen Wirklichkeit seitens des zeichensetzenden Subjekts voraussetzen und weitergeben. Die Vorwelt war die zeitgenössische Welt der Vorfahren; sie enthält die gleichen grundsätzlichen Gliederungen der subjektiven Erfahrung der Sozialwelt, nach Unmittelbarkeit, Anonymität usw., wie die Welt der Zeitgenossen.

Obwohl die Vorwelt wie die zeitgenössische Welt vermittels von Typisierungen erfahren wird, besteht dennoch ein bedeutender Unterschied. Der Vorfahre lebte in einer Welt, die radikal von der meinen abweicht. Die Generalthese der Reziprozität der Perspektiven, die der Sozialisierung der Lebenswelt zugrunde liegt, sich in der Wir-Beziehung bestätigt und mit Einschränkungen auf die zeitgenössische Welt ausgedehnt wird, ist, strikt genommen, auf die Vorwelt nicht anwendbar. Durch die Verkettung der zeitgenössischen Welt mit der Vorwelt durch die Überschneidung der Generationen, pflegen wir zwar die Generalthese auch auf die Vergangenheit auszudehnen. In der natürlichen Einstellung des Alltags bin ich der Vergangenheit nicht reflektiv-theoretisch zugewandt; *pragmatisch* kann mir aber das Risiko der Ausdehnung der Generalthese nicht eindringlich vor die Augen geführt werden (es können mit keine alten Germanen begegnen – wie es zeitgenössische Chinesen sehr wohl können – und mir beweisen, daß nicht »jedermann« die Welt so erfährt wie ich und du). Dennoch – und ganz abgesehen vom Einsickern einer historizistischen Einstellung in die moderne relativ-natürliche Weltanschauung – ist es wahrscheinlich, daß man auch in der natürlichen Einstellung zu vermuten beginnt, daß die Sinnzusammenhänge, in denen die Erfahrungen der Vorfahren standen, von den zeitgenössischen entscheidend abweichen. Der Grund dafür findet sich in der Erfahrung des Unterschieds in der Weltsicht der *Generationen.*

Es ist zwar gerade durch die Vermittlung meiner Erfahrung der Älteren, daß sich die Vorwelt ursprünglich als eine Sozialwelt »wie die meine« konstituiert. Alle Erfahrungen meiner Vorfahren waren Erfahrungen, die einer inneren Dauer, einem subjektiven Sinnzusammenhang angehören, sich jedoch in Begegnungen mit anderen, wie auch in mittelbaren sozialen Beziehungen konstituieren. Ich stehe in Wir-Beziehungen mit meinem Vater, er stand in Wir-Beziehungen mit seinem Vater und so weiter, bis in die dunkelste, durch keine inhaltserfüllten Typisierungen mehr erfaßbare Vergangenheit; aber auch diese wird als eine soziale Vergangenheit aufgefaßt. Zugleich ist es aber gerade in meiner Erfahrung des Älteren, daß sich die vielleicht wichtigste Modifizierung der Generalthese der reziproken Perspektiven entwickelt. Er ist ein Mitmensch, an dem sich mir die Vertauschbarkeit der Standpunkte und die Kongruenz der Relevanzsysteme bestätigt. Er ist aber auch ein Mitmensch, an dem ich das Risiko der in der Generalthese enthaltenen Selbstverständlichkeiten erfahre. Er denkt anders über dies und jenes als ich. Ich lerne an ihm die Abhängigkeit der Relevanzsysteme von der biographischen Situation einzusehen. Und sogar ein nächster Mensch (*»mein* Vater«) »denkt anders«. Es ist wiederum gerade durch meine Erfahrung der Älteren, daß sich mir ein biographisch-historischer Unterschied *innerhalb* der zeitgenössischen Welt aufzwingt. Vieles, was für mich in meiner biographischen Lage noch offene Horizonte hat, ist für den Älteren, den Mitmenschen in unserer gemeinsamen Situation, schon abgeschlossen (Heirat, Berufswahl, der erste Bär); was sich in meiner aktuellen Erfahrung auf Antizipationen, Erwartungen bezieht, ist für ihn schon erfüllt, in seiner Erinnerung sedimentiert. Er war schon »in meiner Lage«, nämlich in einer typischen Situation eines typischen jungen Menschen, er ging in diese Situation auch mit gewissen Erwartungen, die den meinen jetzt analog waren; jetzt weiß er aber schon, »wie es ausgegangen ist«. Er beruft sich auf seine »Lebenserfahrung« und kann es nicht begreifen, daß er sie mir nicht vermitteln kann.

So statisch auch die Gesellschaft sein mag, ein Ansatz zu dieser Erfahrung der Generationen und somit ein Ansatz zur naiven Einsicht in die Historizität der Sozialwelt, ist notwendig gegeben. Es liegt im übrigen auf der Hand, daß damit noch nichts über die sozialen Bedingungen für die Entwicklung eines historischen Bewußtseins – erst recht nicht einer historizistischen Weltsicht – gesagt ist. So wie sich mir aber die Vorwelt durch die Kette der Generationen konstituiert, so tritt auch eine Modifikation der Generalthese der reziproken Perspektiven »nach hinten« ein. Der »Inhalt« der Wir-Beziehungen meiner Vorfahren muß ein anderer gewesen sein; diese standen in anderen Sinnzusammenhängen: die »gleiche« Erfahrung in einem anderen Zusammenhang kann nicht »die gleiche« gewesen sein. Mit abnehmender Inhaltsfülle und zunehmender Anonymität meiner Typisierungen der Vorwelt erreiche ich einen Punkt, an dem ich nur noch sagen kann: die Erfahrungen eines Vorgängers waren menschliche Erfahrungen; sie müssen »irgendeinen« subjektiven Sinn gehabt haben. Das Risiko, mehr und minder inhaltserfüllte Typisierungen auf Vorfahren anzuwenden, ist um vieles größer als eine solche Anwendung auf die zeitgenössische Sozialwelt. Das gilt sogar für meine Deutung objektiver, aber in der Vergangenheit gelagerter Zeichensysteme. Zeichensysteme sind selbstverständlich invariant; sie habe nicht die »offenen« Horizonte eines lebendigen Bewußtseinsvorgangs. Dennoch kann ich die Gleichsetzung meiner Deutungsschemata für Zeichensysteme mit den entsprechenden Ausdrucksschemata meiner Vorfahren nicht *direkt* überprüfen, sondern nur indirekt mit Hilfe von »interner« Evidenz, die ihrerseits wieder auf aufeinander gestufte Deutungen und Annahmen fundiert ist. Um wieviel einfacher ist die Evidenz von Aussagen, die sich auf die Weltzeit beziehen (zum Beispiel die Karbon-Datierung von archäologischen Funden), als von Aussagen, die sich auf die historische Zeit der Sozialwelt beziehen.

VI) Nachwelt

Die Nachwelt ist grundsätzlich »offen« und undeterminierbar. Meine Erfahrung der Nachwelt kann nur vermittels hochanonymer Typisierungen stattfinden. Strenggenommen kann ich auf die Nachwelt keine individualisierten Typen legitim anwenden; am ehesten noch, und auch da mit hohem Risiko, Funktionärstypen. *Einen* Berührungspunkt habe ich mit der Nachwelt wiederum durch die subjektive Erfahrung der Generationen. Ich kann annehmen, daß dieses Kind, oder wenn nicht dieses, dann das andere, nach meinem Tod weiterleben wird, daß die Eigenschaften seines Bewußtseinslebens, die ich gegenwärtig unmittelbar erfahre, sich in der Zukunft entfalten werden. Darüber hinaus kann ich nur annehmen, daß, solange es Nachfahren gibt, sie mit ihren Erlebnissen einen subjektiven Sinn verbinden werden, daß sie in einer Welt leben werden. Aber in welcher? Sicherlich gibt es hier Unterschiede in historischen Lebenswelten: die vorangeschickte Frage ist uns heute unbeantwortbar, während in der natürlichen Einstellung eines Menschen aus einer statischen Gesellschaft die Anwendbarkeit der auf seine zeitgenössische Welt zutreffenden *Typisierungen* auf seine Nachwelt zumindest prinzipiell wohl außer Frage stand.

6) Der Lebenslauf: ontologische Grenzen, subjektive Bedingungen der biographischen Artikulation und soziale Ausformung

In unserer Beschreibung der Erfahrung der Lebenswelt sind wir auf Rahmenbedingungen dieser Erfahrung gestoßen, die jedermann auferlegt sind. Sie bilden gleichsam die Grenzen, innerhalb derer sich die subjektive Erfahrung der Lebenswelt in bestimmte Strukturen gliedert. Subjektiv können sie als Transzendenzen der Alltagswelt erlebt werden. Die Weltzeit begrenzt die subjektive Dauer; man altert in ihr und sie bildet den absoluten Rahmen der Lebenspläne. Die Zwangsläufigkeit der Weltzeit bedingt das subjektive Handeln; sie zwingt das Prinzip des »First things first« den Tagesplänen auf. Die Geschichtlichkeit der Welt bedingt die Geschichtlichkeit der subjektiven Situation in der Welt.

In unserer Beschreibung der Wesensgesetze der inneren Dauer sahen wir, daß diese, in Verbindung mit der Beschaffenheit des Leibes, die Struktur einer jeglichen Erfahrung der Lebenswelt bedingten. Jedermann ist sich als Zentrum eines Koordinatensystems gegeben, das eine Gliederung nach aktueller und potentieller Reichweite sowie aktueller und potentieller Wirkzone aufweist.

Schließlich ist es eine unabänderliche Bedingung des lebensweltlichen Daseins, daß der einzelne anderen begegnet. Wir haben beschrieben, wie der andere erfahren wird, unmittelbar und mittelbar, wie sich aus solchen Erfahrungen bestimmte Strukturen sozialer Beziehungen aufbauen und wie sich nicht nur eine geschichtliche Sozialwelt konstituiert, sondern auch, wie sich die gesamte Lebenswelt sozialisiert.

Somit haben wir sowohl die Rahmenbedingungen des individuellen Lebenslaufs als auch die Grundstrukturen einer jeglichen Erfahrung in ihm beschrieben. Nun stehen wir noch vor der Frage, wie sich innerhalb dieser Rahmenbedingungen in den Strukturen der Erfahrung ein Lebenslauf ausprägt. Wir haben diese Frage schon angeschnitten, als wir über biographische Artikulation sprachen.[56] Wir mußten uns aber auf eine Betrachtung der subjektiv bedingten Aspekte der biographischen Artikulation beschränken, solcher also, die sich aus den Wesenszügen der inneren Dauer ergaben. Wir fanden, daß die biographische Artikulation dem Tagesplan übergeordnet ist, das heißt, daß Erfahrungshorizonte, Interpretationen und Entwürfe, deren Sinnspannweite der Lebenslauf in seiner ontologischen Begrenzung ist, die Artikulation der inneren Dauer im Tagesrhythmus überformen und die Sinngebung der Tagespläne bestimmen. Wir fanden allerdings auch, daß sich andererseits die Erfahrungshorizonte, Interpretationen und Entwürfe notwendig in den Tagesrhythmus der inneren Dauer einfügen. Der zweite wesentlich subjektive Aspekt der biographischen Artikulation ist, wie wir ferner sahen, die einzigartige Abfolge der Erfahrungen in der inneren Dauer und dementsprechend die einzigartige Folge der Erfahrungssedimentierung im Wissensvorrat.

Wir sagten aber auch, daß die Kategorien der biographischen Artikulation nicht eigentlich Kategorien der inneren Dauer sind, sondern vielmehr intersubjektiv ausgeformte, in der relativ-natürlichen Weltanschauung tradierte Kategorien. Nun erst sind wir in der Lage, uns der ursprünglichen Beschränkung der Betrachtung auf die subjektiven Aspekte zu entledigen und das Versäumte nachzuholen. Es gehört natürlich zu den Aufgaben der empiri-

[56] Vgl. Kap. II, B 4 c II.

schen Ethnologie und Soziologie, die konkreten »Inhalte« der sozialen Ausformung biographischer Kategorien zu beschreiben und kausale Hypothesen über den Zusammenhang bestimmter Formen mit bestimmten ökologischen, demographischen und institutionellen Faktoren aufzustellen. Uns dagegen muß hier die Frage beschäftigen, ob sich allgemeine Aspekte der sozialen Kategorisierung des Lebenslaufs feststellen lassen, ob es also bestimmte Grundverhältnisse zwischen den sozialen Kategorien biographischer Artikulation und der Erfahrung der Lebenswelt überhaupt gibt.

Zuerst ist zu sagen, daß die sozialen Kategorien der biographischen Artikulation dem einzelnen *vorgegeben* sind, als Bestandteil der relativ-natürlichen Weltanschauung. Das heißt, sie gehören zu einem System von Typisierungen, das historisch vorhanden und dem einzelnen als wesentlicher Bestandteil einer objektiven, vor ihm bestehenden und für ihn gültigen sozialen Wirklichkeit auferlegt ist. Somit sind sie ein *Element der unabänderlichen Geschichtlichkeit der Situation* des Einzeldaseins. Hier ist jedoch zu differenzieren: die Geschichtlichkeit der Situation ist dem einzelnen auferlegt; sie ist eine ontologische Rahmenbedingung des Daseins. Die relativ-natürliche Weltanschauung bzw. die in ihr enthaltenen sozialen Kategorien biographischer Artikulation werden dagegen vom einzelnen als etwas in der Lebenswelt zu Bewältigendes erfahren. Die Kategorien biographischer Artikulation sind also nicht Rahmenbedingungen der lebensweltlichen Situation, sondern Möglichkeiten der Lebensführung innerhalb dieser Situation. Sie haben zwar als Bestandteil der relativ-natürlichen Weltanschauung den Charakter hochanonymer Typisierungen, aber da sie als sinngebende Themen für subjektive Lebenspläne wirken, werden sie in konkrete Selbstverständlichkeiten der Selbst- und Fremdauffassung eingeschmolzen.

Zweitens ist der Charakter der für biographische Artikulierung relevanten *Typisierungen* genauer zu beschreiben. Wir sagten soeben, daß sie ein Bestandteil der relativ-natürlichen Weltanschauung sind. Die letztere ist ein System von sozial objektivierten, in Zeichensystemen, vor allem der Muttersprache festgelegten, mitteilbaren Typisierungen der Lebenswelt überhaupt. Für die soziale Ausformung der Biographie sind nicht nur die Typisierungen der Biographie selbst relevant, sondern auch die ihnen im System der Typisierungen übergeordneten wertenden Deutungen der Sozialwelt, die sich in Legitimierungen der sozialen Institutionen, Gesetzen und Handlungsrezepten ausdrücken und soziales Handeln auf verschiedenen Ebenen der Anonymität regeln. Relevant sind auch die in den Typisierungen der Sozialstruktur enthaltenen Bewertungen »sozialer Positionen«. All diese Typisierungen erfüllen die Sozialwelt mit historisch hochspezifischen Inhalten, die der einzelne als Möglichkeiten, Selbstverständlichkeiten und Unmöglichkeiten für *seinen* Lebenslauf erlernt. Der einzelne erfährt die ihm vorgegebene, in der relativ-natürlichen Weltanschauung objektivierte Sozialwelt als eine auf ihn bezogene Abstufung subjektiver Chancen, als eine Anordnung von Pflichten, leicht oder schwer erlangbaren Zielen und Möglichkeiten. Mit anderen Worten, die Sozialstruktur steht ihm in Form typischer Biographien offen. So ist die Sozialstruktur der feste Rahmen, in dem sein Altern, seine Lebenspläne und demnach seine Prioritätsstrukturen und Tagespläne konkrete Form gewinnen.

Zu diesem Punkt ist noch eine Bemerkung anzufügen. Wenn wir sagten, daß die Sozialstruktur dem einzelnen in Form typischer Biographien offensteht, so ist dieses »Offenstehen« vieldeutig. Es mag einfach heißen, daß in einer bestimmten Gesellschaft einem bestimmten Typus von Menschen *ein* bestimmter Lebenslauf offensteht. Unter den Comanchen konnte man »selbstverständlich« nur ein Pferdedieb und Krieger werden, wenn man als Mann und mit geraden Gliedern geboren wurde. Es kann auch heißen, daß einige Alternativbiographien verschiedenen objektiven Erlangbarkeitsgrads subjektiv zur Wahl stehen. Man kann Bauer bleiben oder man kann versuchen, ein Handwerk zu erlernen. Schließlich kann eine nahezu unübersehbare Reihe von möglichen typischen Biographien, in ihrem objektiven Erlangbarkeitsgrad variierend, zur Wahl stehen. Dies hängt sowohl vom Charakter der Sozialstruktur einer gegebenen historischen Situation als auch von dessen Ausformung in der relativ-natürlichen Weltanschauung ab. Sozialstrukturen (zum Beispiel des Feudalismus gegenüber der industriellen Gesellschaft) unterscheiden sich weitgehend im »Freiheitsgrad« der Wahl unterschiedlicher Lebensläufe. Ferner sind innerhalb einer Sozialstruktur die biographischen »Freiheitsgrade« sozial verteilt. Karrieren für Bürgersöhne mögen in einer bestimmten Gesellschaft einen höheren Freiheitsgrad haben als Karrieren für Königssöhne. Was über typische Biographien im Sinn von »Karrieren« gesagt wurde, gilt im übrigen auch für bestimmte enger begrenzte Handlungsmuster. Brahmanen mögen eingeschränktere Wahlfreiheit sexueller Genüsse haben als Angehörige niedrigerer Kasten.

Die Beispiele veranschaulichen noch einen weiteren Punkt: typische Biographien, sowohl unter dem Gesamtaspekt der »Karriere« als auch in bezug auf begrenzte Handlungsmuster, sind nicht nur mit der sozialen Situation des einzelnen, sondern auch mit bestimmten Grundbedingungen seines Lebens verschränkt. Manche Karrieren (Krieger) oder Handlungsmuster (Knabenliebe) sind nur Männern, andere nur Frauen (Mutter, Suffragette) »offen«. Bestimmte Karrieren wie das Praktizieren bestimmter Handlungsmuster sind ferner nur nach einer gewissen unabänderlichen ontologisch bestimmten (man muß zum weisen alten Mann eben lang genug gelebt haben) oder sozial-strukturell vorgezeichneten (Doktorat nur nach Matura) Abfolge erlangbar und möglich. Sonach ist »Umsatteln«, »Umkehr« in bestimmten Abfolgen möglich, in anderen aber unmöglich.

Es muß aber zu diesen Ausführungen noch bemerkt werden, daß den erwähnten »objektiven Freiheitsgraden« nicht notwendig ein eindeutiges subjektives Korrelat entspricht. Die Befolgung des Selbstverständlichen muß keineswegs als Zwang erlebt werden. Die Ausbildung des subjektiven Bewußtseins von Zwang und Freiheit hängt selber von komplexen sozial-historischen Ursachen ab. Der einzelne mag im Bewußtsein völliger Autonomie oder im Bewußtsein, von seinen Eltern zu etwas gezwungen worden zu sein, eine Karriere eingeschlagen haben, die ein »objektiver« Kenner der Sozialstruktur mit größter Wahrscheinlichkeit hätte voraussagen können. Dieser Umstand wird gleich noch in einem anderen Zusammenhang zu sehen sein, wenn wir die Vermittlung typischer Biographien durch bestimmte Mitmenschen betrachten.

Zunächst ist aber noch ein anderes variables Merkmal der auf Lebensläufe bezogenen Typisierungen zu erwähnen. Solche Typisierungen können nämlich zu eindeutigen, zusammenhängenden Biographien zusammengefügt sein (Junge, Krieger, alter weiser Mann; aber auch Realschule, Technische Hochschule, Tiefbauingenieur) oder verhältnismäßig schwach definierte, lose zusammenhängende Lebenslinien (reicher Mann, Gentleman) bilden. Diese Variabilität hängt sowohl von der Sozialstruktur in ihrer Faktizität (zum Beispiel Nomadenstamm, Industrielle Gesellschaft) ab als auch von bestimmten Elementen der relativ-natürlichen Weltanschauung (zum Beispiel Gesinnungsethik, Berufsethik usw.).

Der *dritte* Punkt betrifft die Sozialisierung des einzelnen in bestimmte typische Biographien. Die Sozialstruktur und entsprechend die relativ-natürliche Weltanschauung konfrontieren den einzelnen nicht von vornherein in ihrer Gesamtheit als objektive, hochanonyme Gegebenheiten. Vielmehr begegnen sie ihm selektiv und werden von bestimmten Mitmenschen vermittelt. Zum Ersten: es sind bestimmte Vorfahren, durch deren Vermittlung mir bestimmte Aspekte und Segmente der relativ-natürlichen Weltanschauung, die für sie gültig sind und von ihnen »gelebt« werden, tradiert werden.[57] Die Mitmenschen, die für die ersten Begegnungen mit der objektiven sozialen Wirklichkeit entscheidend sind, sind natürlich die Älteren, darunter vor allem und typisch die sozial definierten (nicht notwendig die »biologischen«) Eltern. Welche Älteren es sind, gehört natürlich zu den Elementen der unabänderlichen geschichtlichen Situation, in der sich der einzelne findet. In der Kette der frühesten Wir-Beziehungen wird die Gültigkeit der von den Älteren in die Begegnung gebrachten, mehr oder minder anonymen Typisierungen (»brave Kinder tun das nicht«) für den einzelnen aufgebaut. In diesen Wir-Beziehungen werden im Verlauf der Spiegelungsvorgänge[58] die auf den einzelnen vom anderen angewandten Typisierungen zu Selbsttypisierungen – allerdings in einer bestimmten Auswahl und Modifikation – und prägen die Personstruktur. Zu den wichtigsten so übermittelten und verinnerlichten Kategorien gehören soziale Zeitkategorien, die der inneren Dauer des einzelnen sozusagen aufgestülpt werden. In dieser Wir-Beziehung bildet sich auch der intersubjektive Charakter der Lebenswelt ursprünglich aus. Aber auch den Grenzen seines Daseins begegnet der einzelne in sozialen Überformungen (*dulce pro patria mori*, Belohnung in einer »anderen Welt« usw.), die in der weiteren Kette von Wir-Beziehungen, und dann eventuell auch Ihr-Beziehungen, vermittelt werden. Der einzelne lernt auch, was *innerhalb* dieser Grenzen, in seinem Leben, so wie es ihm durch seine Situation auferlegt ist, erstrebens-

[57] Weitere Aspekte dieses Problems werden in der Analyse der sozialen Verteilung des Wissens und der Sozialisierung der Wissensvorräte besprochen; vgl. Kap. IV, vor allem A 1 und 2, B 3 b und c I.
[58] Cooleys looking-glass effect.

wert ist (Lokomotivführer, Kriegshäuptling, ein armer, aber anständiger Mensch), was erduldbar ist (ein Junge weint nicht dabei), was »unerträglich« ist (das braucht sich kein Ehemann gefallen zu lassen; man kann verstehen, wenn *da* ein Mensch zusammenbricht usw.) Aber nicht nur das Was, sondern auch das Wie lernt man in diesen Beziehungen mehr oder minder genau (Lokomotivführerlehrlingskurse; Reiten, Bogenschießen; Zähne zusammenbeißen, Weinkrämpfe bekommen usw.). Der einzelne lernt Lebenspläne – und Tagespläne zur Verwirklichung von Lebensplänen – in einer bestimmten Auswahl, die wesentlich dadurch bedingt ist, daß sie ihm, und zwar von bestimmten anderen im Rahmen der Unmittelbarkeits- und Anonymitätsstruktur der für ihn zeitgenössischen Sozialwelt, vermittelt werden.

Typische Biographien bieten sich jedermann in jeder Gesellschaft an. Es ist eine unabänderliche Bedingung eines jeden Lebenslaufs, daß er sich in sozialen Kategorien artikulieren muß.

Kapitel III

Das Wissen von der Lebenswelt*

* In der Analyse der Aufschichtungen der Lebenswelt haben wir oft vom Erfahrungs- bzw. Wissensvorrat gesprochen. Die Beschreibung der Struktur subjektiver Erfahrungen der Lebenswelt mußte an manchen Punkten abgebrochen werden bzw. mußte sich mit einem Hinweis auf die Rolle des Wissensvorrats begnügen. Aber auch schon die Analyse des fraglos Gegebenen und des Problematischen berührte an wichtigen Stellen Fragen, die nur durch die genaue Untersuchung der Struktur und Genese des Wissensvorrats, der Relevanzstrukturen und der Typisierung hinreichend beantwortet werden können. Das gleiche gilt für die Beschreibung des Erfahrungsablaufs und – im Vorgriff – für die Analyse der Konstitution und Rolle der Sprache für den Zusammenhang von verschiedenen Wirklichkeitsbereichen. Indem wir uns jetzt einer systematischen Beschreibung des Wissensvorrats, der Relevanzstrukturen und der Typik zuwenden, werden wir uns zwar einerseits auf die vorangegangenen Analysen der subjektiven Erfahrung der zeitlichen, räumlichen und sozialen Aufschichtungen der Lebenswelt berufen können, sie aber andererseits an jenen Stellen, an denen die Analysen abgebrochen werden mußten, in der Perspektive, die uns die Analyse des Wissensvorrats bietet, fortführen und ergänzen.

A. Der Wissensvorrat: Seine Situationsbezogenheit, seine Genese und Struktur

1) Wissensvorrat und Situation

a) Die Begrenztheit der Situation als erstes Grundelement des Wissensvorrats

Der lebensweltliche Wissensvorrat ist in vielfacher Weise auf die Situation des erfahrenden Subjekts bezogen. Er baut sich auf aus Sedimentierungen ehemals aktueller, situationsgebundener Erfahrungen. Umgekehrt fügt sich jede aktuelle Erfahrung je nach ihrer im Wissensvorrat angelegten Typik und Relevanz in den Erlebnisablauf und in die Biographie ein. Und schließlich wird jede Situation mit Hilfe des Wissensvorrats definiert und bewältigt. Der Wissensvorrat ist also sowohl genetisch als auch strukturell als auch funktional auf die Situation bzw. die situationsgebundene Erfahrung bezogen. Bevor wir uns der Beschreibung der Genese und der Struktur des Wissensvorrats zuwenden können, ist es daher nötig, die Situationsbezogenheit des Wissensvorrats eingehender zu untersuchen. Obwohl wir uns weitgehend auf die vorangegangenen Analysen der Aufschichtungen der Lebenswelt[1] berufen können, werden wir die Ergebnisse dieser Analysen für das vorliegende Problem zusammenfassen und auswerten müssen. Es wird zu zeigen sein, daß die Begrenztheit der Situation und die räumliche, zeitliche und soziale Gliederung der subjektiven Erfahrung von der Lebenswelt zu den Grundelementen des Wissensvorrats gehören. Die Grundelemente spielen im Aufbau des Wissensvorrats eine andere, grundsätzlichere Rolle als spezifische Erfahrungen, die zu Teilinhalten in ihm werden. Es wird ferner zu zeigen sein, daß die biographische Artikulierung der Erfahrungen den Aufbau des Wissensvorrats entscheidend mitbestimmt, wie andererseits der jeweilige – also selber biographisch artikulierte – Wissensvorrat in die Orientierung in der Situation eingeht und deren Bewältigung ermöglicht.

[1] Vgl. Kap. II.

In jedem Augenblick meines bewußten Lebens befinde ich mich in einer Situation. In ihrem konkreten Inhalt ist zwar diese Situation unendlich variabel: einerseits weil sie, sozusagen als »Produkt« aller vorangegangenen Situationen, biographisch artikuliert ist, andererseits weil sie relativ »offen« ist, daß heißt, sie kann auf Grund eines jeweiligen Wissensvorrats verschiedentlich definiert und bewältigt werden. Sie ist jedoch unabänderlich »abgegrenzt« durch die Einbettung der inneren Dauer in eine transzendierende Weltzeit und infolge der Eingefügtheit des Körpers in eine dem erlebenden Subjekt auferlegte Struktur der Lebenswelt.[2]

Die Transzendenz der Weltzeit hat verschiedene subjektive Korrelate.[3] Der Fortdauer der Weltzeit gegenüber erlebe ich meine Endlichkeit. Die Zwangsläufigkeit der Weltzeit erlebe ich im Warten und in der Unterordnung meines Handelns unter das Prinzip des »first things first«. Und die spezifische Historizität meiner Situation hebt sich von der Geschichtlichkeit der Weltzeit ab. In der konkreten Erfahrung überschneiden sich diese subjektiven Korrelate der Transzendenz der Weltzeit, da meine innere Dauer zugleich in die Weltzeit und die soziale Zeit eingefügt und auf die biologische Zeit des Körpers bezogen ist. Wenn ich den Kaffee nicht bitter trinken will, muß ich warten, bis sich der Zucker aufgelöst hat. Wenn ich schifahren will, muß ich warten, bis es schneit oder bis der Knochenbruch wieder verheilt. Wenn ich die Summe verschiedener Teilrechnungen wissen will, muß ich zuerst die einzelnen Posten in den Teilrechnungen zusammenzählen. Wenn ich Arzt werden will, muß ich zuerst Medizin studieren. Wenn ich Ehemann bin, kann ich nicht zugleich Junggeselle sein, und wenn ich einmal Ehemann gewesen bin, kann ich nur noch Junggeselle als Witwer oder als geschiedener Mann werden. Ich kann als Staatsbürger eines bestimmten Staates in der Zeit, in die ich geboren bin, nicht ein Einreisevisum für bestimmte andere Staaten erhalten. Wenn Don Quixote in die falsche Zeit geboren ist, kann ihn nur Sancho Pansa in seinem Rittertum bestätigen.

Obwohl also die Situation durch die »Inkongruenz« zwischen Weltzeit, biologischer Zeit, sozialer Zeit und innerer Dauer auch konkret in ihrer Struktur gegliedert werden kann, ist sie durch die Transzendenz der Weltzeit absolut begrenzt. Infolgedessen haben die subjektiven Korrelate der Transzendenz der Weltzeit im le-

[2] Vgl. dazu und zum folgenden Kap. II, C; insbes. 2, 3 und 4.

[3] Vgl. Kap. II, C 4 a.

bensweltlichen Wissensvorrat eine besondere Stellung. Sie sind nicht als konkrete Erfahrungen einfache »latente« Teilinhalte des Wissensvorrats, die je nach Situation von Fall zu Fall zur Anwendung gelangen können. Sie sind vielmehr ein Grundelement des Wissensvorrats, der in jeder Situation und jeder Erfahrung mitgegeben ist. Allerdings kann ich sie nur in der theoretischen Einstellung reflektierend in den Griff des Bewußtseins bekommen. In der natürlichen Einstellung dagegen sind sie ein notwendiger Bestandteil eines jeden Erfahrungshorizonts, ohne selber Erfahrungskern zu werden. Die subjektiven Korrelate der Transzendenz der Weltzeit sind also als Situationsbegrenzung ein Grundelement des Wissensvorrats, auf der die Orientierung in allen Situationen beruht.

In einem verwandten Sinn ist auch jede Situation durch die Vorgegebenheit meines Körpers »begrenzt«. Denn der Körper und sein gewohnheitsmäßiges Funktionieren sind in jeder Situation und jeder Erfahrung vorausgesetzt, ohne notwendig zum Erfahrungskern zu gehören. Die Grenzen meines Körpers gegenüber einer Welt, deren Gegenstände ihm Widerstand leisten, und das gewohnheitsmäßige Funktionieren des Körpers in ihr sind die Basis der ersten »Selbstverständlichkeiten« des Wissensvorrats. Wir sagen übrigens mit gutem Grund »gewohnheitsmäßig« und nicht »normal«. Denn wenn ich blind geboren bin, gehören zum Beispiel Farben nicht zu den selbstverständlichen Gegebenheiten meiner Erfahrung der Lebenswelt. Ich kann allerdings von anderen lernen, daß es Farben »gibt«. Dies ist aber dann ein spezifischer Wissensinhalt, der formal meinem Wissen, daß es ein Uralgebirge »gibt«, gleicht. Gewisse unabdingbare Grundgegebenheiten meiner Körperlichkeit in der Welt sind aber immer »da«. Ich kann, um das einleuchtendste Beispiel zu nennen, nicht an zwei Plätzen zugleich sein. Auch ohne Schritt für Schritt dieses Urteil aus konkreten Erfahrungen »gewonnen« zu haben, »weiß« ich immer, in jeder Situation, um diese Grundgegebenheit. So trivial und selbstverständlich dieses Beispiel auch klingen mag, brauchen wir uns nur zu überlegen, daß es genau so »selbstverständlich« und trivial ist, daß ich zugleich wohl zwei verschiedene Dinge *tun* kann, zum Beispiel essen und lesen. Rein theoretisch ist eine Welt durchaus denkbar, in der auch das nicht möglich wäre – aber eben nicht unsere Lebenswelt. Mein Körper ist, wie Merleau-Ponty ausführt[4],

[4] Phénoménologie de la perception, Paris, Gallimard, 1945, p. 119.

nicht ein Gegenstand im Raum, sondern die Bedingung für alle meine Erfahrung der räumlichen Gliederung der Lebenswelt. In jeder Situation wirkt mein Körper als ein Koordinatenzentrum in der Welt, mit einem Oben und Unten, einem Rechts und Links, Hinten und Vorn. Es ist zunächst festzuhalten, daß mein Körper und sein gewohnheitsmäßiges Funktionieren ein Grundelement einer jeglichen Situation ist. Prinzipiell bildet er nicht einen spezifischen und »latenten« Teilinhalt des Wissensvorrats, sondern ist vielmehr eine ständig in jeder Erfahrung und jeder Situation gegenwärtige Dimension des Wissensvorrats. Hier ist jedoch ein Unterschied zur Begrenztheit der Situation durch die Weltzeit festzustellen. Körperlichkeit ist mir als solche zwar unabänderlich auferlegt. So kann zum Beispiel mein »Wissen«, daß ich nicht zugleich an zwei Orten sein kann, nie problematisch werden; keine lebensweltliche Erfahrung kann es widerlegen. Wenn ich aber blind geboren wurde und durch eine Operation sehend gemacht wurde, erfolgt sozusagen eine empirische Anreicherung der körperlichen Begrenztheit meiner Situation. Die visuellen Grundqualitäten der Lebenswelt werden jedoch zu einem Grundelement aller weiteren Erfahrungen und verlieren ihre Stellung als ein Teilinhalt des Wissensvorrats. Auf keinen Fall sind sie »latente« Elemente des Wissensvorrats, die je nach Relevanz und Typik auf Situationen angewandt oder nicht angewandt werden und von konkreten Erfahrungen modifiziert werden. Damit kommen wir allerdings auch schon zum Übergang von der Begrenztheit der Situation, von der unabänderlichen Auferlegtheit der ontologischen Weltstruktur, zur Struktur der subjektiven Erfahrungen von der Lebenswelt.

b) Die Struktur der subjektiven Erfahrungen der Lebenswelt als zweites Grundelement des Wissensvorrats

Wir haben gesehen, daß die Situation »begrenzt« ist, daß diese Begrenztheit dem erlebenden Subjekt unabänderlich auferlegt ist und daß sie ein immer gegenwärtiges Grundelement jeder Situation und jeder Erfahrung ist. Wir haben aber auch schon andeuten können, daß Erfahrungen innerhalb dieser Begrenztheit der Situation eine grundlegende zeitliche, räumliche und soziale Gliederung haben. Auch diese Gliederung ist dem erlebenden Subjekt »auferlegt« – und leitet sich in gewissem Sinn aus der Begrenztheit der Situation ab. Auch die Gliederung der subjektiven Erfahrungen von der Lebenswelt ist »selbstverständlich«; die Lebenswelt kann nur auf Grund dieser Gliederung erfahren werden. Demnach gehört auch sie nicht zu spezifischen Teilinhalten des Wissensvorrats (wie z. B., daß ein Walfisch ein Säugetier ist, oder daß zwar der Präsident der Vereinigten Staaten, aber nicht ein Senator ein gebürtiger Bürger der Vereinigten Staaten sein muß), sondern bildet ein immer gegenwärtiges Wissen, das in jedem Erfahrungshorizont enthalten ist.

Da wir diese Gliederung schon ausführlich beschrieben haben[5], können wir uns hier auf eine knappe Zusammenfassung beschränken. In jeder Situation ist mir die Welt nur in einem bestimmten Abschnitt gegeben; nur ein Teil der Welt ist in aktueller Reichweite. Um diesen Bereich staffeln sich aber Bereiche wiederherstellbarer oder auch nur erlangbarer Reichweite, die ihrerseits sowohl eine zeitliche als auch soziale Struktur aufweisen.[6] Ferner kann ich nur in einem Ausschnitt der Welt wirken. Um die aktuelle Wirkzone staffeln sich jedoch wiederum wiederherstellbare und erlangbare Wirkzonen, die ebenfalls eine zeitliche und soziale Struktur besitzen.[7] Meine Erfahrung der Lebenswelt ist auch zeitlich gegliedert: die innere Dauer ist ein Erlebnisablauf, der aus gegenwärtigen, retentiven und protentiven Phasen besteht, wie auch aus Erinnerungen und Erwartungen. Sie überschneidet sich mit der Weltzeit, der biologischen Zeit und der sozialen Zeit und sedimentiert sich in der einzigartigen Reihenfolge einer artikulierten Biographie.[8] Und schließlich ist meine Erfahrung sozial gegliedert. Alle Erfahrungen haben eine soziale Dimension, wie denn auch die zeitliche und räumliche Gliederung meiner Erfahrung »sozialisiert« ist. Darüber hinaus hat aber meine Erfahrung von der Sozialwelt eine spezifische Struktur. Der andere ist mir als Mitmensch in der Wir-Beziehung unmittelbar gegeben, während die mittelbaren Erfahrungen der Sozialwelt nach Anonymitätsgraden gestaffelt und in Erfahrungen der zeitgenössischen Welt, der Vorwelt und der Nachwelt, gegliedert sind.[9]

Bei all dem handelt es sich nicht um spezifische, konkrete und va-

[5] Vgl. Kap. II.
[6] Vgl. Kap. II, B 4 und Kap. II, B 5, 4 b.
[7] Vgl. Kap. II, B 3.
[8] Vgl. Kap. II, B 4, insbes. Kap. II, B 4 c; auch Kap. II, B 6.
[9] Vgl. Kap. II, B 5.

riable Erfahrungen, sondern um Grundstrukturen der Erfahrung der Lebenswelt überhaupt. Im Gegensatz zu spezifischen Erfahrungen kommen diese Grundstrukturen in der natürlichen Einstellung nicht als Erfahrungskern in den Griff des Bewußtseins. Sie sind aber eine Bedingung einer jeglichen Erfahrung der Lebenswelt und gehen in den Erfahrungshorizont ein. Sie sind nicht Bedingungen im gleichen Sinn, wie ich vom Blutkreislauf als »Bedingung« der Gehirndurchblutung und von der Gehirndurchblutung als »Bedingung« des Denkens spreche. Hier handelt es sich ja um Teilinhalte meines Wissensvorrats, die aus einer historischen Phase einer bestimmten Wissenschaft in eine bestimmte relativ-natürliche Weltanschauung eingegangen sind und von denen ich auf Grund meiner biographischen Situation Kenntnis genommen habe. Sie sind jedoch keineswegs in den Erfahrungshorizont all meiner Erfahrungen eingegangen, erst recht nicht in den Erfahrungshorizont anderer Menschen, die davon nichts »wissen«. Dagegen hat eine jede Erfahrung »selbstverständlich« eine unabänderliche räumliche, zeitliche und soziale Gliederung. Diese Gliederung braucht nicht aus einer theoretischen Wissenschaft in die relativ-natürliche Weltanschauung einzugehen, bevor jedermann von ihr »weiß«. Im Gegensatz zu spezifischen Erfahrungen und darauf aufgestuften Typisierungen des Wissensvorrats (der Walfisch ist ein Fisch) kann dieses »Wissen« nie problematisch werden, wird aber darum in der natürlichen Einstellung auch nie als spezifisches Wissen artikuliert. Konkrete Erfahrungen und darauf aufgestufte Typisierungen, wie »abstrakt« sie auch immer sein mögen, können durch neue Erfahrungen immer in Frage gestellt, modifiziert und gar »explodiert« werden. Dies gilt für die Grundstrukturen der subjektiven Erfahrung der Lebenswelt nicht. *Dennoch* gehören sie in einem gewissen Sinn zum Wissensvorrat. Ich »weiß« immer, ob mir ein anderer unmittelbar gegeben ist oder nicht, ob ein Gegenstand in Reichweite ist oder nicht, ob etwas in meiner Wirkzone ist oder nicht usw. Jede neue Erfahrung enthält ebenfalls solches »Wissen« in ihrem Erfahrungshorizont. So ist also auch die Struktur der subjektiven Erfahrung von der Lebenswelt ein Grundelement des Wissensvorrats.

Sowohl das Was als auch das Wie der individuellen Situation in der Lebenswelt gehört zu den Grundelementen des Wissensvorrats. Die vielschichtige Begrenztheit der inneren Dauer und des Lebenslaufs in einer fortdauernden, zwangsläufigen und geschichtlichen (und somit sozialen) Weltzeit und die Begrenztheit des Körpers – und seines gewohnheitsmäßigen Funktionierens – gegenüber einer gegenständlichen, Widerstand leistenden Welt sind Grundelemente des Wissensvorrats. Aber auch die räumlichen, zeitlichen und sozialen Grundstrukturen der Erfahrung zählen zu den Grundelementen des Wissensvorrats. Es ist wieder zu betonen, daß diese Grundelemente des Wissensvorrats auf andere Weise »vorhanden« sind als spezifische Teilelemente, von denen wir sagen können, daß sie bloß »zuhanden« sind. Sie sind in jedem Situations- bzw. Erfahrungshorizont mitgegeben, während Teilelemente unter bestimmten Umständen als Erfahrungskerne thematisiert werden oder eine entscheidende Rolle in der Thematisierung spielen.

c) Routine im Wissensvorrat: Fertigkeiten, Gebrauchswissen, Rezeptwissen

Zwischen Grundelementen des Wissensvorrats und seinen spezifischen Teilinhalten nimmt Routinewissen eine Mittelstellung ein. Wenn wir zwischen Wissenselementen, die in jeder Situation mit vorhanden sind, und solchen, die bloß zuhanden sind, unterscheiden, scheint Routine-Wissen teils dem einen, teils dem anderen Typ zuzuordnen zu sein. Wollen wir diese seltsame Zwitterstellung etwas näher betrachten.

Zwischen bestimmten Grundelementen des Wissensvorrats und bestimmten Bereichen des Gewohnheitswissens kann man keine scharfe Grenze ziehen. Das letztere knüpft an das erstere an. Das Wissen um die Körperlichkeit, sein gewohnheitsmäßiges Funktionieren und die darauf unmittelbar fundierte räumliche und zeitliche Gliederung der subjektiven Erfahrung der Lebenswelt, ein Wissen, das in jedem Situations- und Erfahrungshorizont notwendig mitgegeben ist, geht in spezifischere Formen des Wissens um das gewohnheitsmäßige Funktionieren des Körpers über. Das Wissen um die Körperlichkeit als solches, in Abgrenzung gegen eine Widerstand leistende gegenständliche Welt, und das Wissen um nicht eigentlich erlerntes, aber erfahrbares und manchmal sogar »bewußt« durchgeführtes Funktionieren des Körpers, wie Atmen und Schlucken, muß zu den immer gegenwärtigen Grundelementen des Wissensvorrats gerechnet werden. Spezifische Ausprägungen des Wissens um die Grenzen des Körpers, das »Körperschema«, obwohl auf den Grundelementen beruhend, sind jedoch bis zu einem gewissen Grad erlernbar und dementsprechend auch unterschiedlich, wie man aus der ethnologischen Literatur und auch aus den Untersuchungen der Folgen von traumatischen Gliedmaßenverlusten auf das Körperschema ersehen kann.

Aber auch alltäglichere Beispiele gibt es dafür. Denken wir nur daran, wie wir uns an das »Loch im Mund« gewöhnen, nachdem uns ein Zahn gezogen wurde. Zunächst ist es uns gänzlich fremd, ein Anlaß zu ständig neuem Betasten mit der Zunge. Es ist »abgehoben« gegenüber den Selbstverständlichkeiten des Körpers. Im Laufe der Zeit »lernen« wir jedoch, uns damit abzufinden; es wird zu einem völlig routinierten Element des Gewohnheitswissens.

Das Gesagte gilt in viel stärkerem Maß für gewohnheitsmäßige Funktionseinheiten der Körperbewegung. Obwohl auf »nichterlernte« Grundelemente kinästhetischer Erfahrung aufgestuft, sind diese erlernbar. Gehen muß gelernt werden. Schwimmen muß gelernt werden, mit Eßbesteck zu essen muß gelernt werden, sogar einem Tennismatch zuzuschauen, muß in gewissem Sinn (ganz abgesehen vom Erlernen des objektiven Sinns der Spielregeln) erlernt werden. All dies sind Beispiele für ehemals »problematische« Erfahrungen bzw. Tätigkeiten, bei denen das Problem »gelöst« wurde, und zwar »endgültig« gelöst wurde. Es ist klar, daß es sich nur um eine empirisch-relative »Endgültigkeit« handelt. Mein Wissen darum bleibt zwar wie selbstverständlich erhalten, aber die Tätigkeiten können wieder »problematisch« werden, allerdings nur in der Ausführung. Nach längerer Bettlägerigkeit habe ich das Gehen »verlernt«; ich muß es wieder neu erlernen. Das gilt auch nur im Extremfall, für das Schwimmen. Wenn jemand nach fünfzehn Jahren wieder eislaufen will, wird er die Diskrepanz zwischen seinem »Wissen« und der Durchführung merken. Wir wollen solche, auf die Grundelemente des gewohnheitsmäßigen Funktionierens des Körpers aufgestufte gewohnheitsmäßige Funktionseinheiten der Körperbewegung (im breitesten Sinn) *Fertigkeiten* nennen.

Auf Fertigkeiten beruhend, aber nicht mehr zum gewohnheitsmäßigen Funktionieren des Körpers eigentlich gehörend, ist ein Bereich des Gewohnheitswissens, den wir *Gebrauchswissen* nennen wollen. Es gibt im täglichen Leben, noch genauer, in der Wirkzone der Alltagswelt, bestimmte Handlungsziele *und* dazu gehörige »Mittel zum Zweck«, die nicht mehr die geringste Problematik aufweisen. Sie waren zwar ursprünglich »problematisch«, sind aber »endgültig« gelöst worden. Für die Handlungsziele ist keine eigene Motivierung mehr vorhanden und für die »Mittel zum Zweck« gibt es keine bewußte Alternative. Dies sind Tätigkeiten, die weitgehend den Charakter von Handlungen verloren haben. Ich mußte sie zwar erlernen, aber die kontinuierliche Realisierbarkeit der Ziele und die ausschließliche Brauchbarkeit der »Mittel« ist so oft bestätigt worden, die Fertigkeiten, auf denen sie beruhen, sind so selbstverständlich, daß sie ein Höchstmaß an Vertrautheit (und subjektiver Sicherheit) gewonnen haben. Es ist uns völlig selbstverständlich, daß wir dies oder jenes »können«. Die Idealisierung des »Ich-kann-immer-wieder« kann hier nicht mehr fehlschlagen. Wir brauchen die Tätigkeiten, die dieses Gebrauchswissen bilden, nicht mehr zu beachten. Wir tun es »automatisch« und die Tätigkeit ist »standardisiert«. Führen wir zunächst Beispiele des Gebrauchswissens, das den Fertigkeiten noch nah verwandt ist, an: Rauchen, Holzhacken, Rasieren, Schreiben etc. Offensichtlich ist die Grenze zu den Fertigkeiten fließend. Weiters: Klavierspielen, Reiten, aber auch addieren, sprechen (besonders eindringlich: eine Fremdsprache sprechen, wobei wir die Prozesse der Routinierung mehr oder minder bewußt beobachten können). Weiters: Ofen heizen, Eier braten usw.

Wir können schließlich eine Form von Gewohnheitswissen unterscheiden, die zwar wieder ohne scharfe Grenze und mit vielen Überschneidungen, doch nicht mit dem Gebrauchswissen identisch ist: *Rezeptwissen.* Rezeptwissen ist zwar mit den Grundelementen des Wissensvorrats nicht mehr unmittelbar über Fertigkeiten verbunden, aber dennoch »automatisiert« und »standardisiert«. Dies bedeutet, daß es als selbstverständliche Implikation im Horizont gerade noch in Situationen mit vorhanden sein kann, ohne thematisiert zu werden: Spuren lesen für einen Jäger, sich auf Wetterveränderungen einstellen für einen Seemann oder Bergsteiger, »automatisierte« Übersetzungsphrasen für einen Dolmetscher usw. Je weiter wir uns von den Überschneidungen mit dem Gebrauchswissen entfernen, um so mehr nähern wir uns mit dem Rezeptwissen dem Wissensvorrat im engeren Sinn, nämlich dem »System« spezifischer Teilinhalte.

Gewohnheitswissen in all seinen Unterformen hat mit den Grundelementen des Wissensvorrats gemeinsam, daß es in Situationen mitvorhanden, nicht bloß von Fall zu Fall vorhanden ist.

(Von Fertigkeiten bis zum Rezeptwissen gilt dies in abnehmendem Maß.) Allerdings ist es nicht notwendig im Horizont jeder Situation bzw. Erfahrung mitgegeben, sondern nur *ständig* »griffbereit«. Es unterscheidet sich vom Wissensvorrat im engeren Sinn insofern, als es nicht thematisiert wird, sondern in Situationen und Handlungen automatisch mit einbezogen wird. Gewohnheitswissen stellt »endgültige« Lösungen für Probleme dar, die in den Erlebnisablauf eingeordnet sind, ohne daß man ihnen Aufmerksamkeit zu schenken braucht. Das bedeutet, daß sie einem Erfahrungskern, und vor allem einer vorherrschenden Handlung untergeordnet oder beigeordnet werden können. Ich kann ein Lied pfeifen, während ich gehe *und* über ein mathematisches Problem nachdenke. Ich kann rauchen, während ich schreibe, schreiben, während ich nach Worten suche usw. Ich kann ein Musikinstrument spielen, ohne auf den Fingersatz aufzupassen, sogar ohne »bewußt« die Noten zu lesen, und mich »ganz« auf den Sinn (die thematische Artikulierung) des zu spielenden Stücks konzentrieren. Diese Beispiele können natürlich beliebig fortgesetzt werden: in allen handelt es sich um Kombinationen von Fertigkeiten, Gebrauchswissen oder Rezeptwissen. Die möglichen Auslegungen des Horizonts der betreffenden Formen des Gewohnheitswissens sind nicht nur »vorläufig« für das vorliegende Problem und bis auf weiteres, sondern »ein für allemal« abgebrochen worden. Routiniertes Wissen und die damit verbundenen »automatisierten« Tätigkeiten gelten als absolut vertraut, fraglos durchführbar bzw. anwendbar und können deshalb als selbstverständliche, jederzeit griffbereite Elemente in die Lösung spezifischer »Probleme« einbezogen bzw. als fraglose »Mittel zum Zweck« in die Verwirklichung offener Handlungsentwürfe eingebaut werden. Es ist wichtig, diese Fraglosigkeit nachdrücklich zu betonen. Wenn ich zum Beispiel ein Geschenk für jemand einkaufen will, mag ich mir überlegen, was ihm gefallen mag, wieviel ich ausgeben kann, wo es erhältlich ist usw. Ich beziehe aber in mein Planen »vollautomatisierte« Elemente meines Gewohnheitswissens, von Fertigkeiten bis zum Rezeptwissen, nicht ein: z. B., daß ich notwendig ein Bein vor das andere setzen muß, um zum Geschäft zu gelangen, daß ich auf die Ware werde zeigen müssen, daß ich werde sprechen müssen usw. Ohne der Analyse der Relevanzstrukturen[10] vorzugreifen, ist

[10] Vgl. Kap. III, B.

schon hier festzustellen, daß das Gewohnheitswissen eine paradoxe Relevanzstruktur aufweist. Es ist von größter Relevanz und dennoch von sozusagen untergeordneter Relevanz. Es ist ein entscheidendes Merkmal von Routine, daß sie ohne Aufmerksamkeitszuwendung, also ohne in Erfahrungskernen thematisch zu werden, ausgeführt werden kann. Routine ist ständig griffbereit, ohne in den eigentlichen, gesonderten Griff des Bewußtseins zu kommen. Gewohnheitswissen ist ständig, jedoch marginal relevant.

Noch ein weiterer Punkt ist jetzt auszuführen. Gewohnheitswissen nimmt noch in einem anderen Sinn eine Zwitterstellung zwischen den Grundelementen des Wissensvorrats und dem Wissensvorrat im engeren Sinn ein. Die Grundelemente des Wissensvorrats sind universell und, prinzipiell, unveränderlich, mit der schon erwähnten Qualifikation, daß zum Beispiel solche Grundelemente nicht absolut identisch sind für die Welt eines Blinden und die Welt des »normalen« Menschen. Die Grundelemente des Wissensvorrats sind für jedermann, gleich in welche relativ-natürliche Weltanschauung er sozialisiert wurde, vorhanden. Die relativ-natürlichen Weltanschauungen unterscheiden sich allenfalls hinsichtlich des Grades, bis zu welchem diese Grundelemente thematisiert und sprachlich objektiviert sind. Der Wissensvorrat im engeren Sinn ist dagegen von einer relativ-natürlichen Weltanschauung zur anderen verschieden und weist außerdem eine mehr oder minder komplexe Verteilung innerhalb der Gesellschaft auf. Gewohnheitswissen steht dazwischen. Es gehört ein gewisser Bestand an Gewohnheitswissen – sowohl Fertigkeiten als Gebrauchswissen als Rezeptwissen – zum Wissensvorrat von jedermann. Der »Inhalt« dieses Wissens ist zwar bedingt wandelbar, aber nicht im gleichen Sinn, wie die Teilinhalte des Wissensvorrats von einer Gesellschaft zur anderen und innerhalb einer Gesellschaft variabel sind.

Schon im Grenzbereich zwischen den Grundelementen des Wissensvorrats und dem Routinewissen gibt es Formen des Wissens vom eigenen Körper, die nicht in allen Gesellschaften gleich sind und nicht einmal innerhalb derselben Gesellschaft gleich sein müssen. So sind die Grenzen des Körpers und sogar die Erfahrung des Körpers als einer Einheit nicht in gleicher Weise und nicht einmal im gleichen Grad gesellschaftlich (das heißt vor allem sprachlich) objektiviert.[11]

[11] Vgl. z.B. Bruno Snell: »Die Entdeckung des Geistes« Hamburg 1955.

Um so mehr gilt es von Fertigkeiten, daß sie von Gesellschaft zu Gesellschaft wie auch innerhalb einer Gesellschaft verschieden sind. Es ist zwar schwer, aber theoretisch nicht unmöglich, sich eine Gesellschaft von Nicht-Gehern vorzustellen. Es ist eine reichlich dokumentierte Tatsache, daß der Gehstil von einer relativ-natürlichen Weltanschauung zur anderen variiert. Ein Römer ging nicht wie ein Hunne, ein Eskimo geht nicht wie ein Amerikaner. Schon an diesem Beispiel läßt sich ferner eine hochdifferenzierte intra-soziale Verteilung bemerken. Ein Soldat geht anders als ein Zivilist, ein Seemann anders als eine Landratte, eine Prostituierte anders als eine Matrone. Immerhin muß Gehen noch zu jenen Routinen gerechnet werden, die den Grundelementen des gewohnheitsmäßigen Funktionierens des Körpers am nächsten sind. Andere funktionale Bewegungseinheiten und das auf sie bezogene Wissen weisen eine zunehmend stärkere inter-kulturelle und intra-soziale Differenzierung auf. Dazu gehören spezifische Arbeitstätigkeiten und kriegerische, sportliche, künstlerische Fertigkeiten wie Bogenschießen, Pistolenschießen, Klavierspielen (auch nur als »Fingerfertigkeit« betrachtet), usw. Der Übergang von Fertigkeiten zu Gebrauchswissen und von diesem zu Rezeptwissen ist unmerklich. Man denke nur an bestimmte »rezept«-ähnliche Sprichwörter oder Arbeitsweisen beim Feldbau, Reiten, schließlich auch bei der Cuisine usw. Hier kommen wir also wieder zum Wissensvorrat im engeren Sinn. Ein Kochbuch zum Beispiel ist nicht mehr Rezeptwissen in unserem Sinn, sondern schon eine Thematisierung und gesellschaftliche Objektivierung eines spezifischen Wissens.

Es gehört zwar ein Bestand an Gewohnheitswissen zum Wissensvorrat von jedermann. Man kann auch eine empiriche Typologie der Variabilität des Gewohnheitswissens aufstellen. Eine Gesellschaft von Nicht-Gehern ist eben nur theoretisch denkbar, aber eine empirische Unmöglichkeit. Der theoretische Grenzfall einer solchen Typologie wäre jedoch der Fall, in dem inhaltlich bestimmte Formen von Routinewissen für jeden einzelnen verschieden wären: also was Routine für mich ist, wäre für jeden anderen »problematisch« und umgekehrt. Grundsätzlich können wir sagen, daß je weiter wir uns von den Grundelementen des Wissensvorrats (in diesem Zusammenhang vor allem als das auf das gewohnheitsmäßige Funktionieren des Körpers bezogene Wissen zu verstehen) entfernen, die interkulturelle Ausprägung und intra-soziale Verteilung des Gewohnheitswissens um so differenzierter wird.

Mit Bezug auf das Gewohnheitswissen muß schließlich noch bemerkt werden, daß die Fertigkeiten und das Gebrauchswissen der Lebenswelt des Alltags angehören. Dies gilt zwar auch für einen umfangreichen Teil des Rezeptwissens, jedoch nicht für das Rezeptwissen überhaupt. Routinierung kann auch in anderen Bereichen geschlossener Sinnstruktur auftreten. In einem – allerdings äußerst beschränkten – Sinn kann man zum Beispiel von Traumroutinen sprechen. Sicherlich gibt es aber Formen von Gewohnheitswissen in verschiedenen Phantasiewelten. Manche dieser Formen grenzen allerdings an sogenannte Zwangsvorstellungen. Dies sind »selbstverständliche«, gegenüber jeder weiteren Auslegung – und somit Variation – abgeschlossene Elemente von Phantasieabläufen. Ebenfalls gibt es Gewohnheitswissen im wissenschaftlichen Denken, auch wenn dieses nicht wissenschaftstheoretisch legitimiert sein mag. Ferner gibt es Gewohnheitswissen in religiös-symbolischen Wirklichkeitsbereichen. Dort nimmt es typisch die Form von rituellen Elementen an, obwohl es irreführend wäre, Ritual als solches – das einen gesellschaftlich thematisierten und objektivierten Sinn hat – einfach mit Gebrauchswissen bzw. Rezeptwissen zu identifizieren.

d) Biographische Prägung des Wissensvorrats

Wissensvorrat und Situation haben beide eine Geschichte. Der Wissensvorrat ist das »Produkt« der in ihm sedimentierten Erfahrungen; die Situation ist das »Resultat« der vorangegangenen Situationen. Wir werden die Genese des Wissensvorrats noch eingehend untersuchen müssen[12], wollen aber jetzt schon jenen Aspekt, der mit der Situationsbezogenheit des Wissensvorrats in unmittelbarem Zusammenhang steht, betrachten, nämlich die biographische Prägung des Wissensvorrats. Allgemein können wir voranschicken, daß die Begrenzung der Situation, durch die Einfügung der individuellen Existenz in die ontologische Struktur der Welt bestimmt, nicht nur als absolute Grenze »gewußt« wird (Endlichkeit, Körperlichkeit usw.), sondern auch als Bedingung der Abfolge der Situationen im Lebenslauf und als Spielraum des Han-

[12] Vgl. Kap. III, A 2.

delns in der Situation (Wirkzone) erfahren wird. Nicht nur hat jede aktuelle Erfahrung ihre Vorgeschichte; es ist auch jede gegenwärtige Situation, innerhalb ihrer »gewußten« Begrenztheit, biographisch artikuliert: als Bereich des *für mich jetzt* Möglichen und zu Bewältigenden. In diesem Sinn bildet die biographische Prägung der gegenwärtigen Situation ein Element meines Wissensvorrats. Dies soll näher ausgeführt werden.

Die gegenwärtige Situation ist biographisch artikuliert. Das bedeutet, daß ich mehr oder minder adäquat »weiß«, daß sie das »Resultat« der vorangegangenen Situationen ist. Und weiters »weiß« ich, daß diese meine Situation darum absolut »einzigartig« ist. Denn der Wissensvorrat, mit dessen Hilfe ich die gegenwärtige Situation bestimme, hat seine »einzigartige« biographische Artikulierung. Er verweist nicht nur auf den Inhalt, den »Sinn« aller in ihm sedimentierten vorangegangenen Erfahrungen bzw. Situationen, sondern auch auf die Intensität (Erlebnisnähe und -tiefe), Dauer und Reihenfolge dieser Erfahrungen. Dieser Umstand ist von größter Bedeutung, da er die einzigartige biographische Artikulation des individuellen Wissensvorrats (und somit der aktuellen Situation erst eigentlich konstituiert.

Nehmen wir an, daß zwei Personen genau den gleichen Wissensvorrat hätten. Was würde diese Annahme voraussetzen? Nicht nur, daß die zwei die gleichen, das heißt ihrem »Inhalt« nach gleichen Erfahrungen gehabt hätten, sondern daß diese Erfahrungen in den zwei Bewußtseinsströmen gleich lang gedauert hätten, gleiche Erlebnistiefe und -nähe gehabt hätten, aber vor allem auch, daß die Abfolge der einzelnen Erfahrungen für beide identisch gewesen wäre. Bergson hat gezeigt, daß für die Annahme, daß der Inhalt des Bewußtseins zweier Personen gleich sei, alle diese Voraussetzungen gegeben sein müssen, daß man dann aber nicht mehr von zwei Personen sprechen könnte.[13] Dies ganz abgesehen von der ursprünglichen Geschichtlichkeit der individuellen Situation. Man stelle sich nur vor, daß Aristoteles, das heißt ein Kind mit »Anlagen«, die mit denen des historischen Aristoteles identisch wären, vor Plato geboren wäre. Hätte er noch »Aristoteles« werden können? Oder man stelle sich vor, daß Plato und Aristoteles als eineiige Zwillinge geboren worden wären!

Obwohl Erfahrungen grundsätzlich »sozialisiert« und in hoch-

[13] Essai sur les données immédiates de la conscience, pp. 139-142.

anonyme, idealisierte und – vor allem sprachlich – objektivierte Sinnzusammenhänge eingefügt sind, obwohl sie vor allem als solche in den Wissensvorrat des einzelnen eingehen, so sind sie dennoch in ihrer biographischen Artikulation prinzipiell einzigartig. Noch so objektive, anonyme und ideale Elemente des Wissensvorrats verweisen auf ihre biographisch artikulierte Konstitution. Der Wissensvorrat hat immer eine »private« Komponente.

Nun sind aber nicht alle Erfahrungen gleich sozialisiert. Manche Erfahrungsbereiche, wie wir gesehen haben, sind nur mittelbar und nur »schwach« und fragmentarisch sozialisiert. Aber auch solche Erfahrungen gehen in meinen Wissensvorrat ein, wenn auch nicht in gleicher Weise wie die hochsozialisierten Erfahrungen des täglichen Lebens, sondern mit dem Subskript »Traumerfahrung«, »Phantasie« usw. Auch solche wesentlich »privaten« Erfahrungen haben jedoch eine grundsätzliche Bedeutung für den Wissensvorrat und für die Anwendung des Wissensvorrats in Situationen der alltäglichen Lebenswelt, zum Beispiel im phantasierenden Entwerfen möglicher Handlungen.

Und schließlich ist noch ein Aspekt der biographischen Prägung des Wissensvorrats zu erwähnen: mein Gewohnheitswissen ist grundsätzlich biographisch artikuliert. Ich erwerbe zwar verschiedene Fertigkeiten (Gehen, Sprechen etc.), die auch alle anderen erwerben, auch in ungefähr der gleichen Reihenfolge, wobei übrigens individuelle Abweichungen von der sozial kategorisierten oder sogar vorgeschriebenen Reihenfolge des Erwerbs von einschneidender biographischer Bedeutung sein können. Auch weite Bereiche des Gebrauchswissens sind sozial mehr oder minder gleich verteilt. Das gleiche gilt auch für weite Bereiche des Rezeptwissens. Jedoch gibt es Fertigkeiten, Gebrauchswissen und Rezeptwissen, das sich spezifisch in »privaten« Erfahrungen konstituiert hat. Es geht also als ein hochspezifisches, biographisch artikuliertes Element in die Bestimmung meiner aktuellen Situation ein. Und selbstverständlich ist die *Kombination* von Fertigkeiten, Gebrauchswissen und Rezeptwissen, ganz abgesehen von der Reihenfolge des Erwerbs, biographisch artikuliert und »einzigartig«.

Kurzum, die Reihenfolge, Erlebnisnähe, Erlebnistiefe und Erlebnisdauer auch »inhaltsgleicher« Erfahrungen bestimmt die einzigartige biographische Artikulation des Wissensvorrats. Dies gilt schon für »hochsozialisierte« Erfahrungen. Im besonderen Maß gilt es jedoch für wesentlich »private« Erfahrungen und für »private« Konstellationen der verschiedenen Formen der Routine. Andererseits muß aber noch einmal betont werden, daß Reihenfolge, Erlebnistiefe und -nähe und sogar die Dauer der Erfahrungen und des Wissenserwerbs gesellschaftlich objektiviert und bestimmt sind. Mit anderen Worten, es gibt soziale Kategorien der biographischen Artikulation.[14]

e) *Die Bestimmung der Situation*

Der Lebenslauf ist eine Folge von Situationen. Es ist zwar zutreffend, daß ich mich (wie es die existentialistische Philosophie ausdrückt) immer »in Situationen« befinde. Zugleich ist aber die Situation »definiert«, um einen seit W. J. Thomas in der Soziologie eingebürgerten Begriff zu verwenden.[15] Was heißt das nun? Wir haben schon davon gesprochen[16], daß die Situation teils auferlegt, teils durch den einzelnen sozusagen »bewirkbar« ist. Wollen wir das Verhältnis dieser zwei Dimensionen der Situation, wie es sich auf die Bestimmung der Situation auswirkt, näher betrachten.

In jeder Situation ist mir die ontologische Struktur der Welt auferlegt. Die Situation ist absolut *begrenzt*: das Wissen darum gehört zu den Grundelementen des Wissensvorrats.[17] Dann ist mir auch die Struktur der subjektiven Erfahrung der Lebenswelt auferlegt: die Gliederung in Bereiche geschlossener Sinnstruktur mit dem ihnen eigenen Erlebnisstil, ferner die räumlichen, zeitlichen und sozialen Strukturen jeder Erfahrung. Die Situation ist dadurch unabänderlich vorstrukturiert: das Wissen darum gehört ebenfalls zu den Grundelementen des Wissensvorrats.[18] In diesem Sinn ist die Situation von vornherein begrenzt und gegliedert und vorbestimmt.

Ferner ist jede Situation biographisch geprägt. Sie hat ihre spezifische Vorgeschichte, um die ich »weiß«. Ferner komme ich in die Situation mit einem spezifischen, biographisch artikulierten Vorrat an Gewohnheitswissen; an Fertigkeiten, Gebrauchswissen und

[14] Vgl. Kap. II, B 6.
[15] Social Organization and Social Personality, hrsg. von Morris Janowitz, Chicago, University of Chicago Press, 1960.
[16] Vgl. Kap. II, B 6.
[17] Vgl. Kap. III, A 1 a.
[18] Vgl. Kap. III, A 1 b.

Rezeptwissen.[19] Meine Biographie ist mir zwar nicht in gleichem Sinn »auferlegt« wie die ontologische Weltstruktur, jedoch genauso unabänderlich. Ich hätte zwar dies oder jenes anders tun können; dann wäre die gegenwärtige Situation »anders«. Ich habe es aber nicht getan, deshalb ist die gegenwärtige Situation eben so und nicht anders.

Hier stehen wir am Übergang von den auferlegten zu den »offenen« Elementen der Situation. Ich kann zwar die Vorgeschichte der Situation nicht mehr ändern, aber innerhalb der gegenwärtigen Situation gibt es Elemente, auf die ich einwirken kann, die ich verändern kann. Dadurch schaffe ich jedoch wiederum ein *fait accompli* für die zukünftigen Situationen. Das ist nun ein weiterer Umstand, von dem ich in der natürlichen Einstellung »weiß«.

Um jedoch in der Situation handeln zu können, muß ich die Situation bestimmen. Nun ist die Situation, wie gesagt, schon vorbestimmt: durch das Wissen um die Begrenztheit der Situation, das Wissen um die Strukturierung der subjektiven Erfahrung in ihr und das Wissen um die biographische Artikulierung der Situation. All dies gehört zu den Grundelementen des Wissensvorrats und geht in die Bestimmung einer jeden Situation »automatisch« ein. Jedoch ist die Situation auch »offen«. Wie sind nun die »offenen« Elemente bestimmbar?

Grundsätzlich sind die offenen Elemente *unbeschränkt auslegbar*. Jede Situation hat einen unendlichen inneren und äußeren Horizont; sie ist nach ihren Beziehungen zu anderen Situationen, Erfahrungen usw. auslegbar, auf ihre Vorgeschichte und ihre Zukunft hin. Zugleich ist sie unbeschränkt auf die sie konstituierenden Einzelheiten zerlegbar und interpretierbar. Dies gilt jedoch nur prinzipiell. Praktisch ist jede Situation nur *beschränkt auslegungsbedürftig*. Das plan-bestimmte Interesse, das sich von der Planhierarchie des Lebenslaufs ableitet, begrenzt die Notwendigkeit der Situationsbestimmung. Die Situation braucht nur insofern bestimmt zu werden, als dies zu deren Bewältigung notwendig ist.[20] Das plan-bestimmte Interesse wählt die näher zu bestimmenden »offenen« Elemente der Situation aus, vor dem Hintergrund der vorbestimmten (bzw. vorstrukturierten) Elemente der Situation. Zugleich begrenzt das plan-bestimmte Interesse die Ausle-

[19] Vgl. Kap. II, A 1 c und d.
[20] Vgl. Kap. III, A 1 f.

gungsprozesse, durch die die Situation bestimmt wird, auf das »praktisch Notwendige«, das heißt das zur Situationsbewältigung Relevante.

Die Bestimmung der »offenen« Elemente der Situation geschieht jedoch auch mit Hilfe des jeweiligen Wissensvorrats, der in die Situation mitgebracht wird, allerdings in anderer Weise, als ich um die Vorbestimmtheit der Situation mit Hilfe der Grundelemente des Wissensvorrats »automatisch« weiß. Wir können verschiedene Typen der Bestimmung unterscheiden: Erstens kann die Situation mit Hilfe des Gewohnheitswissens so bestimmt werden, daß dem planbestimmten Interesse Genüge getan wird. Alle »offenen« Elemente der Situation können routinemäßig bestimmt werden. Die Situation ist dann auch in ihren nicht schon vorbestimmten Elementen unproblematisch. Wir wollen diese Art von Situationen eine *Routine-Situation* nennen. Zweitens können aber »offene« Elemente der Situation vorhanden sein, die nicht routinemäßig bestimmt werden können. Wenn solche »neuen« Elemente in einer Situation auftreten, muß ich mich »besinnen«, das heißt, ich versuche, diese Elemente mit meinem Wissensvorrat bewußt zu korrelieren. Nehmen wir zunächst an, daß es sich um völlig neue Elemente handelt. Dann müßte ich dementsprechend völlig neue Deutungsschemata, Typisierungen usw. entwerfen, um mit der Situation fertig zu werden. Dies ist jedoch ein theoretischer Grenzfall. Auch »neue« Elemente werden mit Hilfe schon vorhandener Deutungsschemata und Typisierungen ausgelegt, jedoch nicht in einer für mein planbestimmtes Interesse ausreichenden Weise. Mein diesbezügliches Wissen ist nicht »klar« genug, »vertraut« genug, ist nicht zur Genüge widerspruchsfrei, um mit der aktuellen Situation fertig zu werden. Ich muß also die »offenen« Elemente der Situation weiter auslegen, bis sie die vom plan-bestimmten Interesse vorgegebene Klarheitsstufe, Vertrautheitsstufe und Widerspruchsfreiheit erreicht haben.[21] Wir wollen solche Situationen *problematische Situationen* nennen. In problematischen Situationen, im Gegensatz zu Routine-Situationen, muß ich also neue Wissenselemente erwerben oder alte, aber für die gegenwärtige Situation nicht genügend geklärte Wissenselemente auf höhere Klarheitsstufen überführen.

Ohne schon hier auf eine nähere Beschreibung der sozialen Di-

[21] Vgl. hierzu Kap. III, A 3.

mension in Situationsbestimmungen einzugehen[22], wollen wir vorwegnehmend feststellen, daß die Situation in doppeltem Sinn sozial bestimmt ist. Erstens sind die Kategorien *jeder* Situationsbestimmung weitgehend sozialen Ursprungs, so wie das Wissen um die Lebenswelt überhaupt. Sie sind weitgehend sozial objektiviert, vor allem in der Sprache als einem hochanonymen Bedeutungssystem.[23] Zweitens sind aber Situationen, die im engeren Sinn *sozial* sind, von den Partnern in der Situation *wechselseitig* bestimmt.[24]

f) Die Bewältigung der Situation

Während das plan-bestimmte Interesse nur im Zusammenhang mit der Analyse der Relevanzstrukturen genau beschrieben werden kann[25], können wir uns doch nicht mit den bisherigen formalen Hinweisen begnügen. Was bedeutet denn die Aussage, daß das plan-bestimmte Interesse in die Bestimmung der Situation eingeht? Sie bedeutet zunächst, daß die Auswahl der auszulegenden, »offenen« und nicht routinemäßig bestimmbaren Elemente der Situation pragmatisch motiviert ist. Im Prinzip gibt es in jeder Situation unendliche Bestimmungsmöglichkeiten, die jedoch nicht verfolgt werden, weil sie für die Bewältigung der *aktuellen* Situation irrelevant sind. Wollen wir dies veranschaulichen. Wenn ich mit Holzhacken beschäftigt bin, ist die Situation routinemäßig bestimmt. Nehmen wir an, daß das plan-bestimmte Interesse »Brennholzproduktion« ist (es könnte zum Beispiel auch »Abmagerung«, »Konditionstraining« usw. sein). Alle Grundelemente des Wissensvorrats gehen natürlich »automatisch« in die Situation ein: ich weiß, daß ich nur begrenzte Zeit auf das Holzhacken verwenden kann, ich werde müde, ich weiß, daß mir dadurch andere Beschäftigungs- bzw. Erfahrungsmöglichkeiten entgehen, daß ich mich mit der Axt verletzen kann, auch tödlich, daß ich Bewegungen durchführen muß, um die Holzscheite – Gegenstände in der Außenwelt, die mir Widerstand leisten – zu spalten usw. Ich bringe bestimmte Fertigkeiten in die Situation mit: ich habe schon oft

[22] Vgl. Kap. III, A 1 e und Kap. V.
[23] Vgl. Kap. VI.
[24] Vgl. Kap. V.
[25] Vgl. Kap. III, B 4 und 5.

Holz gehackt und bin ein geübter Scheitspalter. Das sind alles vorbestimmte, teils mir auferlegte, teils biographisch artikulierte Elemente der Situation. Durch das planbestimmte Interesse ist auch die »Dauer« der Situation vorbestimmt: wenn ich soundsoviel Brennholz gemacht habe, kann ich aufhören (oder, entsprechend, wenn ich eine Stunde Holz gespaltet, geschwitzt, abgemagert usw. habe). Es ist also eine Situation, die durchweg dem Typ Routine-Situation angehört. Wenn ich nun an ein Scheit stoße, das sich auch mit kräftigstem Zuschlagen nicht spalten läßt, ist ein »neues« Element aufgetaucht. Nehmen wir nun an, daß dieses Element nicht routinemäßig bestimmbar ist (Knoten in der Faserung, Axt ist stumpf geworden beim vorletzten Schlag, bei dem sie ausrutschte und mit der Schneide auf Stein fiel), da ja in diesem Fall die Situation noch nicht aus der Routine herausgefallen wäre. Dann wird die Situation erst »problematisch«. Ich muß mich »besinnen«: Was für Gründe kann es noch dafür geben, daß ich das Scheit nicht spalten kann? Ich ziehe meinen Wissensvorrat heran: es gibt außergewöhnlich harte Holzarten; die anderen Scheite sind zwar gewöhnliches Fichtenholz, aber durch einen »Zufall« ist ein anderes Scheit hineingeraten. Ich sehe mir das problematisch gewordene Scheit an; es sieht in der Tat anders aus. Damit ist das Problem für mich gelöst: ich lege das Scheit beiseite und spalte das andere Holz weiter. Welcher besonderen Holzart jenes Scheit angehörte, was für ein »Zufall« es mit dem anderen Brennholz vermengte usw., »interessiert« mich nicht. Es ist für die Bewältigung der Situation irrelevant, also gehe ich der Sache nicht »auf den Grund«. Das »neue« Element in der Routine-Situation ist folglich nur in einem sehr niedrigen Klarheitsgrad (im Vergleich zum Beispiel zum Wissen: Aha, Mahagoni; der mir bekannte Holzhändler hat also in einem Wahnsinnsanfall wirklich seine Drohung wahrgemacht und den Lieblingsmahagonitisch seiner Frau zersägt, usw.) bestimmt; dieser Klarheitsgrad ist jedoch pragmatisch genügend.

Oder nehmen wir eine problematische soziale Situation als Beispiel: ich treffe jemand, dessen Gesicht mir bekannt ist, der mich freundschaftlich anredet, an dessen Namen und nähere Umstände ich mich aber augenblicklich nicht erinnern kann. Wiederum ist die Situation bis zu einem gewissen Grad vorbestimmt, analog zum früheren Beispiel, wobei die selbstverständlichen, mir auferlegten Aspekte einer sozialen Situation überhaupt, der spezifischen relativ-natürlichen Weltanschauung usw. eine besondere Rolle spielen. Die Situation ist jedoch weitgehend »offen«: ich kann meinen Partner in der Situation nicht »placieren« und muß nun versuchen, die Situation näher zu bestimmen. Ich nehme meinen Wissensvorrat zu Hilfe, um die Elemente in der Situation weiter auszulegen. Er begrüßt mich freundlich, ich kenne das Gesicht, es dürfte sich um einen mehr oder minder freundschaftlichen Bekannten handeln. Ich schätze sein Alter, seinen sozialen Status, um eine erste Verengung der offenen Möglichkeiten zu erreichen. Dann lasse ich ihn reden; vielleicht erwähnt er einen gemeinsamen Bekannten, erkundigt sich nach irgendeinem besonderen Umstand in meiner Biographie usw. Irgendeinmal leuchtet mir dann ein: Das ist ja der Bruder meines Freundes X. Mein Interesse, den Mann nicht zu verletzen, indem ich zugeben muß, daß ich mich an ihn nicht erinnern kann, während er mich offensichtlich gut kennt, ist nun befriedigt. Die Situation ist ausreichend bestimmt und kann nun in Routine überführt werden. Wiederum bleiben verschiedene Aspekte der Situation, die prinzipiell bestimmbar sind, unbestimmt, da sie zur Bewältigung *dieser* Situation irrelevant sind.

An diesen Beispielen können wir konkret sehen, wie das planbestimmte Interesse nicht nur die Auswahl der zu bestimmenden Elemente, sondern auch den Punkt, an dem die Auslegung unterbrochen werden kann und die Situation ausreichend bestimmt ist, determiniert. Nun ist das plan-bestimmte Interesse offensichtlich in die Situation einbezogen und wird von der Situation bis zu einem gewissen Grad auch »mitgerissen« und modifiziert. Andererseits ist es aber eingegliedert in eine Planhierarchie. Das bedeutet, daß es subjektiv erlebt wird als eine »Aufgabe« bzw. ein »Ziel«, das auf einer bestimmten Dringlichkeitsstufe steht. Diese Dringlichkeitsstufe leitet sich ab aus dem System der Prioritäten im Lebenslauf, das sich ausgliedert in untergeordnete Systeme für den Tageslauf, für Arbeit und Muße, für den Alltag und auch für andere Sinnbereiche (zum Beispiel für spezifisch religiöse Verrichtungen) usw. Wir brauchen uns nur an das Beispiel des Holzhackens zu erinnern: ich spalte Brennholz, damit ich den Ofen in meinem Arbeitszimmer einheizen kann, damit ich ohne Gesundheitsgefährdung an einem Manuskript arbeiten kann, das ich schreiben will, um... usw. Wenn andererseits Holzhacken vom Abmagerungsinteresse motiviert war, kann die Einordnung dieses Interesses in Planhierarchien ebenfalls entsprechend verfolgt werden.

Noch eine weitere Bemerkung ist anzufügen. Plan-bestimmtes

Interesse ist natürlich auch in alle vorangegangenen Situationen bestimmend eingetreten. Es hat die Routinisierung bestimmter Wissenselemente, Fertigkeiten usw. für Situationen »typisch« dieser Art motiviert. Das planbestimmte Interesse ist folglich nicht nur ein unmittelbarer Faktor in der Bestimmung und Auslegung *problematischer* Situationen, sondern geht selbstverständlich auch in die Bildung von *Routine-Situationen* und deren routinemäßige Bestimmung ein.

2) Der Wissenserwerb

a) Bedingungen des Wissenserwerbs

Wissenserwerb ist die Sedimentierung aktueller Erfahrungen nach Relevanz und Typik in Sinnstrukturen, die ihrerseits in die Bestimmung aktueller Situationen und Auslegung aktueller Erfahrungen eingehen. Das bedeutet unter anderem, daß kein Wissenselement auf irgendeine »Urerfahrung« zurückgeführt werden kann. Wenn wir die Sedimentierungsprozesse, die zur Bildung des Wissensvorrats führen, analysieren, stoßen wir immer an vorangegangene Erfahrungen, in denen schon ein bestimmter, wenn auch noch so minimaler Wissensvorrat angesetzt werden muß. Während wir die Rolle der Relevanzstrukturen und Typisierungen für die Bildung des Wissensvorrats gesondert untersuchen wollen[26], können wir dieser Analyse bis zu einem gewissen Grad vorgreifen und den Wissenserwerb als einen Vorgang in der inneren Dauer beschreiben. Wissenserwerb, als Sedimentierung von Erfahrungen, erfolgt in Situationen und ist biographisch artikuliert. Beginnen wir mit der Beschreibung der Bedingungen des Wissenserwerbs, da wir uns dabei kurz fassen können. Es handelt sich ja grundsätzlich um die Bedingungen der Situation und des Erfahrungsablaufs in Tageslauf und Lebenslauf, die wir schon untersucht haben.[27]

Als ein Vorgang in der inneren Dauer ist Wissenserwerb in den Strukturen der subjektiven Zeit artikuliert.[28] Erfahrungen konstituieren sich durch Aufmerksamkeitszuwendung, in »Zeiteinhei-

[26] Vgl. Kap. III, B und III, C.
[27] Vgl. Kap. II, B 4 und 6 und Kap. III, A 1.
[28] Vgl. Kap. II, B 4 c.

ten«, die durch Bewußtseinsspannung und deren Rhythmus bestimmt sind – also in »flying stretches und resting places« des Bewußtseinsstroms.[29] Die aktuellen Phasen des Bewußtseinsstroms enthalten in ihrem Horizont Retentionen und Protentionen der benachbarten Phasen sowie Erinnerungen und Erwartungen, deren Spannweite durch das situationsbezogene Interesse bestimmt ist. Die Erfahrungen bauen sich polythetisch auf, ihr Sinn kann jedoch in Blickzuwendungen – die wiederum »motiviert« sind – monothetisch erfaßt werden. Dies ist von größter Bedeutung für die Vorgänge, in denen Erfahrungen im Wissensvorrat sedimentiert werden. Im allgemeinen wird der polythetische Aufbau der Erfahrungen »gerafft« und nur ihr typischer relevanter Sinn, monothetisch erfaßt, geht »endgültig« als merkenswert in den Wissensvorrat ein. Der Rückverweis auf den polythetischen Aufbau ist zwar prinzipiell mitgegeben, aber die polythetischen Schritte sind empirisch nur »mehr oder minder« rekonstruierbar. Dies gilt selbstverständlich nicht in gleicher Weise für Erfahrungen mit wesentlich polythetischer Sinnstruktur (zum Beispiel ein musikalisches Thema). Grundsätzlich können wir jedoch sagen, daß der Klarheits- und Bestimmtheitsgrad eines Wissenselements entscheidend von der Möglichkeit beeinflußt ist, die polythetischen Schritte, in denen sich die betreffende Erfahrung im Wissensvorrat sedimentiert hat, zu rekonstruieren. Auch die Vertrautheit des Wissenselements hängt zum Teil von diesem Umstand ab.

Die Auslegungsprozesse, in denen der innere oder äußere Horizont einer problematischen Erfahrung bzw. einer problematischen Situation expliziert wird, sind natürlich ebenfalls Vorgänge in der inneren Dauer und somit in den Strukturen der subjektiven Zeit artikuliert.[30] Dies gilt natürlich nicht nur für die routinemäßige Bestimmung von Situationen und den routinemäßigen Ablauf von Erfahrungen, also für Vorgänge, die sozusagen »automatisch« sind und eine verhältnismäßig geringe Bewußtseinsspannung voraussetzen. Es gilt auch für Auslegungen im engeren Sinn, das heißt für Setzungen, für Urteile, Inferenzen usw., also für Denken, das sich zumindest prinzipiell in den Kategorien der formalen Logik vollzieht. Jede Prädikation ist ein Vorgang in der inneren Dauer. Der Vollzug des Urteils »S ist p« ist ein polythetisches Zerlegen einer

[29] Ein Ausdruck von William James, Principles of Psychology, I, p. 243.

[30] Vgl. wieder Kap. II, B 4 und auch Kap. I, B.

einheitlichen »natürlichen« Erfahrung, »das-Päckchen-Karten-auf-dem-Tisch«, wie William James eine solche Erfahrung anschaulich beschreibt[31]. Im Vollzug des Urteils wird diese Erfahrung schrittweise in einzelne Elemente zerlegt, und diese werden dann miteinander in Beziehung gesetzt. »S ist p« ist das Resultat eines Auslegungsvorgangs, in dem im übrigen in Betracht gezogen wurde, daß S sowohl p, als q als r usw. ist. Angesichts des situationsbezogenen Interesses am vorliegenden Problem wurde die p-Qualität von S als bemerkenswert (und merkenswert) ausgewählt. Nach diesem Auslegungsprozeß kann ich also die Relation »S ist p« wiederum monothetisch erfassen, wobei die q-, r-, s- usw. Qualitäten von S nicht mehr im Griff sind. Noch eindringlicher läßt sich die polythetisch-monothetische Struktur des Wissenserwerbs an einem Schulbeispiel verdeutlichen. Wir haben in der Schule das pythagoreische Theorem von den euklidischen Axiomen und Theoremen abgeleitet, bis wir zur Formel $a^2 + b^2 = c^2$ gelangten. Nun verstehen wir den Sinn des Theorems, ohne die einzelnen Schritte der Ableitung immer wieder nachvollziehen zu müssen: in einem rechtwinkligen Dreieck ist die Summe der Quadrate über den Katheten gleich dem Quadrat über der Hypothenuse. Prinzipiell ist die Ableitung immer rekonstruierbar, auch wenn wir sie »vergessen« haben. Es wird aber nun deutlich, daß der Klarheitsgrad, und in gewissem Sinn auch der Vertrautheitsgrad, meines Wissens vom pythagoreischen Theorem wesentlich davon beeinflußt wird, ob ich die polythetischen Schritte der Ableitung »mehr oder minder« nachvollziehen kann. In diesem Sinn können wir also die zeitliche Artikulierung der Erfahrungssedimentierung als eine Bedingung des Wissenserwerbs ansetzen. Wir können ferner natürlich sagen, daß alle Bedingungen für die Konstitution von Erfahrungen in Situationen mittelbar auch Bedingungen des Wissenserwerbs sind. Aber auch die *Sedimentierung* von Erfahrungen, also der eigentliche Wissenserwerb, erfolgt selbstverständlich in Situationen, so daß die Bedingungen der Situation zugleich auch unmittelbar Bedingungen des Wissenserwerbs sind. So sind die Grenzen der Situation zugleich auch Grenzen des Wissenserwerbs. Wir haben schon bemerkt, daß das Wissen um diesen Umstand zu den immer vorhandenen Grund-

[31] W. James, ibid. pp. 278-279.

elementen des Wissensvorrats gehört.[32] Auch der Wissenserwerb steht unter dem Prinzip des »first things first«, in seiner Anwendung sowohl auf den Tagesablauf als auch auf den Lebenslauf. Er wird von Müdigkeit unterbrochen, erfordert Warten auf die »richtige« Zeit usw. Wenn ich in einem Lexikon einen Artikel nachschlage, so kann ich mich zwar vom Interesse des Gegenstands »verleiten« lassen, einen Querverweis nach dem anderen nachzuschlagen. Aber dann muß ich eben Zeit, die ich für die Arbeit an einem Aufsatz in meinem Tagesplan – und meinem Lebensplan – vorveranschlagt habe, »opfern«.

Unter allen sonstigen in der Situation auferlegten Elementen sind auch die Strukturen der subjektiven Erfahrungen der Lebenswelt Bedingungen des Wissenserwerbs. Die räumlichen, zeitlichen und sozialen Gliederungen, die die Form der aktuellen Erfahrung bestimmen, bleiben prinzipiell bei der Sedimentierung der Erfahrung im Wissensvorrat erhalten, in einer Weise, die der Erhaltung der polythetischen Elemente monothetischen Sinns in einem Punkt analog ist: die Erfahrungen werden zwar abgewandelt, das heißt idealisiert, anonymisiert, typisiert, wenn sie in den Wissensvorrat eingehen. Dadurch werden die strukturellen »Vorzeichen« der aktuellen Erfahrung »neutralisiert« bzw. überformt. Sie bleiben also nicht im Griff und werden normalerweise nicht zum Bestandteil des Wissenselements. Sie können aber prinzipiell – wenn auch nur »mehr oder minder« genau – in der Erinnerung rekonstruiert werden und »stützen« auf diese Weise den Vertrautheitsgrad der betreffenden idealisierten und anonymisierten Wissenselemente.

Weiters ist die Gliederung der Lebenswelt in verschiedene Bereiche geschlossener Sinnstruktur, wenn nicht »Bedingung«, so doch ein Faktor in der Sedimentierung der Erfahrungen. Die diesbezüglichen »Vorzeichen« der aktuellen, sich sedimentierenden Erfahrungen bleiben erhalten. Sie gehen als alltägliche Erfahrungen, als Phantasien, als Traumerfahrungen in diesbezügliche Bereiche des Wissensvorrats ein.

Und schließlich ist der Wissenserwerb, wie jede Situation, in der er erfolgt, biographisch eingeprägt. Der Wissenserwerb als solcher hat seine Geschichte: im engeren Sinn die Geschichte des sukzessiven Erwerbs von Wissenselementen. Diese Geschichte kann zugleich breiter aufgefaßt werden als die »Ideengeschichte« des indi-

[32] Vgl. Kap. III, A 1 a.

viduellen Lebenslaufs. Jedenfalls ist der Wissenserwerb unverrückbar in die Gesamtbiographie eingefügt.

b) Strukturierung des Wissensvorrats durch die Formen des Wissenserwerbs

Wir müssen von der Tatsache ausgehen, daß der lebensweltliche Wissensvorrat nicht das Ergebnis rationaler Denkvorgänge in der theoretischen Einstellung ist. Die Elemente des lebensweltlichen Wissensvorrats sind nicht klare und widerspruchsfreie Sätze, die in einer Hierarchie der Allgemeinheit systematisch angeordnet sind. Die Struktur des lebensweltlichen Wissensvorrats gleicht weder der logischen Systematik einer nicht-empirischen Wissenschaft, wie zum Beispiel der Algebra, noch dem Gefüge von Deutungsschemata, Taxonomien, Gesetzen und Hypothesen der empirischen Wissenschaften. Sofern es überhaupt Ähnlichkeiten gibt, sind sie darauf zurückzuführen, daß die theoretisch-wissenschaftliche Einstellung auf der natürlichen Einstellung fundiert ist. Es wäre jedoch irreführend, wenn wir bei der Beschreibung des lebensweltlichen Wissensvorrats von einem historisch, sozial und kulturell begrenzten Wissenschaftsideal ausgingen, wie entscheidend ein solches Ideal auch unsere eigene Bemühung um eine exakte Analyse der Lebenswelt bestimmen mag.

Wir müssen vielmehr davon ausgehen, daß der lebensweltliche Wissensvorrat das Ergebnis der Sedimentierung von subjektiven Erfahrungen der Lebenswelt ist. Wenn die Struktur des Wissensvorrats heterogene Elemente enthält, so ist das grundsätzlich auf die Verschiedenartigkeit der Vorgänge zurückzuführen, in denen lebensweltliches Wissen erworben wird. Wir können zunächst den Begriff des lebensweltlichen Wissens breit fassen und annehmen, daß der Wissensvorrat Wissensbereiche enthält, die auf Erfahrungen in verschiedenen Wirklichkeitsbereichen geschlossener Sinnstruktur zurückgehen. So können wir von Traumwissen, Phantasiewissen, religiösem Wissen und Alltagswissen sprechen. Da jedoch die Lebenswelt des Alltags die ausgezeichnete Wirklichkeit ist – und vor allem, weil das wichtigste Mittel der Wissensobjektivierung, die Sprache, in ihr beheimatet ist –, können wir das Wissen, das sich auf sie bezieht, als den Kernbereich des lebensweltlichen Wissensvorrats auffassen. Wir wollen diesem Bereich eine eingehende Analyse widmen, während wir nur von Fall zu Fall auf

Wissenselemente, die sich auf andere Bereiche beziehen, hinweisen werden.

Abgesehen von der Gliederung der Lebenswelt in verschiedene Wirklichkeitsbereiche ist der wichtigste Umstand für die Strukturierung des Wissensvorrats der Unterschied zwischen Erfahrungen, die als fertigkonstituierte »Einheiten« der natürlichen Einstellung fraglos in den Wissensvorrat eingehen, und Erfahrungen, die in problematischen Situationen der Auslegung bedürfen, bevor sie als Wissenselemente sedimentiert werden. Obwohl wir der Struktur des Wissensvorrats eine genaue Untersuchung widmen wollen, können wir schon jetzt darauf hinweisen, daß dieser Unterschied die Sedimentierung von Wissenselementen und so die Struktur des Wissensvorrats entscheidend mitbestimmt. Er hängt mit der Anordnung von Wissenselementen nach verschiedenen Glaubwürdigkeitsgraden zusammen, er bedingt in Verbindung mit der im Wissensvorrat angelegten Typik die Bestimmtheitsgrade der Wissenselemente und ist außerdem die Basis für die Widerspruchslosigkeit zwischen Wissenselementen. Wir müssen also zuerst die Formen des Wissenserwerbs untersuchen, bevor wir uns der Analyse der Struktur des Wissensvorrats zuwenden.

Zunächst ist zwischen Wissenserwerb im weitesten Sinn und im engeren Sinn zu unterscheiden. An sich ist Wissenserwerb mit der Sedimentierung aller aktuellen Erfahrung in »zusammenhängenden« das heißt nach Relevanz und Typik zusammengefügten Sinnstrukturen identisch. Erfahrungen, die »fraglos« ablaufen und nicht ausgelegt werden, bringen jedoch »nichts Neues« für den Wissensvorrat. Sie fügen sich in die schon angelegte Typik ein und bestätigen nur schon bestehende Wissenselemente. Deshalb kann es in manchen Zusammenhängen nützlich sein, vom Wissenserwerb im engeren Sinn zu sprechen, der aus der Sedimentierung »neuer« Auslegungen besteht. Darüber darf nicht vergessen werden, daß auch fraglos ablaufende Erfahrungen einen gewissen Beitrag zum Inhalt des Wissensvorrats bzw. zur Verfestigung von Wissenselementen leisten. Hinzu kommt, daß die Fraglosigkeit aktueller Erfahrungen natürlich auf vorangegangene Auslegungen zurückzuführen ist. Immerhin ist in jeder aktuellen Situation ein Unterschied zwischen fraglosen und problematischen Erfahrungen feststellbar, der zur Bestimmung des Wissenserwerbs im engeren Sinn dienen kann.

Der Fortgang des Wissenserwerbs ist also mit dem Erfahrungsablauf identisch. Was immer den *Fortgang* des Erfahrungsablaufs bestimmt, bedingt zugleich die kontinuierliche Sedimentierung von Wissenselementen. Was immer die *Unterbrechung* des Erfahrungsablaufs bestimmt, bedingt zugleich die Unterbrechungen des Wissenserwerbs. Diese Feststellungen sind nun zu präzisieren, vor allem im Hinblick auf den Wissenserwerb im engeren Sinn.

c) Über den Fortgang des Wissenserwerbs

Die Analysen der Erfahrungsstruktur und der Auslegungsvorgänge haben zur Lösung des vorliegenden Problems schon alle wesentlichen Punkte geliefert[33], soweit dies ohne eine genaue Untersuchung der Rolle der Relevanzstrukturen und der Typik überhaupt möglich war. Wir können uns darauf beschränken, diese Punkte in knapper Form zusammenzufassen.

Sowohl »fragloser« Erfahrungsablauf als auch Auslegungsvorgänge vollziehen sich in den Strukturen der subjektiven Zeit. Sie sind einerseits dem Rhythmus der inneren Zeit, seinen Beschleunigungen und Verlangsamungen der Bewußtseinsspannung usw. unterworfen, andererseits ist der Sinn der Erfahrungen in die übergeordneten, biographisch artikulierten Sinnstrukturen eingefügt. Dabei ist der polythetische Aufbau der Erfahrungen und die Möglichkeit, deren Sinn im Rückblick monothetisch zu erfassen, von besonderer Bedeutung.

Sowohl »fraglose« Erfahrungen als auch Auslegungen finden in Situationen statt. Ob eine Erfahrung fraglos abläuft oder ob eine Auslegung notwendig wird, geht auf die jeweilige situationsbezogene Konkretisierung des pragmatischen Motivs, der biographisch geprägten Interessenhierarchie zurück. Die Situation ist mannigfaltig begrenzt, und das subjektive Wissen um die Begrenztheit wird zu einem Grundelement des lebensweltlichen Wissensvorrats. Innerhalb dieser Grenzen bilden sich Routine-Situationen heraus: sie werden routinemäßig bestimmt und routinemäßig bewältigt. Erfahrungen laufen in Routine-Situationen »fraglos« ab, Auslegungen sind »unnötig«, und dem Wissensvorrat wachsen keine »neuen« Wissenselemente zu. In Situationen, in denen Gewohnheitswissen unzulänglich erscheint, bzw. in Situationen, deren »Neuartigkeit« von der Welt auferlegt ist, werden jedoch Er-

[33] Vgl. bes. Kap. III, A 2 a und b; auch Kap. III A 1 a und b.

fahrungen problematisch. Die dort ansetzenden Auslegungen sind vom pragmatischen Motiv bestimmt und werden fortgeführt, bis den Erfordernissen der Situation Genüge geleistet ist oder bis eine Auslegungsunterbrechung »auferlegt« wird. Dieser Punkt wird in der Analyse der Unterbrechungen des Wissenserwerbs genauer untersucht.

Ferner ist, wie schon angedeutet, die Gliederung der Lebenswelt in verschiedene Wirklichkeitsbereiche geschlossener Sinnstruktur von entscheidender Bedeutung für den Fortgang – und korrelativ dazu die Unterbrechungen – des Wissenserwerbs. Der Erlebnis- bzw. Erkenntnisstil des Bereichs, dem in der aktuellen Erfahrung bzw. Auslegung der Realitätsakzent zukommt, bestimmt die Fraglosigkeiten und Probleme der Erfahrungs- und Auslegungsverläufe innerhalb des Bereichs. Wie noch zu zeigen sein wird, bedingen sowohl »motivierte« als auch »auferlegte« Übergänge (bzw. Sprünge) von einem Wirklichkeitsbereich zum anderen Unterbrechungen von thematisch zusammenhängenden Erfahrungsabläufen und Auslegungsvorgängen; folglich bedingen sie auch Unterbrechungen im Fortgang des Wissenserwerbs.

So können wir die Frage auch umdrehen und uns fragen, wie es zu Unterbrechungen in thematisch einheitlichen Erfahrungsabläufen und Auslegungsvorgängen kommt und welche Folgen solche Unterbrechungen für die Sedimentierung von Wissenselementen im Wissensvorrat haben. Auch hier können wir teilweise auf vorangegangene Analysen zurückgreifen, indem wir die Bemerkungen über die Stufen von Auslegungsvorgängen systematisch ausweiten.[34] Es bedarf nur noch einer auf die Probleme des Wissenserwerbs ausdrücklich bezogenen Auswertung der Ergebnisse dieser Analysen. Die Frage ist also, wie es dazu kommt, daß die Auslegung, die in einer problematischen Situation begonnen hatte, unterbrochen wird, auch wenn das Problem noch nicht »gelöst« ist. Was sind die Umstände, unter denen sie nur »vorläufig« unterbrochen wird? Unter welchen Umständen stellt es sich heraus, daß ein Problem, das schon einmal »gelöst« wurde, neuer Auslegung bedarf?

[34] Vgl. vor allem Kap. III, A 2 b und Kap. III, A 2 a I und I, B.

d) Unterbrechung des Wissensvorrats

I) »Endgültige« Unterbrechungen (Abbruch des Erfahrungsablaufs und Überdeckung des Themas)
Das Thema eines Erfahrungsablaufs oder das Problem eines Auslegungsvorgangs kann völlig »verschwinden«. Diese Unterbrechung ist eigentlich ein *Abbruch*; es besteht nicht die Absicht, das Thema oder das Problem wieder aufzunehmen. Eine der wichtigsten und häufigsten Ursachen zum Abbruch hängt mit dem subjektiv als »Sprung« empfundenen Wechsel von einem Wirklichkeitsbereich geschlossener Sinnstruktur in den anderen zusammen. Bei dem Wechsel zu einem anderen Erlebnis- bzw. Erkenntnisstil werden die Relevanzstrukturen, die dem ersten eigen waren, »zurückgelassen«.

Wenn wir zum Beispiel von einer problematischen Situation träumen, so ist die Lösung des Problems von den Relevanzstrukturen der Traumwelt motiviert und bestimmt. (Wenn ich zum Beispiel ein Traumproblem hoher Dringlichkeitsstufe nicht lösen kann, wird der Traum zum Alpdruck). Wenn ich aufwache, ohne im Traum das Problem gelöst zu haben, hat das Problem, das mir auch im wachen Zustand noch »verständlich« sein mag, seine Dringlichkeit völlig verloren. Wenn wir uns an den Traum zurückerinnern, sind die Trauminteressen neutralisiert. Das Thema des Traumes mit den dazugehörigen Relevanzstrukturen, die sich im Traum als Dringlichkeitsstufen, Lösungsmöglichkeiten usw. manifestieren, erscheint nun in der Perspektive des täglichen Lebens. Wenn ich nun den Traum deute, sind die Auslegungsprozesse durch die Relevanzstrukturen und den Erkenntnisstil des täglichen Lebens motiviert und beschränkt, nicht vom situationsbezogenen Trauminteresse. Nehmen wir an, ich hätte geträumt, daß mir jemand einen kostbaren, für mich äußerst wichtigen Gegenstand geraubt hätte. Ich versuche, ihm nachzulaufen, aber ich kann nicht, da ich – wie ich zu meinem Entsetzen feststelle – im Traum die Fertigkeit des Laufens nicht mehr besitze. Wenn ich mich am Morgen an den Traum erinnere, ist es mir selbstverständlich, daß ich laufen kann, aber es besteht für mich kein spezifisches Problem mehr, wie im Traum, bei dem mir diese Fertigkeit zunutze käme. Wenn ich übrigens im Traum ein weniger stark routiniertes Element meines Wissens vermisse, mag es mir auch im wachen Zustand nicht *so* selbstverständlich sein, daß ich es besitze, daß ich mich nicht dieses

Besitzes doch lieber vergewissern würde.

Das Problem des einen Wirklichkeitsbereichs ist als *Problem* nach dem »Sprung« in den anderen Wirklichkeitsbereich »verschwunden«, aber es hat in gewissem Sinn eine »Lücke« hinterlassen. Ich kann mich an das Problem, das aber kein Problem mehr ist und keiner Auslegung bedarf, die zu seiner Lösung führen soll, noch »erinnern«. Die Auslegungen, die sich auf diese »Lücke«, das neutralisierte Problem, beziehen, sind Deutungen des »Sinns« des Traums, die sich in Übereinstimmung mit den Sinnstrukturen des alltäglichen Lebensstils vollziehen. Die vom Traumproblem hinterlassene »Lücke« wurde also sozusagen zu einer Enklave in einem Wirklichkeitsbereich völlig anderer Sinnstruktur, indem sie von einem neuen Problem ausgefüllt wurde: was bedeutet der Traum? Solche Enklaven gehören in einem gewissen Sinn beiden Wirklichkeitsbereichen an. Sie »befinden« sich im einen, »beziehen« sich auf den anderen. Ein Thema, das auf diese Weise zwei Wirklichkeitsbereiche umspannt, wollen wir ein Symbol nennen. Damit ist das Symbol zwar noch nicht zureichend erfaßt, aber es ist damit ein für die Genese von Symbolen wichtiger Umstand aufgedeckt.[35]

Wir haben ein Beispiel gewählt, das den Abbruch besonders anschaulich darstellt. Das gleiche gilt aber allgemein für alle Unterbrechungen des Erfahrungsablaufs bzw. Wissenserwerbs, die mit dem Sprung von einem Wirklichkeitsbereich, von einem Erlebnis- bzw. Erkenntnisstil in den anderen zusammenhängen. Es werden »Lücken« hinterlassen, die prinzipiell in den Relevanzstrukturen des anderen Wirklichkeitsbereichs ausgelegt werden können. Das Thema eines Schauspiels oder das Thema einer religiösen Erfahrung hinterläßt Enklaven in der Alltagswelt, die im Erkenntnisstil des täglichen Lebens nur »symbolisch« repräsentiert sind. Die »Unzulänglichkeit« der Relevanzstrukturen des Alltags zur Auslegung der von anderen Wirklichkeitsbereichen zurückgelassenen Enklaven mag im übrigen subjektiv mit dem Gefühl der Ehrfurcht, der Fremdheit oder auch des abwertenden Unverständnisses verbunden sein. Umgekehrt hinterlassen Themen der alltäglichen Wirklichkeit »Lücken« in anderen Wirklichkeitsbereichen, jedoch mit einem Unterschied. Ungelöste Probleme des Alltags zum Beispiel sind im Bereich einer Phantasiewelt irrelevant; aber sie »ver-

[35] Vgl. Kap. VI.

schwinden« grundsätzlich nicht »endgültig«, wie zum Beispiel das ungelöste Problem eines Spiels, wenn ich ihm den Rücken zukehre. Die alltägliche Lebenswelt ist dadurch ausgezeichnet, daß die Grundelemente meiner Situation in ihr unabänderlich sind und daß damit zusammenhängende Probleme »früher oder später« gelöst werden müssen. Wir haben es hier also mit nur vorläufigen Unterbrechungen des Wissenserwerbs zu tun.

Die Unterbrechungen des Erfahrungsablaufs, wie wir schon jetzt bemerken wollen, sind entweder auferlegt, das heißt, sie leiten sich unmittelbar von meiner Situation in der Welt ab, oder sie sind motiviert, das heißt, sie werden von der Spontaneität der inneren Dauer und mittelbar von den biographisch geprägten Sinnstrukturen bestimmt. So ist zum Beispiel das Aufwachen nach dem Traum auferlegt. Der Sprung in die Welt der Tragödie, eines Buches ist dagegen motiviert, wie auch die Rückkehr in die Alltagswelt motiviert sein kann. Der Unterschied zwischen auferlegten und motivierten Unterbrechungen ist übrigens nicht nur auf Unterbrechungen beschränkt, die mit dem Verlassen eines Wirklichkeitsbereichs geschlossener Sinnstruktur verbunden sind. Er gilt auch für Unterbrechungen, die innerhalb des gleichen Wirklichkeitsbereichs stattfinden, wie wir noch zu zeigen haben werden.

Wollen wir nun die Unterbrechung eines Auslegungsprozesses, bei dem das Problem »verschwindet«, ohne daß ich den Wirklichkeitsbereich verlasse, durch ein Beispiel veranschaulichen. Ich sitze im Zimmer und schreibe einen Brief. Plötzlich ertönt ein Knall auf der Straße. War es ein Schuß? Eine Explosion? Ich gehe ans Fenster, sehe hinaus, bemerke nichts Ungewöhnliches und setze mich wieder hin, um den Brief weiterzuschreiben. Ich habe das »Problem« nicht gelöst. Ich habe bloß mit einiger Sicherheit festgestellt, daß unter den Möglichkeiten, die für mich relevant wären (jemandem zu Hilfe eilen, mich in Sicherheit bringen usw.), wahrscheinlich keine zutrifft. Die Situation war für mich nur so lange problematisch, wie auch diese Möglichkeiten in Betracht zu ziehen waren. Nach dem Ausscheiden dieser Alternativen unterbreche ich die weitere Auslegung, da es mich nicht »interessiert«, was – unter den anderen Möglichkeiten – tatsächlich die Ursache des Knalls war (zum Beispiel eine besonders starke Fehlzündung, eine Metallplatte, die im Keller eines benachbarten Hauses heruntergefallen ist usw.) In diesem Fall hat das problematische, auszulegende Thema keine »Lücke« hinterlassen. Denn das Problem war genau genommen, nur *hypothetisch relevant*. In meinem Wissensvorrat, vielleicht sogar im Bereich meines Gewohnheitswissens, sind Explosionen und Schüsse »wichtige« Ereignisse, die Maßnahmen erfordern, Fehlzündungen dagegen nicht. Ich muß eine mir auferlegte Unterbrechung meiner Tätigkeit nur so weit auslegen, als es zur Scheidung relevanter und irrelevanter Ausdeutungsmöglichkeiten nötig ist. Wenn ich dabei das Problem gelöst habe, gut (wenn nur Explosion, Schuß, Fehlzündung zu den Möglichkeiten gehören, muß ich ohnehin so lange auslegen, bis Explosion und Schuß eliminiert sind; dann weiß ich auch, daß es sich um eine Fehlzündung gehandelt hat, obwohl mich dieses Wissen nicht »interessiert«); wenn nicht, auch gut, denn es war ja, wie ich nun weiß, kein für mich relevantes Problem. Wir werden übrigens das Problem hypothetischer Relevanzen wieder aufnehmen müssen, wenn wir uns der Analyse der Relevanzstrukturen des Wissensvorrats zuwenden.[36] Hier sei nur darauf hingewiesen, daß hypothetische Relevanzen dieser Art und die von ihnen bedingten Auslegungsstufen in einen großen Teil der mehr oder minder routinierten Handlungen des täglichen Lebens eingehen, Handlungen, die durch einen typischen »Wenn..., dann...«-Stil gekennzeichnet sind.

Eine andere Form der »endgültigen« Unterbrechung des Erfahrungsablaufs bzw. des Wissenserwerbs ist durch die *Überdeckung* eines Problems durch ein neues Problem gekennzeichnet. Ein besonders typischer Fall ist die Überdeckung eines Handlungsziels durch neue Ziele, die sich während des Handlungsablaufs ausgebildet haben.[37] Wenn ich ein Ziel ins Auge fasse – also ein Handlungsresultat entwerfe –, muß ich die Schritte, die zur Verwirklichung dieses Ziels führen sollen, mitentwerfen. Während ich nun diese Schritte nacheinander durchlaufe, kann das ursprüngliche Ziel seine Relevanz für mich verlieren. Die Gründe dafür sind unterschiedlich.

Erstens kann ein einzelner »Schritt«, den ich nun aktuell durchlaufe, Erfahrungshorizonte haben, die bei ihrer Einbeziehung in den Erlebnisablauf unvorhergesehene Folgen haben. Sie können zum Beispiel den einzelnen »Schritt«, der früher dem ursprüngli-

36 Vgl. Kap. III, B 2 c.
37 Zum folgenden muß auf die Analyse des Handelns verwiesen werden; vgl. Kap. V.

chen Ziel untergeordnet war, mit einer Bedeutung ausstatten, die das ursprüngliche Ziel verdeckt. Die »Mittel« können zum »Zweck« werden.

Zweitens mag sich aber im Verlauf der Handlung herausgestellt haben, daß das ursprüngliche Ziel – in meinem Tagesplan, in meinem Lebensplan – nur dann Sinn hat, wenn es neuen Zielen untergeordnet wird. Ich kann also die Handlung abbrechen oder aber mit Bezug auf das neue Ziel weiterführen, wobei also der »Zweck« zum »Mittel« degradiert wird. Das ursprüngliche Ziel ist dabei zwar nicht verschwunden, wurde aber radikal modifiziert und ist nur noch im neuen Handlungszusammenhang relevant.

Drittens mag sich im Verlauf des Handelns herausstellen, daß die nötigen Schritte, entgegen meinem ursprünglichen Entwurf, nicht bewirkbar sind. Die Mittel zum Zweck sind nicht im Bereich des von mir Bewirkbaren. Die Handlung wird dann entweder abgebrochen, oder es werden neue Mittel entworfen, die die alten verdecken. Dadurch wird bis zu einem gewissen Grad auch das ursprüngliche Ziel verändert.

Schließlich mag sich im Verlauf des Handelns herausstellen, daß die Schritte zwar bewirkbar sind, daß sie aber, sobald sie bewirkt sind, zu Resultaten führen, die ich nicht vorausgesehen habe. Da das Handlungsresultat notwendig vom entworfenen Ziel verschieden ist – bei routinierten Tätigkeiten in sehr geringem, irrelevantem Ausmaß, bei anderen oft auch in beträchtlichem Ausmaß –, ist diese Möglichkeit empirisch von besonderer Bedeutung. Bemerkenswert ist, daß dabei oft eine Sinnumkehrung stattfindet. Im Rückblick auf die Handlung deute ich das Handlungsresultat in den ursprünglichen Handlungsentwurf hinein. Ich sage, daß es im ursprünglichen Handlungsziel impliziert oder versteckt war. Im Rückblick fasse ich dann den Vorgang nicht als Überdeckung, sondern als Entdeckung auf. Dies geschieht besonders häufig dann, wenn sich nicht vorausgesehene Elemente der Situation, die mir jedoch auferlegt sind, in den Handlungsverlauf einschieben. Die Geschichte der Entdeckungen und Erfindungen bietet reichlich Beispiele dafür: die metallurgischen Entdeckungen der Alchimisten, die nach einem Weg der Goldherstellung suchten; die Entdeckung Amerikas durch Kolumbus, der nach einer neuen Passage nach Indien suchte usw. Aber auch das tägliche Leben ist nicht arm an Beispielen: Wenn ich einen Brief schreibe, kommen mir im Festlegen noch so klar vorentworfener Gedanken neue Ideen, neue Nuancen sozusagen in die Feder. Das Resultat sieht anders aus als der Entwurf. Wenn ich einen Hund noch so routinemäßig dressiere, wird das »Resultat« von unvorhergesehenen Eigenschaften des Hundes mitbestimmt. Auch andere Wirklichkeitsbereiche sind durch diesen Umstand gekennzeichnet: künstlerische Gestaltung (»Widerstand des Stoffes«), Spiel (die kontinuierlichen Modifikationen meines Plans im Schachspiel durch die Züge des Gegners) usw.

Das letzte Beispiel bringt uns zu einem weiteren Hinweis. Im sozialen Handeln sind mir die Ziele des Mitmenschen in gewissem Sinne[38] auferlegt. Die Überdeckung meiner ursprünglichen Ziele durch Entwürfe, die seine Ziele notwendig in Betracht ziehen müssen und umgekehrt, konstituiert die Reziprozität sozialen Handelns. Man denke nur an die Planungen und Umplanungen eines Truppenführers (und die »Kriegsspiele« des Generalstabs, Manöver usw., die versuchen, diesen Umstand vorwegzunehmen), das Gebaren eines Geschäftsmannes unter dem Einfluß den Handlungen der Konkurrenten usw. Die Überraschung, die solche Überdeckungen als subjektives Korrelat begleitet, ist gerade im Bereich sozialen Handelns stark ausgeprägt und fehlt sogar bei völlig routinierten Handlungen nicht ganz.

II) »Vorläufige« Unterbrechungen

Die Erfahrungssedimentierung kann aber auch mit der Absicht unterbrochen werden, den Erfahrungsablauf an den unterbrochenen Stellen wiederaufzunehmen bzw. die Auslegungsvorgänge weiterzuführen. Das Thema der Erfahrung bzw. der Kern des Problems ist in diesem Fall weder verschwunden noch völlig überdeckt. Der Fortgang der Erfahrung, die Auslegung des Problems wird vielmehr aufgeschoben; die Relevanz wird nur vorläufig neutralisiert: »aufgeschoben, aber nicht aufgehoben«, harrt das Problem der Wiederaufnahme, die Relevanz der Reaktivierung. Die Ursachen solcher Unterbrechungen können, wie wir schon früher angedeutet haben, ebenso entweder auferlegt oder motiviert sein, wie bei »endgültigen« Unterbrechungen. Wollen wir mit der Betrachtung der ersteren beginnen.

Die in der Situation auferlegten Gegebenheiten der Welt lassen es nicht zu, daß bestimmte Tätigkeiten, wie zum Beispiel manche Auslegungen problematischer Situationen und Erfahrungen, in ei-

[38] Vgl. Kap. V.

nem Zuge durchgeführt werden. So bedingen und begrenzen vor allem die Veränderungen der Bewußtseinsspannung und der Rhythmus der inneren Dauer, die sich subjektiv als Grenzaspekte der Leiblichkeit, der Aufmerksamkeit und der »Willenskraft« kundtun, den Fortgang des Wissenserwerbs. Handlungen, deren Spannweite größer ist als die Dauer der Einzelphasen dieses Rhythmus, müssen unterbrochen werden, um später wieder aufgenommen zu werden. Bestimmte Handlungen, die in die Weltzeit, die Jahreszeit, die soziale Zeit usw. eingefügt sind, erfordern Perioden des Wartens, bis die »richtige« Zeit gekommen ist, müssen abgebrochen werden, wenn sie »vorbei« ist, um später wieder aufgenommen zu werden. (Denken wir an die Trauer des Kindes, wenn es dunkel wird und es das Spiel unterbrechen muß, an das Warten des Schifahrers auf den Winter, den Rhythmus der Landarbeit usw.) Die Spannweite der Handlungen verweist ihrerseits auf Elemente der Situation, die auferlegt sind, vor allem auf die räumlichen, zeitlichen und sozialen Strukturen der Erfahrungen (ich muß eine Reihe von Schritten unternehmen, um von New York nach London zu kommen – inzwischen kann ich lesen, essen, schlafen usw.; wenn ich Dozent für Mathematik werden will, muß ich unter anderem systematisch gegliederte Wissensgebiete schrittweise erlernen, bestimmte Wissensformen routinisieren usw. – inzwischen muß ich essen, schlafen, kann Vater werden, fünfzigmal ins Kino gehen, einem Gesangverein beitreten, einen Knochen brechen und wieder heilen lassen usw.).

Die in der Situation auferlegten Elemente sind, wie wir schon gezeigt haben, miteinander verbunden.[39] Ich erlebe sie subjektiv als Hindernisse für den Fortgang des gegenwärtigen Erfahrungsablaufs, als Barrieren meines Handelns, die überwunden werden müssen, als Notwendigkeit zu warten, bis ich die unterbrochene Tätigkeit wieder aufnehmen kann. Nun sind aber Unterbrechungen des Erfahrungsablaufs nicht nur unmittelbar auferlegt, sondern können auch motiviert sein. Ich könnte zwar noch weiter arbeiten, aber ich entschließe mich, eine Pause einzulegen. Ich könnte zwar das Problem in einem Zuge lösen, entschließe mich aber, den Fortgang der Auslegung zu verschieben. Letztlich sind allerdings auch die motivierten Unterbrechungen von den in der Situation auferlegten Elementen der Weltstruktur mitbestimmt,

[39] Vgl. Kap. II, B 4 c und II B 6.

vor allem von den konkreten Ausprägungen des Prinzips des »first things first« im Tageslauf und im Lebenslauf. Die von meiner Endlichkeit motivierten Planhierarchien bestimmen die Motivierungen für die Unterbrechung. Für beide Fälle, unmittelbar auferlegte wie motivierte Unterbrechungen, ist die Frage zu beantworten, was während der Dauer der Unterbrechung mit dem Thema des unterbrochenen Erfahrungsablaufs bzw. mit dem aufgeschobenen Problem geschieht. In welchem Sinn kann ich morgen wieder dort anfangen, wo ich heute aufgehört habe?

Beginnen wir mit einem einfachen Beispiel. Wenn ich ein umfangreiches Buch lese, kann ich es nicht in einem Zug auslesen. Wenn ich heute abend bis zur Seite hundertfünfzig gelesen habe, mag ich mir die Seite merken oder ein Merkzeichen einlegen und das Buch schließen: ich weiß, daß ich morgen, übermorgen, nächsten Monat auf Seite hunderteinundfünfzig die Fortsetzung der Geschichte finden werde. Inzwischen gehe ich schlafen; nach dem Aufwachen muß ich ins Büro; ich kann die Zeitung oder sogar einen anderen Roman lesen. Bei allen diesen Tätigkeiten stehen andere Themen im Vordergrund der Aufmerksamkeit. Ich begegne neuen Situationen, meine Erfahrungen laufen routinemäßig ab oder werden problematisch und auslegungsbedürftig. Diese Situationen haben ihre eigenen Relevanzstrukturen; ihr planbestimmtes Interesse ist von meinen Tagesplänen und Lebensplänen abgeleitet, die ihrerseits in Arbeitsprogramme, Freizeitprogramme usw. untergliedert sind. Die entsprechenden Relevanzstrukturen motivieren meine Arbeit, meine Freizeittätigkeiten usw. Die Relevanzstrukturen der Buchlektüre und die davon abhängigen Auslegungshorizonte »passen« natürlich nicht in die Arbeit hinein. Aber sie verschwinden nicht, sondern sind nur neutralisiert. Das Thema, zum Beispiel die Abenteuer des Don Quixote, das ich nach der Windmühlenepisode unterbrochen habe, ist jederzeit greifbar; prinzipiell könnte ich es auch während der Arbeit reaktivieren, wenn mich nicht das plan-bestimmte Interesse der Arbeitssituation daran »hindert«. Umgekehrt sind die Themen, die mit meiner Arbeit zusammenhängen, während der wieder aufgenommenen Lektüre des Don Quixote neutralisiert.

Dieses Beispiel ist besonders anschaulich, weil die Unterbrechung mit einem »Sprung« in einen anderen Wirklichkeitsbereich zusammenfällt. Nun gibt es in der Tat nicht nur viele »endgültige«, sondern auch viele »vorläufige« Unterbrechungen des Wissenserwerbs, die mit einem solchen Sprung vorhanden sind. Aber vorläufige Unterbrechungen mit Pausen, Verschiebungen, Wartezeiten usw. gibt es auch in Situationen, die dem gleichen Wirklichkeitsbereich geschlossener Sinnstruktur angehören. Wenn wir die Tätigkeit a 1 unterbrechen und die Tätigkeit a 2 aufnehmen mit der Absicht, a 1 nach der Beendigung von a 2 wieder aufzunehmen, ist das Thema a 1 mit den dazugehörigen thematischen Relevanzen[40] vom Thema a 2 mit seinen thematischen Relevanzen ersetzt worden. Aber a 1 ist nicht verschwunden; das Thema mit seinen thematischen Relevanzen kommt in neutralisierter Form in den Horizont des Ablaufs von a 2. Der Unterschied zu den anderen Arten von Unterbrechungen liegt auf der Hand. Das Thema ist weder »verschwunden«, noch ist es »endgültig« überdeckt, sondern nur vorläufig von einem anderen Thema ersetzt und harrt »unverändert« seiner Wiederaufnahme. Wenn bei dem »Verschwinden« eines Themas eine Lücke zurückbleibt, wird diese in die Relevanzstrukturen der nachfolgenden Situation eingegliedert. Bei der Überdeckung wird das ursprüngliche Thema sozusagen bis zur Unkenntlichkeit verändert. Bei »vorläufigen« Unterbrechungen bleibt aber das ursprüngliche Thema mitsamt seinen thematischen Relevanzstrukturen erhalten. Es ist vom neuen Thema unabhängig und mit ihm nur durch die Einheit des Erlebnisablaufs verbunden.

Die Bemerkung, daß a 1 während der Unterbrechung unverändert bleibt, ist allerdings strenggenommen nicht zutreffend. Sie involiert die lebensweltlichen Idealisierungen des »Ich kann immer wieder« und des »Und so weiter«. Ich kann die Tätigkeit a 1 nicht genau »dort« wieder aufnehmen, wo ich sie unterbrochen habe. Denn während der Dauer der Unterbrechung war sie im Horizont von a 2 und hat automatisch eine noch so minimale Färbung erhalten. Sie wurde zwar nicht von einer durch die Relevanzstrukturen von a 2 bestimmten Perspektive ausgelegt und bewußt modifiziert; sie wurde aber während des von den Relevanzstrukturen von a 2 bestimmten Erfahrungsablauf mitgetragen. Wenn ich a 1 wieder aufnehme, hat die Tätigkeit zumindest eine neue biographische Prägung erfahren: a 1 nach a 2. Subjektiv erfahre ich diesen Umstand als eine mehr oder minder große Anstrengung, derer es be-

[40] Zur Unterscheidung von thematischen Relevanzen, Deutungsrelevanzen und Motivationsrelevanzen s. Kap. III, B; an dieser Stelle greifen wir nur insoweit vor, als es für das vorliegende Problem unbedingt nötig ist.

darf, um mich wieder auf a 1 »einzustellen«. Für den *Sinn* von a 1 ist jedoch ausschlaggebend, daß die Idealisierungen des »Ich kann immer wieder« und des »Und so weiter« in die Unterbrechung und die Wiederaufnahme eingegangen sind. Mit der eben erwähnten Einschränkung können wir also mit Recht sagen, daß wir ein Thema dort wiederaufnehmen, wo es bei der Unterbrechung stehen gelassen wurde. Die Rolle objektivierter Sinnstrukturen, vor allem der Sprache (und erst recht der Schrift, der Merkzeichen usw.), ist hier von großer empirischer Bedeutung, wie am Beispiel der Buchlektüre besonders deutlich zu sehen war.

Motivierte »vorläufige« Unterbrechungen sind weitgehend in den Tagesplan und Lebensplan eingefügt. Wie schon angedeutet, sind die übergeordneten Relevanzstrukturen, die das plan-bestimmte Interesse in einzelnen Situationen und Tätigkeiten bestimmen, auch die »Motivation« der Unterbrechungen und der Wiederaufnahme von Tätigkeiten, Auslegungsvorgängen, Erfahrungsabläufen. Mit anderen Worten, sie artikulieren sich als ein System von Erfahrungsfortgang und Erfahrungsunterbrechung. Dieses System ist seinerseits weitgehend routiniert, so daß ich mehr oder minder »automatisch« weiß, wann es »Zeit zum Beginnen oder zum Aufhören« ist.

Obwohl das System motivierter Unterbrechungen durch seine Regelmäßigkeit dazu tendiert, zum Gewohnheitswissen zu werden, können Unterbrechungen im allgemeinen, vornehmlich jedoch auferlegte Unterbrechungen, verschiedene Erlebnisqualitäten haben. Sie können überraschend sein, angenehm sein, vor allem aber störend sein. Mangelnde Routinierung, oder auch der Abbau von routinierten Ketten von Erfahrungsfortgang und -Unterbrechung, kann sogar zu psychopathologischen Phänomenen führen. Diese können sich als »Unfähigkeit« manifestieren, eine Tätigkeit zu unterbrechen, was immer die Erfordernisse der Situation sein mögen, als zwangsläufige Handlungs- und Vorstellungsabfolgen, auf deren Unterbrechung mit Schock reagiert wird, oder umgekehrt als »Unfähigkeit« sich auf eine Tätigkeit zu »konzentrieren«, sich nicht »ablenken« zu lassen.

3) Die Struktur des Wissensvorrats

a) Das Wissen um die Grundelemente der Situation und das Gewohnheitswissen im Wissensvorrat

Wir sahen, daß die Struktur des Wissensvorrats im wesentlichen aus den Formen des Wissenserwerbs und somit aus den Prozessen der Erfahrungssedimentierung ableitbar ist. Das gilt für die Stufen der Vertrautheit des Wissens wie für die Gliederung der Wissenselemente nach ihrer Klarheit bzw. Bestimmtheit und Widerspruchslosigkeit, wie auch für die Grade der Glaubwürdigkeit, die den Wissenselementen zukommen. Bevor wir dies im einzelnen verfolgen, ist jedoch festzustellen, daß zwei Bereiche des Wissensvorrats, nämlich dessen Grundelemente und das Gewohnheitswissen, sich nicht schlicht in diese Dimensionen fügen.

Die Grundelemente des Wissensvorrats[41] sind weder aus Sedimentierungen spezifischer Erfahrungen hervorgegangen. Sie bestehen im Wissen um die Grenzbedingungen *all* solcher Erfahrungen, ein Wissen, das in jeder Erfahrung mehr oder minder automatisch mitgegeben ist. Noch werden die Grundelemente des Wissensvorrats durch einzelne Erfahrungen bestätigt, modifiziert und widerlegt, wie etwa mein Wissen von den Wetterverhältnissen im Hochgebirge, vom Charakter eines Freundes usw., das in spezifischen Erfahrungen entstanden ist, sich in solchen Erfahrungen späterhin modifiziert und bestätigt. Das Wissen um das Was und das Wie der menschlichen Situation in der Welt ist jeder Erfahrung mitgegeben, wenn auch in besonderer Weise, nämlich als Gegebenheit im Situations- bzw. Erfahrungshorizont. Das Wissen um die Begrenztheit der inneren Dauer, um die Historizität und Endlichkeit der individuellen Situation innerhalb der Weltzeit, um die Grenzen der Leiblichkeit und um die räumlichen, zeitlichen und sozialen Strukturen der Erfahrung ist der Untergrund der Bestimmung jeder konkreten Situation. Spezifische Elemente des Wissensvorrats dagegen, aus spezifischen Erfahrungen sedimentiert, werden als Kern einer Erfahrung thematisiert und spielen bei Thematisierungen jedenfalls eine unmittelbare Rolle. In Anbetracht dieser Umstände ist die »Vertrautheit« der Grundelemente des Wissensvorrats wesentlich anderer Art als die Vertrautheitsstufen

[41] Vgl. Kap. III, A 1 a und b.

der spezifischen und erworbenen Inhalte des Wissensvorrats.

Auch Gewohnheitswissen[42] kann nicht in die Stufen der Vertrautheit, in denen die Teilinhalte des Wissensvorrats angeordnet sind, ohne weiteres eingereiht werden. Es muß daran erinnert werden, daß zwischen bestimmten Grundelementen des Wissensvorrats und bestimmten Bereichen des Gewohnheitswissens keine scharfe Grenze gezogen werden kann. Vor allem die Fertigkeiten könnten als konkrete Ausprägungen bzw. »Ausdehnungen« des Wissens um die Leiblichkeit, das ein Grundelement des Wissensvorrats ist, angesehen werden. Wie gesagt, das Gewohnheitswissen nimmt eine Zwischenstellung zwischen den Grundelementen und den Inhalten des Wissensvorrats ein. Die Grundelemente sind universell, und sie entstehen nicht aus Erfahrungssedimentierungen. Das mehr oder minder wandelbare Gewohnheitswissen dagegen, von den Fertigkeiten über Gebrauchswissen bis zum Rezeptwissen, ist selbstverständlich das Resultat von Erfahrungssedimentierung. Es unterscheidet sich jedoch von den expliziten Teilelementen des Wissensvorrats dadurch, daß es, ähnlich wie die Grundelemente, immer vorhanden ist. Auf Gewohnheitswissen kann automatisch zurückgegriffen werden. Die Elemente des Gewohnheitswissens werden *nicht mehr* als Wissenselemente, als selbständige Erfahrungsthemen erfaßt, sondern sind im Horizont des Erfahrungsablaufs mitgegeben. Wir wollen diesen Punkt noch einmal verdeutlichen. Wenn ich eine Fremdsprache erlerne, so sind die Vokabeln, die Grammatik, die Aussprache usw. spezifische Teilinhalte meines Wissensvorrats, die ich einzeln gelernt habe und die ich in spezifischen Erfahrungen vergegenwärtigen kann, als gesonderte Themen im Erfahrungsablauf. In bezug darauf wäre es noch durchaus sinnvoll, von Vertrautheitsstufen zu sprechen. Manche Vokabeln sind mir vertrauter als andere, oder auch: Französisch ist mir vertrauter als Russisch. Es kommt jedoch ein Zeitpunkt, wo ich in der Sprache zu »denken« beginne. Mein Wissen von der Sprache wird zum Gewohnheitswissen. Es ist fraglich, ob es da noch Sinn hat, von Vertrautheitsstufen zu reden. Ich *bediene* mich der Sprache, und zwar automatisch, zu den verschiedensten Zwecken. Wenn wir uns statt an das Beispiel einer Fremdsprache an die Muttersprache halten, wird der Sachverhalt vollends deutlich. Sicherlich mußte ich auch die Muttersprache erlernen. Es war

[42] Vgl. Kap. III, A 1 c.

ein langwieriger Sedimentierungsprozeß, der verschiedentlich routiniert wurde und schließlich sowohl aus Fertigkeiten wie Gebrauchswissen wie auch Rezeptwissen besteht. Vertrautheit hat hier sozusagen eine Schwelle überschritten, hinter der es kaum noch sinnvoll ist, von Vertrautheitsstufen zu reden.

Sowohl die Grundelemente des Wissensvorrats als auch das Gewohnheitswissen nehmen demnach in der Struktur des Wissensvorrats eine Sonderstellung ein. Sie sind immer vorhanden, nicht bloß von Fall zu Fall zuhanden wie die Inhalte des Wissensvorrats. Sie sind »automatisch« mitgegeben, nicht als Erfahrungsthemen artikuliert. Sie sind so selbstverständlich »vertraut«, daß man sie nicht mehr in die Gliederung des Wissensvorrats nach Vertrautheitsstufen einordnen möchte. Das gleiche gilt offenkundig für die Klarheits- und Glaubwürdigkeitsabstufungen des Wissensvorrats. Auch diese leiten sich im wesentlichen aus den Formen des Wissenserwerbs ab. Es wäre sinnlos, von der Glaubwürdigkeit etwa der Endlichkeit oder der Klarheit und Bestimmtheit des Gehens zu sprechen.

Abschließend ist jedoch wieder zu betonen, daß die Grundelemente des Wissensvorrats und das Gewohnheitswissen verschiedenen Ursprungs sind. Das Gewohnheitswissen ist aus erworbenen und spezifischen Wissenselementen entstanden, im Gegensatz zu den universellen und »autonomen« Grundelementen des Wissensvorrats, unbeschadet der erwähnten Berührungspunkte zwischen ihnen. Das Gewohnheitswissen besteht aus Elementen, die ursprünglich in die Vertrautheitsstufen – und grundsätzlich auch nach den Klarheits- und Glaubwürdigkeitsgraden – des Wissensvorrats eingeordnet waren. In der *jeweiligen* Struktur des Wissensvorrats nehmen sie jedoch – sobald sie eben routinisiert sind – eine Stellung ein, die den Grundelementen des Wissensvorrats ähnlich ist.

b) Die Vertrautheit der Wissenselemente

1) Die Stufen der Vertrautheit

Das Wort »Vertrautheit« kann verschiedene, heterogene Sachverhalte bezeichnen. Deshalb wollen wir es zunächst für unseren Gebrauch festlegen. In seinen *»Principles of Psychology«* unterscheidet William James zwischen zwei Arten von Wissen, die er Vertrautheitswissen *(knowledge about)* und Bekanntheitswissen *(knowledge of acquaintance)* nennt.[43] Diese Unterscheidung beruht auf der Einsicht, daß es vieles gibt, wovon wir etwas wissen: wir wissen, daß es »so etwas« gibt, wir haben »davon gehört«, wir haben mehr oder minder ungeklärte Vorstellungen darüber. Andererseits gibt es aber auch einiges, womit wir wirklich vertraut sind. Wir haben Einsicht in dessen Beschaffenheit und in dessen Zusammenhang mit anderen Gegenständen und Vorgängen. Gewiß spielt die Jamessche Unterscheidung auch schon in die Klarheitsdimension des Wissens hinein. Auch ist seine Zweiteilung zur Bestimmung feinerer Abstufungen der Vertrautheit nicht geeignet. Immerhin ist sie zu einer ersten Unterscheidung von hochvertrautem und unvertrautem Wissen nützlich. Es ist dagegen irreführend, wenn man, wie manche Psychologen, von »Bekanntheitsqualitäten« spricht, als ob diese den Gegenständen und Vorgängen sozusagen als tertiäre Qualitäten anhaften. Gewiß erfahren wir Gegenstände und Vorgänge als mehr oder minder vertraut. Es muß jedoch genau untersucht werden, welche Bewußtseinsprozesse einer solchen Vertrautheit zugrunde liegen. Verdeutlichen wir den Sachverhalt zuerst an einigen Beispielen.

Jedermann, der je Eier kochte, weiß, daß Eier in siedendem Wasser nach ungefähr drei Minuten »weichgekocht« sind und daß sie nach einigen weiteren Minuten »hartgekocht« sein werden. Trotz der hochgradigen Vertrautheit mit diesem Stück Wissen haben die meisten jedoch keine klare Vorstellung, wie ein solches Resultat »eigentlich« zustande kommt. Ich weiß selbstverständlich, daß die Bäume, die jetzt im Winter kahl sind, sich im Frühjahr wieder belauben werden, ohne mit den Vorgängen, die dazu führen, vertraut zu sein. Wir drücken auf Knöpfe und drehen Schalter und wissen, was die Folgen sein werden: das Licht geht an, der Aufzug bleibt im dritten Stock stehen usw. Ich gebe einen Brief auf und weiß, daß er in einigen Tagen den Empfänger erreichen wird. Den Wissenselementen in diesen Beispielen kommen zwar nicht die gleichen Glaubwürdigkeitsgrade zu: ich weiß zum Beispiel »sicher«, daß die Bäume grünen werden, aber nur mit »größter Wahrscheinlichkeit«, daß der Brief den Empfänger erreichen wird. Noch sind die Klarheitsgrade bzw. die Bestimmtheit und die Widerspruchslosigkeit der Wissenselemente notwendig identisch. Alle Beispiele sind jedoch so gewählt, daß prinzipiell weiteres Wissen möglich

[43] Principles, I, 221 ff.

wäre: ich könnte mich über die chemischen Prozesse informieren, die bei bestimmten Temperaturen im Eiweiß und Eidotter vor sich gehen; ich könnte biologischen, religiösen, magischen Erklärungen für das Grünen der Bäume und physikalischen für die technologischen Vorgänge nachgehen. Ich könnte mich genauestens über Postämter, Postbeförderung, Postpersonal usw. erkundigen. Die Beispiele sind im übrigen auch so angesetzt, daß ich weiß, daß es »genauere« Erklärungen für die mir vertrauten Vorgänge gibt und sogar, daß es bestimmte »Leute« gibt, die mir dieses Wissen vermitteln können: Wissenschaftler, Postbeamte, Elektriker, Schamanen usw.[44] Obwohl ich das weiß, bin ich jedoch nicht daran interessiert, mir weiteres Wissen darüber anzueignen. Ich bin damit für »meinen eigenen Bedarf« genügend vertraut. Das Interesse, um das es hier geht, ist das im breitesten Sinn pragmatische Interesse, das Wissenserwerb und Wissensunterbrechung bestimmt. Ich wäre vielleicht im Prinzip wohl daran »interessiert«, auch über diese Dinge mehr zu wissen, aber unter dem Prinzip des »first things first« habe ich dazu »keine Zeit«, da ich mir für mich relevanteres Wissen »zuerst« aneignen muß oder »Raum« für wichtigere bzw. dringlichere Erfahrungen freihalten will. Den anderen Fall, in dem ich weiß, daß bestimmte Wissenselemente prinzipiell nicht erlangbar sind, wollen wir betrachten, wenn wir die Undurchsichtigkeit der Lebenswelt beschreiben.[45]

Allgemein gilt, daß wir nicht gleichermaßen an allen Bereichen der Lebenswelt und in den darin vorkommenden Gegenständen und Vorgängen interessiert sind. Das plan-bestimmte und situationsbezogene Interesse gliedert (in der biographischen Prägung des Wissenserwerbs) die Welt nach und nach in Schichten höherer und geringerer Relevanz. Aus der Welt in meiner aktuellen und potentiellen Reichweite werden vor allem jene Gegenstände und Vorgänge ausgewählt, welche als Ziele und Mittel, als Hindernisse und Bedingungen an der Durchführung meiner Pläne beteiligt sind oder bei der Durchführung bloß erwogener Pläne in Frage kommen könnten. Dies gilt natürlich auf beiden Ebenen der biographischen Artikulierung, der des Tagesplans wie der des Lebensplans. Ich mache mir die »relevanten« Elemente und Aspekte der Welt nur soweit vertraut, wie es zur Bewältigung der Situation nötig ist. Diese Feststellung ist übrigens nicht in einem radikal pragmati-

[44] Vgl. Kap. IV, B und C.
[45] Vgl. Kap. III, A 3f.

schen oder gar behavioristischen Sinn zu verstehen. Es handelt sich nicht nur um Situationen in der alltäglichen Lebenwelt, sondern auch um Situationen, die in anderen Wirklichkeitsbereichen auftreten. Schon gar handelt es sich nicht bloß um die Befriedigung irgendwelcher »biologischen Bedürfnisse«.

Im täglichen Leben geht es vor allem, obwohl nicht ausschließlich, um die Bewältigung typischer, wiederkehrender Situationen. Ein weiter Bereich von Zielen, Mitteln, Bedingungen, Hindernissen, begegnet uns immer wieder. Der wichtigste Grund dafür ist, daß wir in allen Situationen universellen, unabänderlich auferlegten Situationselementen begegnen. Die Pläne sind natürlich auch biographisch artikuliert und gehen in die biographische Prägung der Relevanzstrukturen und der Interessen ein. Die Auslegungen bestimmter Ziele, Mittel, Bedingungen und Hindernisse für die Durchführung unserer Pläne werden dementsprechend routiniert und gehen in den Bereich des Gewohnheitswissens über. Andere Handlungen, auch wenn sie nicht völlig routiniert sind, beziehen sich auf wiederholt vertraut gewesene und als ausreichend vertraut erwiesene Ziele, benützen ebensolche Mittel und überwinden ebensolche Hindernisse. Die Unnötigkeit, weitere Auslegungen vorzunehmen, bestätigt sich immer wieder; die an solchen Handlungen beteiligten Wissenselemente bilden insgesamt den Vertrautheitsgrad des Handlungs- und Wissenskomplexes. Dies gilt – das sei noch einmal betont – für Wissenselemente auf den verschiedensten Klarheitsstufen, wie die Beispiele der weichgekochten Eier, der Briefbeförderung etc. gezeigt haben.

Wenn wir die Vertrautheitsstufen von der aktuellen Erfahrung her bestimmen, können wir gewisse allgemeine Unterschiede feststellen. Einmal erkennt man Gegenstände und Vorgänge als denjenigen gleich, denen man in früheren Erfahrungen begegnet ist. Zum zweiten erfaßt man Gegenstände und Vorgänge als früher erfahrenen in wesentlichen Zügen ähnlich. Drittens können sie aber vorerfahrenen Gegenständen und Vorgängen als nur in einigen Zügen ähnlich, in anderen jedoch als unähnlich aufgefaßt werden. Schließlich gibt es Gegenstände und Vorgänge, die in allen relevanten Aspekten unbekannt erscheinen. Die Vertrautheitsstufen sind also grundsätzlich mit der im Wissensvorrat angelegten Typik verbunden.[46] Es dürfte ferner deutlich geworden sein, daß auch eine

[46] Vgl. Kap. III, A b 2.

Bestimmung der Vertrautheit vom aktuellen Erfahrungsobjekt her auf den subjektiven Wissenserwerb zurückverweist. Gegenstände sind mehr oder minder vertraut, je nachdem, ob sie mit vorangegangenen Erfahrungen mehr oder minder übereinstimmen.

So kehren wir zum Ursprung der Vertrautheitsabstufung zurück, den Formen des Wissenserwerbs. Der Vertrautheitsgrad eines Wissenselements hängt davon ab, inwieweit die inneren und äußeren Horizonte der in den Wissensvorrat eingehenden Erfahrungen jeweils ausgelegt worden sind. Genaugenommen konstituiert sich also der Vertrautheitsgrad schon in den Vorgängen des Wissenserwerbs. Wir haben gesehen, daß in der Situation des Wissenserwerbs das plan-bestimmte Interesse die Bestimmung der Situation und die Auslegung der Erfahrungen motiviert, die Auslegungsebene vorschreibt und dadurch festlegt, wann die Auslegung unterbrochen bzw. abgeschlossen werden soll. Mit anderen Worten, die Auslegung einer Situation bzw. Erfahrung wird im allgemeinen dann abgebrochen, wenn das in der Auslegung konstituierte Wissen zur Bewältigung der Situation ausreicht. Vielerlei Auslegungsmöglichkeiten bleiben demnach irrelevant; viele mögliche Weiterführungen der Auslegung erweisen sich als unnötig. Das bedeutet, daß die Auslegung an den verschiedensten Klarheits- und Glaubwürdigkeitsstufen abgebrochen bzw. abgeschlossen werden kann und dennoch dem plan-bestimmten und situationsbezogenen Interesse »Genüge geleistet« wird. Jede allgemein situationsgerechte Auslegung konstituiert auch einen für diese Situation ausreichenden Vertrautheitsgrad. Das so konstituierte Wissenselement ist daraufhin in allen gleichen und ähnlichen Situationen zur Genüge vertraut. Dies trifft sowohl auf alle »fraglos« als gleich aufgefaßten Routine-Situationen (bzw. Erfahrungen) zu als auch für zwar nicht durchweg routinierte aber typisch wiederkehrende Situationen (bzw. Erfahrungen). Die darin involvierten Wissenselemente sind auf Grund ihrer Vorgeschichte hochvertraut, was immer ihr Klarheitsgrad sein mag; danach richtet sich dann auch die Vertrautheit der aktuellen Erfahrung bzw. Situation. In diesem Punkt ist übrigens die Analyse des Verhältnisses von Typik und Vertrautheitsgrad vorweggenommen worden.[47]

Wenn nun der Vertrautheitsgrad der Wissenselemente von den Vorgängen des Wissenserwerbs, das heißt von situationsgerechten

[47] Vgl. Kap. III, A b 2.

Auslegungen abgeleitet werden kann, bleibt noch die Frage, warum nicht alle Wissenselemente hochvertraut sind. Es gibt dafür drei Gründe. *Erstens* begegnen wir ständig neuen Situationen. Sie »widerstehen« unserem Versuch, sie mit vertrauten Wissenselementen zu bestimmen; unsere Pläne führen nicht zu dem gewünschten Resultat; die Situation kann nicht bewältigt werden, wenn sie ausschließlich mit dem zuhandenen Wissensvorrat bestimmt wird. Das veranlaßt uns, die ursprünglich als abgeschlossen betrachteten Auslegungen wiederaufzunehmen, bis die aktuelle Situation problemgerecht bestimmt und in der Folge bewältigt werden kann. Die Situation, die sich als unvertraut erwies, wird nun vertraut gemacht. Die relevanten Wissenselemente, bishin hochvertraut, erwiesen sich in ihrer Anwendung als ungenügend vertraut und wurden in neue Vertrautheit überführt. Es wird hier deutlich, daß sich an dieser Stelle die Dimensionen der Vertrautheit und die Dimensionen der Klarheit bzw. Bestimmtheit und Widerspruchslosigkeit berühren, so verschieden sie ihrem Wesen nach sind.

Wir versuchen, neue Situationen als vertraute zu bestimmen. Erst wenn sie sich einer solchen Bestimmung widersetzen, betrachten wir sie als »problematisch«. Der Widerstand der Situation ist seinerseits auf die uns in der Situation auferlegten Elemente zurückzuführen. Damit berühren wir auch schon die *zweite* Ursache der Unvertrautheit der Wissenselemente, die wir hier nur erwähnen und später gesondert aufnehmen wollen: die grundsätzliche Undurchsichtigkeit der Lebenswelt, die mir in gewissem Sinn als ein Element meiner Situation auferlegt ist.[48]

Drittens sind mir bestimmte Wissenselemente unvertraut, weil ich die ursprünglichen Auslegungen *doch* abgebrochen habe, bevor dem planbestimmten Interesse in dieser Situation Genüge geleistet wurde. Neue Situationen drängten sich auf, bevor ich die ursprüngliche bewältigen konnte; die Auslegung *mußte* unterbrochen werden, weil ich mich – unter dem Prinzip des »first things first« – neuen Problemen zuwenden mußte usw. Der Zusammenhang zwischen den in der Situation des Wissenserwerbs auferlegten Elementen und der biographischen Prägung der Lebenspläne und Tagespläne mit den Unterbrechungen des Wissenserwerbs wurde schon beschrieben.[49]

[48] Vgl. Kap. III, A 3 f.
[49] Vgl. Kap. III, A 2 d.

Übrigens sind nicht nur Unterbrechungen des Wissenserwerbs sowohl auferlegt als auch motiviert, sondern in gewissem Sinn auch dessen Fortgang. Wir kommen in Situationen, in denen wir »malgré nous« den Wissenserwerb nicht unterbrechen können und uns mit bestimmten Wissenselementen weiter vertraut machen. Der Fortgang des Wissenserwerbs und die Erhöhung der dazu gehörigen Vertrautheitsgrade ist, für sich genommen und in erster Linie, unmotiviert. Motiviert ist aber dann die *Unterlassung* der Wissenserwerbsunterbrechung. Den wichtigsten Beispielen solcher mittelbar, sozusagen in zweiter Linie motivierter Fortführung des Wissenserwerbs begegnen wir in sozialen Situationen. Es kommt vor, daß ich zum »Gefangenen« einer sozialen Situation werde und »uninteressiert« den endlosen Vorträgen eines leidenschaftlichen Fußballanhängers über die Leistungen der Liga-Clubs in der letzten Saison zuhöre. So werde ich mit Bereichen vertraut, mit denen ich gar nicht vertraut werden »wollte«. Das Wissen bleibt aber »haften«. Ein solcher Wissenserwerb ist also nicht von den aktuellen und potentiellen situationsbezogenen Interessen motiviert. Aber die Situation, *in* der der Wissenserwerb stattfindet, kann nur bewältigt werden, wenn ich den Wissenserwerb nicht unterbreche (wenn etwa im angeführten Beispiel der Fußballanhänger ausgerechnet mein Chef ist). Die Unterscheidung zwischen auferlegtem und motiviertem Fortgang des Wissenserwerbs wie auch zwischen auferlegten und motivierten Unterbrechungen ist jedenfalls nicht so aufzufassen, als ob diese voneinander unabhängig wären. Ihre wechselseitige Bezogenheit wird besonders in sozialen Situationen deutlich und dort vornehmlich im wechselseitigen sozialen Handeln: denn dem einen Partner in der Situation sind die Motive des anderen auferlegt und umgekehrt.[50]

II) Vertrautheit und Typik

Zwischen Vertrautheit und Typik besteht, wie wir schon gesehen haben, ein enger Zusammenhang. Das Problem der im Wissensvorrat angelegten Typik muß zwar noch genauer untersucht werden, aber wir können diesen Zusammenhang schon hier näher beschreiben: Wie kommt es dazu, daß aktuelle Erfahrungen mehr oder minder vertraut sind?

Man kann mit einem Gegenstand, in einem gewissen Sinn auch

50 Vgl. Kap. V.

mit Gegenstandszusammenhängen, und mit Personen auf die Weise vertraut sein, daß man ihre »Identität« kennt. Die aktuelle Erfahrung eines Gegenstands oder einer Person verweist auf eine vorangegangene Erfahrung des gleichen Gegenstands oder der gleichen Person. Der Gegenstand oder die Person wird wieder erkannt. Dieses Wiedererkennen ist nicht notwendig an hohe Klarheits- bzw. Bestimmtheitsstufen der vorangegangenen Erfahrungen gebunden. Ich kann eine Wegstrecke, die ich vor Jahren einmal gegangen bin, wiedererkennen, so wie den Weg, den ich täglich gehe. Ich kann den Bettler an einer Straßenecke, an der ich nur selten vorbeikomme, und den Freund, mit dem ich oft und lange zusammen bin, wiedererkennen. Die Klarheits- und Bestimmtheitsstufen des Erfahrungsobjekts, dessen Erlebnisnähe, Einbettung in meine Biographie usw., sind hierbei natürlich radikal verschieden. Und wenn auch die mit diesen Erfahrungsdimensionen verbundenen Vertrautheitsgrade verschieden sein können, so haben sie doch eines gemeinsam: sie sind für die entsprechenden Situationen adäquat und sie beziehen sich auf ein als identisch wiedererkanntes Erfahrungsobjekt. Solche hochspezifischen Elemente bilden einen wichtigen, vielleicht am besten als Gedächtnisbereich zu bezeichnenden Sektor des Wissensvorrats.

Vor allem für die Bewältigung von neuen Situationen ist jedoch ein anderer Sektor wichtiger, nämlich der Bereich der im Wissensvorrat angelegten Typisierungen. Dieser Sektor enthält Wissenselemente, die sich nicht auf spezifische Gegenstände und Personen beziehen, sondern auf typische Aspekte und Attribute von Gegenständen, Personen und Vorgängen. Wir haben übrigens mit Absicht nicht von Vorgängen als Elementen des Gedächtnisbereichs gesprochen. Sie werden schon in der natürlichen Einstellung des täglichen Lebens und vor aller philosophischer Betrachtung nur als typisch wiederholbar, als gleichartig, aber nicht »wirklich« als identisch erfahren. Im Gegensatz dazu werden Gegenstände und Personen als dieselben erfahren, wenn auch unter Umständen als verändert. Wir brauchen hier nicht in Betracht zu ziehen, daß es auch mit Bezug auf Gegenstände und Personen ein philosophisches Problem der Identität geben mag, da die diesbezügliche Identität in der natürlichen Einstellung fraglos gegeben ist.

Wenn mir Gegenstände, Personen und Vorgänge begegnen, die mir in vergangenen Erfahrungen nicht aktuell gegeben waren, die ich also nicht wiedererkennen kann, ist die gegenwärtige Erfahrung von ihnen zwar »neu«, aber nicht notwendigerweise »neuartig«. Um zu untersuchen, was diese Feststellung involviert, wollen wir mit einem einfachen und anschaulichen Beispiel beginnen. Dabei können wir nicht umhin, der noch zu erfolgenden Analyse der Typik vorzugreifen[51], wollen aber dies nur insofern tun, als es zum Verständnis unbedingt nötig ist.

Nehmen wir an, es begegnet mir auf der Straße ein Hund. Dieser besondere Hund ist mir unvertraut. Ich könnte auch nicht sagen, welcher Rasse dieser Hund angehört, wer sein Besitzer ist, wie alt er ist, ob er bissig ist usw. Ich nehme im Augenblick seine Körperform, Größe, Bewegungsstil, im groben Umriß auch seine »Stimmung« wahr. Alle diese Bestimmungsmöglichkeiten fügen sich in eine vertraute Einheit der Erfahrung: Hund. Ich habe zwar diesen besonderen Hund nie gesehen, aber unzählige andere Tiere, die die gleichen Bestimmungsmöglichkeiten hatten wie das Tier in meiner aktuellen Erfahrung. Im Fortgang des Wissenserwerbs verengte sich – über verschiedene Zwischenstufen – der Typ »Wauwau«, der alles Bewegliche und Laute von sich gebende erfaßte, zu einem Typ, der nur Tiere einer bestimmten Größenordnung enthielt. In weiterer Verengung gelangte ich dann zu einem Typ, der nur noch Hunde, zum Unterschied von Katzen, Füchsen, Wölfen usw., enthielt. Das aktuell wahrgenommene Tier entspricht jenen Bestimmungsmöglichkeiten (Körperform, Bewegungsstil usw.), die mit dem in Vorerfahrungen sedimentierten Typ Hund verträglich sind. Zugleich entspricht es in »negativer« Abgehobenheit dem, was es *relevanterweise* nicht ist. Es ist bei meinem aktuellen Wissensstand für mich irrelevant, daß das Erfahrungsobjekt nicht ein Schneekristall, Baum, aber auch Elefant usw. ist, dagegen relevant, daß es zutraulich auf der Straße herumläuft, daher höchstwahrscheinlich kein Wolf, daß es sich nicht katzengleich bewegt, daher keine Katze ist. Kurzum, innerhalb einer mir vertrauten Situation und hinsichtlich typischer mir vertrauter Bestimmungsmöglichkeiten ist mir das aktuelle Erfahrungsobjekt vertraut.

Obwohl mir das Tier als »Hund« vertraut ist, ja hochvertraut ist, ist es mir in anderer Hinsicht unvertraut. Wollen wir uns an diesem Beispiel das Verhältnis der Vertrautheitsstufen zur Typik des Wissensvorrats klarmachen. Das Tier ist mir schon hinsichtlich seiner Rassenzugehörigkeit unvertraut: das heißt, ich finde in meinem

[51] Vgl. Kap. III, C.

Wissensvorrat keine Typisierung, mit der die Bestimmungsmerkmale dieses Hundes fraglos verträglich sind. Nun mag mich dies – je nach der Situation – auch nicht interessieren. In diesem Fall gehe ich weiter, und der Hund »verschwindet« als »Hund« aus meiner Situation. Wenn ich aber an einer näheren Bestimmung interessiert bin, setzt hier ein Auslegungsvorgang an. Das Tier paßt zwar in keine der in meinem Wissensvorrat vorhandenen Untertypen von Hunderassen. Wenn ich die wahrgenommenen Bestimmungsmerkmale an den Bestimmungen dieser Untertype passieren lasse, erkenne ich nur fragmentarische Übereinstimmungen. Der Hund hat Größe und Fell wie ein Wolfshund, aber Schnauze und Schlappohren wie ein Setter. Ich mag nun annehmen, daß das Tier eine Kreuzung dieser Hunderassen darstellt oder einer mir unvertrauten Rasse angehört. Wenn ich ein Kenner von Hunderassen bin, scheidet diese letzte Möglichkeit aus, und das Problem ist eindeutig gelöst: eine Kreuzung. So habe ich auf Grund dieser Auslegungsvorgänge die Erfahrung in neue Vertrautheit und zugleich auf eine spezifischere Bestimmungsstufe überführt. Ich kann, wenn mir daran gelegen ist, noch weiter vordringen und andere Bestimmungsmöglichkeiten mit Wissenselementen der Typik in Beziehung setzen. Schließlich lange ich jedoch an einem Punkt an, wo mir dieser Hund in seiner Besonderheit unvertraut ist und ich keine typischen Wissenselemente mehr vorfinde, die für die Wahrnehmung relevant und mit ihr kongruent sind.

An diesem Punkt angelangt, kann ich mich nun je nach Situation wiederum mit der neu erworbenen Vertrautheitsstufe des Erfahrungsobjekts zufrieden geben. Wenn ich jedoch innerhalb der Situation dazu motiviert bin (zum Beispiel als Briefträger, der ich alle Hunde der Nachbarschaft unter dem Gesichtspunkt »bissig oder nicht« kennenlernen will), will ich mich mit dem Hund in seiner »Eigenart« vertraut machen. Ich muß sein Verhalten beobachten, unter Umständen längere Zeit; ich mache seinen Besitzer ausfindig, befrage ihn usw. Auch dann, wie betont werden muß, erfasse ich den Hund nach immer neuen Typisierungen (bissig, weißer Fleck am Hals), deren einzigartige Konstellation mir jedoch schließlich erlaubt, nächstens den Hund als diesen besonderen Hund wiederzuerkennen. Der Hund, dieser besondere Hund, ist mir nun vertraut geworden.

Wir haben an diesem Beispiel das Verhältnis der Vertrautheitsstufen zur Typik, aber auch zu den Klarheits- bzw. Bestimmtheitsstufen des Wissensvorrats veranschaulicht. Im Vorgriff auf die Analyse der Typik können wir nun verallgemeinern. Der Typ ist mehr oder minder anonym. Je anonymer und – dementsprechend – je weiter der Typ vom Gedächtnissektor entfernt ist, um so mehr Erfahrungsaspekte können unter ihm erfaßt werden bzw. sind mit ihm verträglich. Ein Typ auf einer gegebenen Anonymitätsstufe ist zur Bewältigung von Situationen, in denen Gegenstände, Personen, Vorgänge auf *gleicher* Anonymitätsstufe bestimmt werden müssen, ausreichend vertraut. Genauer gesagt, die aktuell wahrgenommenen Gegenstände, Personen und Vorgänge erscheinen in diesem Fall ausreichend vertraut. Je anonymer der Typ, um so mehr typ-irrelevante (und unter Umständen auch a-typische) Züge wird das Erfahrungsobjekt aufweisen. Wenn aber die Bestimmung dieser Züge für die Bewältigung der Situation nötig ist, wenn ich zum Beispiel die Gegenstände, Personen und Vorgänge in »voller« Konkretheit erfassen muß, aber in meinem Wissensvorrat keine entsprechend hochspezifischen Typen vorhanden sind, erscheinen sie mir als unvertraut. Die Situation bleibt problematisch, bis ich sie in neue Vertrautheit überführen kann. Ein Hund, der auf der Straße vorbeiläuft, kann ein »Hund« bleiben. Wenn ich ein Briefträger bin, muß ich mir zumindest die bissigen Hunde merken. Und wenn ich einen Hund besitze, werde ich ihn wohl unter allen anderen Hunden wiedererkennen wollen. Kurzum, mit etwas zur Genüge vertraut zu sein heißt, daß es mit Hilfe der im Wissensvorrat zuhandenen Typisierungen hinreichend »konkret« bestimmt werden kann, um mit den plan-bestimmten Erfordernissen der Situation fertig zu werden.

Vertrautheit ist also dadurch gekennzeichnet, daß neue Erfahrungen mit Hilfe eines in Vorerfahrungen konstituierten Typs bestimmt werden können und sich diese Bestimmung in der Bewältigung der Situation bewährt. Den Stufen der Vertrautheit entspricht die relative Fraglosigkeit, mit der sich die – allerdings schon »selektiv wahrgenommenen« – Bestimmungsmerkmale der Situation bzw. Erfahrung in die typische Einheit eines Situations- bzw. Erfahrungstyps fügen. In der Anwendung vor allem des Gewohnheitswissens geschieht dies in völlig passiven Synthesen der Rekognition; die Erfassung des Typs ist »automatisch«. Das Erfahrungsobjekt erweist sich ohne Auslegungsvorgang als typisch: typischen Aspekten der Vorerfahrung gleich, ähnlich, ähnelnd. Je fraglicher die Übereinstimmung zwischen Typ und den

Bestimmungsmerkmalen der aktuellen Erfahrung, um so weniger vertraut erscheint mir diese. Wenn mir vollends die aktuelle Erfahrung zur Bestimmung und Bewältigung der Situation nicht »genügend typisch« erscheint, werden Auslegungsvorgänge ausgelöst, in denen neue Typisierungen auf anderen Bestimmtheitsstufen in neue Vertrautheit überführt werden.

c) Die Bestimmtheit der Wissenselemente

Bei der Beschreibung des Zusammenhangs zwischen Vertrautheit und Typik konnten wir schon feststellen, daß es zwischen den verschiedenen Dimensionen des Wissensvorrats mannigfache Verbindungen gibt. Der Grund dafür ist in ihrem gemeinsamen Ursprung in den Situationen des Wissenserwerbs zu suchen. Dennoch sind in der jeweiligen Struktur eines subjektiven Wissensvorrats Vertrautheit, Klarheit, Bestimmtheit und Glaubwürdigkeit keineswegs identisch, noch treffen sie auch nur verschiedene Aspekte des gleichen Sachverhalts. Ein hochvertrautes Wissenselement kann zugleich auch hochgradig unklar sein; ein eindeutig klares Wissenselement wenig glaubwürdig, je nachdem, wie weit die Auslegung gedieh, was die Interessen waren, die die ursprünglichen Situationen des Wissenserwerbs bestimmten, unter welchen Umständen der Wissenserwerb unterbrochen wurde usw.

Wir sind schon bei der Analyse des Wissenserwerbs wie auch bei der Beschreibung der Vertrautheitsstufen der Dimension der Klarheit von Wissenselementen begegnet, haben aber diese nicht näher untersucht. Dies wollen wir nun nachholen. Zunächst gilt es, zwischen Klarheit und Bestimmtheit, von denen wir bisher in einem Atem gesprochen haben, zu unterscheiden. Wohl sind Klarheit und Bestimmtheit als Eigenschaften des lebensweltlichen Wissensvorrats besonders eng miteinander verbunden. Es ist jedoch die Bestimmtheit von Wissenselementen, die eine eigenständige Dimension des Wissensvorrats bildet. Klarheit ist dagegen ein »zusammengesetzter« Aspekt der Wissenselemente; sie ist auf Bestimmtheitsgrade unmittelbar fundiert, bezieht sich aber auch auf deren Widerspruchslosigkeit untereinander. Widerspruchslosigkeit ist im übrigen nicht ein Attribut von Wissenselementen, sondern betrifft deren wechselseitige Bezogenheit und muß gesondert untersucht werden. Nach den Analysen der Bestimmtheitsgrade und der Widerspruchslosigkeit werden wir demnach die Klarheit des Wissensvorrats nicht getrennt zu beschreiben brauchen. Wir können schon jetzt vorausschicken, daß Wissenselemente, die einen gegebenen Bestimmtheitsgrad besitzen und die in einer gegebenen, mehr oder minder widerspruchsfreien Relation zu anderen Wissenselementen stehen, auf entsprechenden Klarheitsstufen eingeordnet werden können.

Wenn wir uns fragen, was Bestimmtheitsgrade sind, können wir auf bestimmte Analogien mit den Vertrautheitsstufen hinweisen. Wie es keine absolute Vertrautheit gibt, so gibt es keine absolute Bestimmtheit. Es ist möglich, mit einem Erfahrungsobjekt so hochvertraut zu sein, daß es bei einigermaßen ähnlichen Erfahrungsabläufen in ähnlichen Situationen »keine Überraschungen« mehr bieten kann. Es ist aber grundsätzlich unmöglich, mit ihm so vollständig vertraut zu sein, daß in ihm nichts Unvertrautes mehr zu entdecken wäre. Ganz abgesehen von der Rolle, die neue Situationen in der Verfremdung von anscheinend Vertrautem spielen, hängt dieser Umstand mit der Relativität der Bestimmtheitsgrade zusammen. Was heißt das?

Jedes Erfahrungsobjekt hat notwendig einen Erfahrungshorizont. Dieser enthält schon Ausgelegtes, Bestimmtes, dem ich mich in der nächsten Phase des Erfahrungsablaufs unbekümmert zuwenden kann. Der Horizont ist jedoch offen: er enthält auch bisher noch Unbestimmtes. Das Problem des grundsätzlich Unbestimmbaren, dem wir später unsere Aufmerksamkeit schenken wollen, lassen wir hier außer acht und fragen nur nach dem zwar Unbestimmten, aber potentiell Bestimmbaren.

Jedes Erfahrungsobjekt hat einen inneren Horizont; dessen Einzelheiten sind entweder so gut wie gar nicht, ungenau oder genau bestimmt. So kann ein Wahrnehmungsobjekt nach und nach in Details zerlegt werden: das Tischtuchmuster in seine ornamentalen Einzelheiten, der Wald in Bäume usw. Der innere Horizont eines Erfahrungsobjektes kann also jeweils schon in einigen oder vielen Elementen polythetisch erfahren worden sein. Dementsprechend ist der innere Horizont eines – aktuell monothetisch erfaßten – Objekts mehr oder minder bestimmt. Wir haben schon früher die Bedeutung des polythetischen Aufbaus des Wissenserwerbs für die Struktur des Wissensvorrats hervorgehoben[52]: die Möglichkeit, ein monothetisch erfaßtes Wissenselement in die polythetische Kon-

[52] Vgl. Kap. III, A 2 a.

stitution seines Sinns zurückzuverfolgen, bedingt den Bestimmtheitsgrad des Wissenselementes ganz entscheidend mit.

Das Erfahrungsobjekt hat auch einen äußeren Horizont, der ebenfalls schon Bestimmtes und noch Unbestimmtes, aber Bestimmbares enthält. Die Bestimmungsmöglichkeiten beziehen sich einerseits auf wesentlich mit dem Erfahrungsthema Zusammenhängendes, andererseits auf »zufällige« Situationseinbettungen des Erfahrungsobjekts. Mit Bezug auf das Erfahrungsobjekt, »zufällig« ist vor allem die jeweilige Einfügung der Erfahrung in die innere Dauer und deren Stellung in der Biographie. Es ist eine für das Erfahrungsobjekt »unwesentliche Assoziation«, daß ich Andersens Märchen las, als ich sieben Jahre alt war und mit Diphtherie im Bett lag, daß ich das pythagoreische Theorem von einem stotternden Mathematiklehrer erklärt bekam usw. Für das Erfahrungsobjekt wesentlich ist dagegen seine Einbettung in die Struktur der Welt und seine thematische Ausgelegtheit im Erfahrungszusammenhang. Hierher gehörige Bestimmungsmöglichkeiten enthalten also Auslegungen der Beziehung des Erfahrungsobjekts zu anderen Objekten und Vorgängen wie auch der mit ihm »notwendig« verbundenen Erlebnisqualitäten. Sie beziehen sich auf die räumlichen, zeitlichen und kausalen Strukturen, in denen das Erfahrungsobjekt typisch erscheint und erschienen ist. Zum Thema »Baum« mag zum Beispiel Baumart, geographische Verteilung, ökologische Nische, Baumfarbe, Wachstum, Fortpflanzung usw. gehören.[53] Wie der innere Horizont enthält auch der äußere Horizont teils schon Bestimmtes, teil noch Unbestimmtes. Die Bestimmungsmöglichkeiten des äußeren Horizonts sind, wie unmittelbar einleuchtet, prinzipiell unbeschränkt. Allein die Auslegung »kausaler Zusammenhänge« könnte bis ins Unendliche weitergeführt werden. Es lassen sich dennoch verschiedene praktische Bestimmtheitsgrade unterscheiden, von einer sonst unspezifischen Einordnung in einen Wirklichkeitsbereich bis zu einer präzisen Bestimmung der für das Erfahrungsobjekt relevanten Beziehungen. Ein Erfahrungsobjekt kann im Grenzfall bloß als Traumobjekt, Gegenstand in der Außenwelt etc. bestimmt sein. Es kann als Baum, ziemlich groß und scheinbar mit Nadeln ausgestattet, gewiß zum Pflanzenbereich gehörend, wohl irgendwie sich fortpflan-

53 Für eine genaue Analyse der hier nur berührten Probleme vgl. Aron Gurwitsch, *Théorie du Champs de la Conscience*, Paris, Desclée, 1957.

zend, wohl irgendeinen Boden voraussetzend usw. – oder als »Picea excelsa«, vor allem auf sandigem und trockenem Boden wachsend, Zapfen und Samen innerhalb einer Jahreszeit produzierend usw. usw. – bestimmt sein. Unser Beispiel darf uns allerdings nicht dazu verleiten, zu glauben, daß nur wissenschaftliche Systeme hochgradige Bestimmtheit haben. Das gleiche trifft, oft in noch stärkerem Maß, für die Klassifikationssysteme »primitiver« Gesellschaften zu. Aber auch subjektiv lassen sich große Unterschiede der Bestimmtheitsgrade von Erfahrungen bemerken: für den einen, zum Beispiel einen Hypochonder, sind verschiedene Körpersymptome hochbestimmt und auf verschiedene Krankheitssyndrome vorausgelegt, während er nur eine vage Vorstellung von der Topographie der Stadt, in der er lebt, hat; der andere weiß nur, daß er sich »gut« oder »schlecht« fühlt, kennt aber jedes Gäßchen in seiner Heimatstadt.

Wir haben bisher von der Bestimmtheit und Bestimmbarkeit des Erfahrungs*objekts* gesprochen. Nun geht die *Erfahrung* des Objekts in ihrer relativen Bestimmtheit als Wissenselement in den Wissensvorrat ein. Die Bestimmtheit »zufälliger« Art ist zwar für die Sedimentierung von Erfahrungen im Wissensvorrat prinzipiell unwichtig. Nur das, was für das Thema der Erfahrung wesentlich erscheint, ist eine für den Wissensvorrat relevante Bestimmungsmöglichkeit. Auf diese beziehen sich die in der Situation erforderlichen *und* die für eine spätere typisch ähnliche Situation als erforderlich vorausgesehenen Auslegungen. Auch hier wird jedoch die Relativität der Bestimmtheitsgrade nicht durchbrochen: was als »wesentlich« und was als »zufällig« zu gelten hat, ist eine Funktion des jeweiligen Wissensstandes: veränderlich von der Kindheit bis zum Wissensstand des Erwachsenen, unter relativ-natürlichen Weltanschauungen unterschiedlich und innerhalb einer Gesellschaft sozial verteilt.

Während es also keine absolute Basis zur Definition von Bestimmtheitsgraden gibt, können empirische Unterschiede im Bestimmtheitsgrad von Wissenselementen festgestellt werden. Dies gilt in einem gewissen Sinn schon für die Struktur des subjektiven lebensweltlichen Wissensvorrats. Allerdings bleibt die Frage offen, wie zum Beispiel die Bestimmtheit der Wissenselemente, die sich auf die Tierwelt beziehen, mit der Bestimmtheit von solchen vergleichbar ist, die sich auf religiöse Vorstellungen beziehen. Während Vertrautheit vor allem subjektiv sinnvoll definierbar ist – was zur Bewältigung einer Situation ausreicht, ist mir vertraut – haben Bestimmtheitsgrade aber auch eine soziale Komponente. In der intersubjektiven Lebenswelt weiß ich von Anbeginn, daß es »sachgerechte« Bestimmungen gibt, die von »anderen« (Vorfahren, »Experten« usw.) schon getroffen wurden und die von mir grundsätzlich erlernbar sind. Eine empirische Definition von Bestimmtheitsgraden muß von der Bezogenheit der Bestimmtheitsgrade eines Wissenselements und eines Wissensbereichs auf die Bestimmungsmöglichkeiten innerhalb einer relativ-natürlichen Weltanschauung ausgehen und auf die soziale Verteilung des Wissens Rücksicht nehmen.[54]

Formal läßt sich dagegen feststellen, daß der Bestimmtheitsgrad eines Wissenselements um so höher ist, je weiter die Auslegung des inneren und äußeren Horizonts der betreffenden Erfahrung fortgeschritten ist, während eine Erfahrung, die nur vage als Einheit im Erfahrungsablauf abgehoben ist, einen entsprechend niedrigen Bestimmtheitsgrad hat. Wir haben gesehen, daß sich die Bestimmtheitsgrade ebenso wie die Vertrautheitsgrade in den Auslegungsvorgängen des Wissenserwerbs konstituieren. Es bleibt noch die Frage zu beantworten, ob schon im Wissenserwerb ein Unterschied in der Konstitution der Bestimmtheitsgrade und Vertrautheitsstufen festzustellen ist. Mit einer gewissen Vereinfachung ist die Frage bejahend zu beantworten. Vertrautheitsstufen konstituieren sich mit Bezug auf die subjektive Bewältigung typischer Situationen durch Auslegungen die typisch dafür »ausreichen«. Sie sind also durch das pragmatische Motiv, sogar durch das pragmatische Motiv im engeren Sinne, bedingt. Bestimmtheitsgrade sind zwar auf die »objektiven« Bestimmungsmöglichkeiten bezogen. Aber die »objektiven« Bestimmungsmöglichkeiten sind *grundsätzlich* »historisch« und relativ. Empirisch sind sie also jeweils auf den Wissensstand in der relativ-natürlichen Weltanschauung oder – je nach Fragestellung – sogar nach den »typischen Zugangschancen« des einzelnen zu einem gegebenen Wissensstand zu definieren.

Der Unterschied zwischen Vertrautheitsstufen und Bestimmtheitsgraden hat also schon im Wissenserwerb seinen Ursprung. Die *Situation* des Wissenserwerbs – der »Anlaß« sowohl für Vertrautheit als auch für Bestimmtheit – ist jedoch selbstverständlich

[54] Vgl. hierzu Kap. IV, B 3, C 2.

die gleiche. Was über die auferlegten und motivierten Momente des Wissenserwerbs gesagt wurde, gilt für den Ursprung aller Dimensionen der Struktur des Wissensvorrats. Die Situation mag eine eingehende Bestimmung des Horizonts eines Erfahrungsobjekts erfordert haben, oder aber »drängte« sich eine solche Auslegung auf. Ein beruflicher Weinschmecker zum Beispiel sieht sich veranlaßt, ein hochbestimmtes, in allen Einzelheiten festgelegtes Wissen über Rebensorten, Bodenzusammensetzung, Lagen, Fermentierung, Lagerung usw. zu erwerben, während ein gelegentlicher Weintrinker wohl mit Bestimmungen wie Rotwein – Chianti, Weißwein – Mosel usw. zufrieden ist. Die Wissenselemente so verschiedener Bestimmtheitsgrade können aber für beide auf hohen Vertrautheitsstufen stehen. Auch als gelegentlicher Weintrinker bin ich mit Wein vertraut, aber eben nur auf der Ebene der Bestimmtheit, auf der sich Wein von Bier, Rotwein von Weißwein usw. unterscheidet.

Auch Bestimmtheitsgrade konstituieren sich – wie Vertrautheitsstufen – in jenem Zusammenspiel von auferlegten und motivierten Elementen, die Fortgang und Unterbrechungen des Wissenserwerbs bewirken. Ich kann zum Beispiel ein hochbestimmtes Wissen von den Mozartschen Streichquartetten erwerben, nicht weil ich spezifisch dazu motiviert bin wie ein Musiker oder Kritiker, sondern weil ich die Schallplatten der Quartette geschenkt bekommen habe und ich sie, da ich nur wenige Platten besitze, immer wieder spiele.

Wir haben schon darauf hingewiesen, daß sich die Bestimmungen der Erfahrungsobjekte in der Typik des Wissensvorrats niederschlagen. Umgekehrt hängt jede Bestimmung eines Erfahrungsobjekts von der im Wissensvorrat angelegten Typik ab. Darauf beruht der Zusammenhang zwischen Bestimmtheitsgraden und Vertrautheitsstufen. Ein Tier, das mir begegnet, ist als »Hund« bestimmt und als »Hund« vertraut. Das heißt erstens: die Bestimmungsmerkmale, die ich auf Grund der im Wissensvorrat vorhandenen relevanteren Typisierungen wahrnehme und beachte, sind mit dem Typ »Hund« verträglich. Und zweitens: die Situation erfordert keine über diesen Typ hinausgehende Bestimmung. Das Tier ist jedoch, wie ich ja immer auch weiß, näher bestimmbar. Nur wenn ich mich zu einer weiteren Bestimmung veranlaßt sehe, die wahrnehmbaren Merkmale jedoch nicht mit einem schon vorhandenen Typ in Deckung zu bringen sind, erscheint mir das Tier als unzulänglich bestimmt und zugleich unvertraut. In einer solchen Situation habe ich also ein Motiv, weiteres Wissen zu erwerben, das sich zur näheren Bestimmung des Typs, zu seiner Abwandlung oder zur Bildung von Untertypen eignet. Durch eine nähere Bestimmung werden die höheren Bestimmtheitsgrade des Wissenselements (des Typs) und zugleich auch die aktuelle Erfahrung wiederum in einen höheren Vertrautheitsgrad überführt.

Die Einheit der Erfahrung bzw. die Abgehobenheit des jeweiligen Erfahrungsobjekts im Erfahrungsablauf wird vom Typ mitbedingt. Der Typ selber konstituiert sich in Auslegungen der Erfahrungshorizonte; er stellt in gewissem Sinn die Linie zwischen Bestimmtem und Unbestimmtem, Vertrautem und Unvertrautem dar.[55] Die Bestimmtheit des Typs gründet in der Bestimmtheit der in ihm sedimentierten Erfahrungen; die Bestimmtheit des Typs bedingt ihrerseits den Bestimmtheitsgrad der aktuellen Erfahrung, in die er jeweils eingeht. Dieser Sachverhalt leuchtet unmittelbar ein, sofern wir die im inneren Horizont der Erfahrung gegebenen Bestimmungsmöglichkeiten in Betracht ziehen: die Grenze der Bestimmungen des inneren Horizonts wird in erster Linie vom jeweils in die Erfahrung hineingezogenen Typ festgelegt.

Der Bestimmtheitsgrad einer Erfahrung ist jedoch auch von der im Wissensvorrat sedimentierten Auslegung des äußeren Horizonts einer solchen Erfahrung mitbedingt. Er hängt also von der Bestimmung des Erfahrungsobjekts in seinen Beziehungen zu anderen Erfahrungsobjekten ab, genauer, zu Erfahrungsobjekttypen, und zwar vor allem zu solchen, die auf der gleichen oder auf einer höheren Bestimmtheitsstufe stehen. Nehmen wir als Beispiel ein Erfahrungsobjekt großer Komplexität, dessen innerer Horizont schon in mannigfachen polythetischen »Teilerfahrungen« bestimmt werden kann. Ich weiß sehr viel, und zwar in hochgradiger Bestimmtheit, über Melodien, Instrumentierung, Aufbau usw. der Mozartschen Streichquartette. Ich weiß auch viel, und zwar wieder hochgradig Bestimmtes, über die Beziehung dieser Quartette zu den anderen Kammermusikkompositionen von Mozart, seinen Symphonien, Opern etc., wie auch über deren Beziehung zu den Streichquartetten der zeitgenössischen Italiener, den Streichquartetten von Haydn, deren Stellung in Mozarts Biographie usw. Ich kann aber auch viel über die erste Gruppe der Bestimmungsmög-

55 Vgl. dazu Kap. III, A 3 b II; auch Kap. III, C.

lichkeiten und wenig über die zweite wissen oder umgekehrt, ich kann viel oder wenig über beide wissen usw. Die Dinge liegen wesentlich einfacher bei Erfahrungsobjekten, die nicht eine so komplexe Struktur besitzen und nicht historische Sachverhalte und Erfahrungsaspekte aus verschiedenen Wirklichkeitsbereichen involvieren. Grundsätzlich ist jedoch festzuhalten, daß der Bestimmtheitsgrad eines Wissenselements sowohl von der Bestimmtheit des inneren als auch des äußeren Horizonts abhängt.

Aus dem soeben Gesagten geht zwar hervor, daß auch die Auslegung der äußeren Horizonte eines Erfahrungsobjekts notwendig in Beziehung zu der im Wissensvorrat angelegten Typik steht. Zunächst ist ja die Einheit der Erfahrung und so auch die Grenze zwischen dem, was aktuell äußerer und dem, was innerer Horizont ist, von dem aktuell relevanten Typ bedingt. Statt »aller Mozartschen Streichquartette« – einer komplexen, polythetisch aufgebauten, »weitspannigen« Sinneinheit der Erfahrung – könnten wir ebensogut eines ihrer Glieder als das aktuelle Erfahrungsobjekt nehmen; zum Beispiel das Adagio aus dem »Adagio und Fuge in C-Moll für Streichquartett (K. 546)«, worauf schon die Fuge zum »äußeren Horizont« gehören würde. Wichtiger ist aber die Tatsache, daß es nicht nur typische Erfahrungsobjekte, sondern auch typische Objektrelationen gibt, die ebenfalls in der Typik des Wissensvorrats sedimentiert sind. Hier berühren wir jedoch schon eine neue Dimension des Wissensvorrats, die Widerspruchslosigkeit zwischen Wissenselementen. Diese ist zwar eine andersartige Dimension, da sie die Beziehung zwischen Wissenselementen, nicht die Attribute eines Wissenselements betrifft. Sie ist also *formal* von den im Wissensvorrat sedimentierten typischen Objektrelationen zu unterscheiden. Faktisch ist jedoch die Beziehung zwischen Wissenselementen unmittelbar auf das Wissen über die Relationen zwischen den Erfahrungsobjekten, auf die sich diese Wissenselemente beziehen, fundiert.

d) Die Verträglichkeit zwischen Wissenselementen

Wie gesagt, ist Widerspruchslosigkeit eine andersartige Dimension des Wissensvorrats als Vertrautheit und Bestimmtheit. Während Wissenselemente einzeln nach Vertrautheit und Bestimmtheit abgestuft sind, geht es bei Widerspruchslosigkeiten um die Beziehung zwischen Wissenelementen. Der lebensweltliche Wissenvorrat erhält sowohl Bestimmungen von Erfahrungen bzw. Erfahrungsobjekten wie von Relationen zwischen Erfahrungsobjekten, die nicht miteinander übereinstimmen. Der allgemeine und formale Grund für mangelnde Übereinstimmung zwischen Wissenselementen ist uns aus der Analyse des Wissenserwerbs bekannt. Wissenselemente sedimentieren sich in verschiedenen Situationen und sind auf die Bewältigung verschiedenartiger Situationen bezogen. Spezifische Wissenselemente sind nun nicht »immer vorhanden«, wie das Wissen um die Grundelemente der Situation und das Gewohnheitswissen im engeren Sinn. Vielmehr sind sie bloß »zuhanden«; sie kommen je nach ihrer Relevanz für die Bewältigung einer aktuellen Situation von Fall zu Fall zur Anwendung. In der natürlichen Einstellung besteht keinerlei Motivierung, *alle* Wissenselemente grundsätzlich in Übereinstimmung zu bringen. Auch wenn Wissenselemente »theoretisch« miteinander zu Widerspruch stehen, das heißt, wenn sie innerhalb eines geschlossenen, formal-logisch geordneten Wissenssystems miteinander in Widerspruch gerieten, brauchen sie in der natürlichen Einstellung nicht zu kollidieren. Zu einer Kollision kommt es nur, wenn sich in einer Situation herausstellt, daß bisher als fraglos relevant angenommene Wissenselemente zur Bewältigung der Situation nicht ausreichen und daraufhin auch solche, die bisher »weniger« relevant schienen, herangezogen werden. Wenn nun diese neu herangezogenen Elemente mit den ursprünglich angewandten ihrem Sinn nach unverträglich sind, werden beide Wissenselemente problematisch. Beide Wissenselemente werden dann gleichsam probeweise einer vorläufigen Glaubwürdigkeitsstufe zugeordnet. Nach Abwägen der relativen Glaubwürdigkeiten und eventuell nach weiterer Auslegung und Bestimmung der in der Situation involvierten Erfahrungsobjekte und Relationen wird eine Entscheidung getroffen, die die Glaubwürdigkeit des einen Elements bestätigt, die des anderen aufhebt oder ein neues Wissenselement ausbildet, das den früheren seinem Sinn nach übergeordnet ist und eine zur Lösung der Situation ausreichende Glaubwürdigkeitsstufe hat. Auf diese Weise wird der in der Situation zutage getretene Widerspruch zwischen Wissenselementen in Widerspruchslosigkeit überführt. Es ist jedoch auch möglich, daß in einer Situation der Widerspruch zwischen Wissenselementen in den Griff des Bewußtseins gerät, aber die Bewältigung der Situation keine Lösung des Widerspruchs erfordert. In diesem Fall können auch bewußt gewordene Widersprüche innerhalb der Struktur des Wissensvorrats bestehen bleiben.

Grundsätzlich ist also festzuhalten, daß »theoretisch« sich widersprechende Wissenselemente in der natürlichen Einstellung nicht notwendig kollidieren müssen. Der *Ursprung* des »theoretischen« Widerspruchs ist auf die Verschiedenartigkeit der Situationen des Wissenserwerbs zurückzuführen; der *Fortbestand* der »theoretischen« Widersprüchlichkeit im lebensweltlichen Wissensvorrat dagegen auf die Verschiedenartigkeit der Situationen, in denen die Wissenselemente zur Anwendung kommen. Wenn die Wissenselemente »nichts miteinander zu tun haben«, wenn sie wechselseitig irrelevant sind, bleibt ihre Geltung (jeweilige Bestimmtheit, jeweilige Glaubwürdigkeit) unwiderrufen, auch wenn sie »theoretisch« miteinander unverträglich sind. Dies muß nun genauer ausgeführt werden.

Es sei zunächst erneut betont, daß wir es mit dem lebensweltlichen Wissensvorrat, nicht mit der Struktur einer Wissenschaft oder einem logischen System zu tun haben. Es liegt uns daran, den Wissenserwerb aus der vorprädikativen Erfahrung der Lebenswelt und aus dem darauf fundierten »Denken« zu beschreiben. Dieses Denken besteht aus den Auslegungsprozessen, die dem Erkenntnisstil des täglichen Lebens eigen sind, nicht aus den Prädikationen, dem Urteilen, dem Schließen usw. der formalen Logik. Husserl ging es darum, zu zeigen, daß die Kategorien der formalen Logik auf die Strukturen der vorprädikativen Erfahrung fundiert sind. Für die Zwecke der vorliegenden Untersuchung ist es jedoch ausreichend, festzustellen, daß die Kategorien der formalen Logik besonderen Wissensstufen zugrunde liegen, in verschiedenen relativ-natürlichen Weltanschauungen voneinander abweichende Ausprägungen finden bzw. in verschiedenen Sprachen nicht identisch objektiviert sind. Wir befassen uns hier mit den subjektiven Formen des Wissenserwerbs und der subjektiven Struktur des lebensweltlichen Wissensvorrats überhaupt und lassen die verschiedenartigen kulturellen bzw. sprachlichen Überformungen zunächst beiseite.

Auf die Vereinfachung, die dieser Betrachtungsweise zugrunde liegt, sei jedoch ausdrücklich hingewiesen: Alles Wissen ist zwar subjektiv erworben; Wissenserwerb erfolgt jedoch nicht notwendig in subjektiven Auslegungsvorgängen. Wie noch zu zeigen sein wird, ist Wissen zum empirisch gewichtigsten Teil nicht nur sozial vermittelt, sondern auch schon in der relativ-natürlichen Weltanschauung und vor allem in der Typik der Sprache *vorausgelegt.*[56] Hier geht es jedoch weder um eine Generalogie der Logik noch um empirische Wissenssoziologie noch um historische Semantik. Die Befunde über die Grundformen des Wissenserwerbs und die Grundstruktur des lebensweltlichen Wissensvorrats sollen für die natürliche Einstellung überhaupt gelten, ob diese nun in einem »wissenschaftlichen« oder »magischen« Weltbild gesellschaftlich überformt ist.

Was sind nun die wichtigsten strukturellen Bedingungen, unter denen Wissenselemente »miteinander nichts zu tun haben«? Wechselseitige Irrelevanz kennzeichnet vor allem und grundsätzlich Wissenselemente, die sich aus Erfahrungen in verschiedenen Wirklichkeitsbereichen geschlossener Sinnstruktur ausgebildet haben.[57] Die Erlebnis- bzw. Erkenntnisstile, auf denen die Erfahrungen beruhen, weichen voneinander radikal ab. Die Erfahrungen werden im Wissensvorrat mit dem entsprechenden »Vorzeichen« sedimentiert und sind folglich in Sinnstrukturen eingebettet, die sich – abgesehen vom Sonderfall der »Enklaven« – nicht überschneiden. Allgemein gilt, daß Wissenselemente, die sich auf verschiedene Wirklichkeitsbereiche beziehen, miteinander in keiner Sinnrelation stehen. Folglich ist weder von einem echten Widerspruch noch von Widerspruchslosigkeit zwischen ihnen im eigentlichen Sinn des Wortes die Rede. Nehmen wir zur Veranschaulichung ein Beispiel. Ich habe wiederholt geträumt, daß ich fliege. Es gehört zum Bestand meines Wissens über die Traumwirklichkeit, daß ich (manchmal, oft, immer) fliegen kann. In der alltäglichen Lebenswelt kann ich das nicht, was ich sehr wohl weiß, etwa nach mißglückten diesbezüglichen Versuchen in meiner Kindheit. Diese zwei Wissenselemente stehen miteinander nicht in echtem Widerspruch; sie sind wechselseitig irrelevant.

Während aus verschiedenen Wirklichkeitsbereichen stammende Wissenselemente grundsätzlich nicht aufeinander bezogen sind, sind Wissenselemente, die das »Vorzeichen« gleichen Erkenntnisstils tragen, prinzipiell aufeinander beziehbar, *müssen* aber nicht aufeinander bezogen sein. Den Grund dafür haben wir schon angeführt: in verschiedenen Situationen erworben, in verschiedenartigen Situationen angewandt, kommen potentiell widersprüchliche

[56] Vgl. Kap. IV, A 1 und IV, B 2.
[57] Vgl. Kap. II, A.

Wissenselemente miteinander nicht in Berührung. Nur in veränderten und neuartigen Situationen begegnen sich heterogene Wissenselemente, und der potentielle Widerspruch wird aktualisiert. Die Relation zwischen Wissenselementen kommt dann selbst in den Griff des Bewußtseins. Die Wissenselemente und deren wechselseitige Beziehungen werden *problematisch*. So entsteht ein Anlaß zur Fortführung des Wissenserwerbs, zur weiteren Auslegung und Veränderung oder Aufhebung der bishin als fraglos angenommenen Wissenselemente. Hier gilt nun, was über Wissenserwerb im allgemeinen gesagt wurde, obwohl es sich nicht eigentlich um die Auslegung der Erfahrung bzw. Situation als solcher handelt, sondern um Auslegung der für sie relevanten Wissenselemente und deren wechselseitigem Bezug. Dies jedoch natürlich auch innerhalb einer Situation und in Ausrichtung auf die Bewältigung typischer Situationen, für die die betreffenden Wissenselemente als relevant angesehen werden. Es gilt sowohl für Wissenselemente, die sich auf Erfahrungsobjekte beziehen (»Dies ist eine Tanne; dies ist eine Fichte; halt jedoch, sie haben gleiche Zapfen, Nadelanordnung etc. – Vielleicht ist dies doch auch eine Tanne«... und dann die Motivierung zur Auflösung: »nun, es ist ja schließlich gleich« oder »ich trete demnächst zu einer Forstdienstprüfung an; ich muß unbedingt unterscheiden können etc.«), als auch für Beziehungen zwischen Erfahrungsobjekten und Vorgängen (»Bellende Hunde beißen nicht; dieser Hund hier kläfft ununterbrochen; jetzt hat er mich gebissen.«).

Mit Hinsicht auf Wissenselemente, die sich innerhalb des gleichen Wirklichkeitsbereichs konstituieren, gibt es größere und geringere Beziehungswahrscheinlichkeiten. Diese hängen unmittelbar vom Bestimmtheitsgrad der involvierten Typen ab. Einmal kann ein Wissenselement niedrigen Allgemeinheitsgrades ein Wissenselement höheren Allgemeinheitsgrades, das aber auf die gleichen Erfahrungen bezogen ist, modifizieren oder dessen Glaubwürdigkeit vermindern. Es kann umgekehrt als »Ausnahme« eingeklammert werden (»Bellende Hunde beißen nicht, stimmt nicht« oder »im allgemeinen stimmt es wohl, aber man kann im Einzelfall nie wissen«.). Es ist offenbar, daß es sich hier um Auslegungsprozesse handelt, auf denen die formale Induktion beruht. Ein wesentlicher Unterschied besteht jedoch darin, daß sie pragmatisch motiviert sind und daß sich die entsprechenden Glaubwürdigkeitsgrade auf subjektive Interessenhierarchien und nicht auf einen wissenschaftlichen Kanon beziehen.

Zum anderen können Wissenselemente gleichen Allgemeinheitsgrads in der Auslegung einer aktuellen problematischen Erfahrung miteinander »in Konkurrenz« treten (»Ist der Gegenstand dort im Nebel ein Baum am Straßenrand oder ein Fußgänger in der Mitte der Straße?) In diesem Fall handelt es sich jedoch nicht eigentlich um einen Widerspruch zwischen Wissenselementen als solchen. Es ist nicht die Relation zwischen den Wissenselementen, die problematisch ist, sondern die aktuelle Erfahrung, zu deren näherer Bestimmung zwei verschiedene »hypothetisch« relevante Wissenselemente augenblicklich die gleiche Glaubwürdigkeit aufweisen. Dieser Fall gehört also nicht in die Behandlung der Widerspruchslosigkeit im Wissensvorrat, sondern zur Frage der Glaubwürdigkeit[58] und der Relevanzstrukturen.[59]

Fassen wir zusammen. Die vorgegebene Struktur der Welt und die subjektive Struktur der Erfahrung und insbesondere die Formen des Wissenserwerbs in ihrer biographischen Ausprägung bewirken die Bildung näherer und entfernterer Beziehungen zwischen Wissenselementen und bedingen zugleich die wechselseitige Irrelevanz bestimmter Wissenselemente. Je näher die Beziehung, um so größer die Wahrscheinlichkeit, daß potentielle Widersprüche in aktuellen Situationen in den Griff des Bewußtseins kommen und – bei gegebener Motivierung – in Widerspruchslosigkeit überführt werden. Im letzten Fall wird Wissenselement A seinem »Sinn« nach (Bestimmtheit, Typ, Glaubwürdigkeit etc.) als auf Wissenselement B bezogen erfaßt und umgekehrt. Je nach den Erfordernissen der Situation wird der Widerspruch dann eingeklammert (der Widerspruch ist »unwichtig«) oder aufgelöst, indem entweder A und B bzw. A oder B verändert oder, im äußersten Fall, aufgehoben werden (zum Beispiel »ich muß mich geirrt haben«, »das habe ich falsch aufgefaßt«, »in der Schule des Lebens mußte ich so manche Schulweisheit revidieren« oder auch »darüber gibt es zwei Meinungen«, »entweder ist es so oder so«, etc.).

58 Vgl. Kap. III, A 3 e.
59 Vgl. Kap. III, B.

Vertrautheit, Bestimmtheit und Widerspruchslosigkeit zwischen Wissenselementen sind wesentliche Dimensionen der Struktur des Wissensvorrats. Dennoch ist die Glaubwürdigkeit der Wissenselemente in gewissem Sinn die wichtigste Dimension. Sie ist unmittelbarer als die anderen mit dem Handeln in der Lebenswelt verflochten, da sie die Erwägungen über die Durchführbarkeit von Handlungsentwürfen bestimmt.[60] Sie ist ferner als Bestandteil des lebensweltlichen Wissens subjektiv leichter faßbar als die anderen Dimensionen. Vertrautheit wird meist nur im Negativen greifbar, bei den »Verfremdungseffekten«, die bei plötzlichen »Explosionen« von bisher anscheinend Vertrautem auftreten. Bestimmtheit ist so fein abgestuft, so wandelbar von Erfahrung zu Erfahrung und in der sprachlichen Typik so fraglos angeregt, daß sie kaum oder nur in den verhältnismäßig seltenen Fällen bewußter prädikativer Auslegung in den Griff kommt. Glaubwürdigkeit erscheint uns dagegen auch in der natürlichen Einstellung als ein Merkmal von Wissenselementen. Wir können meist ohne Schwierigkeiten sagen, welches Gewicht einem Element in unserem Wissensvorrat zukommt. Die Sprache bietet viele Redewendungen an, die die Abstufungen dieser Dimension bezeichnen, von höchster Glaubwürdigkeit (»das weiß ich ganz sicher«) über verschiedene Zwischenstufen (»höchstwahrscheinlich«, »vermutlich«, »wenn ich mich nicht irre«) bis zur geringsten Glaubwürdigkeit (»es scheint mir so«, »mag sein, daß ... vielleicht aber auch ...« etc.). Es ist bezeichnend, daß sich Hinweise auf die Glaubwürdigkeit von Aussagen in manchen Sprachen sogar in die formale Bestimmung der Prädikation einfügen.

In den Analysen der Vertrautheit und der Bestimmtheit der Wissenselemente und auch in der Beschreibung der Widerspruchslosigkeit zwischen Wissenselementen hatten wir schon Gelegenheit, auf den Zusammenhang dieser Dimensionen mit der Glaubwürdigkeit von Wissenselementen hinzuweisen. Wir haben gesehen, daß dies auf ihren gemeinsamen Ursprung zurückzuführen ist. Es bleibt uns jetzt noch die Aufgabe, diese allgemeine Feststellung in Hinsicht auf den Ursprung von Glaubwürdigkeitsgraden zu präzisieren.

60 Vgl. Kap. V.

Manche Elemente im Wissensvorrat sedimentieren sich fraglos aus mehr oder minder unausgelegten Erfahrungen. Ihre Glaubwürdigkeit beruht auf der schlichten Gegebenheit dieser Erfahrungen und dem Umstand, daß sie im weiteren Erfahrungsablauf unwidersprochen geblieben sind. Wir können als hypothetischen Grenzfall annehmen, daß eine Erfahrung ohne jede Auslegung in den Wissensvorrat eingeht; ihr Glaubwürdigkeitsgrad wäre dem »tierischen Glauben« gleich, von dem Santayana spricht. In jedem Wissensvorrat gibt es ferner viele Wissenselemente, bei denen die Auslegung so früh (meist bedeutet dies: auf einer so niedrigen Bestimmtheitsstufe) abgebrochen wurde, daß sich ein (potentieller) Widerspruch mit anderen schon etablierten Wissenselementen gar nicht ergeben konnte. In der Situation schien jedenfalls auch die gering ausgelegte Erfahrung ausreichend vertraut; es war kein Interesse an höherer Vertrautheit vorhanden, oder das Interesse war so schwach, daß es »sofort« von anderen Interessen überdeckt wurde. Ein etwas höherer Glaubwürdigkeitsgrad kommt solchen Wissenselementen zu, die aus Erfahrungen sedimentiert wurden, bei denen eine zumindest vorläufige Übereinstimmung mit anderen in der Situation relevanten und schon etablierten Wissenselementen plausibel schien. Alle diese Nuancen von Glaubwürdigkeitsgraden sind jedoch dadurch gekennzeichnet, daß die ursprüngliche Sedimentierung des Wissenselements nicht von weiteren gleichartigen Erfahrungen in Frage gestellt wurde. Den Gesamtbereich dieser Glaubwürdigkeitsgrade können wir am besten mit dem Ausdruck »glaubwürdig bis auf weiteres« kennzeichnen. Auch bei verhältnismäßig hohen Vertrautheitsgraden solcher Wissenselemente bleibt ihre Glaubwürdigkeit vorläufig und niedrig. (Wenn ich zum Beispiel bei strahlendem Himmel ein fernes Donnern höre, so mag ich mit anderen Dingen so beschäftigt sein, daß mir nicht viel daran liegt, das Ereignis näher zu bestimmen. Ohne eigentliche Überlegung, am Horizont anderer aktueller Erfahrungsthemen, »vermute« ich, daß es sich nicht um einen meteorologischen Vorgang handelt; vielleicht ist es eine Sprengung, Schießübung etc. Diese Möglichkeiten fasse ich nicht klar ins Auge und wäge sie nicht gegeneinander ab. Der Vorgang mag sich öfters wiederholen; ich habe zwar noch immer keine »Erklärung« dafür, suche auch nach keiner, bin aber mit dem Ereignis doch einigermaßen vertraut geworden. Wenn sich das Ereignis wiederholt und ich dies auch nur halb aufmerksam registriere, mag ich sogar dumpf erwarten, daß es sich auch fernerhin wiederholen wird. Ich kann die Wiederholung allerdings nicht voraussagen, da ich für das Ereignis als solches keine »Erklärung« habe; ich bin weder an Erklärung noch an Voraussage interessiert. Nichts hat jedoch bisher den von mir ursprünglich vage ins Auge gefaßten, nicht wirklich klar ausgelegten möglichen Ursachen widersprochen. Mit einer gewissen, wenn auch schwachen Glaubwürdigkeit hat sich also ein Wissenselement sedimentiert, das sich in meiner vagen und uninteressierten »Vermutung« ausdrückt, daß sich das Ereignis wiederholen wird.)

Ferner gibt es im Wissensvorrat Elemente, die sich aus Erfahrungen sedimentieren, die ursprünglich in Frage gestellt wurden und bei denen die Auslegung bis zu einem gewissen Punkt fortgeschritten ist. Die Unterschiede in der »Vollständigkeit« der Auslegung bestimmen die Unterschiede im Glaubwürdikgeitsgrad des betreffenden Wissenselements. So schließt an den schon erwähnten Bereich von Glaubwürdigkeitsgraden der Fall an, in dem die Auslegung unterbrochen wurde, bevor sich echte Alternativen herausgebildet haben. (Ich sehe im Wald etwas vorbeihuschen; unter den Umständen mag es für mich nicht unwichtig sein, zu erfahren, was es war, aber es gibt viele Möglichkeiten: ich bildete es mir nur ein, der Wind hat etwas vorbeigetrieben, es war ein Tier, vielleicht ein Reh, ein Hund, ein Fuchs etc.) Die Ursache dafür, daß die Auslegung unterbrochen wurde, obwohl ich in der ursprünglichen Situation an ihr interessiert war, kann im »Verschwinden« des Problems bzw. der Erfahrungsgegenstände, auf die sich das Problem bezieht, liegen. (So bei dem gerade angeführten Beispiel.) Die Auslegung mag aber auch deswegen abgebrochen worden sein, weil neue situationsbedingte Interessen das ursprüngliche Interesse überdeckten. (Ich will zum Beispiel im Lexikon Timbuktu nachschlagen, von dem ich aus dem ursprünglichen Zusammenhang nur weiß, daß es vermutlich »etwas mit Afrika« zu tun hat, gerate aber beim Umblättern auf das Stichwort für Tibet. Da ich an Timbuktu ohnehin nur interessiert war, weil mir das Wort irgendeinmal zur Lösung von Kreuzworträtseln zunutze kommen könnte, oder zum Zwecke der »Allgemeinbildung« etc., und das gleiche für Tibet gilt, lese ich Tibet zuerst nach; anschließend muß ich mich zu einer Verabredung beeilen, und das Problem »Timbuktu« bleibt unausgelegt. Daß es »etwas mit Afrika« zu tun hat, mag einen hohen Glaubwürdigkeitsgrad haben, aber da mir diese

Bestimmung nicht genügt, haben nähere, eventuell schon ins Auge gefaßte Bestimmungsmöglichkeiten, »Stadt, Fluß, Gebirge« etc. keinen hohen Glaubwürdigkeitsgrad.) »Vorzeitig« abgebrochene Auslegungen haben – bei dem jeweilig angestrebten Bestimmtheitsgrad des Wissenselements – einen entsprechend niedrigen Glaubwürdigkeitsgrad (»Es könnte dies oder jenes, vielleicht aber doch auch was anderes gewesen sein«, »darüber läßt sich mit Sicherheit nichts sagen...«).

Die Auslegung kann des weiteren bis zu einem Punkt gediehen sein, wo sich echte Alternativen ausgebildet haben, aber der Indizienwert des Erfahrungsobjekts nicht ausreicht, um vermittels der im Wissensvorrat angelegten Typisierungen eine Entscheidung zu treffen. (Das hier ist auf jeden Fall ein Pilz, aber ich bin nicht sicher, ob es ein eßbarer Pilz ist oder ein Giftpilz.) Wiederum schließt dieser Fall an das vorher Besprochene an. Aber wenn sich schon echte Alternativen ausgebildet haben, kann das Problem »verschwinden« (der mitgenommene Pilz wurde im Rucksack zerrieben, und ich kann keinen gleichartigen Pilz mehr finden), oder es ist von neuen Interessen überdeckt worden (zu Hause wartet eine wichtige Nachricht auf mich, und ich »vergesse«, im Pilzbuch nachzuschlagen). Wissenselemente dieser Art haben einen eigentümlichen Glaubwürdigkeitsgrad. Die Alternativen sind in Verbindung miteinander höchst glaubwürdig, da alle anderen Möglichkeiten schon im bisherigen Auslegungsvorgang ausgeschieden wurden (entweder ein Giftpilz oder eßbar; Timbuktu: entweder eine Stadt im Südsudan oder Westsudan; Rottannen: entweder Fichten oder Tannen – und ich wäre nun bereit, ein Monatsgehalt zu wetten, wenn jemand etwas anderes behauptet: ich hätte eine Kartoffel gefunden; Timbuktu sei ein Gebirge in Tibet; Rottannen seien in Norddeutschland Kiefern genannt). Der Glaubwürdigkeitsgrad jeder Alternative für sich allein ist dagegen verhältnismäßig gering und auf jeden Fall subjektiv als vorläufig empfunden. Da keine begründete Entscheidung zwischen den Alternativen stattgefunden hat, man aber annimmt, daß eine solche möglich ist, neigt man dazu, sich des Urteils über die Glaubwürdigkeit der einzelnen Alternativen zu enthalten. Wenn man über die Glaubwürdigkeiten aktuell schon etwas zu sagen hätte, könnte man sich ja, je nach Umständen, für die eine oder die andere Alternative entscheiden.

Wenn jedoch nach Abwägen der Indizienwerte der einzelnen Alternativen im Verhältnis zu anderen schon etablierten Wissenselementen eine Entscheidung getroffen wurde, dann geht eine Alternative als ein höchst glaubwürdiges Element in den Wissensvorrat ein. Ursprünglich waren beide Alternativen mehr oder minder glaubwürdig und man befand sich im Zweifel, welcher der Vorrang zu geben wäre. Nachdem die Entscheidung nach »bestem Wissen und Gewissen« getroffen wurde, wird die Glaubwürdigkeit der einen Alternative aufgewertet, bis sie der kombinierten Glaubwürdigkeit beider Alternativen gleich ist. Zugleich wird die Glaubwürdigkeit der anderen Alternative aufgehoben. In der natürlichen Einstellung sind wir uns kaum bewußt, daß auch diese Glaubwürdigkeitsstufe (»ich bin ganz sicher«, »daran gibt es nichts zu rütteln«) nur »auf Widerruf« gilt. So unwahrscheinlich es mir auch erscheinen mag, kann jedoch auch ein solches Wissenselement durch neue Erfahrungen und weitere Auslegungen verändert, im Extremfall sogar aufgehoben werden. Diese Glaubwürdigkeitsstufe entspricht dem von Husserl präzisierten Fall der »empirischen Gewißheit«.[61] Die Gewißheit ist empirisch entstanden, hat sich empirisch bestätigt, kann aber deshalb auch grundsätzlich empirisch widerlegt werden.

Damit haben wir die Hauptunterschiede in den Graden der Glaubwürdigkeit auf die Vorgänge des Wissenserwerbs zurückgeführt. Die Prozesse des Abwägens und der Entscheidung werden zwar erst nach der Analyse der sie bestimmenden Relevanzstrukturen voll verständlich werden.[62] Das Gesagte genügt jedoch, um Glaubwürdigkeit nach typischen Stufen gliedern zu können. Diese beziehen sich jedoch nur auf den Wissenserwerb in subjektiven Auslegungsprozessen. Wir haben wieder einen Umstand vernachlässigt, der für die Konstitution von Glaubwürdigkeitsstufen von entscheidender Bedeutung ist. Nur ein Bruchteil des subjektiven Wissensvorrats ist in subjektiven Auslegungsprozessen erworben. Ein weiter Bereich von Wissenselementen ist sozial vermittelt. Sozial vermitteltes Wissen wird jedoch nur zum geringen Teil in Auslegungsprozessen subjektiv »nachgeprüft«. Zum größten Teil besteht solches Wissen aus monothetischen Sinngebilden, deren polythetischen Aufbau man als fraglos gegeben hinnimmt, in »Rezepten«, Denk- und Handlungsanweisungen etc., die man »gelernt« hat. Solche Wissenselemente können einen hohen Glaub-

[61] Vgl. *»Erfahrung und Urteil«*, § 77.
[62] Vgl. Kap. III, B.

würdigkeitsgrad haben, auch wenn keine echten Alternativen zu Gebote standen, unter denen man in subjektiven Auslegungsvorgängen »begründet« die Wahl traf. Der Glaubwürdigkeitsgrad sozial vermittelten Wissens ist vielmehr von der »Autorität« der Quelle wesentlich mitbestimmt. Die Probleme, die das Verhältnis von Wissensvorrat, Wissenserwerb und Gesellschaft betreffen, wollen wir jedoch erst später gesondert aufnehmen.[63]

f) Über die Struktur des Nichtwissens

I) Die Beschränkungen des Wissensvorrats und die relative Undurchsichtigkeit der Lebenswelt

Obwohl weite Bereiche des Wissensvorrats routiniert werden – wodurch große Gebiete der Lebenswelt vertraut und selbstverständlich werden –, ist der Wissenserwerb grundsätzlich nie abgeschlossen. Der lebensweltliche Wissensvorrat kann nie »vollständig« werden, obwohl er zur Bewältigung vieler, ja der meisten subjektiv voraussehbaren Situationen ausreichen mag. In der Fähigkeit, Vergangenes neu auszulegen und in der Offenheit gegenüber Neuem gibt es sicherlich empirische Unterschiede: in der individuellen »Veranlagung«, zwischen verschiedenen Altersstufen usw. Auch sind bestimmte, vor allem mythische und religiöse Elemente mancher relativ-natürlichen Weltanschauungen im Vergleich mit der modernen Weltsicht verhältnismäßig geschlossen. Eine völlig erstarrte Welt bzw. der endgültige Abschluß des Wissenserwerbs ist dagegen auf Grund der individuellen Situation in der Lebenswelt für den normalen Menschen unmöglich: der individuellen Situation in der Lebenswelt ist sowohl die relative Undurchsichtigkeit als auch die absolute Undurchschaubarkeit der Lebenswelt auferlegt. Dies gilt es nun näher aufzuzeigen.

Während der Wissenserwerb als solcher grundsätzlich nie abgeschlossen werden kann, ist es möglich, spezifische Wissenselemente als ausreichend vertraut dem Wissensvorrat einzugliedern und die Auslegung der betreffenden Erfahrungsobjekte und Situationen als »endgültig« abgeschlossen zu betrachten. Es gehört jedoch zum Wesen einer Auslegung, daß sie selektiv auf ein situationsbedingtes Problem ausgerichtet ist, und zum Wesen aller Auslegungen in der natürlichen Einstellung, daß sie vom pragma-

[63] Vgl. Kap. IV.

tischen Motiv bestimmt sind. Was man weiß, weiß man, weil man es wissen wollte oder wissen mußte. Der Wissensvorrat ist die Sedimentierung all dessen, was einen je »anging«, womit man sich auseinandersetzen mußte. Umgekehrt gilt aber auch, daß all das, was man nicht weiß, aus der Geschichte des Wissenserwerbs ableitbar ist, wie wir nun zeigen wollen.

Die Beziehung des Nichtwissens zur Geschichte des Wissenserwerbs ist eindeutig für jene Wissenselemente, die man dem Wissensvorrat einzuverleiben suchte, deren Auslegung man aber unterbrechen »mußte«, bevor sie ausreichend bestimmt und vertraut waren. Wenn man eine Auslegung unterbricht, ist man sich auch in der natürlichen Einstellung des täglichen Lebens der Tatsache bewußt, daß das Problem »ungelöst« ist, daß sich hinter der Situation bzw. dem Erfahrungsobjekt noch Unerkanntes verbirgt. Das unzureichend Vertraute verweist auf Unvertrautes, das unzulänglich Bestimmte auf Unbestimmtes. Solange jedoch das Unvertraute und Unbestimmte als grundsätzlich bestimmbar und in Vertrautheit überführbar gelten kann, stoßen unterbrochene Auslegungen an lebensweltliche Bereiche bloß relativer Undurchsichtigkeit, das heißt einer Undurchsichtigkeit, die aus »zufällig« und »vorläufig« noch nicht Durchschautem besteht.

Das gleiche gilt grundsätzlich auch für Auslegungen, die vom Subjekt als »endgültig« abgeschlossen betrachtet wurden. Der lebensweltliche Wissensvorrat enthält jederzeit auch einige Wissenselemente, die zwar seinerzeit in der ursprünglichen Situation des Wissenserwerbs ausreichend ausgelegt schienen, wo also die Auslegung »endgültig« abgeschlossen wurde, bei denen sich aber in darauf folgenden Situationen herausstellte, daß sie der weiteren Auslegung bedurften. An solchen Wissenselementen muß die »Endgültigkeit« der ursprünglichen Auslegung widerrufen werden. Auch da wird also die relative Undurchsichtigkeit der Lebenswelt subjektiv faßbar. Dagegen wird in der natürlichen Einstellung der Verdacht, daß »endgültig« abgeschlossene Auslegungen den abgebrochenen Auslegungen grundsätzlich ähnlich sein könnten, nicht verallgemeinert. Er wird wohl auf spezifische Auslegungsresultate, bei denen schon andere Motive zur Schwächung des Glaubwürdigkeitsgrads vorliegen, übertragen, aber ohne daß es dabei zur Einsicht in die grundsätzliche Beschränkung des Wissensvorrats und die absolute Undurchschaubarkeit der Lebenswelt kommt.

Wir können jedoch sagen, daß die Auslegungen, in denen sich spezifische Wissenselemente konstituieren, grundsätzlich unvollständig sind. Der innere und äußere Horizont der Erfahrungen, auf die sich die Auslegungen beziehen, ist prinzipiell unbegrenzt, die Auslegungen selber aber grundsätzlich beschränkt. Dies gilt für unterbrochene Auslegungen, bei denen der Rest an Undurchschautem als relevant oder potentiell relevant erscheint, wobei die relative Undurchsichtigkeit der Lebenswelt ins Bewußtsein tritt. Es gilt aber auch für »endgültig« abgeschlossene Auslegungen, bei denen der Rest an Undurchschautem als irrelevant erscheint – wobei die Undurchsichtigkeit der Lebenswelt nur im fernen Horizont der Auslegung mitgegeben ist. Im ersten Fall »bedroht« der Rest an Unerkanntem den Vertrautheitsgrad des Erfahrungsobjekts bzw. Wissenselements, im zweiten Fall tut er dessen Vertrautheit keinen Abbruch.

Noch ein weiterer Umstand aus der Geschichte des Wissenserwerbs verweist die subjektive Erfahrung auf die relative Undurchsichtigkeit bzw. die vorläufige Undurchschaubarkeit der Lebenswelt. Jedermann, der ein verhältnismäßig vollständiges Wissen von A, B und C erworben hat, weiß, daß dies nur dadurch möglich war, daß er zugleich auf ein vollständigeres Wissen von X, Y und Z »verzichtet« hatte. Unter dem Zwang der lebensweltlichen Situation, unter dem Prinzip des »First things first« und auf Grund der subjektiven, biographisch geprägten Interessenhierarchie, sind ihm A, B und C wichtiger bzw. dringlicher gewesen. Auch wenn X, Y und Z nicht unwichtig waren, mußte er sich entscheiden, ob er die »verfügbare« Zeit zur Vervollständigung des Wissens über A, B und C oder X, Y und Z verwenden sollte. In der natürlichen Einstellung verweist auch dieser Umstand nur auf eine »zufällige« (man hätte sich ja auch für X, Y und Z entscheiden können) Beschränkung des Wissensvorrats, also auf die relative Undurchschaubarkeit der Lebenswelt (»Ich hatte keine Zeit, mich damit näher zu befassen«, »Das hat mich nie genügend interessiert«, »Ursprünglich schwankte ich zwischen dem Studium der Biologie und der Theologie« usw.).

Aber nicht nur abgebrochene und »endgültig« abgeschlossene Auslegungen verweisen auf die relative Undurchsichtigkeit der Lebenswelt und lassen diese ins Bewußtsein treten. Auch die Widerlegung vergangener Auslegungen bewirkt das gleiche. In den verschiedenen Situationen, in denen frühere Auslegungen problematisch und neue Auslegungen ausgelöst werden, kann es vorkommen, daß die ursprüngliche Auslegung ausdrücklich bestätigt wird. Dadurch wird ihr Glaubwürdigkeitsgrad verstärkt. Wenn aber die ursprüngliche Bestimmung mit der aktuellen, durch die Wahrnehmung des Erfahrungsobjekts und durch andere Wissenselemente begründeten neuen Bestimmung in Widerspruch gerät, kann der Glaubwürdigkeitsgrad der ersten völlig aufgehoben werden. Das betreffende Wissenselement wird in seiner Gültigkeit aufgehoben und von einem neuen Wissenselement überdeckt. Nehmen wir an, ich habe seinerzeit angenommen, daß der Walfisch ein Fisch ist, weil er im Wasser lebt. Inzwischen habe ich einiges über die Struktur des tierischen Körpers und die darauf fundierten Klassifikationen des Tierreichs dazugelernt. Ich weiß nun, daß alle Fische im Wasser leben, aber daß nicht alles, was im Wasser lebt, ein Fisch ist. Unter dem neu-etablierten Typ »Säugetier« muß der Walfisch als dazugehörig bestimmt werden. So wird der Glaubwürdigkeitsgrad des ursprünglichen Wissenselements aufgehoben, die Bestimmung negiert und von einer neuen Bestimmung überdeckt. Das Erfahrungsobjekt, das ursprünglich als Fisch bestimmt und als solches vertraut war, wird nun als Säugetier bestimmt und als solches vertraut. Dabei bleibt jedoch vorläufig die altvertraute Bestimmung »Fisch«, sozusagen mit negativem Vorzeichen, im Horizont erhalten. Der Walfisch wird zunächst als »Nicht-Fisch: Säugetier«, dann als »Säugetier: Nicht-Fisch-wie-dumm-kann-man-nur-sein« erfahren, bis schließlich die Bestimmung »Nicht-Fisch« »vollständig« überdeckt wird. Danach bedarf es einer aufmerksamen Auslegung des Erwerbs dieses Wissenselements, um die aufgehobene Bestimmung »Fisch« im Horizont der aktuellen Erfahrung zu »entdecken«. Diesen für die Struktur des Nichtwissens bedeutsamen Umstand werden wir noch genauer zu betrachten haben. Vorläufig wollen wir festhalten, daß die relative Undurchsichtigkeit der Lebenswelt nicht nur an den »positiven« Aspekten des Wissensvorrats, den glaubwürdig bestimmten Wissenselementen, abzulesen ist, sondern auch an den im Horizont dieser Wissenselemente enthaltenen »negativen« Bestimmungen. An beiden wird die Beschränkung des Wissensvorrats subjektiv faßbar.

Bisher hielten wir uns an den Wissenserwerb im engeren Sinn des Wortes: die Geschichte der spezifischen Auslegungen. Man kann aber den Wissenserwerb auch breiter auffassen: als die Sedimentierung von Erfahrungen überhaupt. Auch so stoßen wir an die Undurchsichtigkeit der Lebenswelt für den einzelnen. Seine Erfahrungen von der Lebenswelt sind zeitlich, räumlich und sozial gegliedert, mit anderen Worten, zeitlich, räumlich und sozial begrenzt.[64] Aus der aktuellen Bewußtseinsphase mit ihren Retentionen und Protentionen strahlen Erinnerungen und Erwartungen aus. Um den Sektor der Welt in Reichweite staffeln sich wiederherstellbare, erlangbare und nicht erlangbare Bereiche. Um die unmittelbar gegebene soziale Umwelt schichtet sich die zeitgenössische Sozialwelt, die Vorwelt und Nachwelt. Die zeitlich, räumlich und sozial gegliederten Horizonte jeder aktuellen Erfahrung bzw. Situation verlaufen im allgemeinen in der Richtung abnehmender Vertrautheit, Bestimmtheit und Glaubwürdigkeit. Sie verweisen auf entferntere Horizonte relativer Undurchsichtigkeit: auf zeitlich, räumlich und sozial gegliederte Bereiche der Lebenswelt, die auf Grund des bisherigen Wissenserwerbs unvertraut und unbestimmt sind. Grundsätzlich gilt dies für die inneren und äußeren Horizonte aller Erfahrungen. Folglich enthalten auch »selbstverständliche« Erfahrungen, die als »natürliche Einheiten« unproblematisch ablaufen, in ihrem Horizont einen Hinweis auf die Undurchsichtigkeit der Lebenswelt. In diesem Sinn sind auch »selbstverständlich« abgegrenzte Erfahrungen »offen«.

Nun sind solche »selbstverständlichen« Erfahrungseinheiten das Resultat vergangener Auslegungsvorgänge, obwohl die Erinnerung an die spezifischen Auslegungen überdeckt ist. Was über die Beziehung der Auslegungsvorgänge zur Undurchsichtigkeit der Lebenswelt gesagt wurde, gilt also prinzipiell auch für »naive« Erfahrungseinheiten, mit dem Unterschied, daß an ihnen die Undurchsichtigkeit der Lebenswelt nicht subjektiv faßbar wird. Nur wenn die Einheiten in problematischen Situationen »explodieren« und sich »neue Zusammenhänge« eröffnen, wenn es also zu spezifischen Auslegungsvorgängen kommt, kann die Beschränktheit des Wissensvorrats auch in der natürlichen Einstellung in den Griff des Bewußtseins geraten. Dann gilt, was allgemein auf neuartige Situationen zutrifft. Auf Grund der Geschichte des bisherigen Wissenserwerbs weiß man, daß Gegenstände und Vorgänge, die ursprünglich unvertraut und unbestimmt waren, näher bestimmt und in Vertrautheit überführt werden können. Folglich werden

64 Vgl. Kap. II, B.

auch die aktuell »noch« undurchschauten Aspekte der Situation als prinzipiell durchschaubar erfahren und vermittels der im Wissensvorrat angelegten Typik durchgemustert. Die relative Undurchsichtigkeit der Lebenswelt ist also auch schon in der Gliederung der subjektiven Erfahrung der Lebenswelt angelegt. Sie kann an den abnehmenden Vertrautheits- und Bestimmtheitsgraden des Erfahrungshorizonts abgelesen werden; sie drängt sich der subjektiven Einsicht auf, wann immer die naiv abgegrenzte Erfahrungseinheit problematisch wird und deren innerer und äußerer Horizont neu ausgelegt werden muß.

Am eindringlichsten gelangt jedoch die Undurchsichtigkeit der Lebenswelt und die Beschränktheit des Wissensvorrats dann zur Einsicht, wenn man die Zukunft voraussagen muß, wenn man Handlungen entwirft, deren Durchführbarkeit erwägt, deren Folgen ermißt.[65] Auf Grund des zuhandenen Wissensvorrats und vor allem mit Hilfe der in ihm angelegten Typik werden Situationen und Erfahrungsabläufe und Vorgänge in der Naturwelt und Sozialwelt in voraus entworfen und das eigene Handeln darauf abgestimmt. Immer wieder erweist sich jedoch, daß der Wissensvorrat zur Bestimmung der Zukunft nur sehr beschränkt ausreicht. Unvorhergesehene Situationen dringen auf uns ein, und verhältnismäßig neue Situationselemente treten immer wieder auf. Aber auch völlig neuartige Situationen oder jedenfalls Situationselemente überraschen uns. Die Geschichte des Wissenserwerbs ist die Geschichte solcher Überraschungen. Die Undurchschaubarkeit der Zukunft ist in gewissem Sinn der relativen Undurchsichtigkeit der gegenwärtigen und vergangenen Lebenswelt ähnlich. Manche Überraschungen sind noch recht mild, da sie sich in den Rahmen einer grobmaschigen Typik einfügen. Hinzu kommt, daß die Zukunft nicht als »absolut« undurchschaubar aufgefaßt werden muß, sondern nur als »vorläufig« undurchsichtig. In gewissem Sinn erscheinen also Vergangenheit, Gegenwart und Zukunft in der Lebenswelt nur aus »technischen«, »zufälligen« Gründen undurchsichtig. Wenn man sich die Mühe genommen hätte, X näher kennenzulernen, wüßte man über X genauer Bescheid. Prinzipiell könnte man das auch noch nachholen. Wenn X in der Zukunft liegt, braucht man nur »abzuwarten«, bis es eintritt, dann wird man sich darüber unterrichten können. Allerdings werden wir hier auch

[65] Zur genaueren Analyse der hier involvierten Probleme siehe Kap. III, C 4 und V.

schon auf eine neue Dimension der Undurchsichtigkeit verwiesen, die sich auch subjektiv nicht auf eine bloß »zufällige« Beschränkung des Wissensvorrats zurückführen läßt. Die »technischen Schwierigkeiten« sind nun von anderer Art. Während die Vergangenheit eine Kette von Tatsächlichkeiten unter verschiedenen mitangesetzten Möglichkeiten darstellt, ist die Zukunft ein Bereich reiner Möglichkeiten. Diese haben zwar verschiedene »Gewichte«, sofern sie sich überhaupt in die im Wissensvorrat angelegte Typik einordnen lassen. Darauf beruht ja die Möglichkeit des Handelns, der Bestätigung von Voraussagen und der Einschränkung von Überraschungen. Es treten jedoch immer wieder auch radikale Überraschungen ein. Das Wissen um diesen Umstand zeigt auf die Begrenztheit der lebensweltlichen Situation überhaupt, nicht bloß die biographisch »zufällige« Beschränkung des Wissensvorrats. Das Erlebnis radikaler Überraschungen verweist eindringlich auf die grundsätzliche Undurchschaubarkeit der Lebenswelt.

II) Die grundsätzliche Undurchschaubarkeit der Lebenswelt

Wir haben gesehen, daß jede Erfahrung, die in den Wissensvorrat eingeht, durch die Situation des Wissenserwerbs begrenzt ist. Jede Auslegung verweist auf andere, ebenfalls mögliche Auslegungen, und auch »endgültig« abgeschlossene Auslegungen enthalten die Möglichkeit der Weiterauslegung. Noch so glaubwürdige Wissenselemente können widerlegt werden. In jeder Situation können neuartige Elemente auftauchen. Da jede Erfahrung einen (prinzipiell) unbeschränkt auslegbaren inneren und äußeren Horizont hat, die Auslegungsvorgänge selber aber notwendig biographisch artikuliert und beschränkt sind, zeichnet sich hinter Vertrautem immer Unvertrautes, hinter Bestimmtem immer Unbestimmtes ab. In diesen, an jedem Wissenselement ausweisbaren »Resten« an Undurchsichtigkeit zeigt sich die Undurchschaubarkeit der Lebenswelt an. In der natürlichen Einstellung scheint diese Undurchschaubarkeit auch nur relativ zu sein, da sie sich aus einer Beschränkung des Wissensvorrats ableitet, die auf »zufällige« biographische Artikulationen des Wissenserwerbs verweist. Die Lebenswelt wird als nur relativ – auf den jeweiligen Wissensstand bezogen – undurchschaut, aber prinzipiell durchschaubar erlebt. Die »zufällige« Beschränkung des lebensweltlichen Wissensvorrats ist jedoch von der wesentlichen Begrenztheit des Wissenserwerbs durch die lebensweltliche Situation bestimmt. Es wird zu zeigen sein, daß sie auf die grundsätzliche Undurchschaubarkeit der Lebenswelt zurückgeführt werden muß.

Auch in der natürlichen Einstellung kann die relative Undurchsichtigkeit der Lebenswelt jederzeit subjektiv faßbar werden. Jeder spezifische Auslegungsvorgang kann hierzu als Anlaß dienen. Aber erst in der theoretischen Reflexion führt das Erlebnis der Unzulänglichkeit spezifischer Auslegungen zur Einsicht in die wesensmäßige Begrenztheit des lebensweltlichen Wissensvorrats überhaupt. Während in der natürlichen Einstellung kein Motiv vorhanden ist, den Verdacht der Unzulänglichkeit, der bei spezifischen Auslegungen entsteht, zu verallgemeinern, besteht andererseits theoretisch kein Grund, irgendeine spezifische Auslegung von diesem »Verdacht« auszuschließen. Er trifft jedes Wissenselement und somit auch den Wissensvorrat in seiner Gesamtheit. Theoretisch weiß man, daß man nur »Teilinhalte« der Lebenswelt und auch diese nur »zum Teil« kennt und daß dies nicht ein biographischer »Zufall« ist (»ich bin ein Schachexperte, aber vom Ackerbau verstehe ich nichts«), sondern eine durch die lebensweltliche Situation gegebene Bedingung lebensweltlichen Wissens überhaupt (»man kann nicht alles wissen«).

Die Endlichkeit und die Geschichtlichkeit der lebensweltlichen Situation bedingen und begrenzen die biographische Prägung des Wissenserwerbs. Jede aktuelle Situation, jede Phase des Wissenserwerbs ist biographisch artikuliert. Jede Situation ist das Ergebnis einer Kette von vergangenen Tatsächlichkeiten, die sich aus unzähligen bloßen Möglichkeiten herausgelöst haben. Der Lebenslauf – und mit ihm der Wissenserwerb – hebt sich von erwogenen, erwünschten, befürchteten, aber nicht eingetretenen Situationen und Erfahrungen ab. Dies leuchtet uns in der natürlichen Einstellung auch ohne weiteres ein. In theoretischer Einstellung können wir aber den Lebenslauf auch gegenüber einem Hintergrund gar nicht erwogener, erwünschter und befürchteter Möglichkeiten erfassen, Möglichkeiten, die subjektiv gar nicht als solche aufgetreten sind (»Was wäre mein Lebenslauf als Sumerer gewesen«; »was könnte ich in Erfahrung bringen, wenn ich in ein anderes Sonnensystem reisen könnte«). Wo die subjektive Erfahrung an die Grenzen der lebensweltlichen Situation überhaupt stößt, münden die Bereiche relativer Undurchsichtigkeit in einen Bereich grundsätzlicher Undurchschaubarkeit (»das geht über mein Fassungsvermögen«). Wir können sagen, daß die Begrenztheit der Situation, die dem Subjekt auferlegt ist, ihr Wissens-Korrelat in der grundsätzlichen Undurchschaubarkeit der Lebenswelt findet. Auch die »zufällige« biographische Beschränkung des Wissensvorrats ist ein wesentliches Element der Begrenztheit der Situation. *So* gesehen, leitet sich die relative Undurchsichtigkeit für das einzelne Subjekt von der grundsätzlichen Undurchschaubarkeit der Lebenswelt für jedermann ab.

In theoretischer Sicht ist das Wissen von der Lebenswelt also *notwendig* bruchstückhaft, auch wenn die Beschränkung des Wissens subjektiv als das Ergebnis biographischer »Zufälligkeiten« erscheint. In der natürlichen Einstellung wird die grundsätzliche Undurchschaubarkeit der Lebenswelt nicht zum »Problem«. Der lebensweltliche Wissensvorrat bestätigt sich in der Bewältigung von Situationen, und die relativ undurchsichtigen Bereiche der Lebenswelt können, sofern sie relevant sind, Schritt für Schritt aufgehellt werden. Aber eben nur Schritt für Schritt, soweit das pragmatisch motivierte Interesse reicht und in einer Auswahl, die unter dem Prinzip des »First things first« getroffen wird. Anders gesagt, der »Verdacht« einer grundsätzlichen Unzulänglichkeit des lebensweltlichen Wissensvorrats kann in der natürlichen Einstellung nicht entstehen bzw. sich nicht in ihr bestätigen. Die Selbstverständlichkeiten des täglichen Lebens können routinemäßig bewältigt, neue Situationen bestimmt und eingeordnet werden. Der Wissensvorrat bewährt sich praktisch in seiner *Gesamtheit*, wenn auch nicht in spezifischen Wissenselementen, zur Genüge.

Der »Verdacht«, wenn er an den verschiedenen Momenten der relativen Undurchsichtigkeit der Lebenswelt überhaupt aufkommt (meist unter dem Schock nicht schlicht zu bewältigender »Krisen«), kann jedoch einen »Sprung« in nicht-alltägliche Wirklichkeitsbereiche motivieren. Von diesen Bereichen aus kann der lebensweltliche Wissensvorrat als gänzlich ungenügend erscheinen. Die Welt kann zu einem Mysterium werden, das erst durch ein dem Alltag übergeordnetes Wissen – religiöser, philosophischer, wissenschaftlicher Art – durchschaubar wird. Wenn die grundsätzliche Undurchschaubarkeit der Lebenswelt überhaupt in den Griff des Bewußtseins gerät, scheint ein Bedürfnis zu bestehen, sie durch »höhere«, »metaphysische« Einsichten wieder zu erhellen.

III) Die Lücken im Wissensvorrat

Wir haben die Bedingungen der Beschränkung des Wissensvorrats beschrieben und gezeigt, daß sowohl die relative Undurchsichtigkeit als auch die grundsätzliche Undurchschaubarkeit der Lebenswelt auf die Grenzen der individuellen Situation, auf die Gliederung der subjektiven Erfahrungen und auf die unabänderliche Beschränkung der Auslegungen zurückzuführen ist. Es gilt nun zu zeigen, wie Wissen und Nichtwissen in der Struktur des Wissensvorrats ineinandergefügt sind.

Wir haben gesehen, daß alle Wissenselemente neben positiven Bestimmungen auch negative enthalten. Mit einem Erfahrungsobjekt vertraut zu sein, heißt auch damit vertraut zu sein, was es nicht ist. Auch die Vertrautheit mit negativen Bestimmungen ist auf die Auslegungsvorgänge, also auf die Situation des Wissenserwerbs zurückzuführen. Sie ist demnach relevanz-bedingt. (Der vertraute Horizont des Wissenselements »Walfisch« enthält zum Beispiel typisch die negative Bestimmung »kein Fisch«, aber nicht »kein Baum«, obwohl formal beide richtig und beide prinzipiell möglich sind.) Nur das, was ein Erfahrungsobjekt auf Grund der jeweiligen, im Wissensvorrat angelegten Typik vielleicht, unter Umständen sein könnte, gelangt zuerst bei der Auslegung und dann bei der Anwendung des Wissenselements in den Griff des Bewußtseins. Hier sind zwei nahverwandte Möglichkeiten zu unterscheiden. Bei der ursprünglichen Auslegung können Bestimmungen, die einen hypothetischen Glaubwürdigkeitscharakter besitzen, gegeneinander abgewogen werden. Eine Entscheidung wird getroffen, »nach bestem Wissen und Gewissen«. Eine Alternative geht als positive Bestimmung (Bestimmung mit positivem Glaubwürdigkeitsgrad), die anderen gehen als negative Bestimmungen (Bestimmungen, deren Glaubwürdigkeitsgrad aufgehoben ist) in den Wissensvorrat ein. Aber auch Bestimmungen, die ursprünglich mit positivem Glaubwürdigkeitsgrad in den Wissensvorrat aufgenommen werden, können in späteren Anwendungen problematisch werden. Wenn sie in späteren Auslegungen den Glaubwürdigkeitsgrad verlieren und durch neue positive Bestimmungen ersetzt werden, bleiben sie am Wissenselement als negative Bestimmungen haften.

Die positiven Bestimmungen konstituieren den Kern des Wissenselements. Sie sind auf andere Bestimmungen höherer oder geringerer Allgemeinheitsstufe bezogen, schließen aber auf der gleichen Allgemeinheitsstufe andere positive Bestimmungen aus. Dies gilt nicht für negative Bestimmungen, von denen man allgemein sagen kann, daß sie in Richtung abnehmender Relevanz verlaufen.

Die negativen Bestimmungen kann man nur danach unterscheiden, wie sie erworben wurden, vor allem mit Bezug auf die positiven Bestimmungen. So können sie ursprünglich glaubwürdige positive Bestimmungen gewesen sein, die in einem spezifischen Auslegungsakt später aufgehoben wurden. Sie können ursprünglich bloß hypothetische Auslegungsmöglichkeiten gewesen sein, die schon im ursprünglichen Auslegungsakt zugunsten anderer Bestimmungen negiert wurden. Schließlich kann es sich um Bestimmungsmöglichkeiten handeln, die nur vage am Horizont der ursprünglichen Auslegung auftauchten, ohne zu echten Alternativen gegenüber den aktuell gültigen Bestimmungen geworden zu sein. Es ist noch zu bemerken, daß positive Bestimmungen in späterer Anwendung typisch »bestätigt« und verstärkt, eventuell völlig routiniert werden können, daß aber negative Bestimmungen im Normalfall nicht als solche (als ausdrücklich negative Bestimmungen) »Bestätigungen« erfahren und immer weiter in den unbestimmten Horizont des Wissenselements bzw. des Erfahrungsobjekts verdrängt werden.

Der Wissensvorrat besteht also aus Wissenselementen, die nicht nur positive, sondern auch negative Bestimmungen enthalten. Beide stammen aus den Situationen des Wissenserwerbs und sind – mit den soeben erwähnten Unterschieden – in die Struktur des Wissensvorrats eingefügt. Die Lebenswelt wird nicht nur in dem erfaßt, was sie ist, sondern auch in dem, was sie nicht ist. Für beide Weisen der Erfassung gilt natürlich, was über die Beschränkungen des Wissensvorrats und die Quellen dieser Beschränkungen ausgeführt wurde. So können die negativen Aspekte des Wissensvorrats nicht eigentlich als Lücken im Wissensvorrat aufgefaßt werden, obwohl sie auf die relative Undurchsichtigkeit der Lebenswelt verweisen. Es wird aber an ihnen deutlicher als an den positiven Bestimmungen, daß der Wissensvorrat *potentiell* lückenhaft ist. Im Erfassen spezifischer Bestimmungen kann man, wie früher ausgeführt wurde, auf den Umstand stoßen, daß sich hinter jeder Bestimmung »Reste« von Undurchschautem verbergen. Bei spezifischen negativen Bestimmungen kommt noch ein weiteres hinzu. Man wird sich bewußt, daß positive Bestimmungen aufgehoben werden können, das heißt, daß positive Bestimmungen ein Stück Unwissen verdecken können. Aktuelle negative Bestimmungen verweisen also auf Lücken, die durch falsches Wissen verdeckt sind. Umgekehrt sind negative Bestimmungen Wissen über früheres Unwissen. Für sie besteht grundsätzlich die Möglichkeit der »Rehabilitierung«. Die Möglichkeit ist an Hand spezifischer Erfahrungen ausgewiesen, in denen Bestimmungen mit negativem Glaubwürdigkeitsgrad auf Grund neuer Auslegungen wieder ein positiver Glaubwürdigkeitsgrad zuerkannt werden mußte. In diesem Sinn stellen negative Bestimmungen Wissen dar, das von positiven Bestimmungen überdeckt ist, aber wiederentdeckt werden kann. Darauf werden wir gleich zu sprechen kommen.

An Hand der negativen Bestimmungen kann man also zur allgemeinen Einsicht in die potentielle Lückenhaftigkeit des Wissensvorrats gelangen. Das subjektive Wissen um *spezifische* Lücken hat jedoch einen anderen Ursprung. Die Analyse der Struktur des Wissensvorrats hat ergeben, daß der innere und der äußere Horizont der Wissenselemente bzw. der Erfahrungen, auf die sich diese beziehen, in Richtung abnehmender Vertrautheit, Bestimmtheit und Glaubwürdigkeit verläuft. Darauf fundiert ist die Gliederung der Wissenselemente selber, also ihrer Sinn-Kerne, nach Vertrautheits-, Bestimmtheits- und Glaubwürdigkeitsgraden. Wir haben auch untersucht, wie spezifische Wissenselemente modifiziert, vervollständigt und ergänzt und wie ihr Glaubwürdigkeitsgrad bestätigt, erhöht, verringert oder aufgehoben wird. Vieles, was hinreichend bestimmt erscheint, muß näher bestimmt werden, vieles, bei dem man sich mit einem verhältnismäßig niedrigen Glaubwürdigkeitsgrad zufriedengegeben hatte, muß in einen höheren Glaubwürdigkeitsgrad überführt werden. Wir haben ferner gezeigt, daß diese Momente der Struktur des Wissensvorrats die Quelle der subjektiven Einsicht in die relative Undurchsichtigkeit der Lebenswelt sind, daß durch sie die Beschränkungen des Wissensvorrats in den Griff des Bewußtseins kommen. Auch ohne theoretische Reflexion weiß man, daß man nicht alles weiß. Die gleichen Momente der Struktur des Wissensvorrats bringen jedoch auch spezifische Lücken im Wissensvorrat ins Bewußtsein. Dies geschieht in der Form von »Vergleichen«.

Auch in der natürlichen Einstellung ist man manchmal motiviert, Wissenselemente oder Bereiche von Wissenselementen im *eigenen* Wissensvorrat auf ihre Vertrautheit, Bestimmtheit und Glaubwürdigkeit hin miteinander zu vergleichen. So sagt man sich zum Beispiel, daß man von Pflanzen mehr versteht als von Tieren, daß man aber auch im Pflanzenbereich nicht überall gleich gut Bescheid weiß, mehr von Baumgewächsen versteht, weniger von Blumen.

Oder man sagt sich, daß man gute Mehlspeisen backen kann, aber mit Suppen nicht wirklich zurechtkommt usw. Nun sind solche Vergleiche in der natürlichen Einstellung von der Situationsrelevanz her bedingt. Manche Wissensbereiche vergleicht man miteinander, andere nicht. Immerhin entsteht so auch in der natürlichen Einstellung eine Art Wissen über die Struktur des Wissensvorrats. Man kann sagen, worüber man viel weiß, worüber wenig, worüber nichts.

Für das Entstehen von solchem »strukturellen Wissen« ist jedoch der Vergleich von Wissenselementen und Bereichen im eigenen Wissensvorrat mit dem entsprechenden Wissen bestimmter Mitmenschen von noch größerer Bedeutung als bloß »interne« Vergleiche. Solche Vergleiche kommen in den verschiedensten sozialen Situationen zustande und sind oft aus den Erfordernissen gemeinsamen Handelns oder durch Konflikte motiviert. Noch wichtiger als Motiv ist jedoch die Notwendigkeit, »Experten« zu befragen, um ihr Wissen in eigenen Besitz zu überführen oder um ihr Wissen, ohne daß man es sich aneignen will, »auszunutzen«. So gelangt man zum Beispiel zur Einsicht, daß der Vater besser Bescheid weiß in Geldangelegenheiten, über Fußball usw. als man selbst. Man geht in die Schule und der Lehrer übermittelt Wissen über ganz neue Bereiche. Man konsultiert einen Schaman, einen weisen alten Mann, einen Arzt usw. Auf Grund solcher Vergleiche geraten immer neue spezifische Lücken im eigenen Wissensvorrat in den Griff des Bewußtseins. Es ist deutlich, daß solche Vergleiche in unmittelbarer Beziehung zur sozialen Verteilung des Wissens stehen.[66]

Schließlich vergleicht man den eigenen Wissensvorrat mit »objektivem« Wissen. In der natürlichen Einstellung wird es als in der Lebenswelt vorangelegt betrachtet, als eine Gegebenheit, die man sich bis zu einem gewissen Grad aneignen kann, durch »Entdekkung«, Lernen usw. Auch andere können es sich aneignen oder haben es sich schon angeeignet; es war früheren Generationen bekannt und ist inzwischen verlorengegangen; vielleicht gibt es Entdeckungen, die späteren Generationen vorbehalten sind. Ohne hier auf den Ursprung des »objektiven« Wissens einzugehen[67], wollen wir festhalten, daß es in der natürlichen Einstellung inter-

66 Vgl. Kap. IV, C.
67 Vgl. Kap. IV, B.

subjektiv gilt und als weitgehend abgelöst von der subjektiven Gliederung der Erfahrung und der »zufälligen« biographischen Artikulation des Wissenserwerbs aufgefaßt wird.

So führen »innere« Vergleiche von Wissenselementen, Vergleiche des eigenen Wissens mit dem Wissen anderer und Vergleiche mit »objektivem« Wissen zur Einsicht in die Lückenhaftigkeit des eigenen Wissensvorrats. Sie fixieren spezifische Lücken und bewirken die Ausbildung eines »strukturellen« Wissens über den eigenen Wissensvorrat. Je nach Interessenlage und aktuellen Motivationszusammenhängen können spezifische Lücken irrelevant sein; das heißt, es wird keine Situation vorausgesehen, in der das fehlende Wissen dringlich gebraucht würde. Oder es wird das fehlende Wissen als relevant angesehen, aber man kann sich auf »Experten« verlassen. Und schließlich können Wissenslücken als bedrohlich angesehen werden. In diesem Fall wird man zum Wissenserwerb sozusagen »strukturell« motiviert, nicht von der *aktuellen* Situation her, sondern von den als typisch vorausgesehenen Wissensbedürfnissen. Sowohl die Lücken im Wissensvorrat als auch die Vorgänge, durch die sie »gefüllt« werden, stehen also in unmittelbarem Zusammenhang mit den subjektiven Relevanzstrukturen.[68]

IV) Nichtwissen als potentielles Wissen

Das Verhältnis von Nichtwissen zu Wissen kann in Analogie zur räumlichen Gliederung der lebensweltlichen Erfahrung beschrieben werden. Der Sektor der Welt in aktueller Reichweite ist von Sektoren in potentieller Reichweite umgeben, und zwar von einem Sektor der wiederherstellbaren Reichweite und einem Sektor erlangbarer Reichweite.[69] Nichtwissen, soweit es sich nicht auf die grundsätzliche Undurchschaubarkeit der Lebenswelt bezieht, kann dementsprechend als potentielles Wissen aufgefaßt werden. Das potentielle Wissen besteht aus wiederherstellbarem Wissen und aus erlangbarem Wissen.

Wiederherstellbares Wissen ist früheres Wissen, das entweder verloren gegangen ist oder von anderem Wissen verdeckt wurde. Wenn wir von *Verlust von Wissen* sprechen, sind damit übrigens zwei verschiedene Sachverhalte getroffen. Es kann sich einmal

[68] Vgl. Kap. III, B.
[69] Vgl. Kap. II, B 2.

darum handeln, daß bestimmte Aspekte eines Wissenselements »vergessen« worden sind, während der »Kern« des Wissenselements erhalten blieb. Das wichtigste schon erörterte Beispiel dafür ist das Vergessen der polythetischen Konstitution eines Wissenselements, während dessen monothetischer Sinn erhalten bleibt (zum Beispiel die Formel für den pythagoreischen Lehrsatz). Es gibt viele alltägliche Beispiele dafür, daß man etwas »beherrscht«, ohne erklären zu können, wieso, daß man etwas kennt, ohne »sich an alle Einzelheiten« erinnern zu können. Dies gilt zunächst für den subjektiven Wissensvorrat. Aber auch in der sozialen Vermittlung des Wissens gehen »Einzelheiten« verloren, während der Sinn zum Beispiel einer bestimmten Tradition (der Mann geht links von der Frau) erhalten bleibt. Andererseits kann aber gerade der Sinnzusammenhang, in dem ein Wissenselement steht, verlorengehen, während einzelne Bestimmungen des Erfahrungsobjekts erhalten bleiben. Ferner können schon einmal hergestellte »logische« Verbindungen zwischen Wissenselementen, vor allem die der Widerspruchsrelation und der typischen Zusammengehörigkeit, abhandenkommen. Während es auch alltägliche Beispiele dafür gibt, ist dieser Fall am eindringlichsten durch das – meist pathologische – Auseinanderbrechen der funktionalen Einheit sinnvollen Handelns veranschaulicht, so in bestimmten Formen der Aphasie.

Nichtwissen als *verdecktes Wissen* besteht aus ehemals positiven Bestimmungen, die aufgehoben und durch neue positive Bestimmungen ersetzt und verdeckt wurden, so daß sie im vertrauten Horizont des Wissenselements nicht mehr mitgegeben sind.[70]

Nichtwissen als *erlangbares Wissen* ist dagegen nie im Wissensvorrat vorhanden gewesen. Es gibt Bereiche der Lebenswelt, über die man nichts, fast nichts oder wenig weiß. Man ist nicht motiviert gewesen, sich näher zu unterrichten, man hat den Wissenserwerb verschoben, der Wissenserwerb wurde unterbrochen. Auf Grund der im Wissensvorrat angelegten Typik erscheint jedoch dieses Nichtwissen als in Wissen überführbar. Das heißt, es bezieht sich auf den Bereich des relativ Undurchsichtigen, nicht des absolut Undurchschaubaren.

Erlangbares Wissen ist nach dem Grad der Erlangbarkeit abgestuft. Der Grad der Erlangbarkeit richtet sich erstens nach der Entfernung des potentiellen Wissens vom Bereich des grundsätzlich

[70] Vgl. Kap. III, A 3 f., III.

Undurchschaubaren. Mit anderen Worten, er richtet sich danach, ob man spezifische Lücken im eigenen Wissensvorrat mehr oder minder unmittelbar auf die biographischen Zufälligkeiten des eigenen Wissenserwerbs (Mangel an »Interesse«, Zeit usw.) zurückführen kann oder ob man sich auf die »objektiven« Schwierigkeiten der Sache verwiesen sieht. Zweitens ist das erlangbare Wissen nach seiner typischen Erlangbarkeit für den ganz bestimmten Einzelnen abgestuft. Man weiß, daß Wissen über dies oder jenes zwar erlangbar ist, daß es aber auf Grund typischer Vorerfahrungen, für den einen schwieriger zu erwerben ist als für den anderen. Je nach »Veranlagung«, »Vorbildung« usw. ist das Wissen individuell mehr oder minder »leicht« erlangbar. Und drittens ist erlangbares Wissen nach der jeweiligen Interessenlage, Dringlichkeit usw., kurz, nach seiner aktuellen subjektiven Relevanz, geschichtet. Wollen wir diese Gliederungen mit einigen Beispielen veranschaulichen.

Ich habe gehört, daß es Leute gibt, die blind auf zwanzig Tischen Simultan-Schach spielen. Ich bin gar nicht so sicher, daß dies wirklich möglich ist, bin aber ganz sicher, daß ich es nicht könnte, so sehr ich das auch bedaure. Ich weiß, daß manche Leute ausgezeichnete Bergsteiger sind und bin sicher, daß auch ich hochalpines Klettern erlernen könnte. Ich besitze die notwendigen Fertigkeiten und Veranlagungen, wie Freiheit von Schwindelgefühlen, Fingerkraft usw. Aber die Sache interessiert mich nicht. Ich nehme mit geringerer Sicherheit an, daß ich Klavierspielen hätte lernen können, daß es aber jetzt wahrscheinlich »zu spät« ist. Ich wäre zwar daran interessiert, es dennoch zu probieren, kann aber auf Grund meiner sonstigen Interessenlage nicht genügend Zeit dafür aufbringen. Ich weiß, daß ich nie gut kochen lernen könnte, obwohl es viele gute Köche gibt, weil ich defektive Geschmacks- bzw. Geruchsnerven besitze. Ich bin aber sicher, daß ich im Laufe der nächsten Jahre Arabisch lernen werde. Nicht nur ist es prinzipiell möglich, sondern ich bin auch nach früheren Erfahrungen sicher, daß ich fremde Sprachen erlernen kann. Da ich demnächst eine Stelle in einem Land mit arabischer Umgangssprache antreten werde, hat das Ausfüllen dieser Lücke für mich die höchste Dringlichkeitsstufe.

g) Die Konturen des Selbstverständlichen

Wir können nun die Frage stellen, auf die die vorangegangenen Analysen zusteuerten: Wie stellt sich die Lebenswelt im Wissensvorrat dar? Zur Beantwortung dieser Frage benötigen wir ein klares Bild von der Struktur des Wissensvorrats. Da schon in der Beschreibung der einzelnen Dimensionen des Wissensvorrats deren wechselseitige Verschränkung deutlich wurde, dürfen wir uns damit begnügen, die Ergebnisse dieser Beschreibung zusammenzufassen.

Die Voraussetzungen zur Bildung spezifischer Wissenselemente sind in der Begrenztheit der lebensweltlichen Situation und in der Gliederung der subjektiven Erfahrungen von der Lebenswelt gegeben. Diese Voraussetzungen sind zugleich auch die Ursache der Beschränkungen des lebensweltlichen Wissensvorrats. Das »Wissen« um diese Voraussetzungen bzw. Beschränkungen ist im Horizont jeder Erfahrung und Auslegung mitgegeben und geht als Grundelement in den Wissensvorrat ein. Im Unterschied dazu bilden sich spezifische Wissenselemente in spezifischen, biographisch geprägten Auslegungsvorgängen. Ihre Sedimentierung im Wissensvorrat und ihre Anwendung in spezifischen Situationen ist ebenfalls biographisch artikuliert. Auf Grund der biographischen Lage werden bestimmte Wissenselemente routiniert. Routinierte Wissenselemente nehmen als Fertigkeiten, Gebrauchswissen und Rezeptwissen in der Struktur des Wissensvorrats eine Zwischenstellung zwischen den »immer vorhandenen« Grundelementen des Wissensvorrats und den spezifischen Wissenselementen ein.

Die spezifischen Wissenselemente bilden ein »System«. Dieses enthält die Dimensionen der Vertrautheit, Bestimmtheit und Glaubwürdigkeit. Der (»syntaktische«) Zusammenhang zwischen den Wissenselementen drückt sich in der Dimension der Widerspruchslosigkeit aus. Der (»semantische«) Sinnzusammenhang zwischen den »Inhalten« der Wissenselemente gründet in der Typik, die sich in den Auslegungen als relevant für die Erfahrungsobjekte »anbietet«. Die Struktur des lebensweltlichen Wissensvorrats besteht also aus relevanzbedingten Sinnzusammenhängen zwischen mehr oder minder vertrauten und mehr oder minder glaubwürdigen typischen Bestimmungen, die miteinander in mehr oder minder widerspruchslosen Beziehungen stehen.

Die spezifischen Wissenselemente verweisen auf die ursprüngliche Situation des Wissenserwerbs und die biographische Prägung der Erfahrungssedimentierungen. Einerseits grenzen die spezifischen Wissenselemente – sofern sie völlig routiniert sind – an die Grundelemente des Wissensvorrats. Andererseits geht spezifisches Wissen in Nichtwissen über. Die Struktur des Nichtwissens verweist ebenfalls auf die Grenzen der lebensweltlichen Situation, die Gliederung der subjektiven Erfahrungen von der Lebenswelt und die biographische Artikulierung des Wissenserwerbs.

So können wir auf die Frage, wie sich die Lebenswelt im Wissensvorrat abzeichnet, zunächst eine formale Antwort geben. Ein Kernbereich der Lebenswelt erscheint verhältnismäßig bestimmt und zur Bewältigung typischer Situationen ausreichend vertraut und glaubwürdig. Dies ist ein Bereich der biographisch gewonnenen relativen Durchsichtigkeit. An diesen schließt sich ein Bereich der biographisch bedingten relativen Undurchsichtigkeit an, ein Bereich, der prinzipiell mit spezifischem Wissen erhellt werden könnte. An diesen schließt sich dort, wo die subjektive Erfahrung an die Grenzen der lebensweltlichen Situation überhaupt stößt, ein Bereich grundsätzlicher Undurchschaubarkeit an.

Mit dieser formalen Antwort haben wir jedoch die eingangs gestellte Frage noch nicht zufriedenstellend gelöst. Die Gliederung der Lebenswelt in relativ durchsichtige, relativ undurchsichtige und grundsätzlich undurchschaubare »Bereiche« leitet sich aus der *Struktur* des Wissensvorrats ab. In der natürlichen Einstellung entwickelt sich aber »strukturelles« Wissen, das heißt Wissen über den Wissensvorrat nur in geringem Maße aus. Wir müssen also noch fragen, wie sich die Lebenswelt in der natürlichen Einstellung vermittels des Wissensvorrats konkret darstellt.

Gewiß wird die Lebenswelt in der natürlichen Einstellung nicht in der Form eines strukturierten *Wissensvorrats* erfaßt. Sie präsentiert sich nicht als ein System von Vertrautem, Glaubwürdigem, Bestimmtem und Widerspruchslosem, das wohlumgrenzt in einen ebenfalls wohlumgrenzten Bereich des relativ Undurchsichtigen eingefügt ist und von einem Gebiet des grundsätzlich Undurchschaubaren umgeben ist. Vielmehr bestimmt das Verhältnis zwischen der vielschichtigen Struktur des relativ Durchsichtigen und dem relativ Undurchsichtigen jede einzelne Erfahrung lebensweltlicher Objekte und alles Erfassen des Zusammenhangs zwischen diesen, ohne als *solches* in den Griff des Bewußtseins zu gelangen. Wir können uns dies anschaulich folgendermaßen vorstellen: an den Erfahrungsobjekten und Situationen, die sich in Auslegungsvorgängen als Wissenselemente herausgebildet haben, zeichnen sich schraffierte Konturen ab – wobei die Schraffierungsdichte von den Stufen der Vertrautheit, Bestimmtheit und Glaubwürdigkeit abhängig ist. Umgeben von solchen Schraffierungen sind die »leeren Stellen« des relativ Undurchsichtigen – aber man weiß, daß man diese Stellen nur zu vermessen hätte, um sie ebenfalls mit Schraffierungen füllen zu können. Die Lebenswelt zeichnet sich im Wissensvorrat als ein konturiertes »Ganzes« von Selbstverständlichkeiten ab. Je nach dem Verhältnis von Schraffierung und leeren Flächen sind die Konturen schärfer oder verschwommener. Nur das grundsätzlich Undurchschaubare bildet eine echte *terra incognita*.

Welcher Art ist nun dieses »Ganze«? Der Wissensvorrat ist entstanden aus Sedimentierungen von Erfahrungseinheiten, deren Konstitution sowohl vom Widerstand der – die innere Dauer transzendierenden – Welt als auch von – der »Logik« der natürlichen Einstellung folgenden – Auslegungsvorgängen bestimmt wird. Nun ist aber diese »Logik« jeweils in einer relativ-natürlichen Weltanschauung und in den entsprechenden Sprachformen objektiviert und bildet so ein Grundelement des sozialen Apriori. Sie ist dem einzelnen auferlegt und spielt eine wichtige Rolle in der Ausformung der selbstverständlichen Einheiten der subjektiven Erfahrung und Auslegung. Die Sedimentierungsabfolge selber ist zwar biographisch »zufällig« geprägt. Sie hat aber einen ganzheitlichen, systematischen Charakter insofern, als sich Erfahrungseinheiten in der Perspektive des Lebenslaufs in weitgespannte Sinnzusammenhänge einfügen. Hinzu kommt, daß die Prägung des Lebenslaufs von den objektivierten Kategorien typischer »sinnvoller Lebensläufe« sozial mitbestimmt ist. So können wir sagen, daß die Lebenswelt sich im Wissensvorrat in einem doppelten Sinn als ein »Ganzes« abzeichnet. Einerseits erscheint sie als ein von »innen her«, von der subjektiven Biographie erleuchtetes Ganzes. Andererseits stellt sie sich in systematischen Zusammenhängen dar, die der sozial objektivierten »natürlichen Logik« folgen (Akkerbau, Alchimie, Kochen, Rentierjagd, Kriegskunst etc.). Die Lebenswelt zeichnet sich also im Wissensvorrat nicht als eine bloße Aneinanderreihung von sedimentierten Einzelerfahrungen bzw. Erfahrungsobjekten ab; sie stellt sich jedoch auch nicht als Abbild der Struktur des Wissensvorrats dar. Erst recht besitzt sie nicht die

Systematik einer Wissenschaft – als einer von der subjektiven Gliederung der Erfahrung und der biographischen Artikulierung weitgehend unabhängigen »objektiven« Sinnstruktur.

Die Lebenswelt wird mit Hilfe des Wissensvorrats ungefähr so erfaßt, wie man sich in einer Landschaft mit Hilfe von Karten zurechtfindet. Die Zeichenerklärungen, Ortsbezeichnungen usw. sind der jeweils vorherrschenden »objektiven« Geographie entnommen. Die Auswahl der Karten und vor allem auch des jeweiligen Maßstabs ist jedoch subjektiv motiviert. Es gibt Spezialwanderkarten, auf denen die Konturen der täglich begangenen Landstriche genauestens verzeichnet sind. Teilweise sind diese Konturen schon so vertraut, daß man bei seinen Gängen die Karte kaum noch zu Rate ziehen muß. Dann gibt es Karten auch noch in verhältnismäßig kleinem Maßstab für Gebiete, durch die man nicht allzuselten kommt. In groben Umrissen sind auch die Konturen dieser Gebiete vertraut, aber man kommt immer wieder in Situationen, in denen man die Karte zu Rate ziehen muß. Man mag auch einige selbstangefertigte Karten besitzen, auf denen die Maßstäbe durcheinandergeraten sind. Auf ihnen sind Landstriche festgehalten, durch die man einst gezogen war. Man hat einige grobe Umrisse und vielleicht auch verschiedene Details eingetragen, aber zur rechten Orientierung würde eine solche Karte nach so langer Zeit kaum noch ausreichen. Schließlich gibt es Karten großen Maßstabs. Sie genügen, um den »Rest« der Welt in Beziehung zu den Landstrichen, für die man Spezialkarten besitzt, zu setzen. Die Eintragungen auf solchen Karten beschränken sich auf die gröbsten Umrisse und enthalten viele weiße Flächen.

Von wo stammen nun diese Landkarten? Viele mußten mühsam selber gezeichnet werden. Sie enthalten viele Details und viele rein »private« Vermerke, die für andere unverständlich wären. Andere Karten sind zwar von anderen übernommen worden, konnten aber inzwischen auf ihre Zuverlässigkeit überprüft werden. Wieder andere hat man einfach auf Treu und Glauben übernommen. Im übrigen weiß man, daß die eigenen Spezialwanderkarten kleine Flächen von Gebieten darstellen, für die andere nichts als Karten größeren Maßstabs besitzen. Und umgekehrt weiß man, daß man für Gebiete, für die man allzu ungenaue Karten besitzt, mit größter Wahrscheinlichkeit Spezialkarten zeichnen könnte, falls es solche nicht schon in anderen Händen gibt. Maßstab und Genauigkeit der selbstgezeichneten Karten stehen im Verhältnis zur Aufmerksamkeit, mit der man die durchwanderten Gebiete betrachtet hat. Die Verwandlung der eigenen Wahrnehmungen in Höhenlinien, Abgrenzungen, Schraffierungen usw. in der Karte setzt jedoch – wie nicht vergessen werden darf – die lebensweltlichen Idealisierungen und Anonymisierungen voraus.

B. Relevanz

1) Wissen, Relevanz und das Beispiel des Carneades

In der Analyse des Wissenserwerbs und in der Beschreibung der Struktur des Wissensvorrates sind wir wiederholt an einen Punkt gelangt, an dem wir gezwungen waren, die Analyse abzubrechen, und wir uns mit dem Hinweis begnügen mußten, daß dieser oder jener Vorgang »relevanzbedingt« sei. So bei der Konstitution eines wohlumschriebenen Themas im Erfahrungsablauf. So bei der Bestimmung der Situation. So auch bei dem Problematisch-Werden gewisser Erfahrungen und bei den auf problematische Erfahrungen bezogenen Auslegungen – insbesondere bei deren Abbruch auf einer bestimmten Auslegungsebene. So schließlich bei der Sedimentierung der Auslegungsresultate im Wissensvorrat. Was bedeutet es, wenn wir sagen, daß all diese Vorgänge vom jeweils aktuellen subjektiven Relevanzsystem bedingt seien?

In der Lebenswelt ist ein Unterschied zwischen den – von Husserl in anderem Zusammenhang gekennzeichneten – Einstellungen des »In-den-Relevanzen-Lebens« (wobei die Relevanzen selbst gar nicht in den Griff des Bewußtseins kommen) und des reflektierenden (obwohl nicht notwendig »theoretischen«) »Auf-die-Relevanzen-Hinsehens« festzustellen.[71] Auch schon in der natürlichen Einstellung fragen wir uns, ob wir »die Dinge im richtigen Licht« sehen, ob wir unser »Interesse« an einem gegebenen Problem aufrechterhalten sollen, ob uns eine Sache »wirklich etwas angeht« usw. Damit befragen wir bewußt unsere eigenen Relevanzsysteme, die wir als selbstverständliche subjektive Gegebenheiten betrachten. In dieser Weise sind die Relevanzstrukturen, die den Wissenserwerb und somit die Struktur des Wissensvorrats bestimmen, auch selber ein Bestandteil des Wissensvorrats. So kann jemand von sich sagen: »ich weiß, daß mich solche Dinge nicht interessieren«, oder von einem Bekannten: »unter solchen Umständen wird er immer so tun, als ob ihn Dinge dieser Art nichts angingen.«

Alle Erfahrungen und alle Handlungen gründen in Relevanzstrukturen. Jede Entscheidung stellt außerdem den Handelnden

[71] Vgl. Cartesianische Meditationen und Pariser Vorträge, §§ 34 und 46.

mehr oder minder explizit vor eine Reihe von Relevanzen. Das Relevanzproblem ist vielleicht das wichtigste und zugleich schwierigste Problem, das es in der Beschreibung der Lebenswelt zu lösen gilt. Welche Rolle spielen Relevanzstrukturen in der Konstitution lebensweltlicher Situationen, wie bestimmen sie den Verlauf der Auslegungen und wie stellen sie eine Beziehung zwischen dem jeweiligen Wissensvorrat und aktuellen Erfahrungen und Handlungen her?

Eine überaus sorgfältige Untersuchung von Fragen, die das Problem der Relevanz unmittelbar berühren, wurde schon von dem griechischen Skeptiker Carneades unternommen. Sie liegt in einem Bericht von Sextus Empiricus (*Adversus Logicos* VII) vor. Wir gehen in unserer eigenen Untersuchung von den Analysen des Carneades aus und wollen sie vor allem an Hand des bekannten dritten Beispiels entwickeln.[72]

Carneades beginnt seine Untersuchung des Wahrscheinlichen (πιθανόν; *probabile*) mit einer Kritik an der Verwendung dieses Begriffes durch die Stoiker, insbesondere durch Chrisippos. Dieser scheidet Vorstellungen in solche, die wahrscheinlich, und solche, die nicht wahrscheinlich sind, und behauptet, daß beide Arten von Vorstellungen entweder wahr, unwahr oder weder das eine noch das andere sind. Carneades wendet sich entschieden gegen diese Einteilung, die Möglichkeit verneinend, daß man »das Wahre« je erfassen könnte. Er unterscheidet vielmehr zwischen dem, was uns unbekannt (ἀκατάληπτον; *incomprehensibile*) ist, und dem, was ungewiß (ἄδηλον; *incertum*) ist. »Das Wahre« gibt es nicht; es gibt nur Wahrheiten für uns, also notwendig problematische Wahrheiten. Während menschliche Vorstellungen nicht »das Wahre« erfassen können, vermögen sie jedoch mehr oder minder wahrscheinlich zu sein. Die Wahrscheinlichkeit einer Vorstellung ist durch die Lage bedingt, in der man sich jeweils befindet. Ob eine Vorstellung wahrscheinlich ist oder nicht, hängt außerdem davon ab, ob sie mit anderen Vorstellungen im Widerspruch steht oder mit ihnen übereinstimmt. Diese Grundauffassung des Carneades steht natürlich in scharfem Gegensatz mit der Theorie der Stoiker von der Φαντασία καταληπτική, der Vorstellung, die die Dinge, so wie sie sind, erfaßt und die das Verhalten des Weisen leitet. Für den Skep-

[72] In der Darstellung der Theorie des Carneades lehnen wir uns an die ausgezeichneten Ausführungen von Léon Robin, *Pyrrhon et le Scepticisme Grecque*, Paris 1944, an.

tiker kann auch der Weise nur ein Mensch sein und die Wahrheit, die er erfaßt, nur menschliche Wahrheit. Der Weise ist nicht aus Stein gemeißelt, sondern hat einen Leib und eine Seele, die sich in Bewegung befinden. Seine Eindrücke, seine Wahrnehmungen, sein Wissen sind durch seine menschliche Natur bedingt. Der wirklich weise Mann wird sich folglich des Urteils über die wahre Natur der Dinge enthalten. So wird er auch in seinem praktischen Verhalten und Handeln nicht auf ein Wissen warten, das ihm versagt bleiben muß. Wenn er zum Beispiel eine Schiffsreise unternimmt, kann er, genau genommen, nicht wissen, welches Ende sie nehmen wird. Aber obwohl ihm der Ausgang der Reise ἀκατάληπτον ist, muß er ihm durchaus nicht ἄδηλον sein. Wenn er ein gutes Schiff gewählt hat, das von einem verläßlichen Kapitän befehligt wird, und wenn das Wetter günstig ist, glaubt er sicher zu sein, daß er den Zielhafen heil erreichen wird. Wenn er auf wahres Wissen warten müßte, wäre er zur Untätigkeit verurteilt. Er handelt jedoch auf Grund von solchen mehr oder minder wahrscheinlichen Vorstellungen. Diese Vorstellungen dienen als seine *»consilia agendi ut non agendi«*, wie es Cicero formulierte. Während der Weise epistemologisch ein Skeptiker ist, wird er es nicht unterlassen, die Grade der Glaubwürdigkeit für Vorstellungen bzw. Motive, die sein praktisches Verhalten bewegen, zu überprüfen. Er ist sich zwar dessen bewußt, daß »Gewißheit« nur eine Form des Glaubens ist, weiß aber zugleich, daß ihr bestimmte Motive und Ursachen zugrunde liegen, die abwägbar sind. Motive sind verständliche und feststellbare Gründe des Dafürhaltens. Ursachen dagegen haben nicht die Verständlichkeit von Gründen: es handelt sich um Leidenschaften, Vorurteile, Gewohnheiten und auch um Zwang, der von sozialen Umständen ausgeht. Der Gewißheit entgegengesetzt ist Ungewißheit. Aber zwischen den zwei extremen Formen, der wohlbegründeten Gewißheit und völliger Ungewißheit, finden sich viele Zwischenstufen, für die Carneades eine Typologie unterbreitet.

Die gleiche »schlichte« Wahrscheinlichkeit kann für zwei entgegengesetzte Möglichkeiten gelten. Sextus Empiricus führt folgendes Beispiel an: Ich werde von Feinden verfolgt und sehe einen Graben. Der Graben könnte mir als Versteck dienen. Auf Grund meines bisherigen Wissens besteht aber auch die Möglichkeit, daß sich andere Feinde in diesem Graben versteckt halten. Da ich es mir nicht leisten kann, zu überprüfen, ob meine erste Hoffnung oder die darauffolgende Befürchtung wohlbegründet ist, bleiben für mich beide Möglichkeiten bestehen. Was mein praktisches Verhalten anbelangt, wird es unter den gegebenen Umständen wahrscheinlich das Sicherste sein, mich nach einem anderen Versteck umzusehen.

Eine Vorstellung kann jedoch auch über die »schlichte« Wahrscheinlichkeit hinausgehen. Sie kann »umgebogen« (περίσπαστος) oder, wie wir vielleicht besser sagen können, aufgehoben werden. Erinnern wir uns an die Rückführung der Alkeste aus der Unterwelt durch Herkules. Dieser bringt sie vor Admetos. Admetos glaubt nicht dem Zeugnis seiner Augen. Die Vorstellung »lebende Alkeste« wird von seinem Vorwissen, daß Alkeste tot ist, aufgehoben. Ohne dieses Vorwissen wäre die Vorstellung nicht aufgehoben worden und hätte einen verhältnismäßig hohen Grad an Wahrscheinlichkeit.

Die bestätigte Vorstellung schließlich hat die höchste Glaubwürdigkeit. Sie setzt die »schlichte« Wahrscheinlichkeit voraus. Sie setzt ebenfalls voraus, daß sie nicht aufgehoben wurde. Wenn sie nun bestätigt wird, ist ein weiterer Grund dafür vorhanden, daß man »gewiß« sein kann. Das Verhältnis der einzelnen Stufen des Wahrscheinlichen wird am dritten Beispiel des Carneades deutlich. Ein Mann betritt ein schlecht beleuchtetes Zimmer und glaubt in der Zimmerecke einen Seilknäuel zu bemerken. Er sieht aber den Gegenstand nur verschwommen. So fragt er sich, ob es denn wirklich ein Seilknäuel sei. Könnte es nicht auch eine eingerollte Schlange sein? Auch das ist möglich. (Dies ist die erste Stufe, die der »schlichten« Wahrscheinlichkeit des ersten Beispiels vergleichbar ist und den problematischen Alternativen, wie Husserl sie definierte, entspricht.[73]) Da die zweite Möglichkeit gleich wahrscheinlich ist, wird der Mann dem ersten Eindruck mißtrauen. Er wird unsicher und schwankt zwischen den zwei Möglichkeiten. Er nähert sich dem Gegenstand. Dieser bewegt sich nicht. Seilknäuel bewegen sich nicht; vielleicht ist der Gegenstand doch ein Seilknäuel. Nun erinnert sich der Mann daran, daß Schlangen eine ähnliche Farbe haben wie der Gegenstand in der Ecke und überdies daran, daß Schlangen in der Winterkälte erstarren und sich nicht bewegen. Da es jetzt Winter ist, kann also Bewegungslosigkeit nicht als genügender Grund gelten, den Gegenstand

[73] Erfahrung und Urteil, § 21.

als einen Seilknäuel anzusprechen. Der Mann macht also sozusagen einen Inspektionsgang (περιόδευσις) um seine Vorstellung. Er findet dabei, daß jede Alternative ihr eigenes Gewicht hat, das dem Gewicht der anderen Alternative die Waage hält. Deshalb kann er sich nicht begründet dazu entschließen, der einen oder der anderen Alternative seine Zustimmung (συγκατάθεσις) zu geben. In dieser Lage kann es nun davon abhängen, ob er ängstlich ist oder nicht, welcher der beiden Alternativen er mehr Glauben schenken wird bzw. welche Alternative er aufzuheben geneigt sein wird. Wenn er jedoch ein höheres Maß an Gewißheit gewinnen will, wird er nach weiteren Gründen für eine Entscheidung suchen müssen. Dabei wird er sich, wie es bei Sextus heißt, der Methode der athenischen Instanzen bedienen müssen, die den Anspruch der Kandidaten auf ein öffentliches Amt zu überprüfen haben, oder der Methode der Ärzte, wenn sie Diagnosen zu stellen haben. Das bedeutet, daß sich der Mann nicht auf einzelne »Symptome« verlassen darf, sondern den Zusammenhang aller Symptome, das »Syndrom«, in Betracht ziehen muß. Wenn das Syndrom keine Gegenindikation enthält, wird er sagen dürfen, daß die Vorstellung »wahr« sei. Wenn der Mann einen Stock nimmt, den Gegenstand berührt und sich dieser dennoch nicht bewegt, wird er die Überzeugung gewinnen, daß es in der Tat keine Schlange sein kann. Mit diesem letzten Beweis hat er die Inspektionstour in allen möglichen Einzelheiten beendet (διέξοδος). Nun kann er der Überzeugung beipflichten, daß es ein Irrtum gewesen sein muß, den Gegenstand für eine Schlange zu halten. Folglich ist das einzig gültige Kriterium aller Überzeugungen in der gründlichen, methodischen Kontrolle (διέξοδος) der Wahrscheinlichkeiten (πιθανόν) und Wahrscheinlichkeitsgrade zu suchen.

Es ist bemerkenswert, daß die Theorie des Carneades von den Graden des πιοανον und Husserls Analyse der problematischen Möglichkeiten in »Erfahrung und Urteil« große Ähnlichkeiten aufweisen. Man hat allgemein angenommen, daß sich Carneades Theorie nur auf den Bereich des praktischen Handelns bezieht. Aber Robin[74] kommt nach sorgfältiger Prüfung zum Schluß, daß sie sich auf alle Formen des Denkens, Urteilens und Wahrnehmens bezieht. Auch dies steht im Einklang mit Husserls Auffassung. Es scheint allerdings, daß Carneades in seiner Theorie nur Denkakte

[74] op.cit.

im Sinne gehabt hat, während für Husserl die Konstitution problematischer Möglichkeiten der vorprädikativen Sphäre entstammt und auf die passiven Synthesen der Identität, der Ähnlichkeit usw. fundiert ist. Jedenfalls können wir an die Überlegungen des Carneades anknüpfen und sein drittes Beispiel als Ausgangspunkt für eine Analyse der verschiedenen Formen der Relevanz verwenden.

2) Thematische Relevanz

a) Erzwungene Aufmerksamkeit (»Auferlegte« thematische Relevanz)

Wenn wir das Beispiel des Carneades näher betrachten, drängen sich verschiedene Fragen auf. So könnte es uns wundern, wie der Mann dazu kommt, gerade zwischen diesen zwei Möglichkeiten, Schlange und Seilknäuel, zu schwanken. Könnte denn der Gegenstand in der Ecke nicht auch etwas anderes sein? Wenn wir antworten, daß für den Mann andere Möglichkeiten nicht »relevant« sind, deuten wir damit ein Problem an, das wir erst in der Analyse der Interpretationsrelevanz[75] ausführlich behandeln werden. Und wenn wir sagen, daß einem ängstlichen Menschen in einer solchen Lage vor allem daran liegt, entscheiden zu können, ob es sich um einen Gegenstand handelt, von dem Gefahr drohen könnte, damit er entsprechende Maßnahmen ergreifen könnte, berühren wir ein Problem, das erst in der Analyse der Motivationsrelevanz[76] genauer untersucht wird.

Vorläufig wenden wir uns jedoch einer Frage zu, die sich noch unmittelbarer aufdrängt, wenn wir vom Beispiel des Carneades ausgehen. Wie kommt es denn überhaupt dazu, daß den Mann gerade dieser Gegenstand in der Ecke, was immer er auch sein mag, »interessiert«? Es gibt ja schließlich in dieser Ecke andere Gegenstände wie auch andere Ecken mit Gegenständen, die ebenfalls nur verschwommen gesehen werden können. Aber diese Gegenstände »interessieren« ihn nicht. Obwohl sie in seinem Wahrnehmungsfeld sind, »stechen sie nicht hervor«, »heben sich nicht ab«. Sie »ziehen seine Aufmerksamkeit nicht an sich«. Wie kommt das?

[75] Vgl. Kap. III, B 3.
[76] Vgl. Kap. III, B 4.

Es gibt vier Hauptformen der »auferlegten« thematischen Relevanz: Unvertrautes zieht im Rahmen des Vertrauten die Aufmerksamkeit auf sich; im »Sprung« von einem Wirklichkeitsbereich geschlossener Sinnstruktur zum anderen begegnet man neuen Themen; Veränderungen der Bewußtseinsspannung innerhalb des gleichen Wirklichkeitsbereiches können zu »unmotiviertem« Themenwechsel führen; Aufmerksamkeit kann sozial erzwungen werden.

Die erste Form ist in gewissem Sinn die wichtigste. Sie liegt, wenn man sie in ihren allgemeinen Zügen auffaßt, den anderen Formen zugrunde. Wollen wir am Beispiel des Carneades exemplifizieren, wie Unvertrautes im Rahmen des Vertrauten hervorsticht, sich von ihm abhebt. Wir können hierbei auch auf die Ergebnisse der vorangegangenen Analyse der Vertrautheit als einer Dimension des Wissensvorrats zurückgreifen.[77]

Nehmen wir an, daß der Mann im Beispiel in sein eigenes Zimmer zurückkehrt. Er ist mit dem Zimmer aus langer Gewohnheit voll vertraut. Das heißt, daß sowohl der äußere Horizont (Lage des Zimmers im Haus etc.) als auch der innere Horizont (die verschiedenen Gegenstände im Zimmer, deren Anordnung etc.) des Zimmers hinreichend bestimmt sind und daß die Bestimmungen durch fortwährenden Gebrauch und Betätigung zu einem Bestandteil des Gewohnheitswissens dieses Mannes geworden sind. Er kann sich im Zimmer routinemäßig orientieren. Daraus folgt, daß die Heimkehr in dieses Zimmer für den Mann nichts Problematisches an sich hat. So hängt er beim Betreten des Zimmers anderen Gedanken nach, er erinnert sich zum Beispiel an ein Gespräch, das er kurz vorher mit einem Bekannten geführt hatte. Mit diesen Erinnerungen, die das Thema seines aktuellen Erfahrungsablaufes bilden, beschäftigt, setzt er routinemäßig einen Fuß vor den anderen und stößt routinemäßig die Tür zum Zimmer auf. Dabei erwartet er automatisch, ohne diese Erwartung zu thematisieren, das Zimmer wieder so vorzufinden, wie er es vor einigen Stunden verlassen hatte. Die Automatik dieser Erwartung beruht auf den schon in verschiedenen Zusammenhängen besprochenen Idealisierungen des »Und-so-weiter« und des »Ich-kann-immer-wieder«.

Um Mißverständnissen vorzubeugen, müssen wir den Sachverhalt ganz genau beschreiben. Das Thema des Erfahrungsablaufs

[77] Vgl. Kap. III, A 3 b.

bilden, wie gesagt, die Erinnerungen an das Gespräch. Im Augenblick mag er zum Beispiel an eine bestimmte Phase des Gesprächs denken: diese bildet den aktuellen Kern des Themas. Die anderen Phasen des Gesprächs, Vorstellungen des Mannes, was er eigentlich hätte sagen sollen, wie er es besser hätte formulieren können usw. gehören zwar nicht zum aktuellen Kern, aber zum thematischen Feld, um eine wichtige, von Aron Gurwitsch eingeführte Unterscheidung zu gebrauchen.[78] Das Bewußtsein von der Motorik seines Gehens, ein Begleitgefühl von Müdigkeit, Bewußtsein vom Lärm auf der Straße, wie auch die automatischen Erwartungen, die sich auf das Zimmer beziehen, sind dagegen selbstverständlich nicht im thematischen Kern, auch nicht im thematischen Feld, sondern bloß im Horizont des aktuellen Erfahrungsablaufs. (Wir vernachlässigen hier den Unterschied zwischen noetischer und noematischer Analyse.)

Wenn der Mann nun das Zimmer tatsächlich unverändert vorfände, könnten die einsetzenden aktuellen Wahrnehmungen des Zimmers im Horizont des Erfahrungsablaufs bleiben. Nichts könnte ihn dabei stören, den Gedanken an das Gespräch weiter nachzuhängen. Dies ist jedoch nicht der Fall. Ein unvertrauter Gegenstand ist da. Die aktuellen Wahrnehmungen des Zimmers »bestätigen« nicht die automatischen Erwartungen. Die Einheitlichkeit des Blickfeldes »bricht auseinander«, da ein unerwartetes Element im Blickfeld vorhanden ist. Da der Mann im Zimmer routinemäßig nur Vertrautes erwartete, wird das wahrgenommene unerwartete Element »problematisch«. Das heißt, daß der Gegenstand thematisiert werden muß. Er rückt aus dem Horizont des Erfahrungsablaufs, in dem er bliebe, wenn er sich in die automatischen Erwartungen einfügte, in den Kern des Erfahrungsablaufs. Zugleich wird das bisherige Thema, die Erinnerung an das Gespräch, fahren gelassen. Wie wir in der Untersuchung des Fortgangs und der Unterbrechungen des Wissenserwerbs hervorgehoben haben, gibt es hierbei zwei Möglichkeiten. Entweder wird das Thema »endgültig« aufgegeben, oder es wird nur »vorläufig« beiseite geschoben.[79] Wenn zum Beispiel der Mann vor dem Betreten des Zimmers damit beschäftigt gewesen wäre, ein für ihn wichtiges Problem zu durchdenken, so müßte er sich jetzt nach dem Prinzip

[78] Théorie du Champs de la Conscience.

[79] Vgl. Kap. III, A 2 c und d.

des »First things first« zwar dem Gegenstand in der Ecke als neuem Problem zuwenden, würde aber das alte Problem nicht endgültig fallen lassen. Dieses würde sozusagen eine später auszufüllende Lücke darstellen. In unserem Beispiel dagegen hatte der Mann im Augenblick nichts besseres zu tun und erinnerte sich nur an das Gespräch, ohne daß dieses für ihn problematisch geworden wäre. Er läßt dieses Thema jetzt endgültig fallen.

Damit haben wir den wichtigsten Fall der »auferlegten« thematischen Relevanz festgestellt: er besteht aus aufgezwungenem Themenwechsel, der infolge eines Bruchs in den automatischen Erwartungen (allgemeiner: infolge einer Stockung in den lebensweltlichen Idealisierungen) zustande kommt. Das neue Thema drängt sich in der Form eines hervorstechenden Unvertrauten auf.

Eine nicht motivierte, also strikt genommen auch auferlegte Veränderung des Themas kann ferner durch einen »Sprung« aus einem Wirklichkeitsbereich geschlossener Sinnstruktur zum anderen verursacht werden. Durch die radikale Veränderung der Bewußtseinsspannung und des Erlebnis- bzw. Erkenntnisstils wird ein Erfahrungsablauf mit seinem Thema abgebrochen und ein neues Thema konfrontiert. Dieser Fall der »auferlegten« thematischen Relevanz kann im übrigen, wie schon erwähnt wurde, als ein Sonderfall in der Stockung lebensweltlicher Idealisierungen aufgefaßt werden. Da wir die Vorgänge, die einen »Sprung« von einem Wirklichkeitsbereich in einen anderen kennzeichnen, schon in einem anderen Zusammenhang[80] untersucht haben, brauchen wir hier nur darauf hinzuweisen.

Themenänderungen können ferner infolge von Veränderungen der Bewußtseinsspannung und bestimmter Dimensionen des Erlebnis- bzw. Erkenntnisstils, wie vor allem der Zeitdimension und der Erlebnistiefe, einsetzen, auch wenn diese in Erfahrungsabläufen innerhalb des gleichen Wirklichkeitsbereichs stattfinden.[81] Es muß jedoch hinsichtlich der zwei zuletzt besprochenen Fälle der Themenveränderung klar festgehalten werden, daß wir nur solche »Sprünge« zwischen Wirklichkeitsbereichen und nur solche Veränderungen von Bewußtseinsspannungen etc. innerhalb der gleichen Wirklichkeitssphäre in Betracht ziehen können, die nicht, *sensu strictu*, »motiviert« sind. Die ansonsten gleichen Vorgänge,

80 Vgl. vor allem Kap. II, A 1 bis 4.
81 Vgl. hierzu Kap. II, B 1; auch Kap. III, A 2 c und d.

falls sie motiviert sind, gehören vielmehr in die im nächsten Unterabschnitt zu besprechende Kategorie der thematischen Relevanz, die der »freiwilligen« Zuwendung.

Zuletzt ist noch eine weitere Form der »auferlegten« thematischen Relevanz zu erwähnen, nämlich die sozial »auferlegte«. Sie ist im täglichen Leben von der größten Bedeutung. Das Handeln der Mitmenschen – und zwar sowohl die Handlungsabläufe wie die Handlungsresultate – setzen dem einzelnen Themen vor, denen er sich zuwenden muß.[82] Diese Form der »auferlegten« thematischen Relevanz überschneidet sich allerdings mit den anderen. Handlungsabläufe und Handlungsresultate können zum Beispiel völlig unerwartet sein; sie fügen sich nicht in die routinierten Erwartungen, die auf Mitmenschen bezogen sind, ein. In diesem Fall handelt es sich offensichtlich um das Hervorstechen bzw. Abgehobensein von Unvertrautem gegenüber einem Hintergrund von Vertrautem. Aber Mitmenschen können auch in einen Erfahrungsablauf eingreifen, dem einzelnen neue Themen aufzwingen, ohne daß ihr Handeln in nachfolgender Interpretation als atypisch, unvertraut erscheint.

b) Freiwillige Zuwendung (»motivierte« thematische Relevanz)

I) Themenwechsel

Nicht alle thematische Relevanz ist in dem soeben untersuchten Sinn »auferlegt«. Eine andere Relevanzstruktur bekundet sich in der freiwilligen Zuwendung zu einem Thema. Der Mann im Beispiel beschäftigte sich mit anderen Gedanken, als er das Zimmer betrat. Es wäre widersinnig, anzunehmen, der Erlebnisablauf des Mannes sei vorher unstrukturiert, »ohne Thema« gewesen. So mußte auch schon da von einer Themenänderung gesprochen werden. Nur drängte sich da ein neues Thema »von sich aus« auf, infolge seiner Unvertrautheit, das sich gegenüber einem vertrauten Feld abhob. Wir brauchen jedoch das Beispiel nur etwas zu variieren, um zu einer anderen Form des Themenwechsels, nämlich des »motivierten« Themenwechsels, zu gelangen.

Nehmen wir an, der Mann im Beispiel des Carneades sei mit dem Zimmer nicht sehr vertraut. Es ist nicht sein Zimmer, aber er hat es früher gelegentlich betreten. Daraus folgt, daß er automatische

[82] Vgl. hier vor allem Kap. V.

Erwartungen hat, die nicht völlig inhaltsleer sind, sondern auf Grund seiner vorangegangenen Erfahrungen des Zimmers eine gewisse inhaltliche Bestimmtheit aufweisen. Nur der Gegenstand in der Ecke ist ihm völlig unbekannt, der Rest fügt sich ohne weiteres seinen automatischen Erwartungen ein. So zwingen ihm auch in dieser Variation des Beispiels der Bruch in seinen automatischen Erwartungen und das Hervorstechen von Unvertrautem ein neues Thema auf.

Nun wollen wir aber das Beispiel noch weiter abwandeln. Nehmen wir an, daß der Mann noch nie in diesem Zimmer gewesen sei und daß ihm außerdem dieses Zimmer von seinem Bewohner nicht beschrieben wurde. Auch dann werden seine Erwartungen nicht völlig inhaltsleer sein. Sie beziehen sich jedoch auf Zimmer im allgemeinen; sie leiten sich von der in seinem Wissensvorrat angelegten Typik ab. Er weiß ungefähr, welche Variationsbreite es für typische Zimmer gibt, er weiß, in welche Variationsbreite sich typische Gegenstände in typischen Zimmern fügen und in welchen typischen Anordnungen sie stehen mögen. Wenn er nun das Zimmer betritt, wird ihm wieder der Gegenstand in der Ecke »ins Auge springen«, weil er aus dieser Typik herausfällt. Wir brauchen diesen Punkt nicht weiter auszuführen, weil er an anderer Stelle schon eingehender behandelt wurde.[83]

Wir haben uns aber hier dennoch einem wichtigen Aspekt genähert. Wir sprachen zwar noch von typischen Erwartungen. Es ist aber nicht mehr selbstverständlich, daß diese Erwartungen automatisch sind. Wir können allgemein formulierend sagen, daß je weniger vertraut eine Gesamtsituation ist, um so größer die Aufmerksamkeit sein wird, mit der man sich ihr, sozusagen »von sich aus«, zuwendet. Die unvertraute Gesamtsituation, der man sich nähert, wird schon im voraus thematisiert, worauf die verschiedenen Elemente dieser Situation der Reihe nach subthematisiert werden, bis sie als mehr oder minder typisch und vertraut eingeordnet und abgetan werden können. Mit anderen Worten, wenn man sich in einer Situation nicht routinemäßig orientieren kann, muß man sie auslegen. Und wenn man das im voraus weiß, wendet man sich ihr auch »freiwillig« im voraus zu. Das bedeutet auch, daß man nicht unbeschränkt »anderen Gedanken« nachhängen kann, sondern dazu motiviert ist, sich der Situation oder bestimmten Aspek-

[83] Vgl. die Ausführungen zu Vertrautheit und Typik, Kap. III, A 3 b II.

ten dieser Situation »rechtzeitig« zuzuwenden. Daß hier »rechtzeitig« in engem Zusammenhang mit dem Prinzip des »First things first« und den im Wissensvorrat sedimentierten typischen Dringlichkeitsstufen zur Bewältigung typischer Situationen und Probleme steht, versteht sich von selbst. Auf die letzte Variation des Beispiels angewandt heißt das, daß der Mann schon vor dem Betreten des Zimmers »freiwillig« die Erinnerungen an das Gespräch mit seinem Bekannten fahren gelassen hätte und die bevorstehende Situation, also das ihm unvertraute Zimmer bzw. seine Orientierung darin, thematisiert hätte. Er wäre demnach zum Themenwechsel »motiviert« gewesen. Nach einer mehr oder minder aufmerksamen Auslegung der Gesamtsituation wäre ihm, wie schon ausgeführt, der Gegenstand in der Ecke als besonders a-typisch aufgefallen.

Hier ist eine weitere Überlegung am Platz. Die verschiedenen Abwandlungen des Beispiels zeigen, daß es schwer ist, eine scharfe Linie zwischen »auferlegtem« und »motiviertem« Themenwechsel zu ziehen. Zwischen erzwungener Aufmerksamkeit und freiwilliger Zuwendung bestehen graduelle Unterschiede. Jeder Erfahrungsablauf in seinen verschiedenen Dimensionen und jede Situation in ihren verschiedenen Aspekten weisen ein Ineinandergreifen und ein Zusammenspiel von auferlegten und motivierten Momenten auf. Dies gilt im übrigen nicht nur für thematische Relevanz, sondern für die Relevanzstrukturen überhaupt.

Es wurde schon vorhin kurz angedeutet, was in diesem Zusammenhang mit »rechtzeitiger« Zuwendung gemeint ist. Das worum es hier geht spielt natürlich auch in den Unterschied von »auferlegter« und »motivierter« Zuwendung hinein. Der Mann im Beispiel hätte so sehr mit der Erinnerung an das vorangegangene Gespräch beschäftigt sein können (wenn es ihn zum Beispiel vor lebenswichtige Entscheidungen gestellt hätte), daß er darauf »vergessen« hätte, sich »rechtzeitig« auf die neue Situation umzustellen. In diesem Fall wäre der nun erst später erfolgte Themenwechsel nicht »motiviert«, sondern »auferlegt« gewesen. Ob eine thematische Relevanz als vornehmlich »auferlegt« oder »motiviert« betrachtet werden soll, hängt also auch davon ab, welches »Gewicht« das aktuelle Thema in einer gegebenen Situation hat, wie bedeutsam die Bewältigung der aktuellen Situation gegenüber der auf den Handelnden erst zukommenden Situation ist und schließlich auch von der »Persönlichkeit« des Handelnden, zum Beispiel seiner biographisch bedingten Unsicherheit gegenüber neuen Situationen überhaupt, seiner Unsicherheit gegenüber Situationen dieses spezifischen Typs usw. Allgemein ausgedrückt, ist die thematische Relevanz in ihrem Unterschied zwischen »auferlegter« und »motivierter« Relevanz mit der Struktur der Motivationsrelevanz überhaupt verflochten.

Wie schon in der Analyse der »auferlegten« thematischen Relevanz gezeigt wurde, kann Themenwechsel mit »Sprüngen« aus einem Wirklichkeitsbereich in einen anderen, aber auch mit weniger einschneidenden Veränderungen des Erlebnis- bzw. Erkenntnisstils, der vorherrschenden Zeitdimension, der Erlebnistiefe usw. verbunden sein. Dies gilt im allgemeinen auch für nicht »auferlegte« thematische Relevanzen. Nur sind in diesem Fall die »Sprünge«, die Veränderungen und die damit verbundenen Themenwechsel, »motiviert«.

II) Themenentwicklung

Neben der »freiwilligen« thematischen Relevanz, die wir als »motivierten« Themenwechsel beschrieben haben, gibt es noch eine andere Form dieser Relevanz. Das aktuelle Thema kann im Griff des Bewußtseins bleiben; es findet also kein Themenwechsel statt. Dennoch erfolgen »motivierte« thematische Veränderungen: man wendet sich der Auslegung der Implikationen des aktuellen Themas zu. Da wir die wichtigsten Aspekte dieses Prozesses schon in anderem Zusammenhang beschrieben haben[84], können wir uns hier darauf beschränken, die Ergebnisse dieser Beschreibung auf das vorliegende Problem anzuwenden.

Wie Husserl gezeigt hat, besitzt jedes Thema einen grundsätzlich unbegrenzten inneren und äußeren Horizont.[85] Der äußere Horizont enthält alles, was gleichzeitig mit dem Thema im Bewußtsein gegeben ist. Er enthält also die Retentionen und Erinnerungen, die auf die ursprüngliche Konstitution des aktuellen Themas zurückverweisen. Er enthält die Protentionen und Erwartungen, die auf mögliche Weiterentwicklungen des Themas vorverweisen. Ferner gehört zum äußeren Horizont alles, was mit dem Thema in passiven Synthesen der Identität, der Ähnlichkeit usw. verbunden ist.

84 In der Analyse der Formen und des Fortgangs des Wissenserwerbs vgl. Kap. III, A 2 b und c.

85 Ideen, I, §§ 82, 113, 114; Erfahrung und Urteil, §§ 8-10.

Der innere Horizont enthält dagegen alles, was »im Thema« selber enthalten ist, die verschiedenen Elemente also, in die das Thema »zerlegt« werden kann, die Teilstrukturen dieser Elemente und deren Gesamtzusammenhang, durch den sie zu einem einheitlichen Thema werden. Wir wollen uns hier die Ergebnisse einer Weiterentwicklung des Husserlschen Gedankenganges durch Gurwitsch zu eigen machen.[86] Wir unterscheiden mit ihm zwischen jenen Bestandteilen des Horizontes, die »wesentlich« zum Thema gehören, und jenen, die mit dem Thema »eigentlich« nichts zu tun haben. Zu den letzteren gehören zum Beispiel die kontinuierlichen, meist passiven Abschattungen des Bewußtseins vom eigenen Körper, Wahrnehmungen, die »aufgezwungen« sind, aber nicht zur Thematisierung gelangen, wie zum Beispiel nicht allzu lauter Lärm auf der Straße, während man im Zimmer ein Buch liest usw. Diese Bestandteile des Horizonts stehen mit dem Thema, wie Gurwitsch feststellt, in rein zeitlichen Beziehungen. Im Horizont des Themas sind jedoch auch Aspekte, die im Wahrnehmungszusammenhang (Auffassungperspektiven) bzw. Sinnzusammenhang (Beziehungen des Kontexts) mit dem im aktuellen Erfahrungsablauf gegebenen Thema stehen. Wir wollen diese nach Gurwitsch das thematische Feld nennen. Ohne die Einzelheiten der noetischen und noematischen Analyse Gurwitschs verfolgen zu können, begnügen wir uns mit der Feststellung, daß das thematische Feld aus thematischen Relevanzen besteht, die implizit zum Thema gehören und ursprünglich in vergangenen Erfahrungen angelegt wurden oder in der aktuellen Erfahrung mitgegeben sind.

Dem thematischen Feld kann man sich »freiwillig« zuwenden. Man ist dazu »motiviert«, sich nicht mit dem Thema, so wie es in seinem Kern schlicht erfaßt wurde, zufriedenzustellen, sondern verlegt die Aufmerksamkeit auf die »Details« (innerer Horizont) oder die Beziehungen des Themas zu anderen Themen (äußerer Horizont). Man behält jedoch das Hauptthema im Griff des Bewußtseins. Was aber im thematischen Feld nur implizit vorgegeben war, wird nun in der Zuwendung explizit gemacht. Mit anderen Worten, das Hauptthema wird in verschiedenen Sub-Thematisierungen weiterentwickelt.

Im übrigen ist auch die Unterscheidung zwischen Themenwechsel und Themenentwicklung idealtypischer Natur. Von Themen-

[86] Vgl. Aron Gurwitsch, »Théorie du Champs de la Conscience«.

entwicklung können wir nur sprechen, so lange das Hauptthema nicht aus dem Griff des Bewußtseins entlassen wird. Es gibt aber offensichtlich die Möglichkeit, daß mehr oder minder merklich die Themenentwicklung im Themenwechsel mündet, wenn das Hauptthema zugunsten einer Subthematisierung aufgegeben wird. Die Lektüre von Stichwörtern in einem Lexikon liefert einleuchtende Beispiele. Man beginnt mit einem Stichwort, das zur Beantwortung einer vorliegenden Frage am relevantesten erscheint. Man verfolgt dann die Implikationen des ursprünglichen Problems, indem man Querverweise, die im ersten Stichwort angegeben waren, nachschlägt. Dann »entdeckt« man beim Durchlesen eines neuen Stichwortes ein neues faszinierendes Problem. Da kommt es dann oft vor, daß man das ursprüngliche Problem mitsamt seinen Implikationen aufgibt und sich der Lektüre von Stichwörtern, die mit jenem Problem nichts mehr zu tun haben, hingibt. Dennoch ist man einer Kette von thematischen Zusammenhängen gefolgt; man hat in diesem Sinn das ursprüngliche Thema »weiterentwickelt«, bis man es an einem gewissen Punkt »aufgegeben« hat.

Da wir die Entwicklung eines Themas durch Aufmerksamkeitszuwendungen innerhalb des thematischen Feldes als eine Kategorie »freiwilliger« thematischer Relevanz behandelt haben, müssen wir nun eine gewisse Einschränkung vornehmen. Es ist sicherlich der Fall, daß die Zuwendung zum thematischen Feld und dessen Weiterentwicklung »motiviert« ist. Sie erfordert einen »freiwilligen« Akt. Das thematische Feld ist jedoch andererseits implizit »im Thema« enthalten – wie es umgekehrt kein isoliertes Thema gibt, sondern sich dieses immer von einem thematischen Feld abhebt. In diesem Sinn hat das thematische Feld eine unabänderliche, sozusagen »auferlegte« Vorgeschichte. Das bedeutet, daß die Richtung für eine Weiterentwicklung des Themas und die Möglichkeiten der Subthematisierungen in gewissem Maß vorgegeben sind. Während der Gesamthorizont eines Themas, wie schon gesagt, prinzipiell unbegrenzt ist, ist das thematische Feld »praktisch«, das heißt hinsichtlich der tatsächlichen Vorgeschichte der Erfahrung mehr oder minder deutlich umschrieben.

Schließlich ist noch zu bemerken, daß Themenentwicklung als ein Auslegungsprozeß aufgefaßt werden kann. Sie spielt also in den Bereich interpretativer Relevanzstrukturen hinüber.

c) *Hypothetische Relevanz*

Bei den bisher besprochenen thematischen Relevanzen handelte es sich nur um die einfacheren Zeitstrukturen des Erfahrungsablaufes, um aktuelle Abgehobenheiten, aktuell motivierte Themenwechsel usw. Nur bei der einen Abwandlung des Beispiels, in der es darum ging, daß der Mann »rechtzeitig« das alte Thema fallen ließ und sich einem neuen zuwandte, berührten wir eine weniger einfache Zeitstruktur. Es gibt jedoch eine Form der Relevanz, die eine weit verwickeltere Zeitstruktur aufweist; wir wollen sie hypothetische Relevanz nennen. Es sei vorausgeschickt, daß bei der hypothetischen Relevanz alle Hauptformen der Relevanzstrukturen, also nicht nur die thematische, sondern auch die Interpretations- und Motivationsrelevanz aufs engste miteinander verflochten sind. Nur weil die hypothetische Relevanz auf jeden Fall und notwendig die thematische Relevanzstruktur involviert, wollen wir sie schon an dieser Stelle besprechen.

Im übrigen sind wir dem Problem der hypothetischen Relevanz schon früher begegnet, und zwar bei der Beschreibung der Arten der Wissenserwerbs-Unterbrechungen.[87] Wir haben dort das Problem an Hand eines Beispiels entwickelt: Ich sitze im Zimmer und bin damit beschäftigt, einen Brief zu schreiben. Plötzlich höre ich auf der Straße einen lauten Knall. Dieser Knall drängt sich meiner Aufmerksamkeit auf. Ich unterbreche das Briefschreiben. Ein Knall solcher Lautstärke gehört auf Grund der in meinem Wissensvorrat sedimentierten Erfahrungen nicht zu den typischen »vertrauten« Ereignissen, die sich auf der Straße abspielen, wie zum Beispiel der Lärm der Automotoren, Menschenstimmen usw. Soweit handelt es sich um eine thematische Relevanz von einer Art, die schon beschrieben wurde: Etwas Unvertrautes sticht von einem Hintergrund von Vertrautem ab. Nun weiß ich, wenn ich mich dem Ereignis zuwende, daß es wahrscheinlich ein Schuß oder eine Fehlzündung war. Wenn es ein Schuß war, bin ich zu gewissen Verhaltensmaßregeln motiviert. Ich trete ans Fenster, bemerke nichts Ungewöhnliches und darf daraufhin diese Möglichkeit als unwahrscheinlich abschreiben. Der Fall liegt offensichtlich parallel zum dritten Beispiel des Carneades: Schlange oder Seilknäuel? In beiden Fällen bin ich zu einer »Inspektionstour« um das Thema

[87] Vgl. Kap. III, A 2 d I.

motiviert. Inwiefern ist diese Art von Relevanz »hypothetisch«?

Schüsse sind in meinem Wissensvorrat als typisch wichtige Ereignisse eingeordnet, die meistens gewisse Verhaltensweisen erfordern. Dieses Wissenselement ist also mit bestimmten Motivationsrelevanzen gekoppelt. Die Koppelung ist besonderer Art: wenn Ereignisse X, dann Verhaltensweisen Y oder Z. Das heißt, Y oder Z sind »neutralisiert«, aber so, daß sie bei X jederzeit wieder »aktiviert« werden. Nun war es aber der Fall, daß ich nicht mit subjektiver Sicherheit sagen kann, ob sich X ereignet hat. Ich weiß nur, das Ereignis *könnte* vom Typus X sein. Genaugenommen wurde mir also durch das Ereignis eine hypothetische Relevanz »auferlegt«. Wenn das Ereignis ein Schuß war, dann war es thematisch relevant (das heißt, dann war meine erzwungene Zuwendung nicht »überflüssig«) und dann ist es motivationsmäßig relevant. Wenn es sich aber, nach den notwendigen Schritten der Auslegung herausgestellt hat, daß das Ereignis kein Schuß gewesen war, dann wird die thematische-motivationsmäßige Relevanz des Ereignisses im nachhinein aufgehoben.

Unser Verhalten in der Lebenswelt des Alltags wird weitgehend von hypothetischen Relevanzen mitgelenkt. Häufig ist unser Handeln darauf ausgerichtet, Situationen herbeizuführen, in denen es möglich wird, festzustellen, ob eine hypothetische Relevanz in eine »gültige« Relevanz überführt oder als nichtig betrachtet werden soll. Wenn solche Bestätigungen oder Aufhebungen unabhängig von unserem Handeln sind, muß man oft einfach »abwarten«. Dann sind die Erwartungen zukünftiger Ereignisse, abgesehen von allen sonstigen sie kennzeichnenden Sinnstrukturen, auch darauf ausgerichtet, ausfindig zu machen, ob ein vergangenes, hypothetisch relevant erscheinendes Ereignis »wirklich« relevant war oder nicht. Schließlich sind viele routinemäßige »Sicherheitsvorkehrungen« aus hypothetischen Relevanzen entstanden. Man kann es »sich oft nicht leisten«, mit Verhaltensmaßregeln zu warten, bis der Tatbestand endgültig geklärt ist. Hypothetische Relevanzstrukturen sind natürlich auch im sozialen Handeln, vor allem auch im institutionalisierten Handeln, von großer Bedeutung.

Noch ein Wort über die zeitliche Struktur der Erfahrungen, um die es sich bei hypothetischen Relevanzen handelt. Die hypothetische Relevanz ist aktuell »wirklich« relevant, da man ja nicht genau sagen kann, ob sich die »Hypothese« in der Zukunft bestätigen wird oder nicht. Der Unterschied zu den nichthypothetischen Relevanzen besteht darin, daß man sich im aktuellen Erfassen des Themas sozusagen in die Zukunft versetzt, in eine Zukunft also, in der die aktuelle hypothetische Relevanz »vergangen« sein wird, wodurch sie sich als »wirklich« relevant oder aber als irrelevant herausgestellt haben wird. Die Zeitstruktur solcher Erfahrungen wollen wir mit dem Ausdruck »modo futuri exacti« bezeichnen. Sie wird in der Beschreibung des Handelns im allgemeinen eine wichtige Rolle zu spielen haben.[88]

Hypothetische Relevanz ist in vielfacher Weise mit den Strukturen der Motivationsrelevanz verflochten. Es wurde schon gesagt, daß ein hypothetisch relevantes Thema bestimmte Verhaltensweisen motiviert. Außerdem ist aber zu bemerken, daß die Möglichkeiten der – zukünftigen – Bestätigung oder Aufhebung eines hypothetisch relevanten Themas nicht das gleiche subjektive Gewicht haben müssen. Teils hängt das von der im Wissensvorrat angelegten Typik ab: man hat erfahren, daß sich manche hypothetischen Relevanzen öfters, manche seltener als »wirklich« relevant herausgestellt haben. Außerdem mag man aber eine Bestätigung der hypothetischen Relevanz befürchten, erhoffen oder dazu neutral stehen. Man mag, je nach Biographie und »Charakter«, sich immer gegen »alles mögliche vorsehen« oder dazu meist »zu faul« sein oder es aus Freude am Risiko »darauf ankommen lassen« usw.

3) Interpretationsrelevanz

a) Routinemäßige Deckung zwischen Thema und Wissenselementen (»auferlegte« Interpretationsrelevanz)

In der Beschreibung der »auferlegten« und der »freiwilligen« thematischen Relevanz ging es um Vorgänge, durch die sich ein Thema dem Bewußtsein aufdrängt oder in motivierten Bewußtseinsakten aufgenommen wird. Was geschieht aber, wenn ein Thema einmal »da« ist?

In der Zuwendung zum Thema wird dieses nicht gleichsam in seiner Einzigartigkeit und ohne Beziehung zu anderen Erfahrungen erfaßt. Sowie sich das Thema für das Bewußtsein konstituiert, wird es mit »relevanten« Wissenselementen in Deckung gebracht. Wir

88 Vgl. Kap. V.

haben es hier offensichtlich mit einer anderen als der thematischen Relevanz zu tun. Wir wollen sie Interpretationsrelevanz nennen.

Der Begriff »Interpretation« darf jedoch nicht zu eng gefaßt werden. Wir können bei der Interpretationsrelevanz wiederum zwei Hauptformen unterscheiden, von denen nur eine Auslegung im engeren Sinn involviert. Ein Thema mag sich jedoch routinemäßig mit hinreichend vertrauten und hinreichend bestimmten Elementen des Wissensvorrates decken. Hinreichend heißt hier: hinreichend zur Bewältigung der gegebenen Situation. In diesem Fall entsteht kein Problem und die Erfahrungen laufen routinemäßig weiter. Nur wenn eine in diesem Sinn adäquate Deckung zwischen Thema und Wissenselement nicht zustande kommt, stockt der routinemäßige Erfahrungsablauf, und das Thema wird zum Problem. Das Problem muß gelöst, das Thema ausgelegt werden. Bei routinemäßiger Deckung ist »Interpretation« automatisch. Es erfolgt keine explizit urteilende Auslegung, in der einerseits das Thema, andererseits relevante Wissenselemente gesondert in den Griff des Bewußtseins kommen und miteinander »verglichen« werden. Diese Form der Interpretationsrelevanz gehört zur Kategorie der »auferlegten« Relevanzen. Falls jedoch das Thema zum Problem wird, besteht ein Motiv zur mehr oder minder expliziten, schrittweisen, »urteilenden« Auslegung. In diesem Fall handelt es sich um »motivierte« Interpretationsrelevanz. Es braucht kaum betont zu werden, daß auch diese Unterscheidung idealtypischen Charakters ist. Von völlig automatischer Deckung führen verschiedene Übergänge zur klaren und expliziten Auslegung, in der Thema und Wissenselemente verglichen werden, bis ein fundiertes Urteil der Gleichheit, Ähnlichkeit usw. gefällt werden kann.

Obwohl also Interpretationsrelevanz mit thematischer Relevanz nicht identisch ist, ist sie dennoch eng und systematisch mit ihr verbunden. Dies trifft auf Interpretationsrelevanz im allgemeinen zu; jede Interpretation setzt thematische Relevanzstrukturen voraus. Die Verflechtung dieser Relevanzstrukturen wird aber ganz besonders deutlich bei routinemäßiger Deckung zwischen Thema und Wissenselementen. In diesem Fall kommt nämlich Interpretationsrelevanz gar nicht gesondert in den Griff des Bewußtseins, sondern scheint schon bei der Konstitution des Themas mitzuwirken. Zur näheren Untersuchung dieser Form von Interpretationsrelevanz kehren wir zunächst wieder zum Beispiel des Carneades zurück.

Als der Mann das Zimmer betrat, sprang ihm ein unvertrauter Gegenstand ins Auge. Das, was sich als etwas Unvertrautes von einer vertrauten Umgebung abhob, bot sich in verschiedenen visuellen Abschattungen als eine mehr oder minder geschlossene Form dar. Es wurde aber von vornherein nicht bloß als ein visuell erfaßtes unvertrautes Irgendetwas erfahren, das gleichsam »zufällig« diese bestimmte Form hat. Es wird vielmehr als ein »Gegenstand-in-der-Ecke-vielleicht-Seilknäuel« oder als ein «Gegenstand-in-der-Ecke-vielleicht-Schlange« erfahren. Das Thema wird, so wie es sich in seinen visuellen Abschattungen als Wahrnehmungsobjekt konstituiert, automatisch mit bestimmten Wissenselementen in Deckung gebracht. Es wird als ein *typisches* Irgendetwas erfahren. Nun stehen aber im Beispiel des Carneades zwei mögliche Typisierungen miteinander in Widerstreit, wobei es unerheblich ist, welche von den beiden sich »zuerst« anbot. Das Thema wird problematisch und erfordert schrittweise Auslegung. Das Beispiel gehört also, so wie es steht, zur zweiten Ebene der Interpretationsrelevanz. Wir könnten natürlich den Umstand, daß keine adäquate Deckung erfolgt, vernachlässigen. Es ist aber vielleicht weniger verwirrend, wenn wir ein anderes Beispiel wählen. Nehmen wir an, der Mann betritt ein dunkles Zimmer und stößt an einen harten Gegenstand. Die thematische Relevanz ist wiederum »auferlegt«, hier sogar in einem handgreiflichen Sinn. So wie sich das Thema konstituiert, erfolgt automatisch die Deckung mit einem ausschließlich und widerspruchslos sich anbietenden, im Wissensvorrat angelegten Typ: Möbelstück.

Auf beiden Ebenen der Interpretationsrelevanz, dem der automatischen Deckung und dem der Problemsauslegung, bieten sich nur bestimmte Wissenselemente an. Das bedeutet, daß die meisten im Wissensvorrat vorhandenen Elemente irrelevant bleiben. Der Mann weiß zum Beispiel, daß die Sonne im Osten aufgeht, daß zwei mal zwei vier ist, daß Fleischhauer Würste verkaufen, daß Enten Vögel sind, daß ihm süßer Wein nicht bekommt, um wahllos einige Elemente aus seinem Wissensvorrat herauszugreifen. Keines dieser Wissenselemente wird in der gegebenen Situation aktualisiert. Andere Elemente bieten sich jedoch »von selber« an. Manchmal werden vergangene Erfahrungen ähnlicher Gegenstände in ihrer Individualität aktualisiert. Vor allem bieten sich aber *Typisierungen* von Gegenständen ähnlicher, im Grenzfall gleicher Ausdehnung, Form, Farbe usw. an. Selbstverständlich sind diese

Typisierungen das Resultat sedimentierter individueller Erfahrungen. Diese brauchen jedoch nicht mehr gesondert geweckt zu werden.

Interpretationsrelevanz hat also einen merkwürdigen Doppelcharakter. Einerseits sind es bestimmte Aspekte des wahrgenommenen Gegenstandes, allgemeiner, bestimmte thematische Abgehobenheiten, die sich zur Interpretation »anbieten« und interpretativ relevant sind. Andererseits sind es bestimmte Elemente des Wissensvorrats, und zwar jeweils gerade diese und nicht andere, die sich in der Erfassung des aktuellen Themas anbieten und intepretativ relevant sind. Weder alle Aspekte des Themas noch alle Wissenselemente sind interpretativ relevant bzw. gleich relevant.

Es ist keineswegs so, daß alle Wissenselemente in irgendeiner Reihenfolge am Thema gewissermaßen »vorbeipassieren«, bis das »zutreffende« Wissenselement erreicht wird. Erfahrungen sind im Wissensvorrat nach ihrer Typik sedimentiert. Ein gegebenes Thema mit seinen Bestimmungen weckt nur typisch ähnliche Wissenselemente. Diese werden mit dem Thema und seinen Bestimmungen in einem Vorgang in Deckung gebracht.

Nun ist noch eingehender zu untersuchen, was mit routinemäßiger Deckung gemeint ist. Zur Veranschaulichung des Vorgangs könnte man sagen, daß bestimmte Wissenselemente »ausgewählt« und dem Thema »vorgehalten« werden, wie umgekehrt bestimmte thematische Abgehobenheiten mit Wissenselementen »in Einklang« gebracht werden. Dabei muß man sich jedoch davor hüten, anzunehmen, daß es sich bei den Vorgängen, in denen das Thema in Korrelation mit Wissenselementen gebracht wird, notwendig um Bewußtseinsakte handelt. Wie Husserl in *»Erfahrung und Urteil«* gezeigt hat[89], sind Vorgänge dieser Art der vorprädikativen Sphäre eigen; sie bilden die Basis für urteilende Auslegung. Die aktuelle Wahrnehmung bzw. das vorhandene Thema weckt die im Wissensvorrat sedimentierten Themen des gleichen Typus. Dekkung geht in passiven Synthesen vor sich.

Es soll noch einmal betont werden, daß die Deckung zwischen Thema und Wissenselement durchaus nicht »vollständig« sein muß. »Vollständige« Deckung würde implizieren, daß der Gegenstand als er selbst wiedererkannt wird, daß es sich also um eine

[89] Erfahrung und Urteil, §§ 8, 22, 24, 25, 26, 80, 83.

Synthese der Identität handelt. Dies ist ein Grenzfall, der zwar nicht ohne Bedeutung ist, uns aber hier nicht weiter zu beschäftigen braucht. Ferner kann das Thema, wie schon gesagt, zur Deckung mit erinnerten Gegenständen des gleichen Typus gebracht werden, wobei diese Gegenstände in ihrer Individualität geweckt werden. Die Deckung ist dann nur auf typische Ähnlichkeiten bezogen. Für uns am wichtigsten ist jedoch der Fall, der in der Orientierung im täglichen Leben von größter Häufigkeit ist: die Deckung zwischen Thema und dem im Wissensvorrat angelegten Typ. Die Beziehung zu spezifischen Vorerfahrungen ist in diesem Fall »indirekt«, insofern der Typus sich in eben diesen Vorerfahrungen sedimentiert hat. In all diesen Fällen gibt es graduelle Übergänge von Deckung über teilweise Deckung bis zu Nicht-Deckung. Das »Ausmaß« der Deckung muß zur Bewältigung der aktuellen Situation hinreichen, ein Umstand, an dem sich die Verflochtenheit von Interpretationsrelevanz und Motivationsrelevanz deutlich zeigt. Wenn die Deckung in diesem Sinn hinreichend ist, kommt die Adäquanz der Deckung als solche gar nicht in den Griff des Bewußtseins. Die Erfahrung läuft routinemäßig weiter. Nur im negativen Fall, wenn die Deckung unzureichend ist, wenn also ein Problem entsteht, kommt dieser Umstand zu Bewußtsein. Wie noch zu zeigen sein wird, konstituieren sich in diesem Fall Ausmaß und Adäquanz der Deckung als mehr oder minder explizite Dimensionen der daraufhin einsetzenden Auslegungsvorgänge.

Es geht schon aus dem bisher Gesagten hervor, daß in der Struktur der Interpretationsrelevanz eindeutige Relevanz und eindeutige Irrelevanz nur Grenzfälle repräsentieren. In routinemäßiger Deckung scheint es allerdings sinnlos zu sein, von mehr oder minder relevanten Wissenselementen zu sprechen. Ein Baum wird als Baum erfahren, wenn der Erfahrungsablauf routinemäßig und ohne Stockung vor sich geht. In der Tat wird es einfacher sein, die Feststellung, daß Interpretationsrelevanz einen »mehr oder minder« Charakter hat, in der Analyse der expliziten Auslegungsvorgänge zu entwickeln.

b) Problemauslegung (»Motivierte« Interpretationsrelevanz)

In der Analyse der Problemauslegung können wir auf die Ergebnisse verschiedener vorangegangener Untersuchungen zurückgreifen. So vor allem auf die Beschreibung der routinemäßigen

Deckung zwischen Thema und Wissenselementen. Wie schon ausgeführt, gründen explizite Problemauslegungen in den automatischen Vorgängen in der vor-prädikativen Sphäre. Ferner sind wir der Frage, wie der routinemäßige Erfahrungsablauf unterbrochen wird und sich ein Problem konstituiert, auch schon begegnet, als wir uns mit dem Verhältnis vom fraglos Gegebenen und Problematischen zum ersten Mal zu beschäftigen hatten[90], und dann, als wir den Wissenserwerb und insbesondere die Unterbrechungen des Wissenserwerbs analysierten.[91] Wir haben an diesen Stellen schon versucht, die Vorgänge zu beschreiben, die der Lösung eines Problems – nachdem sich ein solches abgehoben hatte – zugrunde liegen. Dies war jedoch ohne eine Präzisierung der jenen Vorgängen zugrunde liegenden Relevanzstrukturen nur in beschränktem Maß möglich. Bevor wir uns jetzt dieser Präzisierung zuwenden, wollen wir die Ergebnisse der in Frage kommenden Analysen kurz zusammenfassen.

Ein Problem entsteht, wenn eine aktuelle Erfahrung nicht schlicht in einen im Wissensvorrat vorhandenen Typus – und zwar auf der situationsrelevanten Ebene der Typ-Bestimmtheit – »hineinpaßt«. Das heißt, daß ein Problem entstehen kann, wenn zwischen Thema und Wissenselement keine routinemäßige Deckung zustandekommt. Ein Problem kann aber auch entstehen, wenn zwar die Erfahrung in einen im Wissensvorrat vorhandenen Typus »hineinpaßt«, aber die Bestimmtheit des Typus zur Bewältigung der Situation nicht ausreicht, das heißt, wenn sich herausstellt, daß die im Typus sedimentierten Auslegungsprozesse »zu früh« unterbrochen wurden. Schließlich kann etwas auch zum Problem werden, wenn aufgrund einer aktuellen Erfahrung die Unverträglichkeit (»Widerspruch«) zwischen zwei im Wissensvorrat bisher fraglos mitbestehenden Wissenselementen ins Bewußtsein tritt, wenn also ein aktuelles Thema mit zwei sich als relevant anbietenden Wissenselementen in Deckung zu bringen ist, diese Elemente aber wechselseitig unverträglich sind. Nun können wir die Vorgänge der Problemauslegung an Hand des Beispiels des Carneades weiter verfolgen.

Wie kommt es zur Deckung zwischen dem Thema – »Gegenstand-in-der-Ecke« – und dem Wissenselement – »typischer-Seil-

90 Vgl. Kap. I, B.
91 Vgl. Kap. III, A 2; insbes. III, A 2 d.

knäuel«? In diesem Beispiel ist es vor allem die wahrgenommene Gestalt des Gegenstandes, die mit dem Gestalttyp »Seilknäuel« übereinstimmt. Hierbei deckt sich sowohl die Ausdehnung wie die Anordnung der Elemente im wahrgenommenen Ganzen mit dem Typ. So wäre zu Beispiel die »gleiche« Anordnung der Elemente, aber in zehnfacher Vergrößerung, mit dem Typ »Seilknäuel« nicht mehr verträglich. Schon daran wird das Zusammenspiel verschiedener, im Typus sedimentierter Vorerfahrungen deutlich. Der Mann im Beispiel mag zufällig noch nie ein eingerolltes Seil, wohl aber Seile in anderen Anordnungen, in Knoten, lose liegend usw. gesehen haben. Andererseits mag er Knäuel, aber nicht aus Seil, sondern nur Wollknäuel gesehen haben. Beide Typisierungen sind miteinander verträglich und in ihrer kombinierten Anwendung (»Seilknäuel«) für die aktuelle Wahrnehmung interpretationsrelevant. Dagegen sind in diesem Beispiel andere, ebenfalls wahrgenommene Merkmale des Gegenstandes, zum Beispiel seine Farbe, mit Bezug auf den Typus Seilknäuel irrelevant. Der Mann mag Seilknäuel in verschiedenen Farben gesehen haben, wobei allerdings gewisse Farben in seiner Erfahrung öfters vorgekommen sein mögen als andere. Da aber alle Farben mit dem Typus Seilknäuel verträglich sind, ist die Farbe des wahrgenommenen Gegenstandes nicht unmittelbar interpretationsrelevant. Der Gegenstand in der Ecke könnte also eine Farbe aufweisen, die der Mann im Beispiel noch nie an einem Seil gesehen hat, ohne daß dieser Umstand mit der Interpretation »Seilknäuel« unverträglich wäre. Andererseits ist zu bemerken, daß, wenn der Gegenstand in der Ecke eine Farbe hätte, die der Mann als »sehr häufig bei Seilen vorkommend« erfahren hätte, dieser Umstand die Interpretation »Seilknäuel« stützen würde. Und ferner, wie noch genauer auszuführen ist, wenn zwei Typisierungen, »Seilknäuel« und »Schlange« auf Grund der »wichtigeren« Interpretationsrelevanzen »gleich wahrscheinlich« wären, kann eine »zweitrangige« Interpretationsrelevanz, wie Farbe, zur Entscheidung beitragen. Und schließlich, wenn der Mann im Beispiel *immer* nur gelbe Seilknäuel gesehen hätte, dürfen wir annehmen, daß Farbe für ihn ebenfalls erstrangig interpretationsrelevant wäre, als wesentlich zur Typusbestimmung »Seil« gehörend.

Allgemein können wir also sagen, daß es sowohl bei »auferlegter« wie bei »motivierter« Interpretationsrelevanz zur Deckung zwischen wechselseitig sich »weckenden« Aspekten des Themas und

Bestimmungen von Wissenselementen kommt. Nicht alle thematisch relevanten Momente sind interpretationsrelevant; jedenfalls müssen sie es nicht sein. Und nicht alle im Wissensvorrat sedimentierten Erfahrungen sind relevant, sondern nur die, deren typische Bestimmungen mit dem Thema verträglich sind. Schon auf Grund dieser Überlegungen können wir also sagen, daß Interpretationsrelevanz eine Funktion des jeweiligen Wissenvorrates ist, folglich also der Biographie des einzelnen.

Interpretationsrelevanz ist in einem gewissen Sinn jedoch auch situationsbedingt. Nehmen wir an, daß zunächst eine Deckung zwischen dem Thema und dem Typus »Seilknäuel« stattgefunden hat. Welche Glaubwürdigkeit hat diese Interpretation? Dies hängt nun mit verschiedenen, sozusagen »zweitrangigen« Interpretationsrelevanzen zusammen, von denen sich einige auf die Gesamtsituation beziehen. Wenn der Mann eine Schiffskajüte betritt, ist der Typus »Kajüte« mit dem Typus »Seilknäuel« durchaus verträglich. Die Erfahrung »Gegenstand-in-dieser-Kajütenecke« kann mit hoher Glaubwürdigkeit als »Seilknäuel«, nämlich als »Seilknäuel-in-Kajüte« interpretiert werden. Der Mann im Beispiel mag solche Erfahrungen schon oft gehabt haben und mit ihnen hochvertraut sein. In diesem Fall ist es sogar sehr wahrscheinlich, daß der Gegenstand in der Ecke, auch wenn er in der ersten Wahrnehmung nicht eindeutig hätte bestimmt werden können – wie dies ja auch für die anderen Gegenstände im Zimmer der Fall war –, in routinemäßiger Deckung erfahren worden wäre und sich das Thema der Aufmerksamkeit gar nicht aufgedrängt hätte. Aber auch wenn sich das Thema in diesem Fall aus anderen Gründen als auslegungsbedürftig abgehoben hätte, wenn zum Beispiel der Mann ein Kind mitgeführt hätte und ihn das Kind gefragt hätte: »Was ist dort?«, wird die Interpretation »ein Seilknäuel« mit größter Selbstverständlichkeit angeboten. Es ist jedoch zu bemerken, daß infolge der verhältnismäßig geringen Bestimmbarkeit des Gegenstandes in der ersten Wahrnehmung immer die Chance vorhanden ist, daß im Verlauf der weiteren Erfahrung und bei näherer Bestimmung des Themas diese Interpretation widerrufen werden muß. Nur ist eben, wenn die Interpretation von Anfang an eine hohe Glaubwürdigkeit hat, kein Anlaß bzw. kein Motiv zur weiteren Auslegung vorhanden. Das bedeutet, daß in diesem Fall die Interpretation erst widerrufen wird, wenn sich zusätzliche *thematische* Relevanzen aufdrängen (»Seilknäuel« bewegt sich von selbst), die mit der ursprünglichen

Interpretation unverträglich sind.

Wir wollen die Situationsbedingtheit der Interpretationsrelevanz durch eine weitere Abwandlung des Beispiels weiterverfolgen. Nehmen wir an, der Mann hätte nicht eine Schiffskajüte betreten, sondern das Zimmer eines Freundes, der von Beruf Seemann ist. Da der Mann auf Grund seiner Vorerfahrungen Zimmer – auch solche, die von Seeleuten bewohnt werden – nicht mit der *automatischen* Erwartung betritt, unter den Gegenständen im Zimmer, Tischen, Stühlen usw. auch Seilknäuel vorzufinden, findet keine routinemäßige Deckung statt. Der Gegenstand in der Ecke drängt sich seiner Aufmerksamkeit auf. In der Zuwendung zum Thema findet wieder eine Deckung mit bestimmten Wissenselementen statt: der Typus »Seilknäuel« enthält keine Bestimmungen, die mit aktuell wahrnehmbaren, interpretativ relevanten Bestimmungen des Gegenstands unverträglich wären. Zugleich ist die Bestimmtheit des Typus ausreichend (um einen Seilknäuel braucht man sich nicht zu kümmern), um das vorliegende Problem zu lösen – den Fall vorausgesetzt, daß die Interpretation genügend glaubwürdig ist. Welche Glaubwürdigkeit hat nun diese Interpretation? Der Mann war schon einmal in diesem Zimmer, hat aber keinen Seilknäuel gesehen. In seiner Erfahrung ist es ferner nicht üblich, daß Seeleute Seilknäuel nach Hause bringen. Andererseits bringen aber manche Menschen alles mögliche nach Haus; vielleicht kommt es ab und zu vor, daß sie Seilknäuel nach Hause bringen. Da Seeleute berufsmäßig mit Seilknäueln umgehen, ist die Wahrscheinlichkeit, daß Seeleute Seilknäuel nach Hause bringen, vielleicht größer als für andere Leute. Kurzum, die Interpretation »Seilknäuel« ist mit dem Thema verträglich und hat zusätzlich, innerhalb der typischen Gesamtsituation, eine gewisse, unter Umständen ausreichende Glaubwürdigkeit. Was heißt nun unter Umständen? Nehmen wir in etwas künstlicher Weise an, die einzig mögliche andere Interpretation wäre »harmlose Schlange« (in einem Land, in dem es keine Giftschlangen gibt), und diese Interpretation erschiene etwas weniger glaubwürdig (das Haus steht in einer Gegend, in der überhaupt keine Schlangen vorkommen). Obwohl der Mann also nicht subjektiv sicher wäre, daß es sich um einen Seilknäuel handelt, ist keine der anderen, ohnehin weniger glaubwürdigen Interpretationsmöglichkeiten bedrohlich. Auch wenn sich die Interpretation als falsch herausstellen sollte, sind keine besonderen Maßnahmen erforderlich. Obwohl also die Interpretation »Seilknäuel« noch das

Proviso enthält, daß sich weitere Bestimmungen des Gegenstandes als unverträglich mit dem Typus »Seilknäuel« herausstellen könnten, ist die Glaubwürdigkeit dieser ersten Interpretation unter *diesen* Umständen ausreichend.

Wollen wir nun das Beispiel noch weiter abwandeln. Nehmen wir an, daß es sich um das altvertraute Zimmer des Mannes handelt. Die Gesamtsituation ist nun anders. Er weiß mit absoluter Sicherheit, daß er selbst keine Seilknäuel nach Hause gebracht hat und daß es höchst unwahrscheinlich ist, daß andere Personen Zutritt zu seinem Zimmer gewonnen haben könnten. Es ist bisher nur einmal geschehen – und da war es ein Einbrecher, der etwas mitgehen ließ und keineswegs ein Seilknäuel deponierte. Das Thema ist zwar in seiner aktuellen Bestimmtheit mit dem Typus »Seilknäuel« verträglich. Das bedeutet, daß diese Interpretation prinzipiell »möglich« ist. Sie hat aber in der vorliegenden Gesamtsituation eine sehr geringe Glaubwürdigkeit. Was geschieht nun? Grundsätzlich ist wieder denkbar, daß der Mann das Problem ungelöst beiseite schiebt. Diese Möglichkeit ist jedoch unter den angeführten Umständen in der eben beschriebenen Gesamtsituation (unvertrauter Gegenstand in seinem eigenen, dunklen Zimmer) äußerst unwahrscheinlich. Wollen wir nun mit Carneades annehmen, der Mann sei ängstlicher Natur. Dann wäre es undenkbar, daß er dieses Problem beiseite schöbe. Die Lösung »Seilknäuel« hatte geringe Glaubwürdigkeit, das Problem ist also nicht gelöst. Er sucht nach anderen Interpretationen, die mit den aktuellen Bestimmungen mindestens ebenso verträglich sind, aber zusätzlich eine höhere Glaubwürdigkeit in dieser Situation besitzen könnten. Wollen wir davon absehen, daß ein ängstlicher Mann, der einen unvertrauten Gegenstand in seinem eigenen dunklen Zimmer bemerkt, ohnehin wahrscheinlich nicht mit der Interpretation »Seilknäuel« anfängt, wenn bedrohlichere Interpretationsmöglichkeiten mit dem Thema verträglich sind. Bei zwei mit den thematischen Relevanzen »gleich verträglichen« Interpretationen steht die Reihenfolge der Wekkung im Zusammenhang mit einer anderen, noch zu besprechenden Relevanzstruktur, nämlich der Motivationsrelevanz. Nehmen wir also an, der Mann hätte die Interpretation »Seilknäuel« wegen zu geringer Glaubwürdigkeit nicht als Problemlösung aufgefaßt. Es bieten sich nun andere, ebenfalls mit dem Thema verträgliche Interpretationen an, zum Beispiel »eingerollte Schlange«. Aber auch diese Interpretation hat keine sehr hohe Glaubwürdigkeit, da das Zimmer verschlossen war. Und nehmen wir ferner an, daß keine anderen Interpretationen mit dem Thema verträglich sind. So sind wir wieder zur Situation gelangt, in der zwei Typisierungen, »Schlange« und »Seilknäuel«, »möglich« (πιδανόν) sind, das heißt, beide Interpretationen sind mit den aktuellen Bestimmungen des Themas verträglich. Dies entspricht der Situation, die Carneades mit dem Ausdruck περίσπαστος gekennzeichnet hat. Was geschieht nun?

Die interpretativ relevanten Bestimmungen am Thema sind zunächst mit zwei im Wissensvorrat angelegten Typen verträglich; aber beide Typen enthalten mehr Bestimmungen, als am aktuellen Thema bis dahin wahrgenommen wurde. Die interpretativen Relevanzen am *Thema* reichen nicht aus, um zwischen den zwei sich anbietenden, interpretativ relevanten Typisierungen zu »wählen«. Wenn wir von der Gesamtsituation absehen, sind die zwei Interpretationen »gleich möglich«. Der *Wissens*vorrat als solcher würde zur Problemlösung »ausreichen«; es ist der *Erfahrungs*gegenstand, der nicht genügend bestimmt ist. Das Problem kann also nur gelöst werden, wenn man weitere, in der ursprünglichen Situation nicht unmittelbar erfaßte oder gar erfaßbare Aspekte des Themas bestimmt. Der Auslegungsvorgang (περιόδευσις) muß vorangetrieben werden, bis am Thema Bestimmungen gefunden werden, die mit den interpretativ relevanten Bestimmungen des Typus A, aber nicht des Typus B verträglich sind. Man muß im Zimmer bessere Beleuchtungsverhältnisse schaffen oder einen Stock nehmen und den Gegenstand anstoßen. Wenn dann im besseren Licht ein typisches Schlangenhautmuster am Gegenstand auffällt, oder sich der Gegenstand »von selber« zu bewegen anfängt, so sind die weiteren Bestimmungen mit dem Typ »Schlange« verträglich, nicht aber mit dem Typ »Seilknäuel«, der daraufhin jede Glaubwürdigkeit verliert.

Von den verschiedenen Abwandlungen des Beispiels lassen sich schon einige Verallgemeinerungen ableiten. Erstens gilt für die Interpretationsrelevanz das gleiche wie für die thematische Relevanz: Es gibt sie nicht in Isolierung. Interpretationsrelevanzen formen vielmehr eine zusammenhängende Struktur. Dies gilt für beide Korrelate der Interpretationsrelevanz, für die thematisch abgehobenen interpretativ relevanten Aspekte der aktuellen Erfahrung wie auch für die Interpretationsschemata, die sich im Wissensvorrat auf Grund der in ihren typischen Aspekten sedimentierten

Vorerfahrungen ausgebildet hatten. Diese Sedimentierungen – und die Struktur des Wissensvorrats überhaupt – verweisen ihrerseits auf die Geschichte (»Biographie«) und die Bedingungen des Wissenserwerbs.[92] Mit anderen Worten, man hat interpretieren »gelernt«. Dies gilt natürlich nicht nur für explizite Problemauslegungen, sondern auch für interpretative Vorgänge in der vorprädikativen Sphäre. Die jeweilige Anwendung der Interpretationsschemata ist dagegen situationsbedingt, wobei die Erfassung der Situation in ihrer Typik allerdings wiederum eine Funktion des jeweiligen Wissensstandes und somit der subjektiven Struktur der Interpretationsrelevanz ist.

Daraus wird es erst voll erklärlich, warum zumindest der wache, normale Erwachsene in der natürlichen Einstellung nichts, auch nicht das, was er in einer dunklen Ecke sieht, als ein bloßes Irgendetwas erfährt. Im Zusammenspiel der thematischen und interpretativen Relevanzen werden Abgehobenheiten und Erfahrungsablauf »von vornherein« in ihrer Typik erfaßt. Auch wenn der Mann im Beispiel des Carneades zwischen den Interpretationen »Schlange« und »Seilknäuel« hin und her schwankt, kommt es ihm nie in den Sinn, daß es sich um einen Elefanten, einen Tisch usw. handeln könnte. Allgemein ist die Struktur der Interpretationsrelevanz durch das Prinzip der Verträglichkeit bestimmt: Verträglichkeit zwischen dem aktuellen Thema bzw. seinen sich als »typisch« anbietenden Bestimmungen und den Interpretationsschemata des Wissensvorrats. Verträglichkeit aber auch zwischen den Interpretationsschemata in ihrem Verhältnis zueinander; häufig ist ja mehr als ein Schema interpretativ relevant. So kann ein Gegenstand als Föhre, als Baum, aber auch eventuell als »eher Strauch als Baum« interpretiert werden, aber nicht als Telefonmast. Die Anordnung der Schemata, der Typisierungen und der Wissenselemente überhaupt, nach abnehmender und zunehmender Verträglichkeit, wurde schon in der Analyse der Struktur des Wissensvorrats beschrieben.[93] Hier ist nur die Folgerung zu ziehen, daß auch »motivierte« Auslegungsakte nicht absolut »frei« sind, sondern von der Situation und dem aktuellen Thema wie auch vom jeweiligen Wissensstand und von der Anordnung der Interpretationsschemata im Wissensvorrat »vorgeschrieben« werden.

[92] Vgl. Kap. III, A 2.
[93] Vgl. Kap. III, A 3 d.

Bevor wir die Analyse der Interpretationsrelevanz abschließen, ist noch zu klären, was mit der Aussage gemeint ist, daß in Zweifelssituationen zwischen verschiedenen Interpretationen »gewählt« wird? Handelt es sich hierbei um ein Hin- und Herwechseln zwischen zwei verschiedenen Themen? Dies scheint von manchen Autoren, unter denen auch Husserl, angenommen zu werden[94]. Die Sache dürfte sich jedoch anders verhalten. Wenn sich ein Thema als problematisch konstituiert, bleibt es im Griff des Bewußtseins. Wenn man an seine Auslegung schreitet, ändert sich die Richtung der Aufmerksamkeit nur insofern, als Elemente, die bisher im thematischen Feld waren, in den Erfahrungskern gezogen werden. In den Interpretationsvorgängen werden nun verschiedene Schemata bzw. Typisierungen »vorgehalten«. Aber die Aufmerksamkeit wendet sich dabei nicht zuerst Schema A, dann Schema B zu, sondern der Beziehung (Ausmaß und Deckung) zwischen dem als *Thema erhaltenen Gegenstand* und Schema A, dann Schema B. Man könnte auch von gesonderten Sub-Thematisierungen sprechen, die im »Vergleich« vom Hauptthema zum Interpretationsschema A und dann zum Interpretationsschema B im Vordergrund der Aufmerksamkeit stehen. Selbstverständlich kann es auch vorkommen, daß das Hauptthema fahren gelassen wird. In diesem Fall handelt es sich dann jedoch nicht mehr um einen einheitlichen Auslegungsvorgang, sondern um Themenwechsel.

4) Motivationsrelevanz

a) Der Entwurf des Handelns (Motivation im Um-zu-Zusammenhang)

Daß es eine dritte Relevanzstruktur, nämlich Motivationsrelevanz neben den Strukturen thematischer und interpretativer Relevanz gibt, ist schon in der Analyse der beiden letzteren deutlich geworden. So wurde in der Beschreibung der thematischen Relevanz von »rechtzeitigen« Zuwendungen zum Thema und vom »Gewicht« des Themas gesprochen. So mußte auch darauf verwiesen werden, daß Thematisierungen in Beziehung zur Bewältigung der Situation und zu biographisch bedingten Aspekten der »Persönlichkeit« ste-

[94] Ideen, I, §§ 106-107.

hen. Die Verflochtenheit der thematischen Relevanz mit Motivationsrelevanz bekundet sich bei hypothetischen Relevanzen besonders deutlich. In der Analyse der interpretativen Relevanz zeigte sich ferner, daß der Erfahrungsablauf nicht unterbrochen wird und die Deckung zwischen Thema und Wissenselementen automatisch bleibt, solange dieser Vorgang zur routinemäßigen Bewältigung der Situation genügt. Schließlich sahen wir, daß die eigentlichen Auslegungsvorgänge so weit vorangetrieben werden, bis das Problem »gelöst« ist, das heißt, bis das aktuelle »Interesse« an der Situation befriedigt ist – abgesehen von Fällen, wo das Problem nicht durch neue »dringlichere« oder »wichtigere« Probleme überdeckt wird. All diese Feststellungen verweisen deutlich auf die Tatsache, daß sowohl thematische als auch interpretative Relevanz unlöslich mit Motivationsrelevanz verknüpft ist.

Ferner deutet aber schon die grundlegende Unterscheidung zwischen »auferlegten« und »motivierten« Formen der interpretativen und thematischen Relevanz auf die Rolle, die der Motivationsrelevanz im Zusammenhang der Relevanzstrukturen zukommt. Allerdings drängt sich hier die Frage auf, ob denn Motivationsrelevanz überhaupt als gesonderte Struktur unterschieden oder bloß als ein Grundaspekt der Gliederung von »motivierten« und »nichtmotivierten« Ebenen der Relevanz bei Thematisierung und Interpretation angesprochen werden soll. Und ferner, wenn man schon von Motivationsrelevanz als einer gesonderten Struktur sprechen darf, ist es da nicht widersinnig, in Analogie zu den beiden anderen Relevanzstrukturen ebenfalls zwei Ebenen zu unterscheiden? Eine Antwort auf diese Fragen kann nur eine systematische Betrachtung, die sich wieder auf das Beispiel des Carneades stützen wird, geben. Wir wollen hier das Ergebnis dieser Untersuchung vorwegnehmen und feststellen, daß es in der Tat gerechtfertigt ist, von einer eigenen Struktur von Motivationsrelevanzen zu sprechen, und daß innerhalb dieser Struktur wiederum zwei Formeln zu finden sind, eine »freie« und eine »gebundene«. Die erste ist die vom Handlungsentwurf in die Zukunft bestimmte Motivationskette, die zweite die biographische, durch sedimentierte Motive bestimmte »Einstellung«.

Im Beispiel des Carneades sah sich der Mann vor zwei Interpretationen gestellt. Diese erschienen ihm auf Grund des bisherigen interpretativ relevanten thematischen Materials gleich glaubwürdig. Damit konnte er sich in der aktuellen Situation nicht zufriedenstellen. (Hier müssen wir eine Überlegung einschalten. Es wurde früher festgestellt, daß Interpretationen vorgenommen werden, bis man einem Auslegungsergebnis »beipflichten« kann. Dies kann man prinzipiell auf allen Stufen der Glaubwürdigkeit, wie sie von Carneades unterschieden wurden, tun. Man ist in einem höheren Maße an subjektiver Gewißheit »interessiert«, wenn man zwischen den Alternativen »Seilknäuel/Schlange« zu entscheiden hat, als wenn die Alternativen »Seilknäuel/zusammengeknüllter Anzug« lauten.) Im vorliegenden Beispiel ist der Mann also daran »interessiert«, einer der beiden Alternativen mit subjektiver Sicherheit »beipflichten« zu können. Eine wohlfundierte Entscheidung ist für ihn »wichtig«. Die Ausdrücke »Interesse« und »wichtig« beziehen sich hier offensichtlich nicht auf die Struktur thematischer Relevanzen: Das Thema hat sich nicht verändert, es hat sich an ihm nichts »Neues« abgehoben. Sie beziehen sich aber auch nicht auf die Struktur interpretativer Relevanzen: alles zur Verfügung stehende Material wurde ausgewertet, und eben dadurch gelangte der Mann zu zwei gleich glaubwürdigen Interpretationen. Die Ausdrücke beziehen sich vielmehr auf die Struktur von Motivationsrelevanzen. Eine interpretative Entscheidung ist für den Mann *motivationsmäßig* wichtig. Das bedeutet, daß sie für sein Verhalten, für sein Handeln, letztlich für seine Lebensführung relevant ist.

Als der Mann das Zimmer betrat, wollte er sich dort schlafen legen. Die Notwendigkeit zu schlafen, ist dem Mann durch die Situation seines Leibes in der Welt auferlegt. Er will beim Schlafen gegen Regen, Kälte und andere mögliche Störungen und Gefahren routinemäßig geschützt sein. Deshalb will er im Zimmer schlafen. Im Augenblick, in dem er dem unvertrauten Gegenstand begegnet, ist die Durchführung seines – mehr oder minder – lebenswichtigen Vorhabens gestört. Sollte es sich nur um einen Seilknäuel handeln, besteht kein Grund, das Vorhaben nicht auszuführen. Es war ein »falscher Alarm«. Wenn es sich jedoch um eine potentiell gefährliche Schlange handeln sollte, wäre das Schlafenlegen mit Gefahr verbunden. In diesem Fall müßte der Mann sein Vorhaben ändern. Sein Handlungsentwurf, die Entscheidung, entweder so oder anders zu handeln, erfordert demnach eine interpretative Entscheidung. Die motivationsmäßige Wichtigkeit der interpretativen Entscheidung in diesem Beispiel bezieht sich auf einen Entwurf für zukünftiges Handeln. Allgemein können wir formulieren: die motivationsmäßige Wichtigkeit besteht in Handlungsentscheidungen, die im Sinnzusammenhang von Planhierarchien stehen. Das heißt, Motivationsrelevanz setzt das Verhalten in der aktuellen Situation in Sinnbezug zu Lebensplänen und Tagesplänen, und zwar sowohl bei routinemäßigen Vorentscheidungen als auch bei »außerordentlichen« Entscheidungen.[95]

Sehen wir uns nun die motivationsmäßige Wichtigkeit der interpretativen Entscheidung im Beispiel des Carneades näher an. Von den zwei sich als gleich glaubwürdig anbietenden Interpretationen ist eine motivationsmäßig irrelevant. Seilknäuel ist in der vorliegenden Situation weder gefährlich noch sonstwie »interessant«. Falls der Mann dieser Interpretation wohlfundiert zustimmen könnte, würde das bedeuten, daß die Störung des ursprünglichen Vorhabens, schlafen zu gehen (und die Unterbrechung des routinemäßigen Erfahrungsablaufs durch den unvertrauten Gegenstand), »überflüssig«, »unberechtigt« war. »Schlange« ist dagegen gefährlich, die Unterbrechung der Routine war in diesem Fall »berechtigt«. Der Mann müßte sein ursprüngliches Vorhaben aufgeben oder jedenfalls verändern. Andere Handlungsentwürfe müßten ausgearbeitet werden.

Dies liegt aber in der aktuellen Situation noch alles in der Zukunft. Beide Interpretationen sind jetzt noch gleich möglich.[96] Die Gefahr ist im Augenblick nur hypothetisch. Hier muß noch eine weitere Überlegung eingeschaltet werden. Man kann sich natürlich auch schon *vor* einer interpretativen Entscheidung zwischen zwei Alternativen sofort so verhalten, daß man der bloß hypothetisch angesetzten Gefahr ausweicht. Der Mann könnte gleich, nachdem er den unvertrauten Gegenstand in der Ecke bemerkt, das Zimmer verlassen. Nachdem er, wie er weiß, irgendwo schlafen muß, kann er versuchen, bei einem Freund zu übernachten. Aber der Freund wohnt am anderen Ende der Stadt, es ist ein weiter Weg. Außerdem würde der Freund, wie er vermutet, die Geschichte weitererzählen. Man würde also über seine Furchtsamkeit lachen usw. Diese Fortentwicklung des Beispiels genügt, um zu zeigen, daß man bloß hypothetischen Gefahren nicht unbeschränkt ausweichen kann. Eine als hypothetisch angesetzte Gefahr trifft notwendig irgend einmal auf eine hypothetisch als größer angesetzte Gefahr; ein Ausweichmanöver stößt mit dem anderen zusammen. Formal ausgedrückt:

95 Vgl. hierzu auch Kap. II, B 6.
96 Vgl. hierzu auch die Ausführungen über hypothetische Relevanz, Kap. III, B 2 c.

die Dringlichkeits- und Wichtigkeitsstufen und das Prinzip »first things first«, durch die Situation (Endlichkeit, Leiblichkeit usw.) des Menschen in der Welt bedingt[97], bestimmen die Planhierarchien für Verhalten und Handeln in Tagesablauf und Lebenslauf. Von diesen Planhierarchien aus gesehen, kann man nicht allen möglichen (im Prinzip unbeschränkt vielen) bloß hypothetischen Gefahren ausweichen. Man muß verhaltenslenkende interpretative Entscheidungen treffen, die sich einerseits am Wissensvorrat orientieren, vor allem an den in ihm enthaltenen Typisierungen der Wahrscheinlichkeit bestimmter Ereignisse, so zum Beispiel Gefahren (»Der Straßenverkehr hat im vergangenen Jahr soundsoviel Opfer gefordert«), und andererseits durch übergeordnete Pläne (»Ich kann nicht im Zimmer hocken bleiben, nur weil Straßenüberqueren ›gefährlich‹ ist«) bestimmt sind.

Im allgemeinen kommt also interpretativen Entscheidungen dieser Art große motivationsmäßige Bedeutung zu. Wenn das auch nicht auf jeden Einzelfall zutrifft (einmal kann man ja wohl auch vor bloß hypothetischen Schlangen davonlaufen), so gilt es doch insgesamt für die fortwährenden routinemäßigen und lebenswichtigen Entscheidungen des Alltags (»Ist es schon Zeit zum Schlafengehen?« – »Ist in dieser Suppe ein Gewürz, das mir meist schlecht bekommt?« – »Bei dieser Fluggesellschaft hat es schon sehr viel Unglücksfälle gegeben. Soll ich mit ihr fliegen?« – »Diese Gletscherabfahrt kann man nur wagen, wenn das Wetter beständig ist. Wird es beständig bleiben?« usw.), wobei gar nicht ausdrücklich formuliert werden muß, daß übergeordnete Planhierarchien »dahinterstecken« (»Ich muß essen«, »Ich will die Abfahrt machen« usw.).

Der Mann im Beispiel des Carneades muß also entscheiden, ob die Möglichkeit, daß es sich um eine Schlange handelt, tatsächlich zutrifft. Um dies wohlfundiert entscheiden zu können, muß er zusätzliches, interpretativ relevantes Material erwerben. Um zusätzliches Material zu erwerben, muß er die Situation bzw. seine Beobachtungsmöglichkeiten in der Situation verändern. Zu diesem Zweck muß er auf den fraglichen Gegenstand in einer Weise einwirken, die an ihm neue Aspekte hervortreten läßt. Das heißt, er muß den Gegenstand – die hypothetische Schlange – berühren, da er auf Grund der in seinem Wissensvorrat sedimentierten Typisie-

97 Vgl. Kap. III, A 1.

rungen weiß, daß sich »wirkliche« Schlangen daraufhin zu bewegen pflegen. Um den Gegenstand zu berühren, muß er einen Stock verwenden – um sich nicht dabei der hypothetischen Gefahr eines Bisses seitens der hypothetischen Schlange auszusetzen. Um einen Stock auf diese Weise verwenden zu können, muß er seinen Arm in gewohnheitsmäßig bekannter Art bewegen, die Finger in ebenfalls gewohnheitsmäßig bekannter Art öffnen und schließen usw. Wir brauchen das Beispiel nicht noch weiter auszuspinnen, um die innige Verflochtenheit von spezifischen Wissenselementen, Fertigkeiten und Rezeptwissen, die jedem Handeln zugrunde liegen, zu verdeutlichen.[98] Jedes »Um-zu« in diesen Sätzen stellt ein Glied in einer Kette von Motivationsrelevanzen dar. In dieser Kette motiviert jeweils das, was getan werden soll, dasjenige, das als Voraussetzung dazu »zuerst« getan werden muß. Diese Motivationskette führt also gleichsam »rückwärts« vom »Späteren« zum »Früheren«: vom Handlungsziel über die Zwischenstufen des Entwurfes zum Handlungsansatz.

So können wir also sagen, daß das Handlungsziel (in unserem Beispiel der Erwerb zusätzlichen interpretativen Materials) die Handlung in ihren Ablaufphasen motiviert. Zu Beginn dieser Beschreibungen sagten wir jedoch, daß die interpretative Entscheidung für zukünftiges Verhalten motivationsmäßig wichtig ist (wenn Schlange – dann vermeiden). Wie verhalten sich diese zwei Feststellungen zueinander? Was ist in der zeitlichen Struktur des Erfahrungsablaufs motiviert und was motivierend? Ohne eine Vorentscheidung über zeitliche bzw. »kausale« Priorität zu treffen, dürfen wir sagen, daß das Verhältnis von motivierenden und motivierten Elementen wechselseitig ist. Wir haben nur eine Motivationskette festgestellt, bei der die Relevanz des einen Glieds für das andere mit dem »umgekehrten« Relevanzverhältnis »zugleich« zustande kommt. Diese Motivationskette kann jedoch unter zwei verschiedenen Zeitperspektiven gesehen werden. Um diesen Punkt auszuführen, müssen wir allerdings der Analyse des Handelns in der Lebenswelt[99] in einigen Punkten vorgreifen.

Wir sagten, daß das Handlungsziel den Handlungsentwurf in seinen verschiedenen Phasen, einschließlich des Handlungsansatzes, motiviert. Das heißt: das Handlungsziel steht vor dem tatsächli-

98 Vgl. Kap. III, A 1 c.
99 Vgl. Kap. V.

chen Handeln. Die Handlung erfolgt, um das Ziel zu erreichen. Dieses Ziel ist ein Handlungsresultat, ein zukünftiger Sachverhalt, der aktuell vorweggenommen wird, das heißt, *modo futuri exacti* phantasiert wird. Sobald dieses Ziel gegeben ist, können dann, wie vorhin am Beispiel ausgeführt wurde, die ineinandergreifenden Glieder der Kette zurückverfolgt werden, bis man bei dem Handlungsansatz angelangt ist: von der interpretativen Entscheidung »zurück« bis zur Handlungsbewegung, die den Stock ergreift. Wenn wir formulieren: Das Handlungsziel motiviert die Handlung, versetzen wir uns, strenggenommen, in eine Phase des Erfahrungsablaufs, die der Durchführung der Handlung vorausgeht.

Wenn wir uns nach erfolgter Handlung zurückwenden und den Handlungsablauf überblicken, erscheint uns jedoch die Kette der Motivierung in anderer Zeitperspektive. Das gilt im übrigen auch für den Fall, daß wir im Verlauf der Handlung gewissermaßen »stehen bleiben«, noch bevor das Handlungsziel erreicht ist und wir auf die soeben vergangenen Ablaufphasen der Handlung zurückblicken. Nehmen wir an, daß im Beispiel des Carneades nach dem Mann einer seiner Bekannten das Zimmer betreten hätte. Als dieser gerade mit dem Stock ausholte, unterbrach er ihn in der Ausführung seines Vorhabens mit der Frage, was er denn da tue. Das Gespräch hätte sich nun ungefähr so entwickeln können: »Ich schlage mit diesem Stock auf jenen Gegenstand ein.« – »Warum tust du denn das?« – »Weil ich sehen will, ob sich jener Gegenstand zu bewegen anfängt.« – »Warum willst du das denn sehen?« – »Weil ich wissen will, ob es sich um eine Schlange handelt.« Kurzum, die Motivationskette, die wir ursprünglich mit Um-zu-Sätzen beschrieben haben, kann in ihren sämtlichen Gliedern ebenfalls mit Weil-Sätzen ausgedrückt werden. Beide Sätze beziehen sich auf das Handlungsziel als das motivierende Element und fassen die Teilhandlungen bzw. die einzelnen Handlungsphasen als motiverte Elemente auf. Obwohl die eine Satzform einen »teleologischen«, die andere einen »kausalen« Anschein erweckt, sind die Aussagen sinnäquivalent. Der Unterschied besteht einzig und allein in der Zeitperspektive, in der die Motivationskette betrachtet wird. Was im vorhinein »teleologisch« relevant ist, stellt sich im nachhinein als »kausal« relevant heraus. Diese Überlegung bringt uns also zur früheren Feststellung, das Verhältnis von motivierenden und motivierten Elementen in der Motivationskette sei wechselseitig, zurück. Es ist hinzuzufügen, daß Aussagen über diese Art von »kausalem« Zusammenhang grundsätzlich in Aussagen über Motivationszusammenhänge übersetzt werden können, wie umgekehrt Aussagen über »freie« Entwürfe in »kausale« Sätze dieser Art übertragen werden können. Dies gilt natürlich nur, solange es um menschliches Handeln im engeren Sinn, also um entworfenes Verhalten geht.

Hier wird eine weitere Überlegung erforderlich. Es wurde gerade festgestellt, daß Motivationsketten in Um-zu-Sätzen oder »unechten« Weil-Sätzen (so wollen wir Weil-Sätze, die in Um-zu-Sätze übertragbar sind, bezeichnen) ausdrückbar sind. Heißt das nun, daß die vorliegende Analyse des Motivationszusammenhanges wesentlich von den Gegebenenheiten einer bestimmten Sprache, der Ausprägung einer bestimmten relativ-natürlichen Weltanschauung abhängig ist? Wir können die Frage mit einem Nein beantworten, allerdings nicht mit einem uneingeschränkten Nein. In der Frage sind zwei verschiedene Momente auseinanderzuhalten. Auf die triviale Selbstverständlichkeit, daß jede Analyse, auch eine Analyse vorsprachlicher Erfahrungsstrukturen, sprachlich formuliert ist, braucht nicht weiter eingegangen zu werden. Immerhin ist dadurch eine gewisse sprachliche »Befangenheit« der Analyse unausweichlich, da es ja nicht Sprache »schlechthin« gibt, sondern immer nur konkrete Sprachen mit semantischen und syntaktischen Besonderheiten. Wichtiger ist jedoch eine andere Überlegung. Handeln als entworfenes Verhalten hat, wie wir gesehen haben, eine syntaktische Struktur, die nur in völlig routiniertem Handeln wieder »verschwindet«. So kann aber vom Handeln im prägnanten Sinn, im Gegensatz zum »bloßen« Verhalten, nur beim sozialisierten und demnach sprachfähigen Menschen die Rede sein. Das bedeutet, daß lebensweltliches Handeln *empirisch* nicht nur mit Sprache »schlechthin« – als Voraussetzung syntaktischen Entwerfens –, sondern mit einer bestimmten Sprache mit ihren semantischen und syntaktischen Formen verknüpft ist. Formal besehen ist Handeln jedoch auf die zeitliche Struktur des Erfahrungsablaufes fundiert. Von den Besonderheiten einer konkreten Sprache ist es *wesentlich* unabhängig. Dies begründet unser Nein zur gestellten Frage.

Nun muß jedoch eine gewisse Einschränkung hinzugefügt werden. Die Zeitperspektiven der Erfahrung in der natürlichen Einstellung finden in verschiedenen Sprachen bzw. verschiedenen relativ-natürlichen Weltanschauungen verschiedene Ausprägungen.

Dies ist durch sprachwissenschaftliches und ethnologisches Material zur Genüge belegt. Die sprachlich objektivierten Zeitperspektiven beeinflussen entscheidend das gewohnheitsmäßige *Denken* über Handlungsabläufe und Motivationsketten. Jedermann wird in solche Formen gewohnheitsmäßigen Denkens sozialisiert. Infolgedessen verfügt er über sprachlich objektivierte Formen gewohnheitsmäßigen Denkens über Zeitperspektiven, die bis zu einem gewissen Grad von der zeitlichen Grundstruktur des Erfahrungsablaufs, der Handlungsabläufe und der darin involvierten Motivationsketten »abgelöst« sind. Mit Hilfe solcher Formen kann er sein eigenes Handeln wie das Handeln seiner Mitmenschen auslegen. Damit ist aber die Möglichkeit gegeben, daß sich in sozialen Gruppen und Gesellschaften, die mit typisch ähnlichen Situationen konfrontiert sind und ein typisch ähnliches Schicksal erleiden, typische Betrachtungsstile für Handlungsabläufe und Motivationszusammenhänge ausbilden, so zum Beispiel vorwiegend »teleologische« oder vorwiegend »kausale«, typisch »dynamische« oder typisch »statische«. Solche Betrachtungsstile können also historisch variieren, von einer relativ-natürlichen Weltanschauung zur anderen, wie auch innerhalb einer Gesellschaft sozial verteilt sein, so zum Beispiel nach sozialen Schichten und Institutionsbereichen.

b) Die biographische Bedingtheit der Einstellung (Motivation im Weil-Zusammenhang)

Bisher wurde nur eine Form des Motivationszusammenhangs beschrieben: die durch das Handlungsziel motivierte, wechselseitig relevante Kette von Handlungsabläufen bzw. Teilhandlungen. Diese Form des Motivationszusammenhangs wird, wie wir gesehen haben, in Um-zu-Sätzen ausgedrückt, kann aber auch in Weil-Sätzen formuliert werden, wenn sich die Zeitperspektive verschiebt, in der die Motivationskette betrachtet wird. Die in Um-zu-Sätze übertragbaren Weil-Sätze bezeichneten wir als »unecht«. haben wir aber damit alle Möglichkeiten motivationsrelevanten Zusammenhangs erschöpfend beschrieben? Sind alle Weil-Sätze, in denen Motivationsrelevanz ausgedrückt wird, in Um-zu-Sätze übertragbar?

Kehren wir wieder zum Beispiel des Carneades zurück. Wir sagten, daß die interpretative Entscheidung (Schlange oder Seilknäuel) als Handlungsziel die Handlungen (Stock aufnehmen, Gegenstand anstoßen usw.) motiviert, die dazu nötig sind, neues interpretativ relevantes Material (Gegenstand bewegt sich/Gegenstand bewegt sich nicht) herbeizuschaffen. Diese interpretative Entscheidung, so sagten wir, sei für das zukünftige Verhalten des Mannes relevant, für ihn unmittelbar oder mittelbar »lebenswichtig«. All diesen Aussagen liegt offenbar eine bestimmte Betrachtungsweise zugrunde. Wir haben die Situation als noch nicht endgültig vergangen, abgeschlossen, sondern als veränderlich, in gewissen Grenzen »manipulierbar« betrachtet. Das Verhalten des Mannes erscheint dementsprechend als von ihm bestimmbar, zumindest aber als innerhalb der Grenzen seiner lebensweltlichen Situation mitbestimmbar. Das Verhalten erscheint also als potentielles Handeln. Wenn wir jedoch die gleiche Situation, das gleiche Verhalten des Mannes unter dem Aspekt der Vergangenheit betrachten, erscheint die Situation nicht mehr als »offen«, das Verhalten nicht mehr als Entwurf in die Zukunft. Vielmehr erscheint uns die Situation als durch schon vergangene Erfahrungen bedingt. Was mit Bezug auf den Zukunftshorizont »frei« war, ist unter dem Aspekt der Vergangenheit in »gebunden« verwandelt.

Wenn wir diese Betrachtungsweise an das Beispiel des Carneades herantragen, können wir sagen, daß der Mann wissen will, ob es sich bei dem Gegenstand um Schlangen handelt, weil er sich vor Schlangen fürchtet. Wenn wir hier versuchen, die Aussagen in einem Um-zu-Satz auszudrücken, stoßen wir auf offenbaren Widersinn. Es ist sinnlos zu sagen, daß der Mann Schlangen fürchtet, um jetzt entscheiden zu wollen, ob es sich bei dem Gegenstand um eine Schlange oder einen Seilknäuel handelt. Obwohl eine solche Übersetzung mißlingt, handelt es sich dennoch um Motivationsrelevanz, deren Struktur sich von der bisher beschriebenen unterscheidet. Fürchtete er sich jedoch nicht vor Schlangen, wäre er an einer interpretativen Entscheidung kaum interessiert. So sind wir zum Beispiel meist nicht daran interessiert, zu entscheiden, ob ein Baum, den wir vom vorbeifahrenden Zug aus unter anderen Bäumen sehen, eine Weißtanne oder eine Douglas-Kiefer ist. Wir sind aber fast immer daran interessiert, zu entscheiden, ob das Insekt, das gerade auf unserem Arm gelandet ist, eine Stechmücke oder ein »harmloses« Tierchen ist.

Worin liegt nun der Unterschied zur vorher besprochenen Form des Motivationszusammenhanges? Dort wurde die Motivationskette als vom Handlungsziel bestimmt aufgefaßt; hier erscheint das Handlungziel selbst als motiviert. Im Grunde handelt es sich auch hier um eine Verschiebung der Zeitperspektive; allerdings ist diese jetzt nicht beliebig verfügbar. Die Furcht vor Schlangen kommt auf jeden Fall »vor« dem Handlungsverlauf, um vom Handlungsentwurf gar nicht zu sprechen. Das ist auch der Grund dafür, daß eine Übertragung in einen Um-zu-Zusammenhang hier unmöglich ist. Wir wollen solche Motivationsrelevanzen als »echte« Weil-Zusammenhänge bezeichnen.

Was ist aber nun diese Furcht vor Schlangen? Wie ist sie im Bewußtsein präsent und wie kann sie als Motiv wirken? Und wie ist sie ursprünglich entstanden?

Bevor der Mann das Zimmer betrat, dachte er an das vorangegangene Gespräch mit seinem Freund. Jedenfalls dachte er nicht an Schlangen und schon gar nicht daran, daß er Schlangen fürchtet. Schlangen und Furcht vor Schlangen sind nicht ständig im Griff seines Bewußtseins, weder als Thema noch im thematischen Feld aller anderen Themen im Erfahrungsablauf. Der Mann glaubt nicht in jedem unvertrauten Gegenstand eine Schlange zu erblicken, noch sind alle Erfahrungsobjekte in ihrem Sinn auf Schlangen bezogen, sozusagen »schlangenhaft«, noch geht der Mann herum und schaut in alle Ecken und unter alle Betten, ob sich dort nicht etwa Schlangen befänden. Auf welche Weise sind dann »Schlangen« und Furcht vor Schlangen seinem Bewußtsein »mitgegeben«?

»Schlange« ist ein in seinem Wissensvorrat angelegter Typus, der in Sedimentierungen vergangener Erfahrungen gebildet wurde. In bestimmten Situationen kann der Typus durch interpretative Relevanz bestimmter thematischer Abgehobenheiten »geweckt«, aktualisiert werden. Wie andere spezifische Wissenselemente, wie der Wissensvorrat, ist auch dieser Typus gewissermaßen in jeder Erfahrung »mitgegeben«, aber in »neutralisierter« Form. Er wird nicht durch typisch andere Gegenstände (zum Beispiel Elefanten) ins Bewußtsein gerufen, sondern nur in wechselseitigem Bezug zu typischen interpretativ relevanten Abgehobenheiten im aktuellen Thema.

Wie steht es jedoch mit der Furcht vor Schlangen? Sie ist nicht ein spezifisches Wissenselement wie der Typus »Schlange«. Sie ist vielmehr ein »Syndrom«, das aus verschiedenen Elementen besteht. Das Syndrom enthält einmal typische Erwartungen hinsichtlich hypothetischer Ereignisse, die mehr oder minder »lebenswichtig« erscheinen (»sie wird mich beißen – ich werde sterben«). Die Erwartungen sind also mit typischen »Gemütszuständen« verbunden, deren Intensität von den Grenzen der lebensweltlichen Situation (Endlichkeit, First things first usw.) und der biographisch bedingten Planhierarchie der Lebensführung bestimmt ist. Folglich ist die Intensität der »Gemütszustände« mit verschiedenen Wichtigkeits- und Dringlichkeitsgraden gekoppelt. Die Erwartungen, auf hypothetische Ereignisse bezogen, sind zugleich »Auslöser« typischer Handlungsentwürfe (»sofort weglaufen«). Es braucht kaum betont zu werden, daß die Handlungsentwürfe ihrerseits verschiedene Fertigkeiten und Rezepte entweder unmittelbar oder mittelbar voraussetzen. Ein solches aus Erwartungen, hypothetischen Relevanzen, Handlungsentwürfen, Fertigkeiten und anderen Elementen des Gewohnheitswissens wie auch aus »Gemütszuständen« bestehendes »Syndrom« wollen wir mit dem Ausdruck »Einstellung« bezeichnen. Obwohl die verschiedenen Elemente einer Einstellung verschiedenen Dimensionen des Wissensvorrates angehören – und mit thematischen und interpretativen Relevanzstrukturen verflochten sind –, können wir sagen, daß eine Einstellung in ihrer Gesamtheit ein motivationsmäßiger habitueller Besitz ist. Was das bedeutet, wird sich am besten an einer Untersuchung jener Umstände erläutern lassen, unter denen Einstellungen aktiviert werden.

Die Einstellung (Furcht vor Schlangen) wird aktiviert, wann immer die Interpretation »Schlange« aktuell und mit subjektiver Gewißheit auftritt, entweder durch automatische Deckung zwischen Thema und Wissenselement (Typus »Schlange«) oder in mehr oder minder expliziten Auslegungsvorgängen (»dieses Tier hier ist eine Schlange«). Sie wird ferner auch dann aktiviert, wenn die Interpretation hypothetischen Charakter hat (»es könnte eine Schlange sein«). Die Einstellung ist also zwar »schon immer da«, wird aber nur unter typischen Umständen aktiviert. Der motivationsmäßige habituelle Besitz ist mit expliziten Wissenselementen bzw. thematischen und interpretativen Relevanzen gekoppelt. Auch hier ist das Verhältnis *wechselseitig*. Wir sagten gerade, daß die Einstellung durch die Interpretation aktiviert wird. Umgekehrt ist aber die Einstellung auch motivationsmäßig relevant für den Grad der Glaubwürdigkeit, der für eine Interpretation erforderlich ist, im vorliegenden Beispiel dafür, wann der Mann der Interpretation »Schlange« oder »Seilknäuel« beipflichtet. Weiter ist die Einstellung schon in die Bildung der Auslegungsalternativen motivationsmäßig einbezogen: »Seilknäuel/Schlange« statt »Seilknäuel/zusammengeknüllter Anzug«. So könnten wir uns den extremen Fall eines Menschen vorstellen, der überall, wo die thematische Bestimmtheit der Erfahrungsobjekte dies bei seinem Wissensstand nicht völlig unmöglich macht (»Haus«, »Elefant«), »Schlangen sieht«. Daraus folgt aber, daß die Einstellung sogar in die Konstitution des Themas motivationsmäßig einbezogen ist, so vor allem in die Abhebung von Unvertrautem gegenüber einem Hintergrund von Vertrautem.

Eine Einstellung kommt also der Bereitschaft gleich, unter typischen Umständen typische Verhaltensweisen, somit auch typische Um-zu-Motivationsketten, in Gang zu setzen. Und zwar sofort, ohne erst »planen« zu müssen. Wenn zum Beispiel der Mann im Beispiel des Carneades in einem Land reiste, von dem er wüßte, daß es in ihm keine Schlangen gibt, so könnten dennoch Gegenstände, die früher immer den Typ »Schlange« weckten, auch hier den Typ »Schlange« und die damit gekoppelte Einstellung »Furcht vor Schlange« hervorrufen. Da die Anwendung des Typs mit übergeordneten Typisierungen (»Land ohne Schlangen«) in Konflikt geriete, würde er der Interpretation nachträglich natürlich die Glaubwürdigkeit entziehen und zugleich die Einstellung wieder »neutralisieren«. Damit wird besonders deutlich, wie eng Einstellungen mit spezifischen Wissenselementen gekoppelt sind und daß sie mit anderen Wissenselementen in der Struktur des Wissensvorrats notwendig in Beziehung stehen.

Der Mann im Beispiel des Carneades ist einem General zu vergleichen, der für die strategische Situation A einen Generalplan a mit taktischen Entwürfen 1, 2, 3 bereithält, für die strategische Situation B dagegen Plan b mit Entwürfen 4, 5, 6 und je nach Situation Plan a oder b sofort, quasi-automatisch, in Gang setzt. Der Vergleich hinkt allerdings, wenn man genauer hinsieht, auf beiden Füßen. Erstens ist die Einstellung in ihrer Gesamtheit nicht ein »Plan«, sondern, wie wir schon gesagt haben, ein vielschichtiges »Syndrom«. Dieses »Syndrom« wurde nicht von einem Generalstab in expliziten Denkakten ausgearbeitet, sondern ist das »Resultat« heterogener Erfahrungen, die sich auf verschiedenen Stufen der Bewußtheit sedimentiert und miteinander verflochten haben. Zweitens hat der Mann im Beispiel des Carneades nicht nur Schlangensituationen zu bewältigen, wie der General Kriegssituationen, sondern eben die Vielfalt der heterogenen Situationen des Alltags. Trotz seiner Furcht vor Schlangen ist er auf »Schlangensituationen« nicht in gleicher Weise »ausgerichtet« wie der General auf den Krieg, obwohl auch er für Schlangen in gewissem Sinn »immer parat« ist.

Bisher ging es darum, zu zeigen, wie eine Einstellung aktiviert wird. Eine anscheinend verwandte, jedoch grundverschiedene Frage ist es, wie eine Einstellung ins Bewußtsein tritt. Hier geht es wieder um den schon oft erwähnten Unterschied zwischen dem »In-den-Relevanzen-Leben« und dem »Auf-die-Relevanzen-Hinsehen«. Es ist grundsätzlich möglich, daß sich eine Einstellung gebildet hat und motivationsmäßig wirkt, ohne je reflektiv als solche erfaßt worden zu sein. Jedes Element des Wissensvorrates verweist auf ursprüngliche Erwerbssituationen und so auf ehemalige »Probleme«. Wie gezeigt wurde[100], können jedoch Erfahrungssedimentierungen im Wissensvorrat von darauffolgenden Erfahrungen überdeckt werden, wodurch sie jedenfalls dem unmittelbaren Zugriff des reflektiven Bewußtseins unzugänglich werden. Dies gilt insbesondere für Elemente des Gewohnheitswissens und somit auch für Einstellungen, die ein auf Gewohnheitswissen fundierter habitueller Besitz sind. Hinzu kommt noch, daß sich Einstellungen typischerweise nicht in einer »einzigen« Erfahrung konstituieren und somit keine spezifische Erwerbssituation für die Erinnerung vorliegt. Einstellungen enthalten also häufig keine spezifische Erinnerung auf die Erwerbssituation, sind außerdem meist schwer thematisierbar und dem reflektiven Bewußtsein nur schwer zugänglich. Dennoch wirken sie gleichsam »unbewußt« als »Motive« in der Form spezifischer Weil-Zusammenhänge.

So kommt es, daß der Handelnde selbst keineswegs in einer bevorzugten Stellung ist, Einstellungen »an sich selbst« zu entdekken, wie dies entsprechend der Fall ist für Motivationsketten im Um-zu-Zusammenhang. Vielmehr können Motivationen im Weil-Zusammenhang auch von aufmerksamen Beobachtern des typischen Verhaltens von Mitmenschen in typischen Situationen adäquat erfaßt werden. Hinzu kommt, daß man in der Lebenswelt des Alltags häufiger *motiviert* ist, solche Weil-Zusammenhänge bei Mitmenschen als bei sich selbst aufzudecken, da man an solchem Wissen sein eigenes Verhalten pragmatisch orientieren kann.

[100] Vgl. vor allem Kap. III, A 2 d.

So kommt es, daß man oft als Außenstehender an Mitmenschen Motivationszusammenhänge dieser Art aufdeckt, die dem Mitmenschen selbst gar nicht bewußt sind. Durch sorgfältige Interpretation solcher Motivationszusammenhänge, systematische Wissensanhäufung und verallgemeinernde Typisierungen kann es schließlich bei manchen Menschen auch zu einem gewissen Expertentum über menschliche Motivationen kommen. In diesem Umstand ist – ganz abgesehen von methodologischen Überlegungen – ein wichtiger Grund für die Vorliebe sozialwissenschaftlichen Denkens für solche quasi-kausalen Motivationszusammenhänge zu suchen.

Wir haben jedoch am Beispiel des Carneades einen Fall vorliegen, in dem die Einstellung (Furcht vor Schlangen) subjektiv thematisierbar ist. Der Mann mag zwar zunächst nicht »erklären« können, wieso er Schlangen fürchtet, aber er weiß, daß er vor Schlangen Angst hat. Unter bestimmten Umständen kann er über seine Furcht vor Schlangen reflektieren und sogar versuchen, die »Geschichte« dieser Einstellung zu rekonstruieren. Denn wie aller habitueller Besitz, wie alle Bestandteile des Wissensvorrats überhaupt, hat jede Einstellung ihre »Geschichte«. Sie ist eine biographische Gegebenheit. Wollen wir sie zur Veranschaulichung für das vorliegende Beispiel mit-rekonstruieren und damit zugleich eine Antwort auf die eingangs gestellte Frage nach dem Ursprung von Einstellungen liefern.

Das Kind, das zu dem Mann im Beispiel des Carneades heranwuchs, ging seinerzeit mit seinem Vater im Wald spazieren. Zu jener Zeit waren Schlangen dem Kind noch unbekannt. Es waren jedoch in seinem Wissensvorrat schon Typisierungen angelegt, vermittels derer es nach bestimmten Form- und Bewegungsmerkmalen eine Schlange als Tier, wenn auch nicht als Schlange, hätte ansprechen können. Zu den Tieren hatte es ferner schon eine allgemeine Einstellung entwickelt: Tiere, die in seinem Leben bisher vorgekommen waren, waren alle ungefährlich, die meisten, insbesondere solche kleineren Ausmaßes, zutraulich. Erlebnisse von Tieren hatten ferner zu jener Zeit schon ihre grundsätzliche Neuigkeit verloren, waren routiniert und im allgemeinen unproblematisch. Als es nun im Wald spazieren ging, sah das Kind ein Tier, das den ihm bekannten Tieren teils typisch ähnlich, teils neuartig schien. So lenkte es seine Aufmerksamkeit auf das Tier und ging auf es zu. Da schrie der Vater erschrocken auf, lief dem Kind nach und riß es heftig zurück. Dann belehrte er das Kind, daß Schlangen giftig seien (der Vater wußte zwar, daß nicht alle Schlangen giftig sind, hielt es aber für ratsam, dem Kind eine generelle Scheu vor Schlangen einzuflößen), daß ihr Biß gefährlich sei. Ferner unterrichtete er das Kind in bestimmten Verhaltensmaßregeln, die dem Kind in ihrer Typik schon aus früheren Begegnungen, allerdings in umgekehrter Form bekannt waren (»Du brauchst doch vor Hühnern nicht davonzulaufen«). So verbanden sich für das Kind explizite Wissenselemente mit Um-zu-Motivationsketten, Fertigkeiten, Rezeptwissen und zugleich mit einem bestimmten »Gemütszustand«.

Die Ausprägungen der Einstellung leiten sich von der ursprünglichen Erwerbssituation ab. Sie reichen in unserem Beispiel von »Alle-Schlangen-sind-gefährlich – bin-fast-draufgetreten-Vater-furchtbar-erschrocken-lebensgefährlich-bin-sofort-davonlaufen« über »Giftschlangen-sind-gefährlich; wenn-Giftschlangen-lieber-nicht-näherkommen« zu »Hierzulande-gibt-es-nur-eine-Giftschlangenart: auf-diese-besser-nicht-drauftreten; andere-sind-harmlos-und nützlich«... Diesen verschiedenen Formulierungen entsprechen offenbar verschiedenen Einstellungen, die von panischer Angst bis zur nachlässigen Vorsicht reichen.

Hier sind zwei weitere Überlegungen anzuschließen. Erstens gibt es keine »isolierten« Einstellungen. Schon die ursprüngliche Erwerbssituation setzte die Erfahrung in Beziehung zu anderen Einstellungen und Wissenselementen. Das Kind hatte zum Beispiel schon unangenehme Erfahrungen mit anderen Tieren, die vom Vater als harmlos bezeichnet worden waren. Um so nachhaltiger wirkte seine Warnung in diesem Fall. Wenn dagegen das Kind den Vater als unnötig ängstlich typisiert hätte, wäre die Warnung in einem ganz anderen Zusammenhang eingeordnet worden. Zweitens sind Veränderungen der Einstellung in Betracht zu ziehen, die sich aus nachfolgenden relevanten Erfahrungen ableiten. Das Kind ist zum Beispiel später wegen seiner Ängstlichkeit von Spielgefährten verspottet worden, die mit größter Selbstverständlichkeit Blindschleichen in die Tasche steckten, während es selber zitternd davonlief. Andererseits mag das Kind die ihm vom Vater eingeschärften Maßregeln vernachlässigt haben und infolge eines Schlangenbisses nur knapp dem Tod entronnen sein. In all solchen thematischen, interpretativen und motivationsmäßigen Abwandlungen sowohl der ursprünglichen Erwerbssituation wie der darauffolgenden Erfahrungen wurde die Einstellung »Furcht vor Schlangen« ausgebildet und modifiziert und wirkt in entsprechender Weise in einer aktuellen Situation als Weil-Motiv.

Damit sind wir am Ende unserer Analyse der biographisch bedingten Motivationsrelevanz angelangt. Es bleibt uns nur noch die Frage, wie berechtigt die Trennung zwischen dem »freien« Entwurf und der »gebundenen« Einstellung ist. Wir haben diese Trennung zunächst recht scharf gezogen: »echte« Weil-Aussagen, so sagten wir, sind nicht in Um-zu-Sätze übertragbar. Es handelt sich um grundverschiedene Betrachtungsweisen und nicht nur um Verschiebungen der Zeitperspektive. Haben wir es aber nicht doch mit den gleichen Phänomenen zu tun?

Die Furcht vor Schlangen ist ein »echtes« Weil-Motiv für das Handlungsziel, nämlich die interpretative Entscheidung zwischen »Seilknäuel« und »Schlange«. Die Versetzung der Aussage in einen Um-zu-Zusammenhang erscheint widersinnig. Umgekehrt erscheint es nun auch sinnlos, zu behaupten, daß die Furcht vor Schlangen als ein »echtes« Weil-Motiv, zum Beispiel für das Schwingen des Stocks, wirkte. Es sieht also zunächst so aus, als ob unsere Frage eine einfache Antwort fände: Der Entwurf und somit der Handlungsverlauf ist vom Handlungsziel motiviert, während das Handlungsziel durch die Einstellung motiviert ist. Bedeutet dies dann, daß der Einstellung, also der »gebundenen« Form der Motivationsrelevanz, eine wesentliche Priorität zukommt, daß also die »Freiheit« des Entwurfs gleichsam eine Illusion der Betrachtungsweise ist? Oder kann man etwa die Dinge glattweg umkehren mit der Behauptung, daß jede Einstellung das »Resultat« »freier« Entwürfe ist und motivationsmäßige »Kausalität« mit menschlichem Handeln nichts zu tun habe?

Beide Wendungen verabsolutieren eine Betrachtungsweise. Wenn wir sagen, daß das Handlungsziel durch die Einstellung motiviert wird, gilt dies nur, solange wir einen Handlungsablauf in Isolierung erfassen. Jedes spezifische Handlungsziel ist jedoch genauer besehen, nur ein Teilziel. Jedes Teilziel steht aber in einem Um-zu-Zusammenhang mit übergeordneten Zielen: interpretative Entscheidung (Schlange/Seilknäuel), um sich ohne Sorge schlafen legen zu können, schlafen, um am nächsten Tag ausgeruht zu sein, ausgeruht zu sein, um eine wichtige Arbeit kompetent erledigen zu können usw. Kurzum, Pläne sind in Planhierarchien eingebettet, die letztlich auf die Grenzen der menschlichen Situation in der Lebenswelt verweisen. Dies bedeutet, daß entweder unmittelbar oder zumindest mittelbar alles Verhalten in Zusammenhänge der »freien« Motivationsrelevanz eingeordnet werden kann. Umgekehrt hat aber prinzipiell jede Handlung und alles Verhalten eine »Geschichte«. Ein »erster« Entwurf ist – solange wir uns mit der Beschreibung der Lebenswelt begnügen – unvorstellbar. Grundsätzlich kann demnach alles Verhalten und jede Handlung in Zusammenhängen der »gebundenen« Motivationsrelevanz verstanden werden. Nur darf diese Feststellung nicht so gedeutet werden, als ob es sich bei Weil-Zusammenhängen, die aus den vorhin besprochenen Gründen (Zugänglichkeit für den Beobachter, für den Sozialwissenschaftler) in einem gewissen Sinn »objektiver« sind, um eine »realere« Art von »Kausalität« handle.

5) Die Verflochtenheit der Relevanzstrukturen

Die Strukturen der thematischen, interpretativen und motivationsmäßigen Relevanz sind, wie wir gesehen haben, miteinander verflochten. In den gesonderten Beschreibungen dieser Strukturen mußte daher wiederholt den Ergebnissen einer systematischen Analyse des Zusammenhangs der drei Relevanzstrukturen vorgegriffen werden. Diese Analyse ist jetzt nachzuholen. Als Leitfaden sollen zwei eng miteinander verknüpfte Fragen dienen. Wie wirken die Relevanzstrukturen in der Konstitution einer Erfahrung, eines Verhaltens und wie wirken sie dementsprechend in der Aktivierung des schon vorhandenen Wissensvorrates bei der Bewältigung einer aktuellen Situation? Und ferner, wie wirken die Relevanzstrukturen in der Sedimentierung einer Erfahrung als eines Elements in der Struktur des Wissensvorrats?

Eine Erfahrung konstituiert sich ursprünglich, indem man die Aufmerksamkeit einem wohlumschriebenen Thema innerhalb der aktuellen Situation zuwendet. Dies ist, allgemein ausgedrückt, die Situation des Wissenserwerbs.[101] Die Analyse der thematischen Relevanz hat gezeigt, daß sich ein Thema der Aufmerksamkeit aufdrängen kann, daß es innerhalb der aktuellen Situation »auferlegt« ist. Dies kann auf Grund der Abhebung von Unvertrautem im Rahmen von Vertrautem geschehen, infolge von »Sprüngen« von

[101] Vgl. hier auch Kap. III, A 2.

einem Wirklichkeitsbereich geschlossener Sinnstruktur in einen anderen oder infolge von Veränderungen der Bewußtseinsspannung in Erfahrungsabläufen innerhalb des gleichen Wirklichkeitsbereichs, oder auch indem Aufmerksamkeit sozial erzwungen wird.[102] Andererseits kann aber die Zuwendung zum Thema »motiviert« sein, so vor allem durch »rechtzeitige« Umstellung auf herankommende, mehr oder minder unvertraute Situationen, durch routinemäßige Unterbrechungen und Wiederaufnahmen von Handlungsabläufen im Tagesplan und durch Themenentwicklung im Rahmen eines »Arbeitsprogrammes.«[103]

Aus dem Gesagten geht die Verflochtenheit der drei Relevanzstrukturen schon in der ursprünglichen Konstitution einer Erfahrung, deutlich hervor. Motivationsrelevanzen beeinflussen in der Form von Einstellungen die anfängliche Bestimmung der Situation und »lenken« danach – auch abgesehen von »motivierten« Zuwendungen – die Aufmerksamkeit. Eine wichtige Rolle spielen Motivationsrelevanzen, vor allem in der Form von Um-zu-Motivationsketten, bei »rechtzeitigen« Antizipationen und bei Themenwechsel, hier insbesondere bei routinemäßigem Themenwechsel im Rahmen von »Arbeitsprogrammen«. Ferner ist es klar, daß sich ein Thema nie als solches ohne typisierende Bestimmungen irgendwelcher Art abhebt; hier wirken also interpretative Relevanzen mit. Und bei Themenentwicklung ist der Unterschied zwischen thematischen und interpretativen Relevanzen ohnehin nur noch zu analytischen Zwecken aufrechtzuerhalten.

Ein sich herausbildendes Thema kann sich sogleich routinemäßig mit Wissenselementen, die mit Bezug auf die vorherrschende Einstellung und auf die Um-zu-Motivationsketten des Handlungsablaufs hinreichend bestimmt sind, decken.[104] Wenn andererseits eine routinemäßige Deckung mit Wissenselementen, die im Wissensvorrat schon in hinreichender Bestimmtheit und Vertrautheit vorhanden sind, nicht zustande kommen kann, wird das aktuelle Thema als auslegungsbedürftiges Problem erfahren. Mit anderen Worten, es besteht ein Motiv zur Auslegung des aktuellen Themas. Dieses Motiv kann sich aus einer spezifischen Einstellung (Furcht vor Schlangen) ableiten oder sich auf die Motivationskette eines spezifischen Handlungsentwurfs beziehen (Wie fälle ich diesen Baum?). Das Auslegungsmotiv kann jedoch auch allgemeiner Art

[102] Vgl. Kap. III, B 2 a. [103] Vgl. Kap. III, B 2 b. [104] Vgl. Kap. III, B 3 a.

sein, wenn es sich nämlich auf eine Stockung der lebensweltlichen Idealisierungen zurückführen läßt. Wenn zum Beispiel automatische Protentionen oder explizite Erwartungen, die eine Phase des Erfahrungsablaufs kennzeichnen, in nachfolgenden Phasen radikal enttäuscht, gleichermaßen »explodiert« werden, gerät die lebensweltliche Idealisierung des »Und-so-weiter«, die diesen Vorgängen zugrunde liegt, ins Stocken. Wir können hier das im ersten Kapitel eingeführte Beispiel der Pilz-Vorderseite und Pilz-Rückseite in Erinnerung bringen. Auch wenn keine spezifische (pilzbezogene) Einstellung und keine spezifischen (pilzbezogenen) Handlungsentwürfe vorliegen, wird die aktuelle Erfahrung (des Pilzes) problematisch. Wir können die unspezifische Einstellung, die bei der Stockung dieser Idealisierung als Motiv wirkt, am besten mit dem Ausdruck »Neugier« bezeichnen. Sie leitet sich vom Interesse an der Aufrechterhaltung lebensweltlicher Idealisierungen überhaupt ab. Analoges gilt im übrigen auch für die Idealisierung des »Ich-kann-immer-wieder«. Diese bezieht sich auf Fertigkeiten, auf Verhalten, das vom Rezeptwissen bestimmt ist, auf routinisierte Um-zu-Motivationsketten überhaupt. Wenn ein unverhoffter Widerstand im Gebrauch der Fertigkeiten oder im Vollzug routinierter Um-zu-Motivationsketten eintritt, »wenn es nicht geht, wie es sollte«, »wenn die Dinge nicht klappen«, ist man daran interessiert, die Routine wiederherzustellen, »die Dinge in Ordnung zu bringen« – ganz abgesehen vom spezifischen aktuellen Interesse an der Bewältigung der Situation. Dieses Interesse motiviert, je nachdem worum es sich handelt, »experimentelle« Verhaltensweisen, ein »Zurecht-Rücken« bestimmter Glieder in der Um-zu-Motivationskette oder auch gewissermaßen »Konditionstraining« im Fall von Fertigkeiten. Falls wir die Situation unter dem Aspekt der Vergangenheit betrachten, wird also – allgemein gesagt – ein Problem auf Grund von spezifischen oder auch allgemeinen Einstellungen als auslegungsbedürftig erfahren. Wenn wir die Situation unter dem Aspekt ihrer »Offenheit« zur Zukunft betrachten, können wir entsprechend feststellen, daß ein Problem sich infolge der Orientierung der Erfahrung oder des Verhaltens auf spezifische Handlungsentwürfe oder auf Handlungsfähigkeit überhaupt ausbildet.

Das auslegungsbedürftige Problem wird interpretiert, indem aktuelle thematische Abgehobenheiten mit Wissenselementen (»Resultaten« der Interpretation früherer Probleme), die sich »anbie-

ten«, »verglichen« werden. Auf spezifische »Verhaltensprobleme« hin artikuliert heißt das: man versucht, Widerstände im Handlungsablauf durch sich »anbietende« alternative Fertigkeiten, Rezepte oder auch »experimentelle« Verhaltensweisen zu überwinden. Die Auslegungsvorgänge bestehen einerseits aus Themenentwicklung, Sub-Thematisierungen und aus »motivierter« Herbeischaffung interpretativ relevanten Materials, das in der Ausgangssituation am Thema noch nicht zugänglich war. Andererseits bestehen Auslegungsvorgänge aus dem »Abtasten« mehr oder minder relevanter Wissenselemente (Typisierungen, Deutungsschemata). Die Interpretation mag vorangetrieben werden, bis das Unvertraute hinreichend vertraut ist, bzw. bis der unverhoffte Widerstand zufriedenstellend überwunden ist. Die Ausdrücke »hinreichend« und »zufriedenstellend« beziehen sich selbstverständlich auf das jeweils aktuelle Auslegungsmotiv. Die Interpretationsvorgänge können aber auch schon vor der Befriedigung des aktuellen Auslegungsmotivs, also bevor das Problem »gelöst« ist, unterbrochen werden. Dies ist der Fall, wenn sich »wichtigere« oder »dringlichere« Probleme in den Erfahrungsablauf einschieben. Es handelt sich um Probleme, die durch Einstellungen ausgelöst werden bzw. an Plänen orientiert sind, die in der Hierarchie der Motivationsrelevanzen den Einstellungen bzw. Plänen, auf die das »alte« Problem bezogen ist, übergeordnet sind. Dieses Sich-Einschieben neuer Probleme kann natürlich »auferlegt« sein oder mit den routinierten Motivationszusammenhängen des Tagesplanes und der Lebensführung in Verbindung stehen.
Kurzum, sowohl in der Ausbildung eines auslegungsbedürftigen Problems wie in der Richtung, die die Auslegung einschlägt, wie auch im Abschluß oder Abbruch der Auslegungsvorgänge zeigt sich deutlich, daß die Struktur der Motivationsrelevanz mit der Struktur der Interpretationsrelevanz aufs engste verflochten ist. Daß jede Interpretation vorangegangene Thematisierungen voraussetzt und daß andererseits im Verlauf einer Interpretation neue Themen in den Erfahrungsablauf gezogen werden können, braucht wohl kaum betont zu werden.

Und wie steht es mit der Sedimentierung der Erfahrung im Wissensvorrat? Erfahrungen, die sich nicht als auslegungsbedürftiges Problem herausstellen, führen dem Wissensvorrat keine neuen Wissenselemente zu. Auch verändern sie die an ihrer Konstitution beteiligten Relevanzstrukturen bzw. Wissenselemente (Typisierungen, Deutungsschemata) nicht; jedenfalls verändern sie nicht ausdrücklich die Bestimmungen der betreffenden Wissenselemente. Dagegen »bestätigen« sie die typische Anwendbarkeit dieser Wissenselemente und erhärten die Wirksamkeit der Relevanzstrukturen. Das heißt einmal, daß die Bestimmungen des betreffenden Wissenselementes (zum Beispiel Typmerkmale) vertrauter und fragloser werden, und es bedeutet zum anderen, daß sich Fertigkeiten besser einspielen und daß Rezepte selbstverständlicher, Einstellungen »fester«, Um-zu-Motivationsketten stärker »automatisiert« werden. Mit anderen Worten, Erfahrungen, die sich routinemäßig im Wissensvorrat ablagern, tragen dazu bei, daß explizite Wissenselemente routiniert werden, daß sich der Bereich des Gewohnheitswissens ausbreitet und daß sich schon bestehende Routinen verfestigen. Dieser Prozeß wirkt schließlich auf die thematischen Relevanzen zurück, die solchen Erfahrungen zugrunde liegen: Die Erfahrungen büßen ihren Charakter der »Wohlumschriebenheit« immer mehr ein und können in den Hintergrund des ganz und gar Vertrauten, Selbstverständlichen des Erfahrungsablaufs versinken.

Anders steht es mit auslegungsbedürftigen, problematischen Erfahrungen. Jede Interpretation, ob abgeschlossen oder unterbrochen, ob »endgültig« oder »vorläufig«, hat zu einem »Ergebnis« geführt. Dieses Ergebnis fügt dem Wissensvorrat »neue« Elemente hinzu oder verändert schon vorhandene Wissenselemente. Da man keinen »absoluten Nullpunkt« des Wissensstandes feststellen kann, dürfen allerdings auch »neue« Wissenselemente vielleicht als Abwandlungen schon vorhandener Wissenselemente angesehen werden. Allgemein gilt jedenfalls, daß die Relevanzstrukturen, die bei der Anwendung bestimmter Wissenselemente in der Konstitution einer problematischen oder unproblematischen Erfahrung wirksam wurden, auch die Ablagerung der betreffenden Erfahrungen an einem entsprechenden »Ort« in der Struktur des Wissensvorrates bestimmen: das heißt in einem Typus, Deutungsschema, Verhaltensrezept, routinierter Um-zu-Motivationskette, Einstellung, Fertigkeit usw. Diese allgemeine Feststellung trifft natürlich auf unproblematische und problematische Erfahrungen nicht in *gleicher* Weise zu. Für unproblematische Erfahrungen bedarf sie nach dem bisher Gesagten keiner weiteren Erläuterung, muß aber für problematische Erfahrungen näher ausgeführt werden. Hier erweist sich wieder die Unterscheidung zwischen der polythetischen Konstitution einer Erfahrung und dem monothetischen Erfassen ihres Sinns als nützlich. Es wurde schon wiederholt darauf hingewiesen, daß der Sinn von Erfahrungen und Erfahrungsabläufen, der sich polythetisch konstituiert hatte, nachträglich im monothetischen Zugriff erfaßt werden kann. Wenden wir dies an unserem Problem an. Die Auslegungsvorgänge, die zu einem interpretativen »Ergebnis« führen, haben offenbar polythetischen Charakter; die an ihnen beteiligten Relevanzstrukturen wirken gleichsam Schritt für Schritt. Demzufolge können sich die in einer gegebenen Phase des Wissenserwerbs relevanten thematischen Abgehobenheiten in nachfolgenden Phasen als »unwesentlich« herausstellen, zum Beispiel als Bestimmungen, die entgegen der ursprünglichen Annahme innerhalb eines Typus frei variieren dürfen. Deutungsversuche, die in einer Phase der Auslegungsvorgänge zur Problemlösung zu führen schienen, können sich in nachfolgenden Phasen als »Sackgassen« herausstellen. Kurzum, *die in einer gegebenen Phase des Wissenserwerbs wirksamen Relevanzen können sich in späteren Phasen als irrelevant herausstellen.* In diesem Fall werden sie von den bis zur »letzten« Phase ihre »Gültigkeit« bewahrenden Relevanzen *überdeckt.* Nur die letzteren weisen dem Auslegungsergebnis seinen »Platz« in der Struktur des Wissensvorrats an.

Dieser Umstand hat weitere Folgen. Die Anwendung des Auslegungsergebnisses als eines Wissenselements in der Bewältigung einer aktuellen typisch ähnlichen Situation wird nur von den Relevanzstrukturen bestimmt, die das Endresultat der Auslegung, seinen monothetischen Sinn, betreffen und nicht von allen Relevanzstrukturen, die dem polythetischen Auslegungsvorgang etwa zugrunde gelegen hatten. Dies gilt ebenfalls für reflexive Zuwendungen zum Sinn eines Wissenselementes sowohl in der natürlichen Einstellung wie auch in mehr oder minder theoretischen Einstellungen. Die »entwerteten« Relevanzen werden übersprungen und tauchen »von selber« nicht mehr auf. Zu einem Versuch polythetischer Rekonstruktion des *Wissenserwerbs* fehlt meist das Motiv. Es mag offen gelassen werden, inwieweit solche Rekonstruktionen in Anbetracht der »Überdeckung« durch die »zuletzt gültigen« Relevanzstrukturen überhaupt möglich sind. Jedenfalls ist irrelevant Gewordenes »toter Ballast«.

Strenggenommen sind also folgende Ebenen der Wirksamkeit der miteinander verflochtenen Relevanzstrukturen zu unterscheiden:

Erstens, die thematischen Relevanzen, die im Zusammenhang mit den Strukturen interpretativer und motivationsmäßiger Relevanz die ursprüngliche Konstitution einer Erfahrung bestimmen. *Zweitens*, die Motivationsrelevanzen, die im Zusammenhang mit den Strukturen der thematischen und interpretativen Relevanz eine Erfahrung problematisch machen können. *Drittens*, die Interpretationsrelevanzen, die im Zusammenhang mit den Strukturen der thematischen und motivationsmäßigen Relevanz die »Richtung« der Auslegungsvorgänge bestimmen. *Viertens*, die Motivationsrelevanzen, die im Zusammenhang mit den Strukturen der interpretativen und thematischen Relevanz den Abschluß oder Abbruch der Auslegungsvorgänge bewirken. *Fünftens*, die im Verlauf der Auslegung nicht »entwerteten«, miteinander verflochtenen drei Relevanzaspekte, die die Sedimentierung des Auslegungsergebnisses in der Struktur des Wissensvorrates lenken. *Sechstens*, die Relevanzstrukturen, die die Anwendung des nun sedimentierten Wissenselementes in der Bewältigung neuer aktueller Situationen bewirken, womit sich der Kreis geschlossen hat und wir wieder beim ersten Punkt angelangt sind. Und wenn wir die Unterscheidung zwischen dem »In-den-Relevanzen-Leben« und dem »Auf-die-Relevanzen-Hinsehen« anwenden wollen, müssen wir zuletzt noch jene Relevanzstrukturen hinzufügen, die im reflektiven Zugriff des Bewußtseins auf ein »fertig konstituiertes« Wissenselement hervortreten.

Mit diesen Ausführungen ist die enge Verflochtenheit der drei Relevanzstrukturen noch einmal deutlich gemacht worden. Daß keiner der drei Relevanzstrukturen eine Priorität irgendwelcher Art zukommt, wurde schon früher zu Genüge betont und durch diese Ausführungen nur noch erhärtet. Es wäre sinnlos zu sagen, daß im Erfahrungsablauf irgendeine der drei Relevanzstrukturen »zuerst« wirksam ist. Nur im reflektiven Zugriff kann die eine oder die andere Relevanz »zuerst« hervortreten, in welchem Fall sie als die »grundlegende« Relevanz aufgefaßt werden kann, während die beiden anderen Relevanzstrukturen als durch sie bedingt erscheinen. Es ist jedoch unberechtigt, daraus die Folgerung zu ziehen, daß ihr eine »wesentliche« Priorität zukommt. Ohne hier auf eine Kritik von Positionen wie die des Pragmatismus, Operationalismus oder auch die des ethischen Idealismus einzugehen, sei angemerkt, daß diese Positionen dadurch gekennzeichnet werden können, daß sie solche Prioritäten allzu bereitwillig festsetzen.

C. Typik

1) Wissensvorrat, Relevanz und Typik

Über den Zusammenhang zwischen der Vertrautheit der Wissenselemente und der im Wissensvorrat angelegten Typik wurde zwar schon einiges gesagt[105], aber eine genaue Analyse der Typik konnte dort noch nicht vorgelegt werden. Die dem Wissensvorrat und dessen Typik zugrunde liegenden Relevanzstrukturen waren noch nicht untersucht worden. Erst jetzt nach der Analyse der Relevanzstrukturen kann die Diskussion der Typik wieder aufgenommen werden.

Es wurde zwischen zwei Hauptformen der Vertrautheit unterschieden. Einerseits gibt es Vertrautheit, die darauf beruht, daß Gegenstände, Personen usw. wiedererkannt werden, und zwar als die »gleichen«, die schon in früheren Erfahrungen gegeben waren. Diese Form der Vertrautheit beruht, wie das ausgedrückt wurde, auf dem »konkreten Gedächtnissektor«. Andererseits gibt es eine Form der Vertrautheit, in der Gegenstände, Personen, Eigenschaften, Ereignisse zwar nicht als »gleich«, aber als »ähnlich« bestimmten früher erfahrenen Gegenständen, Personen, Eigenschaften oder Ereignissen erfaßt werden, wobei die in der aktuellen Situation vorherrschenden Relevanzstrukturen keine über diese »Ähnlichkeit« hinausgehenden Bestimmungen verlangen. Diese Form von Vertrautheit beruht also auf der im Wissensvorrat angelegten Typik. Neue Erfahrungen werden vermittels eines in früheren Erfahrungen konstituierten Typs bestimmt. In vielen Situationen des täglichen Lebens genügt der Typ zur Bewältigung der aktuellen Situation. Natürlich gründen auch der »konkrete Gedächtnissektor« und die darauf beruhende Form von Vertrautheit in der im Wissensvorrat angelegten Typik. Dies schon allein deshalb, weil die wiedererkannten Gegenstände, Personen usw. einst »zum ersten Mal« erfahren wurden. Dabei wurden sie selbstverständlich nicht schlicht in ihrem Dasein, sondern zugleich auch in ihrem typischen Sosein erfaßt. Nach dieser Zusammenfassung der schon vorgenommenen Beschreibung des Verhältnisses von Typik und Ver-

[105] Vgl. Kap. III, A 3 b II.

trautheit[106] ist nun die Beziehung der Typik zu den anderen Dimensionen der Struktur des Wissensvorrates, vor allem zur Bestimmtheit der Wissenselemente, zu untersuchen. Zunächst muß jedoch die Frage gestellt werden, was ein Typ überhaupt ist, wie er entsteht und in welchem Zusammenhang er mit den Relevanzstrukturen steht.

Jeder Typ des lebensweltlichen Wissensvorrates ist ein in lebensweltlichen Erfahrungen »gestifteter« Sinnzusammenhang. Anders ausgedrückt, der Typ ist eine in vorangegangenen Erfahrungen sedimentierte, einheitliche Bestimmungsrelation. Diese Feststellung gilt es nun näher auszuführen.

Der Typus, als eine »Einheit« von Bestimmungen, konstituiert sich, wie Wissenselemente im allgemeinen, in einer »ursprünglichen« Erwerbssituation. Was über die Genese von Wissenselementen im allgemeinen gesagt wurde und was über die Relevanzstrukturen, die dieser Genese zugrunde liegen, ausgeführt wurde, gilt natürlich auch für Typisierungen. Die Erwerbssituation ist von Motivationsrelevanzen bestimmt. Der einzelne tritt in die Situation mit einer bestimmten Einstellung, und seine Erfahrungen sind in die Motivationskette eines bestimmten Um-zu-Zusammenhanges eingegliedert. In der Erwerbssituation hebt sich ein Thema ab. Dieses kann mit interpretativ relevanten Wissenselementen routinemäßig zur Deckung gebracht und die Situation routinemäßig bewältigt werden. In diesem Fall geschieht die Erfassung des Erfahrungskerns vermittels der Bestimmungen in »automatischen« Vorgängen. Wenn aber aus den schon an früherer Stelle beschriebenen Gründen[107] eine routinemäßige Deckung nicht zustande kommt, entsteht ein Problem. In den nun einsetzenden Auslegungsvorgängen werden Bestimmungsmöglichkeiten, die im thematischen Feld, das heißt im thematisch relevanten inneren und äußeren Horizont des Erfahrungskernes zunächst noch nicht in den Griff des Bewußtseins gekommen waren, erfaßt. Dies jedoch nur insofern, als sie in der aktuellen Situation und nach dem jeweiligen Wissensstand interpretativ relevant erscheinen. Die Auslegungsvorgänge erfolgen also, wie schon in der Analyse der interpretativen Relevanz ausgeführt wurde, im »gleichzeitigen« und wechselseitigen Bezug zwischen thematischen Abgehobenheiten und den

[106] Vgl. Kap. III, A 3 b II.
[107] Vgl. Kap. III, B 3.

für die Bewältigung der Situation relevanten, im Wissensvorrat in früheren Erfahrungen abgelagerten Bestimmungsmöglichkeiten. Wenn eine adäquate Deckung zwischen diesen zwei Aspekten der interpretativen Relevanz zustande kommt, ist ein Problem »gelöst«.

Durch jede »Problemlösung« tritt folglich etwas »Neues« zu etwas »Altem«. Das »Alte« besteht aus den im jeweiligen Wissensvorrat schon vorhandenen Bestimmungsmöglichkeiten in einem festgelegten interpretativ relevanten Zusammenhang (vierfüßig, wedelt mit Schwanz, bellt). Das »Neue« besteht dagegen im aktiven Ergreifen von Bestimmungsmöglichkeiten, die ursprünglich im Thema »verborgen« waren, nicht beachtet wurden und die sich in der aktuellen Situation als interpretativ relevant erweisen (»beißt«). Die »neue« Bestimmung geht in die Bestimmungsrelation ein; ein Sinnzusammenhang zwischen früher relevanten und jetzt dazukommenden Bestimmungen wird »gestiftet«: ein Typ wird konstituiert (Hund: vierfüßig, wedelt mit Schwanz, bellt, beißt).

Mit anderen Worten, ein Typ entsteht in einer situationsadäquaten Lösung einer problematischen Situation durch die Neubestimmung einer Erfahrung, die mit Hilfe des schon vorhandenen Wissensvorrats, das heißt also hier mit Hilfe einer »alten« Bestimmungsrelation, nicht bewältigt werden konnte. Wir können uns also einen Typ gleichsam als eine Demarkationslinie vorstellen, die zwischen den auf Grund der »bisherigen« Relevanzstrukturen ausgelegten Bestimmungen (die in einem Sinnzusammenhang stehen) und den prinzipiell unbeschränkten Bestimmungsmöglichkeiten der Erfahrung verläuft. Der Sinnzusammenhang der Bestimmungen wird durch die in der Erwerbssituation vorherrschenden thematischen und interpretativen Relevanzen im Zusammenspiel mit den Motivationsrelevanzen »gestiftet«. Daraus folgt, daß es keine Typen schlechthin, sondern nur problemorientierte Typen geben kann. Jeder Typ enthält einen Rückverweis auf seine Konstitution, die »ursprüngliche« Problemlage, die sich ihrerseits im Zusammenspiel der drei Relevanzstrukturen konstituiert hatte. Somit hat jeder Typ eine »Geschichte«, die von der »ursprünglichen« Erwerbssituation bis zur aktuellen Anwendung reicht. Bevor wir aber diesen Punkt näher ausführen, muß noch eine andere, grundsätzliche Implikation der vorangegangenen Analyse verfolgt werden.

Bei der Konstitution eines Typs muß schon immer ein Wissensvorrat, wie gering dieser auch sein mag, vorausgesetzt werden. Die beschreibende Analyse kann nicht bis zu einem »absoluten Nullpunkt« des Wissensstands vorgetrieben werden. Einen solchen kann man nur theoretisch konstruieren. Aber auch dabei ist zu bedenken, daß keine Erfahrung als gleichsam »vortypisch« gedacht werden kann. Vielmehr müssen wir – mit Husserl – Erfahrung und Typik als »gleichursprünglich« auffassen.[108] So ist jeder Typ strenggenommen nur eine Abwandlung schon vorhandener Typisierungen, wie schlicht und grobmaschig diese auch sein mögen (z. B. eßbar/ungenießbar; schmerzhaft/angenehm, »bewegt sich« usw.). Solche Abwandlungen können geringfügig sein und nur zu einem höheren Bestimmtheitsgrad des schon vorhandenen Typs führen. Sie können auch zur Aufspaltung des Typs in Untertypen führen. Von einem »neuen« Typ können wir eigentlich nur dann reden, wenn die ursprüngliche Relation zwischen Bestimmungsmöglichkeiten aufgelöst und ein neuartiger Sinnzusammenhang zwischen allerdings »schon« typischen Bestimmungsmöglichkeiten gestiftet wird.

Eine weitere Implikation der vorangegangenen Analyse ist es, daß es keine »endgültigen« Typen im lebensweltlichen Wissensvorrat geben kann. Jeder Typ, in einer »ursprünglichen« Problemlage gebildet, wird in weiteren Routinesituationen und Problemlagen angewandt. Wenn er sich in diesen immer wieder als adäquat zur Bewältigung der Situation erweist, kann er allerdings *relativ* »endgültig« werden. Er wechselt in den Bereich des Gewohnheitswissens über, und seine Anwendung kann völlig »automatisch« werden.

Hier ist auf die Beziehung der Typik zu den Dimensionen der Struktur des Wissensvorrats zu verweisen. Wir haben gesehen, daß die im Wissensvorrat angelegte Typik unmittelbar mit den Bestimmtheitsgraden der Wissenselemente zusammenhängt. Die Beziehung der Typik zu den Stufen der Vertrautheit wurde ebenfalls schon besprochen. Jetzt ist noch hinzuzufügen, daß Typisierungen komplexer Art, also Typen als Bestimmungsrelationen, auch mehr oder minder glaubwürdig sein können und daß sie miteinander in Verträglichkeitsbeziehungen stehen. Je glaubwürdiger ein Typ ist, je öfter er »bestätigt« wurde und je verträglicher er mit anderen

[108] Erfahrung und Urteil, § 83.

Typen und Wissenselementen überhaupt ist, um so »endgültiger« ist er auch. So sind für uns Typisierungen wie »Baum«, »Hund« usw. relativ »endgültig«. Aber auch relativ »endgültige« Typisierungen können sich im nachhinein als »vorläufig herausstellen, und zwar im doppelten Sinn. Erstens mag ein Typ, der sich bisher immer wieder bewährt hat, doch noch in einer neuen Problemlage als ungenügend bestimmt erscheinen. Und zweitens mag die Bestimmungsrelation auch relativ endgültiger Typen aufgelöst bzw. teils aufgelöst werden müssen. Irgendeinmal mußten unsere Vorfahren den Typ Walfisch (die Bestimmung »Fisch« enthaltend) radikal verändern. Aber auch bei dem jeweils gegebenen Stand eines subjektiven lebensweltlichen Wissensvorrats tragen manche Typisierungen das Subskript der Vorläufigkeit. Schon in der ursprünglichen Konstitution des Typs mögen manche Bestimmungen des Sinnzusammenhangs wenig glaubwürdig erscheinen oder in nachfolgenden Erfahrungen in Frage gestellt werden. Falls es noch zu keiner Entscheidung über die interpretative Relevanz einer solchen Bestimmung gekommen ist bzw. falls die fragliche Bestimmung keinen höheren Glaubwürdigkeitsgrad erlangen konnte, braucht der Typ in seiner Gesamtheit gewiß noch nicht immer verworfen werden. Sein Gebrauch enthält aber die subjektiv faßbare Bedeutung der »Vorläufigkeit«.

2) Typik und Sprache

Bisher wurde in der Betrachtung der Konstitution und der Struktur der Typik die Rolle der Sprache außer acht gelassen. Dies war insofern berechtigt, als sowohl Typ-Konstitution wie Typ-Struktur grundsätzlich auch ohne Sprache denkbar sind, wie ja auch in gewissem Sinn »vorsprachliche« Erfahrungen gedacht werden können. Dies gilt in zweifacher Weise. Erstens liegen die Fundierungsverhältnisse so, daß die Struktur der Sprache Typisierung voraussetzt, nicht aber umgekehrt. Zweitens sind empirisch-genetisch typisierende Schemata durchaus auch schon bei Kindern, die noch nicht sprechen, nachzuweisen.

Damit ist jedoch noch nichts Endgültiges über das Verhältnis von Sprache und Typik ausgesagt. Jedermann ist in eine Situation hineingeboren, in der ihm die Sprache, genauer, eine bestimmte Sprache, als eine Komponente der historischen Sozialwelt vorgegeben ist. Die Sprache ist für das Kind etwas, das es zu erlernen gilt. Sie wird ihm von Mitmenschen zunächst in besonders erlebnisnahen, unmittelbaren Beziehungen vermittelt.[109] Die Sprache ist ein System typisierender Erfahrungsschemata, das auf Idealisierungen und Anonymisierungen der unmittelbaren subjektiven Erfahrung beruht.[110] Diese von der Subjektivität abgelösten Erfahrungstypisierungen sind sozial objektiviert, wodurch sie zu einem Bestandteil des dem Subjekt vorgegebenen gesellschaftlichen Apriori werden. Für den normalen erwachsenen Menschen in der natürlichen Einstellung ist deshalb Typisierung aufs engste mit der Sprache verschränkt. Die Hauptaspekte dieser Verschränkung sind nun kurz zu beschreiben.

Die in einer Gesellschaft bzw. relativ-natürlichen Weltanschauung vorherrschenden und relevanten Erfahrungsschemata sind in der Gliederung der Sprache in semantisch-syntaktischen Feldern »nachgebildet«. Die Sprache »enthält« in einem einheitlich objektivierenden Medium die über viele Generationen angehäuften und als bewährt bestätigten Ergebnisse der Typenkonstitution und Typenabwandlung. Jeder Typ findet durch sprachliche Objektivierung einen »Stellenwert« in der semantischen Gliederung der Sprache. Das bedeutet, daß die Typen in einen Typenzusammenhang eingebettet sind, der noch viel stärker als der einzelne Typ von der subjektiven unmittelbaren Erfahrung abgelöst ist. Zugleich bedeutet diese Einbettung, daß Typkonstitution und Abwandlungen *innerhalb* des Systems kumulativ sind, das heißt, die Veränderung des »Stellenwerts«, die einem Typ widerfährt, hat Folgen für den »Stellenwert« der anderen Typen innerhalb des Systems. Für die im subjektiven Wissensvorrat angelegte Typik hat dies entscheidende Folgen. Sicherlich gibt es in der Entwicklung des Kindes vorsprachliche Typisierungen. Sicherlich gibt es auch für den Erwachsenen typische Bestimmungen, die in der subjektiven Erfahrung wirken, ohne sprachlich objektiviert zu sein. Die Fähigkeit, aufeinander aufgestufte und wechselseitig abhängige Typen zu bilden, setzt jedoch die Sprache als gesellschaftlich objektiviertes Bedeutungssystem voraus. Ausdrücklich vorgenommene Auslegungsvorgänge sind ohne die semantische Gliederung und die unendlichen syntaktischen Kombinationsmöglichkeiten

109 Vgl. Kap. IV, A 1 b.
110 Vgl. Kap. IV, B 1 und 2.

der Sprache kaum möglich.

Der weitaus größte Bereich lebensweltlicher Typisierungen ist sprachlich objektiviert. Das, was für den einzelnen typisch relevant ist, war meist schon für seine Vorgänger typisch relevant und hat folglich in der Sprache semantische Entsprechungen abgelagert. Kurzum, die Sprache kann als die Sedimentierung typischer Erfahrungsschemata, die in einer Gesellschaft typisch relevant sind, aufgefaßt werden. Der Bedeutungswandel der Sprache kann folglich als eine Folge von Veränderungen in der sozialen Relevanz gegebener Erfahrungsschemata betrachtet werden. Manche Erfahrungsschemata werden irrelevant und verschwinden aus der »lebenden« Sprache; neue Erfahrungsschemata werden zunehmend relevant, für einzelne, für Gruppen, Klassen usw. Dies bewirkt die Bildung neuer Bedeutungsfelder bzw. die Umformung schon vorhandener.

Es ist deutlich, daß eine historisch vorgegebene Sprache den einzelnen weitgehend von selbständiger Typenbildung entlastet. In der Sprache als einem vorgegebenen Element der biographischen Situation ist die Welt vor-typisiert. Die Möglichkeit selbständiger Typenkonstitution bleibt zwar unbestritten, aber auch dort spielt die Sprache eine entscheidende Rolle, da sie die gebildeten Typen durch Lautobjektivierung und durch Einbettung in semantische »Matrizen« stabilisiert. Der wechselseitige Bezug von Sprache und Typisierung ist ein wichtiger Faktor in der Ausbildung gewohnheitsmäßigen Denkens und Verhaltens.

Die ursprüngliche Ausformung der Sprache ist also ohne die subjektive Fähigkeit zur Typenkonstitution undenkbar. Sie setzt diese grundsätzlich voraus. Zugleich ist aber eine historisch vorgegebene Sprache von entscheidender Bedeutung in der subjektiven Entstehung von Typen, indem sie einerseits schon fertig konstituierte Typen enthält, die erlernt werden, während sie andererseits selbständig gebildete Typen stabilisert. Entsprechend können wir sagen, daß die semantische Gliederung einer Sprache den in einer Gesellschaft vorherrschenden typisch relevanten Erfahrungsschemata weitgehend entspricht. Sie entspricht daher auch weitgehend der Typik, die im subjektiven Wissensvorrat des in diese Gesellschaft und Sprache sozialisierten einzelnen angelegt ist.

3) Das A-Typische

Schon in der Ausbildung jeder wohlumschriebenen Erfahrung werden thematische Abgehobenheiten in ihrer typischen Bestimmtheit erfaßt. Man könnte sich genau genommen nur eine »erste« Erfahrung als völlig a-typisch vorstellen, während in alle »darauffolgenden« Erfahrungen durch Vergleich mit den erinnerten Bestimmungen der »ersten« Erfahrung immer schon typisierendes Erfassen einginge. Die Unterscheidung zwischen typischen und a-typischen Erfahrungen, Ereignissen, Handlungen usw., die wir in der natürlichen Einstellung treffen, ist dennoch nicht unsinnig. Sie ist jedoch so vieldeutig, daß das Problem des A-Typischen in jeder Lebenswelt eine kurze Erörterung erfordert.

Erstens können wir vom A-Typischen sprechen, wenn sich im Erfahrungsablauf der Aufmerksamkeit thematische Relevanzen aufdrängen, für die es in den im jeweiligen subjektiven Wissensvorrat schon sedimentierten Typisierungen keine Entsprechung gibt. Das heißt, wie in der Analyse der Relevanzstrukturen ausgeführt wurde, daß es zwischen dem aktuellen Thema und den potentiell relevanten Wissenselementen nicht zu einer Deckung kommt, die für die Bewältigung der jeweils vorliegenden Situation ausreicht. Selbstverständlich sind auch hier am Thema (Ereignis, Gegenstand usw.) schon typische Bestimmungen erfaßt (z.B. Form-Qualitäten, zeitliche Anordnung usw.). Nur genügen diese Bestimmungen eben nicht, um das aktuelle Thema in seinem konkreten Zusammenhang situationsgerecht zu erfassen. Der Grund hierfür ist, daß im Wissensvorrat kein in Vorerfahrungen gestifteter Bestimmungszusammenhang, kein Typ im engeren Sinn, vorzufinden ist, der mit dem konkreten Zusammenhang der aktuellen thematischen Relevanzen zur interpretativen Deckung gelangen könnte. Deshalb wird das Thema (das Ereignis, der Gegenstand usw.) in seiner Aktualität als a-typisch erfahren. Es ist klar, daß die Erfahrung nur mit Bezug auf den jeweiligen Stand des biographisch artikulierten Wissensvorrats a-typisch ist. Grundsätzlich bleibt aber das Thema typisierbar. Wenn die a-typische Erfahrung zum Thema von Auslegungsakten gemacht wird, kann ein Bestimmungszusammenhang, ein Typ »gestiftet« werden, der dem konkreten Thema »gerecht« wird und zur Bewältigung der aktuellen Situation ausreicht. Wenn zum Beispiel ein Etwas, das auf Grund seiner typischen Form, Beweglichkeit usw. als Tier erfaßt wird, auf mich zukommt, genügt der Typ Tier nicht. Obwohl die Bestimmungen »Vierbeinigkeit« und »Hörner« erfaßt werden, kann ich das Tier keinem in meinem Wissensvorrat vorhandenen Untertyp (Büffel, Kuh usw.) zuordnen, da es eine mit den vorhandenen Untertypen unverträgliche Bestimmung enthält (Bedeckung mit Schuppen). Ich kann mich aber nicht mit dem Obertyp »Tier« zufrieden geben, da ich auch nicht weiß, ob das Tier gefährlich ist oder nicht. Das Tier ist »a-typisch«, das heißt, es entspricht keinem situationsgerechten, in Vorerfahrungen gestifteten Typ. Es ist übrigens deutlich, daß hier eine Form der hypothetischen Relevanz vorliegt: das »a-typische« Tier könnte gefährlich sein, also bin ich dazu motiviert, mich so zu verhalten, als ob es gefährlich wäre, bis ich die interpretative Entscheidung treffen kann, ob es auch tatsächlich gefährlich oder ungefährlich ist. Wenn ich nun in darauffolgenden Auslegungsakten erfahre, daß es sich um ein völlig ungefährliches Tier einer bekannten Gattung handelt, wird mir das Tier in der Zukunft nicht mehr als »a-typisch« erscheinen.

Zweitens können wir von einer weniger »radikalen« Art vom A-Typischen sprechen. Nehmen wir an, ein Thema (Gegenstand, Ereignis usw.) wird nicht nur in einigen typischen Bestimmungen, sondern in einem bisher als adäquat erfaßten Bestimmungszusammenhang erfaßt (z.B. als Seepflanze). Nun treten im aktuellen Thema, das zunächst als typischer Repräsentant dieser Gattung aufgefaßt wird, unvorhergesehene Züge auf, die mit Bezug auf den bisherigen Bestimmungszusammenhang a-typisch sind. Hier sind zwei Hauptmöglichkeiten zu unterscheiden. Die a-typischen Bestimmungen können erstens mit dem schon gestifteten Typ verträglich sein (z.B. die Seepflanze verändert in kurzer Zeit unter Sonneneinwirkung die Farbe). In diesem Fall wird der schon gestiftete Typ nur um neue, nunmehr typische Bestimmungen angereichert (»Manche Seepflanzen verändern unter Sonneneinwirkung die Farbe«). Zweitens kann aber die a-typische Bestimmung mit dem schon gestifteten Bestimmungszusammenhang unverträglich sein (»der Gegenstand bewegt sich von selbst«). In diesem Fall muß der bisherige Bestimmungszusammenhang radikal verändert werden (»Es gibt einige wenige Pflanzen, die sich von selbst bewegen«), was bedeutet, daß die Verträglichkeitsbedingungen selbst abgewandelt werden. Es gibt noch eine weitere Möglichkeit. Wenn die Verträglichkeitsbedingungen bei dem aktuellen Wissensstand als unveränderlich betrachtet werden müssen, wird der früher gestiftete Bestimmungszusammenhang aufgelöst und ein neuer rekonstruiert (Der Typ »Seepflanze« umfaßt nunmehr nicht mehr den Untertyp, den ich ihm bisher zugeordnet habe und an dessen Repräsentanten ich Beweglichkeit festgestellt habe. Dafür wird dieser Untertyp dem Obertyp »Seetiere« zugeordnet). Hier wird also gleichsam die »Demarkationslinie« zwischen Bestimmungszusammenhängen verschoben, weil Beweglichkeit mit Bezug auf einen Typ radikal »a-typisch«, das heißt mit ihm unverträglich ist, aber nicht mit Bezug auf einen anderen.

Der Typ ist, wie ausgeführt wurde, ein Bestimmungszusammenhang, in dem irrelevante Bestimmungsmöglichkeiten konkreter Erfahrungen *unterdrückt* werden. Jede konkrete Erfahrung muß folglich »a-typische« Elemente enthalten. Hinzu kommt, daß jede Erfahrung an einer einzigartigen Stelle im Erfahrungsablauf auftritt und somit »unwiederholbar« ist, also schon deshalb »a-typische« Züge aufweist. In der natürlichen Einstellung, in der das pragmatische Motiv vorherrrscht, sind im allgemeinen diese »a-typischen«, nämlich einzigartigen und unwiederholbaren Aspekte der Erfahrungen nicht von Interesse. Vielmehr ist die Entsprechung zwischen den aktuellen konkreten Erfahrungen und dem typischen Bestimmungszusammenhang selbst typisch relevant. Dennoch kann es, wenn nicht in der Routine des Alltagserlebens, so doch in »Ausnahmesituationen« und vor allem in Übergängen zu anderen Wirklichkeitsbereichen geschlossener Sinnstruktur, insbesondere dem religiösen, auf die Einzigartigkeit und Unwiederholbarkeit der Erfahrung, nicht aber auf ihre Typik ankommen. Eine weitere Komplikation ist jedoch, daß bestimmte biographische »Einmaligkeiten« sozial typisiert werden können. Das wird zum Beispiel an den *rites de passage* deutlich. Was in der subjektiven Biographie unwiederholbar ist, kann gesellschaftlich vortypisiert sein.[111]

4) Typik und Vorhersage

In der natürlichen Einstellung dient der lebensweltliche Wissensvorrat vor allem dazu, aktuelle Situationen zu bestimmen und zu bewältigen. Wie die Analyse der Relevanzstrukturen, welche die Konstitution und Struktur des Wissensvorrates bestimmen, ge-

[111] Vgl. hier auch Kap. II, B 6.

zeigt hat, involviert dies entweder die routinemäßige Anwendung des aus vergangenen Erfahrungen sedimentierten Gewohnheitswissens oder auch die Auslegung und Wiederauslegung vergangener Erfahrungen und Situationen. Der aktuelle Wissensvorrat wirkt folglich entweder als ein »automatisches« Verhaltensmuster oder als ein explizites Interpretationsschema. Die Bestimmung und Bewältigung aktueller Situationen involviert jedoch auch eine Orientierung zur Zukunft hin. Die Rolle des Wissensvorrats in diesem Vorgang haben wir bisher nicht systematisch betrachtet. Nur in der Beschreibung der Relevanzstrukturen, vor allem in der Analyse des Um-zu-Motivationszusammenhangs, wurde auf einige Aspekte der Zukunftsorientierung des alltäglichen Verhaltens hingewiesen. Aber erst jetzt, nachdem wir die im Wissensvorrat angelegte Typik untersucht haben, können wir die Frage behandeln, wie in der natürlichen Einstellung des täglichen Lebens Wissen um zukünftige Ereignisse zustande kommt.

Zunächst sind zwei nahe miteinander verwandte Aspekte dieser Frage zu trennen. Warum man zukünftige Ereignisse antizipiert und warum man daran interessiert ist, bestimmte Erfahrungen und Situationen als möglich oder unmöglich, wahrscheinlich oder unwahrscheinlich vorwegzunehmen, ist eine Frage, die grundsätzlich auf das subjektive Relevanzsystem verweist, das den einzelnen in der natürlichen Einstellung des täglichen Lebens leitet. Wir haben diese Frage schon in der Analyse der hypothetischen Relevanz und der Motivationsrelevanz berührt. Die unabänderlichen Gegebenheiten der Welt, die »kausalen« Zusammenhänge der »objektiven« Verhältnisse, werden in der Verwirklichung von Plänen subjektiv als Hindernisse oder als Mittel zu Zwecken erfahren. Als »Anwendungsbereich« für die Idealisierungen des »Und-so-weiter« und des »Ich-kann-immer-wieder« nehmen diese Verhältnisse ihren Platz in den subjektiven Planhierarchien ein, in der Form von Wissen um Unbewirkbares und Auferlegtes, um Grenzbedingungen und Möglichkeiten des Handelns, um Voraussetzungen des Bewirkbaren und Durchführbaren. Im Rahmen dieser Grenzbedingungen ist man unter dem Druck verschiedener Dringlichkeiten – die von dem in der natürlichen Einstellung vorherrschenden pragmatischen Motiv bestimmt werden – vor allem an der Vorhersage der eigenen Handlungen interessiert, genauer, am *Ausgang* eigener Vorhaben. Da aber die eigenen Handlungen in die Handlungszusammenhänge der Mitmenschen und in die auferlegte Abfolge »natürlicher« Ereignisse eingebettet sind, ist man zugleich an der Vorhersage sozialer und natürlicher Verhältnisse, die mehr oder minder außerhalb der Kontrolle des eigenen Handelns liegen, interessiert.

Was antizipiert wird und *wie* es antizipiert wird, ist dagegen eine Frage, die mit Hilfe einer näheren Betrachtung der Struktur des Wissensvorrates und der in ihm angelegten Typik beantwortet werden muß. Bevor wir uns dem Problem der Vorhersage im eigentlichen Sinn des Wortes zuwenden, wollen wir daran erinnern, daß jede Erfahrung »zukunftsorientiert« ist. In Anlehnung an Husserls Analyse des inneren Zeitbewußtseins wurde schon in der Beschreibung der zeitlichen Struktur des Erfahrungsablaufes betont, daß jede aktuelle Phase der inneren Dauer neben Retentionen gerade verflossener Phasen auch Protentionen zukünftiger Phasen enthält. Diese Protentionen sind nie völlig inhaltsleer. Vielmehr sind sie auf Grund der lebensweltlichen Idealisierungen mehr oder minder spezifisch; das heißt, sie sind mit automatischen Typisierungen erfüllt, die sich aus dem Bereich des Gewohnheitswissens ableiten. Solange die automatischen Protentionen im weiteren Erfahrungsablauf nicht »widerlegt« werden, tritt, wie schon ausgeführt, keine Stockung im routinemäßigen Erfahrungsablauf ein. Es ist selbstverständlich, daß der »Inhalt« der Protentionen aus Typisierungen besteht, nicht aus Antizipationen einzigartiger und unwiederholbarer Ereignisse, Erlebnisse usw. Darum sind die Protentionen trotz ihrer »Inhaltserfülltheit« mehr oder minder unbestimmt und die unbestimmten Aspekte der Protentionen werden ihrerseits von den »einzigartigen« und unwiederholbaren Aspekten der konkreten aktuellen Erfahrung »ausgefüllt«. Wenn von einer »Widerlegung« der Protentionen die Rede ist, so bezieht sich dies auf »a-typische«, »unverhoffte«, aber situationsrelevante thematische Relevanzen der aktuellen Erfahrung.

Nun sind automatische Protentionen nicht eigentlich »Vorhersage«. Dies setzt syntaktische Denkakte voraus, deren »Inhalt« sich aus expliziten Elementen des Wissensvorrates ableitet. Es braucht kaum betont zu werden, daß Vorhersage auf Protentionen fundiert ist, bzw. daß die in der Vorhersage verwendeten Typisierungen in automatischen Typisierungen gründen. Wie in automatischen Protentionen werden auch in expliziten Vorhersagen nicht die »einzigartigen«, unwiederholbaren Aspekte zukünftiger Ereignisse erfaßt, sondern nur die Möglichkeit, Wahrscheinlichkeit usw. des Wiedereintreffens typischer Abläufe, typischer Verhältnisse, typischer Handlungsweisen usw.

Es ist selbstverständlich, daß sich Erfahrungen, genaugenommen, nicht wiederholen können. Es kann nicht zwei »gleiche« Erfahrungen geben, da jede Erfahrung notwendig eine »einzigartige« biographische Ausprägung hat. Zwei in ihrer Typik »gleiche« Erfahrungen sind, je nachdem ob sie früher oder später in den Erfahrungsablauf eingebettet sind, schon allein in ihrem biographischen »Stellenwert« verschieden. Sie stehen notwendig in verschiedenen Sinnzusammenhängen. Auch wenn wir von allen anderen möglichen Veränderungen im Wissensvorrat und vom »Älterwerden« überhaupt absehen, so unterscheidet sich die zweite Erfahrung von der ersten noch immer dadurch, daß sie mit interpretativ relevanten Aspekten, die von der ersten Erfahrung als wissenswert sedimentiert wurden, zur Deckung gebracht werden kann. Erst dadurch kann ja die zweite Erfahrung als der ersten »gleich« erkannt werden. Zum Zeitpunkt der zweiten Erfahrung ist also ein Wissensvorrat zur Hand, der sich durch das Element E, wenn schon durch nichts anderes, vom Wissensstand, der zum Zeitpunkt der Erfahrung E zur Hand war, unterscheidet.

Was über Erfahrungen im allgemeinen gesagt wurde, gilt natürlich auch für Handlungen. Wenn wir zwei »gleiche« Handlungen, Hx 1 und Hx 2, betrachten, ist folgendes zu bemerken: Hx 1, die in der Situation Sx 1 begann, führte zum Resultat Rx 1. Wenn nun die »gleiche« Handlung, Hx 2, begonnen wird, so weicht Situation Sx 2 von Sx 1 notwendig dadurch ab, daß der Wissensvorrat in ihr das Wissenselement enthält: Hx 1 hat in Sx 1 zu Rx 1 geführt. In Sx 1 war dieses Wissen nicht vorhanden. In Sx 1 war vielleicht das Wissen, »typisches Handeln« Hx führt zum »typischen Resultat« Rx, sozial vermittelt gewesen, ohne in eigenen Erfahrungen bestätigt worden zu sein. Vielleicht hat man beobachtet, daß Mitmenschen, die im Wasser typische Bewegungen vollführen, schwimmen. Man vollführt nun die »gleichen« Bewegungen in der Erwartung, das »gleiche« Resultat zu erreichen. Wenn sich diese Erwartung dann einmal bestätigt hat, geht man zum zweiten Mal mit einem neuen spezifischen Wissenselement ins Wasser. Eine andere Möglichkeit ist aber, daß die besondere Handlung H 1 gar nicht mit dem Wissen, Hx (Hx 1, Hx 2, Hx 3 usw.) führt zu Rx (Rx 1, Rx 2, Rx 3 usw.), begonnen wurde, sondern in der Erwartung, daß sie zum Resultat Ry 1 führen würde. Nach vollbrachter Handlung stellt sich jedoch heraus, daß sie zum Resultat Rx 1 geführt hat. In S 2 wird dagegen nicht mehr Ry, sondern Rx erwartet. Anders ausgedrückt, in S 1 ist Ry das Um-zu-Motiv, in S 2 dagegen Rx. Die Situation S 2 ist folglich anders bestimmt. Die Geschichte der »unbeabsichtigten« Erfindungen und Entdeckungen liefert viele Beispiele für solche Situationen.

Nun ist die Praxis des Alltags dadurch gekennzeichnet, daß man im allgemeinen nicht an der Einzigartigkeit von S 1, R 1, H 1, E 1 interessiert ist, sondern vielmehr an der typischen Wiederholbarkeit von S, E, H, R. In der Sedimentierung von S, E, H, R im Wissensvorrat sind im allgemeinen die typischen, somit prinzipiell »wiederholbaren« Aspekte von S, E, H, R, nämlich Sx, Ex, Hx, Rx oder Sy, Ey, Hy, Ry interpretativ relevant. Vermittels der Idealisierung des »Und-so-weiter« und des »Ich-kann-immer-wieder« sind dann zwar nicht einzigartige, jedoch typische Situationen, Erfahrungen, Handlungen und Handlungsresultate voraussagbar. Wenn diese dann in der Tat eintreten, können sie entweder »a-typisch« (weder Ex noch Ey usw.) sein, also die Erwartung enttäuschen[112], oder die Erwartung in ihrer Typik bestätigen, wobei die notwendig »einzigartigen« Aspekte der konkreten Erfahrung, Situation usw. (E 1, E 2, H 1, H 2), außer acht gelassen werden.

Fassen wir zusammen. Der Wissensvorrat ermöglicht vermittels der in ihm angelegten Typisierungen und auf Grund der Idealisierungen des »Und-so-weiter« und des »Ich-kann-immer-wieder« die Orientierung des Erfahrungsablaufes in die Zukunft. Jede aktuelle Situation bzw. das Verhalten in ihr hat einen Zukunftshorizont, der automatisch mit typischen und typisch relevanten Inhalten erfüllt ist. Der Wissensvorrat wirkt als ein routinemäßiges Verhaltensschema. Ferner ist auch das Handeln in die Zukunft orientiert, wobei typische Handlungsverläufe und Handlungsresultate als möglich, wahrscheinlich oder auch als subjektiv sicher angesetzt werden. Dabei ist noch einmal zu betonen, daß im täglichen Leben nichts so vorausgesagt werden kann, wie es dann in der Tat eintrifft bzw. daß das, was eintrifft, nie genau vorausgesagt werden konnte. Da aber unter der Vorherrschaft des pragmatischen Motivs diese Art von genauer Vorhersage im allgemeinen irrelevant ist, während gerade die typisch wiederholbaren Aspekte der Erfahrung und des Handelns von Interesse sind, ist Vorhersage der »Zukunft« in der natürlichen Einstellung möglich und – trotz ihres Chancencharakters – »erfolgreich«.

112 Vgl. hierzu Kap. III, C 3.

Kapitel IV

Wissen und Gesellschaft

A. Die gesellschaftliche Bedingtheit des subjektiven Wissensvorrats

1) Die sozialen Vorgegebenheiten der biographischen Situation

a) Die Sozialstruktur »hinter« den frühesten Wir-Beziehungen

Die Tatsache, daß die Lebenswelt des Alltags nicht eine private, sondern eine intersubjektive und somit soziale Wirklichkeit ist, hat für die Konstitution und Struktur des subjektiven Wissensvorrates eine Reihe äußerst wichtiger Folgen. Da der einzelne in eine historische Sozialwelt hineingeboren wird, ist seine biographische Situation von vornherein sozial begrenzt und durch spezifisch ausgeprägte gesellschaftliche Gegebenheiten bestimmt.[1] Vom Anbeginn bilden sich die subjektiven Relevanzstrukturen in Situationen aus, die intersubjektiv sind oder zumindest mittelbar in gesellschaftlich bestimmte Sinnzusammenhänge eingeflochten sind. Dieser Umstand ist von besonderer Bedeutung für die Konstitution der subjektiven Interpretationsrelevanzen bzw. der Typik und der Motivationsrelevanzen. Die Sedimentierung spezifischer Wissenselemente im subjektiven Wissensvorrat ist sozial bedingt, und zwar in zweifacher Weise. Zum *ersten* sind die Vorgänge der Erfahrungssedimentierung, da sie auf den sozial bedingten subjektiven Relevanzstrukturen beruhen, mittelbar auch sozial mitbestimmt. Zum *zweiten* sind die spezifischen Wissenselemente, die typischen »Inhalte« des subjektiven Wissensvorrates, weitgehend nicht in eigenen Auslegungsvorgängen gewonnen, sondern sozial abgeleitet. Das heißt, sie werden aus dem »gesellschaftlichen Wissensvorrat«, nämlich den sozial objektivierten Resultaten der Erfahrungen und Auslegungen anderer, übernommen. Der größere Teil des Wissensvorrats des normalen Erwachsenen ist nicht unmittelbar erworben, sondern »erlernt«. Diese verschiedenen Aspekte der gesellschaftlichen Bedingtheit und Bestimmtheit des subjektiven Wissensvorrats müssen nun näher untersucht werden.

[1] Vgl. Kap. II, B 6 und III, A 1 a.

Betrachten wir zunächst die sozialen Vorgegebenheiten der biographischen Situation.

Wie an anderer Stelle[2] ausgeführt wurde, ist die biographische Situation von vornherein begrenzt. Bestimmte Elemente der Weltstruktur sind dem einzelnen unabänderlich auferlegt. Zu den vorgegebenen Elementen der biographischen Situation gehört eine historische Sozialstruktur, die eine spezifische relativ-natürliche Weltanschauung trägt. Unmittelbare und mittelbare soziale Beziehungen sind teils eindeutig institutionalisiert, teils durch Sinnzusammenhänge geprägt, die ihrerseits in Sprache und Institutionen gesellschaftlich objektiviert sind. Aber nicht nur die Sozialwelt im engeren Sinn, sondern die Wirklichkeit im allgemeinen (vor allem die tägliche Lebenswelt, jedoch nicht nur sie, sondern auch die anderen Bereiche geschlossener Sinnstruktur) ist vorausgelegt und typisiert. Gewohnheitsmäßige Aufmerksamkeitszuwendungen und Interpretationsschemata für Natur, Gesellschaft und Verhalten im allgemeinen sind in der Sprache objektiviert und in der Sozialstruktur mehr oder minder fest institutionalisert. All dies erfordert noch eine genauere Analyse. Hier interessiert uns zunächst die Frage, wie dieses soziale Apriori, das in der biographischen Situation vorgegeben ist, subjektiv erfahren wird.

Schon in den frühesten Erfahrungen des Kindes ist die historische Sozialstruktur »kausal« vorausgesetzt. Diesen Umstand brauchen wir hier nicht weiter zu besprechen; es ist selbstverständlich, daß die Sozialstruktur (Mutter, Versorger, Beschützer, Erzieher usw.) immer eine Funktion für das Überleben des Menschenkindes hat. Aber die historische Sozialstruktur ist in den frühesten Erfahrungen des Kindes nicht nur »kausal« vorausgesetzt, sondern ist in sie auch als ein Sinnzusammenhang eingeflochten. Auch bei dem Kind, das die Sprache noch nicht erlernt hat, kann von echten »vor-sozialen« Erfahrungen kaum die Rede sein. Es ist natürlich statthaft, von vor-sozialen Elementen in der Fundierungsstruktur aller Erfahrung zu sprechen. In einer empirisch-genetischen Perspektive ist es aber nur dann möglich, vor-soziale Erfahrungen, Interpretationsschemata und Handlungen nachzuweisen, wenn man mehr oder minder künstlich vom intersubjektiven und sozialen Sinnzusammenhang des Erfahrungsablaufes abstrahiert. Von entscheidender Bedeutung ist hier der Umstand, daß sich das Selbst,

[2] Vgl. Kap. II, B 6 und III, A 1 a.

auf dem die bewußte Einheit der subjektiven Erfahrungen und Handlungen beruht, in intersubjektiven Vorgängen ausbildet und deshalb eine historische Sozialstruktur voraussetzt. Dies muß genauer ausgeführt werden.

Der explizite Rückverweis jeder Erfahrung, jeder Handlung auf ein erfahrendes und handelndes Selbst setzt zweierlei voraus. Erstens setzt er die automatischen Synthesen der zeitlichen Phasen der inneren Dauer voraus und zweitens die reflektive Erfassung der Identität eigener Erfahrungen und Handlungen durch Vorgänge der intersubjektiven Spiegelung. Diese Vorgänge ermöglichen eine *vermittelte* Erfassung des Selbst, vermittelt durch die unmittelbare Erfahrung des anderen, der es (das sich entfaltende Selbst) unmittelbar erfährt. Ferner ist dem einzelnen »Verantwortung« für die eigenen Handlungen, die vergangenen und die gegenwärtigen, durch den anderen »auferlegt«. Erst infolge solcher »Verantwortung« kann sich die personale Identität eines Selbst ausformen. Der Zusammenhang der »Verantwortung« zwischen vergangenen, gegenwärtigen und (in subjektiver Ableitung) geplanten Handlungen setzt also die »vor-soziale« Zeitlichkeit des Erfahrungsablaufes voraus, gerät aber erst in das Bewußtsein, indem er dem einzelnen von anderen vorgehalten wird. So wie die Bindung des Erfahrungsablaufs an ein personales Selbst sozialen Ursprungs ist, so wird auch eine Disassoziation – die zum Beispiel in den »verantwortungslosen« Phantasie- und Traumwelten grundsätzlich möglich ist – in der Lebenswelt des Alltags durch soziale Kontrolle verhindert.

Aus diesen Überlegungen geht hervor, daß wir uns zwar »vor-soziale« Erfahrungen analytisch vorstellen können, daß sie aber, da notwendig an ein personales Selbst gebunden, in einem sozialen Sinnzusammenhang stehen. Allerdings dürfen wir uns das Kind nicht schon in den frühesten Wir-Beziehungen als mit einem solchen Selbst ausgestattet denken. Man darf annehmen, daß der Bewußtseins-, Klarheits- und Bestimmtheitsgrad der frühesten sozialen Begegnungen zunächst verhältnismäßig niedrig ist. Man darf zudem annehmen, daß solche Begegnungen nicht von vornherein in scharfer Trennung von »nicht-sozialen« Erfahrungen auftreten. Dennoch handelt es sich bei ihnen schon um eine Art von Wir-Beziehung. Gegeben sind Unmittelbarkeit der Erfahrung des Anderen und wechselseitige Aufmerksamkeitszuwendung. Die soziale Beziehung ist in gewissem Sinn schon vor der Ausbildung eines personalen Selbst beim Kind wechselseitig. Die Reziprozität, um die es hier geht, ist allerdings dem Kind in einem gewissen Sinn »auferlegt«. Sein Gegenüber (z. B. die Mutter) verhält sich beständig in einer Weise, die eine gewisse Reziprozität seitens des Kindes voraussetzt. Es mag zunächst also nur eine quasi-Wir-Beziehung bestehen. Aber einer der Partner verhält sich immer so, als ob eine echte Wir-Beziehung bestünde. Im übrigen kann zum Beispiel eine derartige quasi-Wir-Beziehung auch zwischen einer alten Jungfer und ihrem Kanarienvogel bestehen mit dem Unterschied, daß sich die vollständige Reziprozität einer echten Wir-Beziehung daraus nicht ausbildet. Die Wechselseitigkeit der Wir-Beziehung ist also dem Kind durch sein Gegenüber »auferlegt«; sie ist insofern eine soziale Vorgegebenheit seiner biographischen Situation, beruht aber andererseits auf seiner »vor-sozialen« Subjektivität, das heißt also, daß sie auch auf den strukturellen »Anlagen« des Kindes fundiert ist. Es muß jedoch noch einmal betont werden, daß die »vor-sozialen« Bedingungen der subjektiven Erfahrung, des Wissenserwerbs und des personalen Selbst wirklich nur Bedingungen sind, zu denen sich notwendig die intersubjektive Spiegelung gesellt. Erst in diesem vielfach facettierten Vorgang der Erfahrung des Anderen und der Erfahrung des Selbst vermittels der Erfahrung des Anderen[3] entfaltet sich die Identität des Kindes.

Die Mitmenschen, die dem Kind in den frühesten Wir-Beziehungen entgegentreten, haben selber ein personales Selbst in frühen Wir-Beziehungen mit anderen entwickelt und in einer späteren Wir-Beziehung verfestigt, differenziert und modifiziert. Ihr Handeln ist von sozialen Institutionen bestimmt, ihre Erfahrungen von der relativ-natürlichen Weltanschauung geprägt, ihr Wissen weitgehend vom »gesellschaftlichen Wissensvorrat« abgeleitet. So verhalten sie sich dem Kind gegenüber in Weisen, die von gesellschaftlichen Institutionen (Ehe, Vaterschaft etc.) bestimmt sind, und das Kind wird von ihnen in sozial abgeleiteten typischen Formen aufgefaßt (als Erstgeborener, als Sohn, als Segen Gottes, als Krüppel etc.)

Von den frühesten Wir-Beziehungen an wird das Kind in einen wechselseitigen Motivationszusammenhang einbezogen, dessen Relevanzstrukturen (Einstellungen, Ziele, Mittel) gesellschaftlich beschränkt, als selbstverständlich vorgezeichnet und gebilligt sind.

[3] Vgl. hier auch Kap. II, B 5 b.

So erfährt das Kind die historische Sozialstruktur, die eine auferlegte Komponente seiner biographischen Situation ist, zunächst in der Form von unmittelbaren Wir-Beziehungen. In Vorgängen der intersubjektiven Spiegelung »erlernt« es relevante Aspekte der Sozialstruktur und »internalisiert« die relativ-natürliche Weltanschauung. All seine Erfahrungen, auch solche »privater« Natur, sind in intersubjektiv relevante und somit gesellschaftlich bestimmte und vor-ausgelegte Motivations- und Interpretationszusammenhänge eingebettet.

Eines ist noch hinzuzufügen. Obwohl eine konkrete historische Sozialstruktur »hinter« den Wir-Beziehungen, auch »hinter« den frühesten, für die Ausbildung eines personalen Selbst seitens des Kindes besonders wichtigen, Wir-Beziehungen steht, erschöpfen sich diese Beziehungen nicht in ihrer »Repräsentation« der Sozialstruktur. Sie sind zwar sozial bestimmt, aber nicht unabänderlich determiniert. So gibt es »gute« und »schlechte« Väter, so gibt es – allerdings strukturell vorbestimmte – Variationsbreiten des subjektiven Verhaltens innerhalb dieser Beziehungen. Und schließlich ist natürlich in ihrer besonderen biographischen Artikulation – sowohl für das Kind als für seine Partner – der spezifische Sinn jeder Wir-Beziehung, bei aller sozial vorbestimmten Typik, »einzigartig«.

b) Die Sprache und die relativ-natürliche Weltanschauung in den frühesten Wir-Beziehungen

Die Konstitution der Sprache in der Wir-Beziehung und die Struktur der Sprache als eines sozial objektivierten Zeichensystems, wie auch das Verhältnis der Sprache zur lebensweltlichen Typik erfordern eine eingehende Beschreibung.[4] Wir beschränken uns hier darauf, die Ergebnisse jener Analysen für das Problem, das uns hier beschäftigt – die Rolle, die die Sprache als ein vorgegebenes Element in der biographischen Situation spielt – zu verwerten. Erinnern wir uns zunächst daran, was die Sprache für den einzelnen leistet.

Jede Sprache entspricht einer bestimmten relativ-natürlichen Weltanschauung. Die innere Form der Sprache stimmt mit den grundlegenden Sinnstrukturen der Weltanschauung überein. Die

[4] Vgl. Kap. III, C 2.

semantische und syntaktische Struktur objektiviert die typischen Erfahrungen und Auslegungsresultate der Mitglieder einer Gesellschaft. Dies setzt verschiedene Formen der Ablösung (Idealisierungen und Anonymisierungen) von den unmittelbaren subjektiven Erfahrungen voraus. Gerade dadurch kann aber die Sprache als ein gesellschaftlich objektiviertes Zeichensystem und als Bestandteil des »sozial-historischen Apriori«, als ein »Modell« für die subjektiven Erfahrungsstrukturen von »jedermann« wirken, genauer, als eine zusammenhängende Vielfalt von »Teilmodellen«, (Bedeutungsfeldern und Bereichen) für die Erfahrungen typischer Glieder der Gesellschaft. Die semantische und syntaktische Struktur der Sprache zeichnet der subjektiven Erfahrung typische Aufmerksamkeitszuwendungen (thematische Relevanzen), Auslegungsmodelle (Interpretationsrelevanzen) und Muster von Weil- und Um-zu-Zusammenhängen (Motivationsrelevanzen) vor. Die Sprache bestimmt, was in der subjektiven Erfahrung typischer Gesellschaftsmitglieder gewohnheitsmäßig voneinander geschieden wird und welche potentiellen Unterschiede vernachlässigt werden; welche Gegenstände, Eigenschaften und Ereignisse routinemäßig aufeinander bezogen sind und welche zu verschiedenen Bedeutungsbereichen, Klassifikationssystemen usw. gehören; welche Ziele allgemein oder nur unter besonderen Umständen verbindlich sind und welche gebilligt, mißbilligt, geduldet werden, welche wünschenswert und lobenswert sind usw.; welche typischen Mittel zu solchen Zielen führen und schließlich, welche typischen Momente typischer Erfahrungen sich zu typischen Einstellungen zusammenschließen. Kurzum, die Sinnstrukturen der alltäglichen Lebenswelt, sowohl der »Natur« wie der »Sozialwelt« wie auch der – von einer relativ-natürlichen Weltanschauung zur anderen verschiebbaren – Demarkationslinie zwischen diesen zwei Bereichen sind in der Sprache vorgezeichnet und vorausgelegt. Das gleiche gilt auch für die anderen Wirlichkeitsbereiche geschlossener Sinnstruktur, wenn auch nicht für alle im gleichen Maß.

Nun begegnet das Kind dieser sprachlich vorgezeichneten und stabiliserten Wirklichkeit nicht gleichsam in einem Schub: das Kind hat noch vor dem Erwerb der Sprache Erlebnisse, die sich sicherlich nicht in ihrer konkreten Aktualität erschöpfen, in denen vielmehr schon Typisierungen und Auslegungsschemata herangezogen werden. In einem gewissen Sinn hat es also schon vorsprachliche Erfahrungen. Diese sind jedoch, wie ausgeführt wurde, aufs engste mit den frühesten Wir-Beziehungen verflochten. Noch vor dem Erwerb der Sprache, noch vor einer eigentlichen Begegnung mit der sprachlich vorgezeichneten und verfestigten Wirklichkeit, tritt für das Kind die Sprache als ein vorgegebenes Element der Wir-Beziehung auf. Die Mitmenschen, zu denen das Kind zunächst in quasi-, dann in »echten« Wir-Beziehungen steht, sprechen. Sprache ist als Sprechen der Mitmenschen für das Kind von vornherein mit deren Gesichtsausdruck, Gestik und ihrem typischen Verhalten verflochten. Das bedeutet, daß sich die Sprache zunächst mit typischen Erfahrungs- und Handlungszusammenhängen innerhalb der Wir-Beziehung – so rudimentär diese auf der vor-sprachlichen Stufe auch sein mögen – verbindet. Die Bedeutung der sprachlichen Zeichen bezieht sich zunächst, in der Unmittelbarkeit der Wir-Beziehung, auf die Erfahrungen in der aktuellen Situation, auf die natürliche und soziale Umwelt. Die Ausbildung dieser Bedeutungen setzt einerseits die zumindest teilweise schon vorsprachlich angelegten Typisierungen und Erfahrungsschemata voraus, andererseits aber die Vorgänge der intersubjektiven Spiegelung in der Wir-Beziehung. Die Sprache selbst konstituiert sich in der Wir-Beziehung vermittels der intersubjektiven Spiegelung, der »Sozialisierung« der subjektiven Anzeichen und deren Ablösung von der unmittelbaren Erfahrung. Während hier nicht auf eine detaillierte Analyse des Spracherwerbs eingegangen werden soll, sei darauf hingewiesen, daß die gleichen Vorgänge, die in der gesellschaftlichen Konstitution der Sprache gleichsam »phylogenetisch« im Spiel sind, in modifizierter Form auch in der sprachlichen »Ontogenese«, im subjektiven Spracherwerb, vorausgesetzt sind. Da sie von vornherein mit den frühesten Wir-Beziehungen und den in ihr auftretenden Vorgängen der intersubjektiven Spiegelung verflochten ist, tritt die Sprache für das Kind als ein Element der direkten Erfahrung der Mitmenschen, der unmittelbar gegebenen sozialen Wirklichkeit auf. Die Verfestigung und Strukturierung der »vor-sprachlichen Wirklichkeit« (d.h. der auf die Wirklichkeit bezogenen vorsprachlichen Erfahrungsschemata und Typisierungen) in Übereinstimmung mit der semantischen und syntaktischen Gesamtstruktur der Sprache bzw. der relativ-natürlichen Weltanschauung geht in spezifischen und konkreten Wir-Beziehungen vor sich. Die sprachliche Durchdringung der subjektiven Relevanzstrukturen und somit die indirekte Beeinflussung auch autogener Typenbildung und Auslegung geht ebenfalls in spezifischen und konkreten Wir-Beziehungen vor sich. Und das gleiche gilt für die Vermittlung des sprachlich objektivierten »gesellschaftlichen Wissensvorrats«. Wir werden uns mit einer wichtigen Folge dieses Umstandes noch näher zu beschäftigen haben.

Vorläufig wollen wir daran festhalten, daß der Bezug der Sprache auf Erfahrungen, die die unmittelbare natürliche und soziale Umwelt transzendieren, einen ursprünglichen Bezug auf unmittelbare, von der konkreten Wir-Beziehung geprägte Erfahrungen voraussetzt und auf sie aufgestuft ist. Die konkrete Wirklichkeit der Wir-Beziehungen ist die gesellschaftliche Grundlage dafür, daß der einzelne die Sprache als ein Bedeutungssystem, das sich auf »Wirklichkeit überhaupt« bezieht, erlernt. Nachdem jedoch die Sprache als eine zusammenhängende semantisch-syntaktische Struktur erworben wurde, wird sie von der konkreten Wir-Beziehung und der Unmittelbarkeit der Erfahrung weitgehend unabhängig (wie weitgehend dies der Fall ist, kann von einer Sprache zur anderen verschieden sein). Dann kann die Sprache Wissen über Wirklichkeiten vermitteln, die nicht nur die jeweilige aktuelle Erfahrung des einzelnen transzendieren, sondern ihm praktisch, wenn auch nicht grundsätzlich, unzugänglich sind, Wissen also, das in den Erfahrungen und Auslegungen der Vorfahren oder Zeitgenossen seinen Ursprung hat. Und schließlich kann dann die Sprache Wissen vermitteln, das sich auf Sinnbereiche bezieht, die der unmittelbaren Erfahrung prinzipiell unzugänglich sind.

So können wir sagen, daß die Wirklichkeit, in die das Kind schrittweise hineinwächst, durch die Sprache in Übereinstimmung mit den Sinnstrukturen der relativ-natürlichen Weltanschauung »filtriert« und verfestigt wird. Dieses Hineinwachsen beruht jedoch auf der zunächst vor-sprachlichen und erst später zunehmend sprachlich durchdrungenen »faktischen« sozialen Wirklichkeit der konkreten Wir-Beziehung. Die typischen Sinnstrukturen der Erfahrung des normalen Erwachsenen sind von der Sprache – und folglich von der relativ-natürlichen Weltanschauung einer Gesellschaft – wesentlich mitbestimmt. Indem sich der einzelne eine Sprache als Gewohnheitsbesitz aneignet, erwirbt er routinemäßige Unterscheidungen zwischen Beachtlichem und Nichtbeachtenswertem, Selbstverständlichem und Problematischem, Mitteilungswürdigem und Mitteilungsnotwendigem. Zugleich wird er weitgehend von eigenständigen Problemauslegungen und autogenen

Typenbildungen entlastet. Infolgedessen stabilisieren sich die subjektiven Erfahrungen verschiedener Mitglieder einer Gesellschaft sozusagen um die »Mittelwerte« der für eine relativ-natürliche Weltanschauung typischen Erfahrungen. Durch die Stabilisierung der Erfahrungen um »typische Mittelwerte« und die Objektivierung in der Sprache, werden subjektive Erfahrungen im subjektiven Erfahrungsablauf und der Biographie des einzelnen miteinander vergleichbar und bilden die Grundlage für explizite Interpretationen der Vergangenheit und explizite Handlungsentwürfe. Darüber hinaus werden Auslegungsresultate mitteilbar und können zu Bestandteilen eines kumulativen gesellschaftlichen Wissensvorrates werden.

Nun muß einer ausführlichen Analyse der sozialen Verteilung des Wissens in einem Punkt vorgegriffen werden, der schon im vorliegenden Zusammenhang wichtig ist. Es ist selbstverständlich, daß die in einer relativ-natürlichen Weltanschauung vorherrschenden Sinnstrukturen und die durch sie geprägten typischen Erfahrungs- und Handlungszusammenhänge von einer gegebenen Sozialstruktur und ihren faktischen »kausalen« Gegebenheiten bedingt sind. Sie sind von einer relativ-natürlichen Weltanschauung zur anderen verschieden, und sie verändern sich geschichtlich. Sie sind jedoch auch innerhalb einer gegebenen Gesellschaft differenziert. Die *typischen* Erfahrungs- und Handlungszusammenhänge wären für alle Gesellschaftsmitglieder nur in einer Gesellschaft gleich, in der keine Arbeitsteilung, keine Differenzierung der Rollen bestünde, nur in einer Gesellschaft ohne eigentliche Sozialstruktur also. Nur in einer solchen »Gesellschaft« wäre der soziale Wissensvorrat völlig homogen verteilt. Man kann sich eine solche »Gesellschaft« vielleicht in einem Gedankenexperiment vorstellen. Alle historischen Gesellschaften dagegen sind durch eine, wenn noch so minimale, Differenzierung der Rollen und durch eine, wenn noch so geringe, Heterogenität der Wissensverteilung gekennzeichnet. Die typischen Erfahrungsstrukturen sind nicht für alle Gesellschaftsmitglieder gleich, sondern weisen ihrerseits eine soziale Verteilung auf, da sie durch die verschiedenen sozial objektivierten und zum Teil auch institutionalisierten Rollen – und die von ihnen abhängigen Situationsbestimmungen – bedingt sind. So kann zum Beispiel in einer Gesellschaft das, was für Jäger selbstverständlich ist, für Bauern problematisch sein; was für Frauen mitteilungswürdig ist, kann von den Männern gewohnheitsmäßig unbeachtet bleiben usw. Nicht nur die typischen Erfahrungs- und Handlungszusammenhänge, sondern auch das in ihnen relevante Wissen, wie auch die entsprechenden sprachlichen Strukturen (vor allem Wortschatz, semantische Gliederung, aber auch Syntax und Morphologie, wie der Sprachstil im allgemeinen) sind sozial verteilt.

Daraus ergibt sich, daß die Sinnstrukturen der relativ-natürlichen Weltanschauung und die entsprechenden sprachlichen Strukturen nicht allen Kindern in gleicher Weise zugänglich sind. Die soziale Verteilung des Wissens und der Sprache bestimmt den konkreten »Inhalt« der frühesten Wir-Beziehungen, in denen das Kind aufwächst, mit. Es ist nicht *die* Sprache, sondern eine bestimmte Version der Sprache (z.B. Dialekt, Kastensprache usw.), der das Kind als selbstverständlichem gewohnheitsmäßigem Besitz der für ihn relevanten Anderen, als »Muttersprache« begegnet. Wir brauchen hier nicht auf die Vielfalt der empirischen Variationen einzugehen, die konkret als »Filter« für die Aneignung der Sprache und der relativ-natürlichen Weltanschauung wirken können (z.B. das historisch vorgegebene Maß der Variation zwischen den sozial verteilten Versionen der Sprache, Übereinstimmungen oder Abweichungen in den Sprachversionen, die von den für das Kind relevanten Anderen gesprochen werden, vom Sonderproblem der Zweisprachigkeit gar nicht zu reden usw.). Auf jeden Fall werden die Sinnstrukturen der Lebenswelt, wie sie in einer relativ-natürlichen Weltanschauung ausgeprägt sind, durch eine bestimmte, durch Wir-Beziehungen »gefilterte« Version einer bestimmten historischen Sprache vermittelt. Von der Sprache und der relativ-natürlichen Weltanschauung als sozial vorgegebenen Elementen der biographischen Situation kann also nur in dieser historischen Spezifität die Rede sein.

2) Die gesellschaftliche Bedingtheit der subjektiven Relevanzsstrukturen

a) Abhängigkeit der subjektiven Relevanzen von den Gegebenheiten der sozialen Situation

Die subjektiven Relevanzstrukturen, die im Erfahrungsablauf und in den Handlungen des normalen Erwachsenen in der Lebenswelt des Alltags wirken, sind in vielfacher Weise gesellschaftlich bedingt. Die verschiedenen Formen der gesellschaftlichen Bedingtheit können jedoch in zwei Hauptarten eingeteilt werden: die aktuelle Abhängigkeit der subjektiven Relevanzstrukturen von den jeweiligen Gegebenheiten der sozialen Situation und die gesellschaftliche Prägung der subjektiven Relevanzstrukturen in der Biographie des einzelnen. Wir werden die zweite Hauptform, die »Sozialisierung« der Relevanzstrukturen, im nächsten Abschnitt behandeln und beginnen hier mit einer Betrachtung der ersten Hauptform.

Der Erfahrungsablauf des normalen Erwachsenen in der Lebenswelt des Alltags ist durch eine Abfolge sozialer Situationen bestimmt. Diese Abfolge ist ununterbrochen, da ja die Lebenswelt des Alltags eine wesentlich gesellschaftliche Wirklichkeit ist. »Nicht-soziale« Situationen kommen in ihr nicht vor, sondern können nur als theoretischer Grenzfall konstruiert werden. Der gesellschaftliche Charakter der alltäglichen Situationen ist jedoch durchaus nicht gleichartig. Die Unterschiede in der Sozialität einer Situation werden durch zwei miteinander verflochtene Hauptdimensionen bestimmt: durch die *formale* Gliederung der subjektiven Erfahrungen der Sozialwelt in Bereiche der Unmittelbarkeit und Mittelbarkeit und die in der relativ-natürlichen Weltanschauung vorgezeichneten Stufen der Anonymität, die den *Sinn* der subjektiven Erfahrungen der Sozialwelt mitformen.[5]

In manchen Situationen steht der einzelne in unmittelbaren Beziehungen zu Mitmenschen, während sich in anderen lediglich der Sinn seines Verhaltens auf hochanonyme gesellschaftliche Gegebenheiten bezieht. Aber auch unmittelbare soziale Beziehungen können ihrem Sinn nach vielfach abgestuft sein. Wenn Mitmenschen in höchster Konkretheit und Symptomfülle erfaßt werden, kann die Beziehung durch Zuwendung auf den subjektiven Sinn der Erfahrungen des Anderen gekennzeichnet sein, wie das zum Beispiel im Liebesakt typisch der Fall ist. Andererseits kann sich in Wir-Beziehungen die Aufmerksamkeit auf den objektiven Sinn der Handlungen oder Mitteilungen des Anderen richten, wie zum Beispiel in einem zweckbezogenen Gespräch. Der Sinn, der die Erfassung des Partners in der unmittelbaren sozialen Beziehung begleitet, kann individualisiert sein (»mein alter Freund X«) oder hochanonym (»Zigarettenverkäufer«). Ferner können Situationen,

[5] Vgl. Kap. II, B 5.

in denen andere unmittelbar gegeben sind, einseitig und nicht wechselseitig (wie dies bei den eben erwähnten sozialen Beziehungen der Fall ist) sein. Auch bei bloßen »Einstellungen« kann sich die Aufmerksamkeit auf den subjektiven Sinn der Erfahrungen der Anderen richten, wie zum Beispiel bei der Beobachtung des Mienenspiels einer sich unbeobachtet glaubenden Person, oder auf den objektiven Sinn seines Verhaltens, wie zum Beispiel bei der Beobachtung des Anmarsches feindlicher Truppen durch einen vorgeschobenen Posten.

Aber auch die verschiedenen sozialen Situationen, in denen Andere nicht unmittelbar erfaßt werden, sind sowohl nach ihrer »Mitteilbarkeit« als auch nach den Stufen der Anonymität, die die Erfassung des Anderen begleiten, differenziert. So nimmt zum Beispiel die Symptomfülle, in der der Andere gegeben ist, ab, je nachdem, ob es sich um Briefwechsel, Nachrichten, die durch Dritte vermittelt sind, usw. handelt. Um die Variationen der Anonymität zu veranschaulichen, brauchen wir nur an den Unterschied zwischen dem Briefwechsel zweier Eheleute und an einen Geschäftsbrief oder an testamentarische Verfügungen, die sich auf spätere Generationen beziehen, an Börsentransaktionen, an Gesetzesverfügungen usw. zu denken.

Außerdem ist daran zu erinnern, daß soziale Situationen entweder nur aus bloßen Einstellungen bestehen oder verschiedene Formen des sozialen Handelns enthalten. Soziale Einstellungen können sich einerseits auf konkrete einzelne beziehen (»mein abwesender Vater«), andererseits verschiedengradig anonyme soziale Gruppen, Rollen, Institutionen, gesellschaftliche Objektivierungen usw. (Abneigung gegen Advokaten, Furcht vor der Polizei, Respekt für den Code Napoleon, Vorliebe für Italienisch usw.). Und soziales Handeln weist eine ähnlich komplexe Struktur auf. Es kann unmittelbar oder mittelbar, einseitig oder wechselseitig, einmalig oder regelmäßig wiederkehrend, auf konkrete einzelne oder auf anonyme Repräsentanten gesellschaftlicher Gegebenheiten bezogen sein.

Soziale Situationen sind also, wie eingangs gesagt wurde, von der formalen Gliederung der subjektiven Erfahrungen der Sozialwelt und von den in der relativ-natürlichen Weltanschauung vorgezeichneten typischen Sinnstrukturen sozialen Verhaltens und Handelns bestimmt. Der letzte Umstand leitet sich aus der »Sozialisierung« der Interpretations- und Motivationsrelevanzen und der mit ihnen zusammenhängenden Erfahrungsschemata und Auslegungsmodelle, Typisierungen und Klassifikationen und der typischen Weil- und Um-zu-Zusammenhänge ab. Die formale Gliederung der subjektiven Erfahrungen der Sozialwelt dagegen bestimmt die Grenzen und die Formen der aktuellen Abhängigkeit der subjektiven Relevanzen von den Gegebenheiten der jeweiligen sozialen Situation.

Wenn der einzelne in eine Situation eintritt, so bringt er in sie einen biographisch geprägten, zum großen Teil sozial abgeleiteten Wissensvorrat und somit ein weitgehend »sozialisiertes« System von Interpretations- und Motivationsrelevanzen mit. Andererseits begegnet er in der Situation aktuellen sozialen Gegebenheiten, die ihm in einem gewissen Sinn »auferlegt« sind. Hier sind nun zwei Momente zu unterscheiden: intersubjektive, sozusagen in der aktuellen Situation »sozialisierte«, thematische Relevanzen und soziale Gegebenheiten im engeren Sinn, wie zum Beispiel Mitmenschen, Institutionen usw. Wollen wir diese zwei Momente näher betrachten.

Nur in der Wir-Beziehung ist den Partnern der gleiche räumliche und zeitliche Sektor der Lebenswelt gemeinsam. Infolgedessen sind nur in der Wir-Beziehung die thematischen Relevanzen, die dem einen »auferlegt« sind, auch dem anderen »auferlegt«: die »gleichen« Ereignisse, Gegenstände usw. drängen sich der Aufmerksamkeit des einen wie des anderen auf. Die Auffassungsperspektiven, in denen sich die thematischen Relevanzen präsentieren, sind zwar, strenggenommen, nicht identisch. Darüber hinaus können die biographisch geprägten Interpretations- und Motivationsrelevanzen, die die beiden Partner in die Wir-Beziehung »hineinbringen«, nicht identisch sein, obwohl sie bei gleichartiger »Sozialisierung« der Partner für die Bestimmung und Bewältigung der Situation hinreichend kongruent sind. Prinzipiell kann jedoch der Sinn, den die »gleichen« Ereignisse, Gegenstände usw. für die Partner haben, durchaus verschieden sein. Um von »gleichen« thematischen Relevanzen reden zu können, muß auf die Gleichheit der Grenzbedingungen der Situation des Menschen in der Lebenswelt, seine Leiblichkeit, Zeitlichkeit usw. zurückgegriffen werden. Je mehr nun die Interpretations- und Motivationsrelevanzen der Partner in der Wir-Beziehung variieren, je mehr also der Sinn der spezifischen Situation, der Ereignisse und Gegenstände für die zwei Partner verschieden ist, um so wichtiger ist die gemeinsame

Auferlegtheit der thematischen Relevanzen in der Situation. Dies aus folgendem Grund: Mit den gemeinsam vorgegebenen Ereignissen, Gegenständen usw. ist jedem Partner in der Wir-Beziehung auch der Leib des anderen Partners mitgegeben. Nun ist am Leib des Partners, der ein Ausdrucksfeld höchster Symptomfülle ist, abzulesen, daß die subjektiven thematischen Relevanzen auch dem anderen thematisch relevant sind. Die subjektiven thematischen Relevanzen beider Partner flechten sich in die Vorgänge der intersubjektiven Spiegelung ein und werden selber »intersubjektiv«. Wie immer auch der eine oder der andere den Sinn des Ereignisses, Gegenstandes usw. deuten mag, der grundlegende Sinn, »uns beiden vorgegeben«, »für uns beide relevant«, hat sich im gleichzeitigen Bezug auf das Thema und den Anderen konstituiert.

Daraus ergibt sich aber auch die Rolle, die intersubjektive thematische Relevanzen bei der »Sozialisierung« der Interpretations- und Motivationsrelevanzen haben. Auch wenn wir annehmen, daß der interpretative und motivationsmäßige Zusammenhang, in dem ein gegebenes Thema zunächst für die Partner in einer Wir-Beziehung steht, unterschiedlich ist, wird in den Vorgängen der intersubjektiven Spiegelung nicht nur die Aufmerksamkeitszuwendung auf das »gleiche« Thema, sondern auch die Art der Erfassung und, zumindest in rudimentärer Form, die Art der Deutung seitens des anderen Partners miterfaßt. Dies ist jedoch die Voraussetzung für jede »ursprüngliche« Sozialisierung der Interpretations- und Motivationsrelevanzen, sofern diese über die (durch die Grenzbedingungen der menschlichen Situation in der Lebenswelt bedingte) Gleichheit der subjektiven Relevanzstrukturen hinausgeht. Obwohl sozial approbierte Typisierungen, Motive usw. vom einzelnen vorwiegend vermittels der Sprache aus einer relativ-natürlichen Weltanschauung übernommen werden, setzt schon das Erlernen der Sprache (wie die »ursprüngliche« Konstitution der Sprache) eine über diese grundlegende Gleichheit der lebensweltlichen Situation hinausgehende Gemeinsamkeit der Relevanzstrukturen voraus. Gerade diese Gemeinsamkeit konstituiert sich aber in den – unter Umständen vorsprachlichen – Vorgängen der intersubjektiven Spiegelung, die sich auf ein gemeinsam vorgegebenes Thema beziehen. Außerdem können natürlich intersubjektive thematische Relevanzen immer wieder zur Überprüfung der Kongruenz der Erfahrungs- und Auslegungschemata, die von den Partnern in eine Wir-Beziehung »hineingebracht« werden, dienen.

Dies spielt besonders in solchen Situationen, in denen die Sprache aus dem einen oder anderen Grund »versagt«, eine wichtige Rolle.

Da die Intersubjektivität thematischer Relevanzen von der formalen Gliederung der subjektiven Erfahrungen der Sozialwelt abhängt, ist diese auch von großer Bedeutung bei der »Sozialisierung« der Interpretations- und Motivationsrelevanzen. Darüber hinaus bestimmt sie aber auch die Gegebenheitsweise des Anderen in sozialen Situationen und bedingt somit die aktuelle Abhängigkeit der subjektiven Relevanzen von gesellschaftlichen Gegebenheiten im engeren Sinn. Der Sinn, der die Erfahrung sozialer Gegebenheiten begleitet, ist zwar von der Unmittelbarkeit oder Mittelbarkeit der Erfahrung *relativ* unabhängig. Der Freund bleibt ein Freund, ob er im Augenblick anwesend ist oder nicht, obwohl andererseits ein Freund, den man seit zwanzig Jahren nicht mehr gesehen hat, nicht mehr »der gleiche« ist und die Beziehung zu ihm dadurch notwendig auch in ihrem Sinn modifiziert ist. Jedenfalls ist die Gegebenheitsweise des Anderen in der aktuellen Situation immer subjektiv relevant. Der unmittelbar gegebene Andere ist in einer dringlicheren Weise »problematisch« als ein Zeitgenosse oder gar Vorfahre oder Nachfolger. Er motiviert unmittelbar das Verhalten in der aktuellen Situation, so »kurzfristig« auch das Verhalten und so unwichtig der Sinn dieses Verhaltens in der Gesamtbiographie des einzelnen sein mag. Wenn man im Straßengedränge von jemand angestoßen wird, so ist das normalerweise zwar unwichtig, erfordert jedoch dringlich ein Ausweichmanöver, eine Entschuldigung und dergleichen. Der Andere ist, wie wir sagen können, eine soziale Gegebenheit im engeren Sinn, die thematisch »auferlegt« ist. »Langfristig« ist natürlich das Verhalten des einzelnen viel entscheidender und nachhaltiger vom *Sinn* der Erfahrung und nicht von der Gegebenheitsweise des Anderen bestimmt (zum Beispiel die Orientierung einer langjährigen Karriere an der »Ehre der Familie«).

Die subjektiven Relevanzen in der aktuellen Situation des normalen Erwachsenen hängen also von gesellschaftlichen Gegebenheiten ab. Bei der Bestimmung und Bewältigung der Situation spielen aber die im Verlauf der Biographie »sozialisierten« Deutungen und Motive eine entscheidende Rolle. Die »sozialisierten« Interpretations- und Motivationsrelevanzen verweisen jedoch ihrerseits wieder auf »ursprüngliche« Erwerbssituationen, die von unmittelbaren gesellschaftlichen Gegebenheiten geprägt wurden und auf intersubjektiven thematischen Relevanzen beruhten.

b) Die »Sozialisierung« der Interpretations- und Motivationsrelevanzen

Wir haben nun beschrieben, auf welche Weise die subjektiven Relevanzen von den sozialen Gegebenheiten der aktuellen Situation abhängig sind. Dabei wurde darauf hingewiesen, daß der einzelne zwar in der Situation sozial bedingte thematische Gegebenheiten konfrontiert, aber die Situation mit einem im übrigen schon weitgehend »sozialisierten« Bestand von Interpretations- und Motivationsrelevanzen betritt. Was dies im einzelnen heißt, soll nun näher ausgeführt werden.

Der einzelne betritt die Situation nie völlig »unvoreingenommen« und erfaßt deren thematische Gegebenheiten nie in ihrer absoluten, aktuellen Einzigartigkeit. Er bringt in die Situation bestimmte Einstellungen, Pläne, Handlungsentwürfe sowie einen Vorrat an vorgeformten Typisierungen und Auslegungen mit; kurzum, er betritt die Situation mit einem System von Interpretations- und Motivationsrelevanzen. Von diesem System hängt nicht nur ab, wie er die thematischen Gegebenheiten erfaßt, sondern bis zu einem gewissen Grad auch, was er an thematischen Gegebenheiten innerhalb der Situation überhaupt erfaßt.[6] Das »mitgebrachte« subjektive System der Interpretations- und Motivationsrelevanzen bedingt, was in der aktuellen Situation als selbstverständlich und routinemäßig und was als problematisch, auslegungs- und bewältigungsbedürftig erfahren wird.

Die Einstellungen, Pläne, Typisierungen, Auslegungsmodelle usw., kurzum, das subjektive System der Interpretations- und Motivationsrelevanzen, das in der aktuellen Situation wirksam ist, hat nun natürlich eine »Vorgeschichte«. Wie schon gesagt wurde, ist es in einer Abfolge von jeweils aktuellen Situationen erworben worden. Diese Situationen waren aber, wie wir in einem anderen Zusammenhang ausgeführt haben, entweder sozial oder zumindest sozial bedingt. Das bedeutet, daß das subjektive System der Interpretations- und Motivationsrelevanzen eine »soziale« Vorgeschichte hat.

[6] Vgl. Kap. III, B vor allem B 5.

Es gibt also im strengen Sinn des Wortes kein »eigenständiges« System von Interpretations- und Motivationsrelevanzen, jedenfalls nicht in der Lebenswelt des Alltags. Das heißt jedoch nicht, daß alle Interpretations- und Motivationsrelevanzen in gleicher Weise »sozial« sind. Sie haben zwar alle eine »soziale« Vorgeschichte. Es gibt aber unter ihnen auch solche, die darüber hinaus im prägnanten Sinn des Wortes »sozialisert« sind. Hierbei spielen drei Umstände, die wir im folgenden näher darlegen wollen, eine entscheidende Rolle: der unterschiedliche gesellschaftliche Charakter der Erwerbs*situation*, der »soziale« Charakter der Erwerbsgenauer, der Auslegungs*vorgänge* und der unterschiedliche *Ursprung* des erworbenen Wissenselements bzw. der Relevanzen.

Der gesellschaftliche Charakter der Situation, in denen sich Interpretations- und Motivationsrelevanzen ausbilden, reicht von Situationen, in denen Andere unmittelbar vorgegeben sind, über Situationen, in denen bloß die Handlungsresultate Anderer vorgegeben sind, bis zu Situationen, in denen lediglich der Sinn der subjektiven Erfahrungen mittelbar (in Erinnerungen, Einstellungen, Auslegungen) auf Andere oder deren Handlungsresultate gerichtet ist. Aber nicht nur die Situation als solche, sondern auch die Vorgänge innerhalb dieser Situation, in denen sich Interpretations- und Motivationsrelevanzen konstituieren, können hinsichtlich ihres gesellschaftlichen Charakters unterschiedlich sein. In Situationen unterschiedlichen Charakters – auch in solchen, in denen Andere unmittelbar gegeben sind – können sich die schrittweisen subjektiven Auslegungen und die polythetischen Sedimentierungen von Einstellungen ohne unmittelbaren Bezug auf die Auslegungen und Motivierungen Anderer vollziehen. Mit anderen Worten, die Interpretationen und Motivationen können sich in »eigenständigen« polythetischen Phasen ausbilden. Sie können sich aber andererseits im subjektiven Nachvollzug der Auslegungen und Motivierungen Anderer ausbilden. Und schließlich können sie so zustande kommen, daß lediglich der monothetische Sinn der Auslegungen und Motive Anderer übernommen wird.

Obwohl es zahlreiche Übergänge und Zwischenstufen gibt, können wir somit die drei wichtigsten Hauptformen der »Sozialität« der Interpretations- und Motivationsrelevanzen festlegen. *Erstens* gibt es Auslegungen und Motive, die sich zwar in sozial bedingten Situationen, aber in »eigenständigen« polythetischen Vorgängen und ohne unmittelbaren Bezug auf Auslegungen und Motive Anderer ausgebildet haben. *Zweitens* gibt es Auslegungen und Motive, die sich in sozialen Situationen (im engeren Sinn) im polythetischen Nachvollzug der Auslegungen und Motivierungen Anderer konstituiert haben. *Drittens* gibt es Auslegungen und Motive, die in der Übernahme des monothetischen Sinns der Auslegungsresultate und der Einstellungen Anderer bestehen. Wir können also von »eigenständigen«, »empathischen« und »sozialisierten« Interpretationen und Motiven sprechen. Nur die letztgenannten interessieren uns hier, da die Probleme, die mit den erstgenannten zusammenhängen, teils schon in der formalen Analyse der Relevanzstrukturen[7], teils in der Analyse der unmittelbaren Erfahrungen des Anderen[8] näher untersucht wurden.

Die »sozialisierten« Interpretations- und Motivationsrelevanzen sind von den in der relativ-natürlichen Weltanschauung vorherrschenden typischen Interpretationen und Motiven, die vornehmlich in der Sprache objektiviert sind, abgeleitet. Es handelt sich also, allgemein ausgedrückt, um Einstellungen, Handlungsmuster, Typisierungen, Auslegungsmodelle usw., die ursprünglich in den subjektiven Erfahrungen Anderer konstituiert wurden. Während sie grundsätzlich auf eine subjektive polythetische Konstitution zurückverweisen, ist ihr monothetischer Sinn »objektiv« festgelegt: in Zeichensystemen, vor allem in der Sprache (und hier vor allem in der semantischen Gliederung der Sprache) und in Handlungsmustern bzw. in den institutionalisierten »Erklärungen« und Legitimierungen der Handlungsmuster. Die Anderen, deren Erfahrungs- und Auslegungsresultate »objektiviert« sind, können sowohl Mitmenschen als auch bloße Zeitgenossen oder Vorfahren sein. Wir brauchen hier nicht in Betracht zu ziehen, ob es sich um Andere handelt, die der einzelne, der ihre Erfahrungs- und Auslegungsresultate übernimmt, als konkrete Mitmenschen erfaßt (z.B. den eigenen Vater, dessen Geiz, den dieser sich in den kargen Jugendjahren erworben hatte, man sich nun selbst aneignet) oder um Andere, die nur auf verschiedenen Stufen der Anonymität erfaßt werden (z.B. »den Adel«, dessen »Verpflichtungen« zwingend sind, oder den »Volksmund«, dessen »Weisheiten« man sich zu eigen macht, von den in der Sprachform angelegten Typisierungen, z.B. den Begriffen der Juristensprache, gar nicht zu reden). Ent-

[7] Vgl. Kap. III, B.
[8] Vgl. Kap. II, B 5 b.

scheidend ist, daß die Interpretationen und Motive, um die es hier geht, nicht das Ergebnis »eigenständiger« Erfahrungen und Auslegungen sind, noch auch »empathische« Nachvollzüge der Erfahrungen von Mitmenschen in Wir-Beziehungen, sondern in der einen oder anderen Weise sozial »objektiviert« sind und so für den einzelnen als Bestandteil des gesellschaftlichen Apriori wirken.

Die »sozialisierten« Interpretations- und Motivationsrelevanzen sind »erlernt«. In den Lernvorgängen sind aber, wie schon an anderer Stelle[9] deutlich wurde, die frühesten Wir-Beziehungen von grundlegender Bedeutung. Das Kind eignet sich spezifische Wissenselemente und die ihnen zugrunde liegenden Relevanzstrukturen zunächst in Vorgängen der intersubjektiven Spiegelung an. »Hinter« den Anderen, die dem Kind in den frühesten Wir-Beziehungen begegnen, steht jedoch immer eine spezifische Sozialstruktur. Die Sinnstrukturen der relativ-natürlichen Weltanschauung, die Sprache, die Elemente des sozialen Wissensvorrats, wie auch die darin involvierten Relevanzstrukturen sind dem Kind zunächst nur durch einen »Filter« von Anderen zugänglich. Die grundlegenden Interpretations- und Motivationsrelevanzen, die dem Kind in den frühesten Wir-Beziehungen vermittelt werden, sind also nicht nur gesellschaftlich »objektiviert«, sondern auch gewissermaßen durch die Sozialstruktur »filtriert«.

Hier muß eine zusätzliche Überlegung eingeschoben werden. Der soziale »Filtereffekt« ist bei der Aneignung von grundlegenden Interpretations- und Motivationsrelevanzen in den frühesten Wir-Beziehungen zwingend bzw., wie wir auch sagen können, dem Kind biographisch auferlegt. Aber auch in nachfolgenden Lernvorgängen und späteren sozialen Beziehungen bleibt der »Filtereffekt« wirksam. Es ist jedoch zumindest grundsätzlich möglich, daß er sich bis zu einem gewissen Grad verringert, so daß er nicht mehr in gleich zwingender Weise auferlegt bleibt. Nach Erlernung der Sprache und nach Verfestigung der Personstruktur kann sich der einzelne bestimmte, in sozialen Wissensvorrat vorhandene Elemente (z.B. Auslegungsmodelle) in subjektiv motivierten, von spezifischen Mitmenschen und unmittelbaren sozialen Gegebenheiten *relativ* unabhängigen »Auswahlakten« und »Lernvorgängen« aneignen. Es ist jedoch selbstverständlich, daß die Unabhängigkeit vom sozialen »Filtereffekt« nur relativ sein

[9] Vgl. Kap. IV, A 1.

kann und daß der Grad der Unabhängigkeit seinerseits sozial-historisch bedingt ist. Wir können auf dieses Problem hier nicht eingehen, wollen aber doch wenigstens einige wichtige Dimensionen des Problems abstecken. Der relative Grad der Unabhängigkeit vom sozialen »Filtereffekt« hängt zum Beispiel davon ab, ob die Gesellschaft, in die das Kind hineingeboren ist, die Schrift kennt oder nicht. Aber auch wenn es sich um eine Hochkultur handelt, sind die Zugangschancen zum Erlernen der Schrift ungleich verteilt. Ferner hängt der Grad der Unabhängigkeit damit zusammen, ob es in der betreffenden Gesellschaft spezialisierte Institutionen zur Vermittlung von Wissen gibt oder nicht und – im ersten Fall – wie autonom diese Institutionen im Verhältnis zu anderen Institutionsbereichen sind. Zudem führen in verschiedenen Gesellschaften die vorherrschenden Sozialisierungsprozesse zu typisch verschiedenen Stufen der »Individualisierung«, was wiederum mit dem Ausmaß der in der gegebenen Sozialstruktur typisch möglichen »Rollendistanz« zusammenhängt. All diese Faktoren stehen in kausalem Zusammenhang mit zwei geschichtlich wandelbaren Dimensionen der Sozialstruktur, der Machtverteilung (d.h. den Herrschaftsverhältnissen) und der Arbeitsteiligkeit.

Zusammenfassend: Das subjektive Relevanzsystem hat generell eine »soziale« Vorgeschichte, die aber sowohl »eigenständige« als auch »empathische« als auch »sozialisierte« Interpretations- und Motivationsrelevanzen enthält. Die letztgenannten sind Ableitungen von den in der relativ-natürlichen Weltanschauung vorherrschenden Relevanzstrukturen, die durch eine spezifische, geschichtliche Sozialstruktur »filtriert« werden.

Während nun die »eigenständigen« und »empathischen« Interpretations- und Motivationsrelevanzen genetisch die größere Rolle spielen und die Voraussetzung für die Aneignung »sozialisierter« Relevanzen sind, nehmen die letzten im alltäglichen Relevanzsystem des normalen Erwachsenen den breiteren Raum ein. Die Routinen der Lebensbewältigung, von Fertigkeiten bis zum Gewohnheitswissen, die für die Mitglieder einer bestimmten Gesellschaft typisch erforderlich sind, werden in typischen Formen sozial objektiviert. Sie werden von den Anderen, die dem Kind in den frühesten Wir-Beziehungen begegnen, als etwas selbstverständlich zu Erlernendes betrachtet und dem Kind vermittelt. Wir können hier außer Betracht lassen, ob die Routinen vom einzelnen schrittweise erworben werden müssen, etwa in »empathischer«

Angleichung an soziale Vorbilder (wie z. B. ein typischer Gehstil), oder in mehr oder minder bewußten Lernvorgängen (wie z. B. Kochrezepte, Lebensweisheiten aus Sprichwörtern usw.). Alle Routinen enthalten jedenfalls typische Relevanzstrukturen. Diese werden mit übernommen, ob die Relevanzen selbst in den Griff des Bewußtseins kommen oder nicht. Durch die Aneignung der »sozialisierten« Routinen wird nun für den einzelnen das gesellschaftlich vorgezeichnete Selbstverständliche vom gesellschaftlich vorgezeichneten Problematischen abgegrenzt. Aber auch typische Auslegungsmodelle für das Problematische werden übernommen. So sind neben den typischen Bestimmungen des Problematischen auch die typischen Lösungen für Probleme und typische Bedingungen, unter denen ein Problem als gelöst betrachtet werden kann, sozial abgeleitet.

Das subjektive Relevanzsystem des normalen Erwachsenen ist also weitgehend »sozialisiert«. Darüber darf aber nicht vergessen werden, daß es, ganz abgesehen von den »eigenständigen« Interpretations- und Motivationsrelevanzen, in seiner Gesamtheit biographisch ausgeprägt ist. Es ist zwar weitgehend »sozialisiert« und weist daher weitgehende typische Ähnlichkeiten mit den subjektiven Relevanzsystemen der Mitmenschen und Zeitgenossen auf. In sozialen Beziehungen werden solche Ähnlichkeiten vorausgesetzt, sozusagen bis auf Widerruf, und bilden die Grundlage für intersubjektive Verständigung, für adäquate Auslegungen des Verhaltens von Mitmenschen usw. Da aber die subjektiven Relevanzsysteme biographisch ausgeprägt sind, können sie natürlich nicht »identisch« sein. Sie sind der »einzigartige« Besitz des einzelnen, und wenn sich der einzelne seinen eigenen Relevanzen zuwendet, erscheinen sie ihm in dieser »Einzigartigkeit«. Von außen betrachtet, ist das Ergebnis der Sozialisierung subjektiver Relevanzstrukturen die typische Ähnlichkeit im Verhalten der als typisch erfaßten Zeitgenossen. Von innen gesehen, sind solche Ähnlichkeiten gleichsam zufällig. Der sozialisierte Mensch ist »einzigartig«.

B. Die Entstehung des gesellschaftlichen Wissensvorrats

1) Der subjektive Ursprung gesellschaftlichen Wissens

Bevor wir die Struktur des gesellschaftlichen Wissensvorrats zu beschreiben beginnen, müssen wir uns fragen, wie es denn überhaupt zur Ausbildung gesellschaftlicher Wissensvorräte kommt. Es braucht kaum betont zu werden, daß wir uns hier nicht um die Formulierung historisch-kausaler Deutungsschemata oder Hypothesen bemühen wollen – eine Aufgabe, die in den Problemkreis der empirischen Wissenssoziologie fällt –, sondern daß wir an der grundsätzlichen Frage interessiert sind, was die allgemeinen Voraussetzungen für die Konstitution eines gesellschaftlichen Wissensvorrats sind. Damit kehren wir die Fragestellung, in deren Rahmen wir die soziale Bedingtheit des subjektiven Wissens untersuchten, um. In jener Fragestellung haben wir die Vorgegebenheit eines gesellschaftlichen Wissensvorrats in der subjektiven Biographie schlicht angesetzt, ohne die Probleme zu beachten, die sich hinter einer solchen Annahme verbergen. Nun wird es unsere Aufgabe sein, gerade diese Probleme aufzuzeigen, wobei uns allerdings die auf Grund der bisherigen Fragestellung gewonnenen Ergebnisse zunutze kommen werden.

Wir haben gefunden, daß der subjektive Wissensvorrat nur zum Teil aus »eigenständigen« Erfahrungs- und Auslegungsresultaten besteht, während er zum bedeutenderen Teil aus Elementen des gesellschaftlichen Wissensvorrats abgeleitet ist. Da ferner gerade die wichtigsten Interpretations- und Motivationsrelevanzen »sozialisiert« sind – ganz abgesehen davon, daß die Ausbildung des subjektiven Wissensvorrats von vornherein durch eine »faktische« Sozialstruktur bedingt ist –, sind auch die »eigenständig« erworbenen Wissenselemente in den Gesamtzusammenhang eines weitgehend »sozialisierten« subjektiven Wissensvorrats eingebettet. Demnach kann von absolut »eigenständigen« Elementen im Wissensvorrat des normalen Erwachsenen nicht eigentlich die Rede sein.

Unbeschadet dieser empirischen Priorität des gesellschaftlichen

Wissensvorrats gegenüber jedem beliebigen subjektiven Wissensvorrat ist jedoch subjektiver Wissenserwerb der Ursprung allen gesellschaftlichen Wissens. Es besteht keine grundsätzliche Schwierigkeit, sich einen subjektiven Wissensvorrat vorzustellen, der ausschließlich aus »eigenständigen« Erfahrungs- und Auslegungssedimentierungen bestünde. In der formalen Analyse des subjektiven Wissenserwerbs konnte die Vorgegebenheit eines gesellschaftlichen Wissensvorrats und die »Sozialisierung« subjektiver Wissenselemente ausgeklammert werden, ohne daß dadurch die Grundformen des subjektiven Wissenserwerbs verzeichnet wurden.[10] Sicherlich wäre ein solcher hypothetischer, durchweg »eigenständig« erworbener Wissensvorrat im Vergleich mit dem Wissen eines normalen Erwachsenen – und sei es auch des »dümmsten« Mitglieds der »primitivsten« Gesellschaft – von einer kaum auszumalenden Dürftigkeit. Dennoch ist ein subjektiver Wissensvorrat unabhängig von einem gesellschaftlichen Wissensvorrat ohne Widersinn denkbar. Die Vorstellung eines gesellschaftlichen Wissensvorrats dagegen, der sich unabhängig von subjektivem Wissenserwerb ausgebildet hätte, ist schier widersinnig. Von gesellschaftlichen Erfahrungen, das heißt von den Erfahrungen einer Gesellschaft kann man höchstens in einem übertragenen – zudem leicht irreführenden – Sinn sprechen. Den Ursprung des sozialen Wissensvorrats, genauer, der Elemente, die den sozialen Wissensvorrat bilden, kann man nur in subjektiven Erfahrungen und Auslegungen suchen. Dies bedeutet aber, daß in letzter Konsequenz der gesellschaftliche Wissensvorrat auf »eigenständige« Erfahrungen und Auslegungen zurückverweist – so sehr auch die Situationen, in denen die Erfahrungen und Auslegungen stattfinden, wenn schon nicht durch »Gesellschaft« im vollen Umfang des Begriffs, so zumindest durch »faktische« soziale Gegebenheiten bedingt sein mögen.

Nachdem wir die grundsätzliche Priorität des subjektiven Wissenserwerbs – und letztlich des auf »eigenständigen« Erfahrungen beruhenden Wissens – gegenüber dem gesellschaftlichen Wissensvorrat festgestellt haben, müssen wir betonen, daß in der tatsächlichen Ausbildung eines gesellschaftlichen Wissensvorrats die Dinge anders liegen. Die subjektiven Wissenselemente, die in den gesellschaftlichen Wissensvorrat eingehen, sind nur zum geringen Teil

[10] Vgl. Kap. III, A 2.

»eigenständig« erworben – und auch dies nur im vorhin angedeuteten eingeschränkten Sinn von »Eigenständigkeit«. Wann immer wir einen noch so minimalen gesellschaftlichen Wissensvorrat ansetzen – und das müssen wir definitionsgemäß bei jeder menschlichen Gesellschaft – leiten sich die meisten subjektiven Wissenselemente, die in seine Weiterbildung eingehen, von dem jeweils vorgegebenen Stand des Wissensvorrats ab. Es braucht kaum betont zu werden, daß solche sozial abgeleiteten Wissenselemente in mehr oder minder »eigenständigen« Auslegungsvorgängen modifiziert, zum Beispiel »verbessert« werden können, bevor sie in den gesellschaftlichen Wissensvorrat zurückgeleitet werden.

Nachdem die vorangegangenen Analysen die nahezu vollständige soziale Bedingtheit des subjektiven Wissensvorrats aufgewiesen haben, war es nötig, die grundsätzliche Priorität »eigenständiger« Erfahrungen und Auslegungen in der Konstitution des gesellschaftlichen Wissensvorrats hervorzukehren. Dies sollte jedoch nicht der Anstoß zu falschen Schlußfolgerungen sein. Der gesellschaftliche Wissensvorrat darf trotz der grundsätzlichen Priorität des subjektiven Wissenserwerbs keineswegs – sei es auch nur formal – als die »Summe« subjektiver Wissensvorräte aufgefaßt werden. Man braucht nur zu fragen, »welcher Wissensvorräte?«, um zu sehen, daß eine solche Ansicht zu unlösbaren Schwierigkeiten führen muß. Der gesellschaftliche Wissensvorrat enthält nicht nur »mehr« als ein subjektiver Wissensvorrat, sondern auch »mehr« als die »Addierung« subjektiver Wissensvorräte. Dies wird in den folgenden Untersuchungen deutlich werden, vor allem bei der Analyse der Struktur des sozialen Wissensvorrats und der sozialen Verteilung des Wissens.[11]

Hier sei nur noch angefügt, daß der gesellschaftliche Wissensvorrat auch »weniger« enthält als jeder beliebige subjektive Wissensvorrat. So kann zum Beispiel der subjektive Wissensvorrat Elemente enthalten, die sich aus »neuartigen« Erfahrungen sedimentiert haben und daher »noch« nicht in den gesellschaftlichen Wissensvorrat einverleibt werden konnten. Außerdem enthält aber der subjektive Wissensvorrat Elemente, die die Voraussetzungen für die Übernahme subjektiven Wissens in den gesellschaftlichen Wissensvorrat nicht erfüllen, Elemente, die auf die biographische »Einzigartigkeit« der subjektiven Erfahrungen

[11] Vgl. Kap. IV, C.

zurückgehen, und Elemente, die sich einer sprachlichen Objektivierung entziehen.

Mit diesen Überlegungen stoßen wir an eine Frage, die uns im folgenden beschäftigen wird: Was sind die Voraussetzungen für die Übernahme subjektiven Wissens in den gesellschaftlichen Wissensvorrat? Erst die Beantwortung dieser Frage wird uns in die Lage versetzen, die Grundformen jener Vorgänge zu beschreiben, in denen subjektive Wissenselemente in den gesellschaftlichen Wissensvorrat überführt werden.

2) Voraussetzungen der Vergesellschaftung subjektiven Wissens

a) »Objektivierungen« des subjektiven Wissenserwerbs

Die allgemeine und grundlegende Voraussetzung für die Übernahme subjektiver Wissenselemente in den gesellschaftlichen Wissensvorrat ist deren »Objektivierung«. Mit diesem Ausdruck wollen wir allgemein die Verkörperung subjektiver Vorgänge in Vorgängen und Gegenständen der Lebenswelt des Alltags bezeichnen. Demnach wären alle Handlungen, die in die alltägliche Lebenswelt eingreifen, wie auch die »Resultate« solcher Handlungen, soweit von ihnen auf die Handlungen zurückgeschlossen werden kann, ferner aber auch Ausdrucksformen im weitesten Sinn, Gestik, Gesichtsausdruck usw. als »Objektivierungen« aufzufassen. Nun interessieren uns im vorliegenden Zusammenhang nur solche »Objektivierungen«, die in der Tat von anderen als Hinweise auf subjektive Vorgänge erfaßt und gedeutet werden. Unter diesen interessieren uns wieder vornehmlich solche, die von anderen als »Objektivierungen« subjektiver Auslegungen oder subjektiver Auslegungsresultate, allgemein, subjektiven Wissens, gedeutet werden können. Wenn zum Beispiel A beobachtet, wie B niest, so ist das Niesen zwar eine Äußerung subjektiver Vorgänge, wenn wir diesen Begriff weit genug fassen, aber kaum als eine »Objektivierung« subjektiven Wissens deutbar. Eine eindeutige und scharfe Trennung kann jedoch nicht gezogen werden, da sich ja alle Erfahrungen zu subjektivem Wissen sedimentieren können. Mit anderen Worten, keine Erfahrung kann ihrem Wesen nach als »unproblematisch« definiert werden.

Wie im folgenden zu zeigen sein wird, können wir verschiedene Stufen der »Objektivierung« unterscheiden, je nachdem, ob es sich um fortlaufende »Objektivierungen« des subjektiven Wissenserwerbs, um »Objektivierungen«, die als Anzeichen schon vorhandenen subjektiven Wissens dienen, oder um »Übersetzungen« subjektiven Wissens in Zeichensysteme handelt. Wollen wir mit der Beschreibung der einfachsten Stufe beginnen.

Nehmen wir an, A wandert in einer ihm unbekannten Gegend und muß einen Fluß überqueren. Wenn er ganz auf sich selbst angewiesen wäre, müßte er eine Reihe von Schritten unternehmen, um ausfindig zu machen, an welchen Stellen der Fluß zu tief ist, um durchwatet zu werden, an welchen Stellen es den Anschein hat, daß das Wasser seicht ist usw., bis er sich entschlösse, sein Glück an der einen oder der anderen Stelle zu versuchen. Dann müßte er in der Mitte des Flusses umkehren, weil die Strömung in der Nähe des anderen Ufers eine zu tiefe Rinne ausgegraben hatte. Nach all diesen Überlegungen und Versuchen würde er schließlich an das andere Ufer gelangen und wissen, wo sich eine Furt befindet. Wenn er wieder an den gleichen Fluß zurückkehren sollte, könnte er sich dieses »eigenständig« erworbenen Wissens bedienen. – Nehmen wir aber nun an, daß A bei seiner Ankunft am Fluß bemerkt, wie B den Fluß an einer bestimmten Stelle überquert. Er merkt sich diese Stelle, wo B begann, beobachtet, daß B gerade weitergeht und gut am anderen Ufer ankommt. Dadurch erspart sich A eine Reihe von »eigenständigen« Schritten; er kann sie durch Beobachtung der entsprechenden Schritte – jetzt von B unternommen – ersetzen.

Wir haben mit Absicht mit diesem einfachen Beispiel begonnen. In diesem Beispiel ist es verhältnismäßig unwichtig, in welchem subjektiven Sinnzusammenhang das Überqueren des Flusses für B steht, was schon daran deutlich wird, daß es kaum eine Rolle spielt, ob wir uns B als Mensch oder als Pferd denken. Ferner ist das Beispiel so gewählt, daß es noch kein Problem der »falschen« Deutung geben kann. Außerdem ist es unwesentlich, ob wir annehmen, daß B es schon gewußt hat, wo sich die Furt befindet, er also strenggenommen gar nicht »neues« Wissen erwirbt, oder ob er selbst all die Versuchsschritte unternehmen muß, die den Erwerb neuen Wissens kennzeichnen.

Nehmen wir aber nun ein Beispiel, das zwar noch die gleiche Stufe der »Objektivierung« veranschaulicht, wo aber die Dinge schon etwas verwickelter sind. Wenn A ausfindig machen möchte, ob das Wasser im Topf heiß oder kalt ist, kann er wiederum in einer Reihe von »eigenständigen« Schritten eine Entscheidung zwischen den beiden Möglichkeiten treffen. Wenn er aber sieht, wie B seinen Finger in das Wasser steckt und ihn sofort wieder mit schmerzverzerrtem Gesicht herauszieht, kann er den Zusammenhang zwischen den Handlungen des B und seinem Gesichtsausdruck als Anzeichen dafür deuten, daß B das Wasser als heiß befunden hat. Wiederum kann er also den von ihm beobachteten Wissenserwerb durch B als Ersatz für eigenen Wissenserwerb, genauer, als Ersatz für verschiedene »eigenständige« Schritte des eigenen Wissenserwerbs nehmen.

An Hand der gemeinsamen Züge in den zwei Beispielen können wir nun zu einer allgemeinen Kennzeichnung der »Objektivierung« auf dieser Stufe gelangen. Auf dieser Stufe ist es nicht ein subjektives Wissenselement als solches, sondern der Vorgang des subjektiven Wissenserwerbs, der sich in kontinuierlichen Vorgängen in der alltäglichen Lebenswelt »objektiviert«. Die Vorgänge werden von einem anderen beobachtet und dann so gedeutet, als ob sie »eigenständige« Schritte in eigenen Vorgängen des Wissenserwerbs gewesen wären. Wir können folglich hier nur in einem stark eingeschränkten Sinn sagen, daß A von B ein Wissenselement übernommen hat. Wenn wir einen Begriff, den wir in der Analyse der Relevanzstrukturen verwendet haben, in diesem Zusammenhang wiederverwenden dürfen: A »übernimmt« von B gewisse Schritte der Inspektionstour um das Problem, muß aber die »ersparten« Schritte vermittels mehr oder minder expliziter Analogieschlüsse selbst deuten. Festzuhalten ist aber, daß es sich in der Tat schon auf dieser Stufe der »Objektivierung« um eine, wenn auch noch so begrenzte, »soziale Ableitung« des Wissens handelt.

Aus dem Gesagten geht eindeutig hervor, daß Wissensvermittlung auf dieser Stufe der »Objektivierung« unlöslich an die konkrete Situation gebunden ist. Die »Übernahme« des Wissens durch A setzt eine gleichsam synchronisierte Deutung der Beobachtungen der »kontinuierlichen Objektivierungen« des Erfahrungsablaufs des B voraus. Ferner ist natürlich, je nach Problemlage, eine größere oder geringere Kongruenz der subjektiven Relevanzen von A und von B vorausgesetzt. (Anschaulicher ausgedrückt: in manchen Problemlagen kann ein Pferd, in anderen aber nur ein ähnlich gebauter, veranlagter usw. Mensch »eigenständige«

Schritte der Problemauslegung ersetzen.)

Auf dieser Stufe der Objektivierung spielt es keine entscheidende Rolle, ob B weiß, daß sein Verhalten von A beobachtet und gedeutet wird. Allerdings, wenn B dazu motiviert ist, das Wissen, das er im Begriff ist, selbst zu erwerben, dem A zu vermitteln, kann er die »Objektivierungen« seiner subjektiven Vorgänge bewußt steuern. Er kann zum Beispiel versuchen, dem A die Deutung der »Objektivierungen« zu erleichtern, indem er diese absichtlich übertreibt. Andererseits kann er aber auch versuchen, A daran zu hindern, Wissen von ihm zu übernehmen, indem er die »Objektivierungen« seiner subjektiven Vorgänge einschränkt oder verdeckt und so deren Deutung erschwert. Er kann sogar versuchen, den anderen irrezuführen, indem er in Vorwegnahme typischer Deutungen durch A »falsche« Objektivierungen setzt. B kann zum Beispiel, wenn er schadenfroh ist, seinen Gesichtsausdruck beherrschen, obwohl er sich verbrüht hat, in der Hoffnung, daß sich auch A verbrühen wird. Schon auf dieser Stufe der »Objektivierung« ist also, wenn A und B in einer Wir-Beziehung stehen, die motivierte Vermittlung nicht nur »richtigen«, sondern auch »falschen« Wissens grundsätzlich möglich, so sehr auch die Vermittlung »falschen« Wissens dadurch eingeschränkt sein mag, daß A und B zu den anderen Komponenten der Situation gleichermaßen unmittelbaren Zugang haben.

b) »Objektivierungen« subjektiven Wissens in Anzeichen

Auf der ersten Stufe der »Objektivierung« deutet A eine kontinuierliche Reihe von Vorgängen als Hinweise auf den »gleichzeitig« stattfindenden Wissenserwerb durch B. Im typischen Fall kommen also A und B in gleichsam synchronisierten Deutungsvorgängen zu typisch ähnlichem Wissen, wobei B's Verhalten und das Handeln von A – im Deutungszusammenhang mit den anderen unmittelbar erfaßbaren Komponenten der Situation – an Stelle »eigenständiger« Auslegungsschritte gesetzt werden kann. Auf der zweiten Stufe der »Objektivierung« sind es jedoch schon fertig konstituierte Wissenselemente, die sich in Vorgängen oder Gegenständen der Lebenswelt des Alltags verkörpern. Diese »Objektivierungen« werden von anderen als Anzeichen bestimmten Wissens gedeutet. Es ist allerdings nicht möglich, eine scharfe Trennungslinie zwischen den zwei Stufen der »Objektivierung« zu ziehen, da sich

Übergänge ohne weiteres konstruieren lassen. Nehmen wir an, A sieht nicht, wie B seinen Finger in den mit Wasser gefüllten Topf steckt, sondern bemerkt nur, daß B neben einem mit Wasser gefüllten Topf steht, mit schmerzverzerrtem Gesicht, und seinen Finger anhaucht. Er kann noch immer die Anzeichen mit den anderen Komponenten der Situation in einen Deutungszusammenhang bringen und schließen, daß der Topf höchstwahrscheinlich heißes Wasser enthält, obwohl er an den einzelnen Phasen des Wissenserwerbs seitens des B nicht teilgenommen hat. Im allgemeinen wird eine adäquate Deutung um so schwieriger, je weniger Komponenten der ursprünglichen Situation dem A zugänglich sind, bzw. je größer der Abstand zwischen dem ursprünglichen Wissenserwerb seitens des B und den zu deutenden Anzeichen ist. Auch die zweite Stufe der »Objektivierung« ist noch relativ situationsgebunden, obwohl im Vergleich mit der ersten Stufe eine gewisse Ablösung von der Erwerbssituation eintritt.

Kehren wir zum ersten Beispiel zurück und verändern wir es ein wenig. Nehmen wir wieder an, daß A an einen ihm unbekannten Fluß kommt und nach einer Furt sucht. Nach einiger Überlegung setzt er an, den Fluß an einer bestimmten Stelle zu überqueren. Da bemerkt er, daß ihm B vom anderen Ufer energisch abwinkt und auf eine andere Stelle hindeutet. A kann nun die Bewegungen des B als Anzeichen dafür deuten, daß B etwas weiß, das für ihn, A, relevant sein könnte und das ihm B zu vermitteln sucht. Im Zusammenhang mit der vorgegebenen Situation und deren Komponenten kann er zum Schluß gelangen, daß es sich höchstwahrscheinlich um ein Wissen handelt, daß sich auf das Problem des Flußüberquerens bezieht. Es ist hier also grundsätzlich gleich, ob B dieses Wissen gerade erst erworben hat, ob er es schon seit längerem besitzt und sogar, ob er es »eigenständig« erworben oder selbst bloß übernommen hat. Nicht der Wissenserwerb, sondern die Resultate des Wissenserwerbs sind es, die sich in Anzeichen »objektivierten«. So ist die Vermittlung des Wissens bzw. dessen »Objektivierung« in Anzeichen schon weitgehend von der ursprünglichen Situation des Wissenserwerbs abgelöst. Noch ist aber die Deutung der Anzeichen durch den Anderen, die Übernahme des »objektivierten« Wissens, wie schon vorhin angedeutet, mehr oder minder stark an die unmittelbare Erfassung der für die Konstitution des Wissenselements relevanten Komponenten der ursprünglichen Situation gebunden.

Die Vermittlung des Wissens auf dieser Stufe der »Objektivierung« ist nicht notwendig daran gebunden, daß derjenige, dessen Wissen sich in Anzeichen »objektiviert«, die Anzeichen bewußt setzt. A kann aus der Gestik, dem Gesichtsausdruck usw. des B im Zusammenhang mit anderen für die Deutung relevanten Komponenten der Situation Rückschlüsse auf ein bestimmtes Wissen des B ziehen, auch wenn sich etwa B unbeobachtet glaubt. Es genügt also grundsätzlich, daß A bestimmte Vorgänge des B deuten kann, ob nun B zur Setzung dieser Anzeichen motiviert war oder nicht.

Wenn nun Fertigkeiten – und, allgemeiner, »Objektivierungen« auf den vorzeichenhaften Stufen – von anderen übernommen werden, ist die Grundvoraussetzung zu deren Vergesellschaftung gegeben. Was das bedeutet, werden wir noch zu untersuchen haben. Wir können aber schon jetzt feststellen, daß explizite Wissensvermittlung bzw. »Objektivierungen« auf der Ebene von Zeichensystemen hierbei nicht notwendig vorausgesetzt sind. »Objektivierungen« auf diesen vor-zeichenhaften Ebenen können *als solche* dem »Besitz« einer Gruppe oder eine Gesellschaft einverleibt werden. Sie bilden dann, als »Traditionen« bestimmter Fertigkeiten und – allgemeiner – als Verhaltensmuster, einen Bestandteil des sozialen Apriori. Jedermann, der in die Gesellschaft hineingeboren wird, übernimmt sie mit um so größerer Selbstverständlichkeit, als er sie nicht erst explizit zu erlernen hat. Obzwar bei der Übernahme des auf diesen Stufen »objektivierten« Wissens explizite Vermittlung nicht notwendig vorausgesetzt ist, muß doch bemerkt werden, daß die typische Übernahme vergesellschafteter Fertigkeiten, Verhaltensrezepte und »Traditionen« meist in einer Verflechtung von nachahmender Übernahme der im Verhalten des Anderen »objektivierten« Muster, »eigenständigen« Schritte des Erwerbs und expliziter Wissensvermittlung auf der sprachlichen Ebene zustande kommt. So enthalten zum Beispiel ein typischer Gehstil, ein typischer Arbeitsstil und ein typischer Kunststil diese Komponenten des Wissenserwerbs in verschiedenen Proportionen.

Wenn wir im übrigen im vorigen Zusammenhang von »Traditionen« gesprochen haben, wollten wir damit nicht einer Analyse der mit der Vergesellschaftung des Wissens zusammenhängenden Probleme der »sozialen Dauer« vorgreifen. Wir müssen nicht unbedingt an langfristige Bestandteile des gesellschaftlichen Wissensvorrats denken, da ähnliches auch für kurzlebigere »Moden« (z. B.

eines bestimmten Stils des Krawattenbindens) gilt.

»Objektivierungen« auf den vor-zeichenhaften Ebenen können auch in der Vermittlung expliziter Elemente des gesellschaftlichen Wissensvorrats eine zwar untergeordnete, aber nicht unwichtige Rolle spielen. Dies gilt vor allem für den Bereich praktischer Rezepte für die Bewältigung alltäglicher Situationen. Bei der Übernahme solcher Rezepte tritt zum Erlernen expliziter Regeln vermittels von Sprichwörtern, Maximen usw. die Beobachtung und Nachahmung von immer wieder im Verhalten von Anderen sich »objektivierenden« Fertigkeiten und Verhaltensmustern. Sogar bei der Aneignung »höherer Wissensformen« können »Objektivierungen« auf den vorzeichenhaften Ebenen ein gewisse Rolle spielen.

Schließlich ist zu bemerken, daß solche »Objektivierungen« von entscheidender Bedeutung für die frühen Stadien der »Sozialisierung« des Kindes sind. Bevor das Kind die Sprache erlernt hat, können ihm explizite und mehr oder minder »abstrakte« (idealisierte und anonyme) Elemente des gesellschaftlichen Wissensvorrats nicht explizit vermittelt werden. Sie können aber für es auf den vor-zeichenhaften Stufen der »Objektivierung« gleichsam re-konkretisiert werden. Abgesehen davon spielen natürlich solche »Objektivierungen« eine vermittelnde Rolle beim Erlernen der Sprache selbst bzw. bei der Aneignung der quasi-idealen und anonymen Bedeutungsmatrizen der Sprache.

Allerdings begleitet beiderseitige Motiviertheit, der Anzeichensetzung wie der Anzeichendeutung, den für die soziale Vermittlung des Wissens schon auf dieser Stufe der »Objektivierung« wichtigeren Fall. Deshalb wurde zur Veranschaulichung dieser Stufe ein Beispiel gewählt, in dem die Anzeichen von B in »objektivierenden« Akten (Winken) gesetzt wurden. Nun gilt aber hier erst recht, was schon für die erste Stufe der »Objektivierung« festgestellt wurde. Wenn B weiß, daß A sein Verhalten als Anzeichen eines bestimmten Wissens deutet, kann er solche Anzeichen übertreiben, verdecken oder vortäuschen. Wenn zum Beispiel in einem Pokerspiel B die ihm zugeteilten Karten aufnimmt und seine Augen aufleuchten, kann A dies als Anzeichen dafür nehmen, daß B eine gute Kartenkombination besitzt. Wenn aber B diese Interpretation vorwegnimmt, kann er sich ein »Pokergesicht« zulegen oder seine Augen aufleuchten lassen, wenn er eine schlechte Kartenkombination aufgenommen hat. Darauf können natürlich weitere

Täuschungsmanöver aufgestuft werden, ein doppelter, dreifacher usw. Bluff. Je stärker das Wissenselement von der Situation des ursprünglichen Wissenserwerbs durch B abgelöst ist, bzw. je unzugänglicher die Komponenten dieser Situation für A sind, um so einfacher ist es im allgemeinen für B, dieses Wissen zu verdecken oder A »falsches« Wissen zu vermitteln.

Wir wollen dem Gang der Analyse – vor allem der Untersuchung der Vergesellschaftungsprozesse – nicht allzu weit vorgreifen. Dennoch müssen wir schon hier eine Überlegung über die Rolle von »Objektivierungen« auf den beiden bisher besprochenen vor-zeichenhaften Stufen für den Aufbau des gesellschaftlichen Wissensvorrats einschieben. Wir haben festgestellt, daß »Objektivierungen« auf diesen Stufen noch weitgehend situationsgebunden sind, genauer, an die Situation des Wissenserwerbs gebunden sind, obwohl auf der zweiten Stufe schon eine gewisse Ablösung der Wissensvermittlung von der Situation des Wissenserwerbs eintreten kann. Folglich kann idealisiertes (»abstraktes«) und anonymes Wissen nicht vermittels solcher »Objektivierungen« vergesellschaftet werden. Dagegen sind solche »Objektivierungen« für die Vergesellschaftung anderer Elemente, die dem Wissensvorrat angehören, von größter Bedeutung. Wenn wir den Begriff des gesellschaftlichen Wissensvorrats nicht ungebührlich auf explizites Wissen bzw. »höhere Wissensformen« beschränken wollen, können wir auch von vergesellschafteten Fertigkeiten, jedenfalls von sozialen Komponenten von Fertigkeiten sprechen. Nun können aber Fertigkeiten in gewissem Sinn von anderen übernommen werden, ohne daß eine explizite, zum Beispiel sprachliche Wissensvermittlung notwendig vorausgesetzt werden muß. Es gilt, was in allgemeiner Form über »Objektivierungen« auf den zwei ersten Stufen gesagt wurde. So kann zum Beispiel A beobachten, wie B schwimmt. Wenn er dann versucht, es ihm nachzumachen, hat ihm B schon verschiedene »Schritte« des »eigenständigen« Wissenserwerbs erspart. A braucht nicht mehr mit verschiedenen alternativen Bewegungskombinationen zu experimentieren. Oder, wenn A zusieht, wie B eine Axt herstellt, kann er selber daran gehen, eine Axt zu produzieren, indem er die von ihm beobachtete »beste Methode« der Axtherstellung nachahmt.

c) *Erzeugnisse als »Objektivierungen« subjektiven Wissens*

Wir definierten »Objektivierung« als die Verkörperung subjektiver Vorgänge in Ereignissen und Gegenständen des Alltags. Wir haben aber bisher »Objektivierungen« nur in der Form lebensweltlicher Ereignisse beschrieben, während wir die Möglichkeit von »Objektivierungen« in lebensweltlichen Gegenständen außer acht gelassen haben. Mit anderen Worten: wir haben uns bisher auf die Beschreibung von »Objektivierung« subjektiver Vorgänge in Ausdrucksformen und Handlungen beschränkt. Im folgenden wenden wir uns der Verkörperung subjektiver Vorgänge in »Handlungsresultaten« zu.

Die Vermittlung subjektiven Wissens an Andere auf den zwei bisher beschriebenen Stufen der »Objektivierung« setzte nicht die historische Vorgegebenheit eines Zeichensystems oder die intersubjektive Konstitution von Zeichen voraus. Sie setzte aber voraus, daß die Setzung der »Objektivierungen« durch den einen und deren Deutung durch den Anderen »gleichzeitig« waren. Auf der ersten Stufe der »Objektivierung« handelte es sich um die Verkörperung subjektiven Wissenserwerbs in lebensweltlichen Ereignissen, die in gleichsam synchronisierten Deutungsvorgängen dem Anderen »eigenständig« Schritte des Wissenserwerbs ersparten. Auf der zweiten Stufe der »Objektivierung« waren es bestimmte subjektive Wissenselemente, die sich in lebensweltlichen Ereignissen verkörperten und vom Anderen als Anzeichen bestimmter Wissenselemente gedeutet wurden. Die zweite Stufe war also schon durch eine gewisse Ablösung der Wissensvermittlung vom ursprünglichen Wissenserwerb gekennzeichnet. Auf beiden Stufen der »Objektivierung« erforderte jedoch die Vermittlung des Wissens, daß derjenige, von dem Wissen übernommen wurde, und derjenige, der Wissen übernahm, in einer Wir-Beziehung standen oder jedenfalls, daß der eine den Anderen unmittelbar beobachten konnte.

Wenn wir nun die Möglichkeit der »Objektivierung« subjektiver Vorgänge in Gegenständen statt in Ereignissen in der alltäglichen Lebenswelt betrachten, gilt diese Bedingung nicht. Wenn sich subjektive Vorgänge nicht in Ausdrucksformen oder in Handlungen, sondern in »Handlungsresultaten« »objektivieren«, ist die Deutung der »Objektivierungen« – und somit die Übernahme subjektiven Wissens durch Andere – nicht an die Gegenwart desjenigen gebunden, dessen subjektive Vorgänge sich auf diese Weise verkörpert haben. Was heißt aber nun, wenn wir sagen, daß sich subjektive Vorgänge in »Handlungsresultaten« »objektivieren« können?

Grundsätzlich gilt, daß jede Handlung, die in die Lebenswelt des Alltags eingreift, diese verändert. Manche Handlungen dieser Art können nun die alltägliche Lebenswelt in so minimaler Weise verändern, daß die Veränderung zumindest für die routinemäßige Beobachtung unmerklich bleibt. Manche Handlungen hinterlassen dagegen Spuren in lebensweltlichen Gegenständen, die auch in alltäglichen Aufmerksamkeitszuwendungen greifbar werden. Formal können wir alle solche Spuren als Handlungsresultate bezeichnen, ganz gleich, ob solche Veränderungen das Hauptziel, das Nebenziel oder bloß eine Begleiterscheinung des Handelns sind. Alle Handlungsresultate dieser Art können als »Objektivierungen« des Handelns gedeutet werden. Von bestimmten Veränderungen in lebensweltlichen Gegenständen kann auf ein bestimmtes Handeln und von diesem auf bestimmte subjektive Vorgänge, vor allem aber auf bestimmtes subjektives Wissen zurückgeschlossen werden.

Die Deutung von Handlungsresultaten als »Objektivierungen« subjektiver Vorgänge im allgemeinen und subjektiven Wissens im besonderen erfordert selbstverständlich nicht, daß die Deutungsvorgänge mit dem Handlungsablauf gleichzeitig seien. In diesem Fall muß also A, um von B Wissen übernehmen zu können, nicht mehr sein Mitmensch sein; die Deutung ist nicht mehr an die unmittelbare Vorgegebenheit des Anderen gebunden. Für die Übernahme des Wissens besteht nunmehr keine grundsätzliche zeitliche Beschränkung, sondern nur noch eine technische, nämlich die natürliche oder künstliche Lebensdauer der Gegenstände, in die sich Handlungen eingeprägt haben. Durch »Objektivierungen« dieser Art kann demnach Wissen nicht nur an Zeitgenossen, sondern auch an Nachkommen vermittelt werden.

Es braucht wohl kaum betont zu werden, daß die Ausbildung von Deutungsmustern (Interpretationsrelevanzen), vermittels derer Handlungsresultate auch in völliger Ablösung vom Handlungsablauf als »Objektivierungen« gedeutet werden, auf Situationen zurückgeht, in denen der Zusammenhang zwischen dem Handlungsablauf und dem Handlungsresultat unmittelbar beobachtet werden konnte. Das heißt, die Deutung von Handlungsresultaten als »Objektivierungen« subjektiver Vorgänge setzt grundsätzlich die Deutung von Handlungen und Ausdrucksformen in Wir-Beziehungen oder Situationen der unmittelbaren Beobachtung voraus.

Wir sagten vorhin, daß wir alle Veränderungen an lebensweltlichen Gegenständen, die durch Handlungen hervorgebracht wurden, als »Objektivierungen« bzw. als »Handlungsresultate« bezeichnen wollen, ganz gleich, ob diese Veränderungen bloße Begleiterscheinungen des Handelns sind oder ob sie selbst das Ergebnis motivierten Handelns sind. Dennoch ist eine Unterscheidung zwischen solchen Handlungsresultaten zu treffen. Bloße Begleiterscheinungen oder »Spuren« des Handelns können zwar als »Objektivierungen« subjektiver Vorgänge Wissen an Andere vermitteln, sind aber bei der Vergesellschaftung des Wissens von weit geringerer Bedeutung als motivierte Veränderungen, die wir »Erzeugnisse« nennen wollen. Wir können uns daher damit begnügen, den ersten Fall nur knapp zu veranschaulichen, um dann zu einer näheren Beschreibung von Erzeugnissen überzugehen.

Wenn sich A im Wald verirrt, mag er plötzlich auf Fußspuren stoßen, die in eine bestimmte Richtung führen. Für A ist es selbstverständlich, daß Fußspuren von gehenden Menschen hinterlassen wurden. Er hat beobachtet, wie ein gehender Mensch, B oder er selbst, auf weichem Boden Spuren hinterlassen hat. Er kann nun die Fußspuren als Handlungsresultat, im Sinne von »Begleiterscheinungen« bestimmten Handelns, deuten. Es besteht zwar noch die Möglichkeit, daß B, der die Fußspuren hinterlassen hat, sich selbst verirrt hatte, in welchem Fall die Fußspuren nur die »Objektivierungen« des Wissenserwerbs durch B sind, wobei aber A nicht weiß, ob der Wissenserwerb für B – und somit hypothetisch für A – erfolgreich war. Wenn es sich jedoch um eine ausgetretene Spur handelt, wird A schließen, daß sie mit größter Wahrscheinlichkeit früher oder später zu einer menschlichen Ansiedlung führt, daß die Spur also ein bestimmtes, für ihn, A, relevantes Wissen des B »objektiviert«. In diesem Fall ist es völlig gleichgültig, ob B die Spuren hinterlassen wollte oder nicht; sie vermitteln Wissen an A. Daß die Trennungslinie zu motivierten Erzeugnissen nicht scharf zu ziehen ist, können wir aber schon aus diesem Beispiel ersehen. Wir brauchen es nur leicht zu verändern und anzunehmen, daß es sich um einen angelegten Weg handelt, der von A gefunden wurde, und schon haben wir die Trennungslinie zu Erzeugnissen überschritten.

Wollen wir nun mit der Beschreibung der Erzeugnisse beginnen. Es muß betont werden, daß wir an Erzeugnissen nur in einem eng begrenzten Zusammenhang interessiert sind, nämlich nur insofern, als von ihnen gesagt werden kann, daß sie subjektives Wissen »objektivieren« und an andere vermitteln. Diese Einschränkung ist wichtig: Wir können drei Hauptformen von Erzeugnissen unterscheiden, Merkzeichen, Werkzeuge und Kunstwerke, und es ist klar, daß uns eine eingehende Untersuchung dieser Formen einerseits in die empirischen Probleme der Technologie, andererseits in die theoretischen und historischen Probleme der Kunst führen müßte.

Merkzeichen sind Handlungsresultate, die vom Handelnden gesetzt wurden, um ein bestimmtes Wissenselement festzuhalten und ihn an dieses zu erinnern. Wenn jemand ein schwieriges Gelände begeht und sicherstellen will, daß er den Rückweg finden wird, kann er unterwegs die Bäume in bestimmten Abständen einkerben. Es ist deutlich, daß die Grenze zu den früher besprochenen »Objektivierungen« fließend ist. Der Mann mag zum Beispiel merken, daß er deutliche Fußspuren hinterläßt. Obwohl diese nur »Begleiterscheinungen« seines Handelns sind, kann er sich ihrer als Merkzeichen bedienen. Das gleiche gilt im übrigen für die Deutung von Merkzeichen durch andere. So haben wir auch schon gesehen, auf welche Weise »Spuren«, zum Beispiel Fußspuren, gedeutet werden können. Wenn nun jemand anderes das gleiche Gelände begeht und an die Einkerbungen stößt, kann auch er sich ihrer als Merkzeichen bedienen.

Was über die Ausbildung von Deutungsmustern für »Objektivierungen« von Handlungsresultaten in Ablösung vom Handlungsverlauf im allgemeinen gesagt wurde, daß sie nämlich auf Situationen der unmittelbaren Beobachtung des Zusammenhangs zwischen Handlung und Handlungsresultat zurückverweisen, gilt im besonderen auch für Merkzeichen. Daraus ergibt sich, daß solche Deutungsmuster mit verschiedenen Wahrscheinlichkeitsgraden ausgestattet sind. Je nachdem, ob der Deutende die Merkzeichen in einen einsichtigen Zusammenhang mit den anderen Bestandteilen der Situation bringen kann, das heißt, je einfacher er eine Zuordnung zwischen typischen Merkzeichen und typischen »Merkproblemen« vornehmen kann, wird er eine spezifische Deutung mit größerer oder geringerer subjektiver Sicherheit vornehmen können. Wenn sich jemand in einem Höhlenlabyrinth verirrt, aber dann eine an der Wand befestigte Schnur entdeckt, wird er dieser mit einiger Zuversicht folgen, auf Grund der Deutung: »Irgend jemand wußte voraussichtlich den richtigen Weg aus dem Labyrinth und hat sich ihn wahrscheinlich vermittels dieser Schnur gemerkt.« Wenn dagegen jemand auf der Straße ein Taschentuch mit einem Knoten findet, weiß er zwar, daß dieser Knoten irgend jemand an irgend etwas erinnern sollte, kann aber von diesem »irgend jemand« vermittels des Knotens kein für ihn relevantes Wissen übernehmen. Die Unmenge von typischen »Merkproblemen«, für die ein Knoten als typisches Merkzeichen dienen kann, läßt ohne weitere Anhaltspunkte keine spezifische Deutung zu, im Gegensatz, zum Beispiel, zu regelmäßigen Einkerbungen an Bäumen. Am letzten Beispiel können wir ersehen, daß noch ein anderer Umstand bei der Deutung von Merkzeichen eine Rolle spielt. Wenn man das Taschentuch als das Eigentum eines vertrauten Freundes erkennt, der bekanntermaßen immer wieder die Geburtstage seiner Frau und seiner Kinder vergißt, kann man eine spezifische Deutung des Knotens mit einem gewissen Wahrscheinlichkeitsgrad vornehmen. Allgemein können wir sagen, daß, je weiter ein Merkzeichen von der ursprünglichen Situation seiner Setzung entfernt ist, oder je weniger relevante Komponenten der ursprünglichen Situation bei der Deutung zuhanden sind, oder je anonymer derjenige, der das Merkzeichen gesetzt hat, für denjenigen, der es deutet, ist, um so weniger kann spezifisches Wissen durch das Merkzeichen vermittelt werden.

Wenn jedoch typische Merkzeichen für typische »Merkprobleme« vergesellschaftet werden, wenn also die Deutung von Merkzeichen standardisiert wird, überschreiten wir schon die Grenze der vor-zeichenhaften »Objektivierungen«. Jedenfalls haben solche »Merkzeichen« dann schon die Funktion von Zeichen, auch wenn sie noch nicht Elemente eines entwickelten Zeichensystems sind. Wenn sich schließlich Systeme von vergesellschafteten »Merkzeichen« ausbilden, ist der Gebrauch dieses Ausdrucks schon irreführend. Es handelt sich in diesem Fall um Zeichen, die allerdings im Gegensatz zur Sprache, die sich in Ausdrucksformen verkörpert, ihre »Objektivierung« in Handlungsresultaten, also in lebensweltlichen Gegenständen, finden. Gerade aus diesem Grund können solche »Merkzeichensysteme«, wie zum Beispiel die Schrift, zur »Übersetzung« von Zeichensystemen, die sich ursprünglich in Ausdrucksformen »objektivieren«, wie zum Beispiel der Sprache, in ein »stabileres« Medium dienen. Hier ist natürlich die Ebene der vor-zeichenhaften »Objektivierungen« verlassen. Wir wollen nun zu dieser zurückkehren.

Auch Werkzeuge, wie alle Erzeugnisse, sind »Objektivierungen« subjektiven Wissens. Sie unterscheiden sich aber in wesentlichen Punkten von Merkzeichen – wie auch Kunstwerken –, wie noch zu zeigen sein wird. Merkzeichen sind motivierte Erzeugnisse, mit dem Motiv, ein bestimmtes subjektiviertes Wissenselement für das Subjekt zu »objektivieren«, wobei, wie wir gezeigt haben, solche »Objektivierungen« unter bestimmten Umständen auch von anderen gedeutet werden können. Werkzeuge sind dagegen Gegenstände in der alltäglichen Lebenswelt, die bei Handlungen, die die alltägliche Lebenswelt verändern, verwendet werden. Im Grenzfall brauchen sie nicht einmal selber Handlungsresultate zu sein, sondern es genügt, daß sie als Hilfsmittel in typische Handlungsabläufe eingebaut sind. Der Normalfall (und so stellt man sich typisch ein Werkzeug vor) ist dagegen, daß der lebensweltliche Gegenstand selber umgeformt oder geschaffen wird, also als Handlungsresultat bezeichnet werden kann. Als Handlungsresultat steht das Werkzeug dann selber in einem typischen Handlungsablauf. Wir können demnach Werkzeuge als »Objektivierungen« von Gliedern in Um-zu-Zusammenhängen betrachten, vor allem von Gliedern in Um-zu-Zusammenhängen, die in bezug zu routinisierten Fertigkeiten stehen. Das Motiv, das hinter der Schaffung des Werkzeugs steht, ist folglich nicht Wissensobjektivierung im eigentlichen Sinn, auch nicht »Objektivierung« einer Fertigkeit. Es kann jedoch grundsätzlich vom Werkzeug als Handlungsresultat auf die Handlung zurückgeschlossen werden und auf das Wissen, das sich darin verkörperte. Die Deutung eines Werkzeugs bezieht sich wesentlich auf dessen Funktion in einem Um-zu-Zusammenhang (auf eine Fertigkeit), während der spezifische Erzeuger grundsätzlich anonym bleiben kann. Zu einer adäquaten Deutung ist nur vorausgesetzt, daß A, der das Werkzeug als »Objektivierung« erfaßt, ein ähnliches alltägliches Problem zu bewältigen hat wie B, der das Werkzeug geschaffen hat, und daß sich ihm, A, das Problem in einer ähnlichen »Funktionskette« darstellt. In diesem Fall kann er das Werkzeug als »Lösung« erfassen und übernehmen.

Im alltäglichen Leben ist die Deutung eines Werkzeuges als einer »Objektivierung« spezifischer Wissenselemente höchst selten. Der Grund dafür ist, daß der Gebrauch von Werkzeugen mit den dazugehörigen Fertigkeiten im allgemeinen vergesellschaftet und routiniert ist, während die Vermittlung spezifischer Wissenselemente »geeignetere« Medien findet. Daß aber solche Deutungen grundsätzlich möglich sind, ersieht man schon daraus, daß in Ermangelung anderer »Objektivierungen«, wie zum Beispiel historischer Inschriften usw., die Archäologie gerade die Interpretation von Werkzeugen als wichtigstes Indiz für die Rekonstruktion des gesellschaftlichen Wissensvorrats (der »Kultur«) prähistorischer Gesellschaften verwendet.

Bei Kunstwerken liegen die Dinge anders. Sie sind zwar Erzeugnisse im formalen Sinn des Wortes, unterscheiden sich aber sowohl vom Merkzeichen als auch von Werkzeugen in einem überaus wichtigen Punkt. Man kann sich als Motiv bei der Schaffung eines Kunstwerks nur im theoretischen Grenzfall vorstellen, daß es eine »Objektivierung« allein für den Erzeuger sein soll wie bei Merkzeichen, oder daß es in rein pragmatische »Funktionsketten« der alltäglichen Lebensbewältigung eingebettet ist wie ein Werkzeug. Immerhin sind aber Überschneidungen von Kunstwerken mit Merkzeichen wie Werkzeugen denkbar. Die wesentlichen Momente, die ein Erzeugnis als Kunstwerk kennzeichnen, sind aber gerade die, daß ein Kunstwerk zur Deutung für Andere geschaffen wird und daß es in alltäglichen Erzeugnissen die »Lösung« von Problemen »objektiviert«, die sich auf das Verhältnis zwischen alltäglichen und nicht-alltäglichen Wirklichkeitsschichten beziehen. Darüber hinaus kann hier nichts mehr gesagt werden, da zu einer weiteren Analyse eine Theorie des Symbols entwickelt werden müßte. Wir müssen uns an dieser Stelle damit begnügen, festzustellen, daß Kunstwerke wie Merkzeichen und Werkzeuge als »Objektivierungen« subjektiven Wissens gedeutet werden können, allerdings eines Wissens, das Lösungsversuche von Problemen darstellt, die die Lebenswelt des Alltags transzendieren.

d) »Objektivierungen« subjektiven Wissens in Zeichen

Bei allen sonstigen Unterschieden in der Form der »Objektivierung« hatten die bisher besprochenen Stufen der Verkörperung subjektiver Vorgänge in Anzeichen und Erzeugnissen eines gemeinsam: die Situationsgebundenheit der Deutung und die dadurch bedingte starke Einschränkung der Möglichkeiten der Wissensvermittlung. »Objektivierungen« können zwar als Anzeichen subjektiven Wissens in einer gewissen Ablösung von den Situationen, in denen dieses Wissen ursprünglich erworben wurde, gedeutet werden, und die Deutung von Erzeugnissen kann sogar in Abwesenheit des Erzeugers vollzogen werden. Die Vermittlung subjektiven Wissens setzt aber auf diesen Stufen der »Objektivierung« notwendig eine weitgehende Übereinstimmung zwischen den Erfahrungs- und Relevanzstrukturen, aus denen sich ein spezifisches Wissenselement für den einen ausbildete, und den Erfahrungs- und Relevanzstrukturen des Anderen, der bestimmte »Objektivierungen« der subjektiven Vorgänge des ersteren als Anzeichen eines spezifischen Wissenselements deutet, voraus. Das Problem, dessen Lösung sich in bestimmten Anzeichen oder Erzeugnissen »objektivierte«, muß sich für denjenigen, der die Lösung in einer Deutung dieser »Objektivierung« übernimmt, von vornherein in ähnlicher Weise darstellen wie für denjenigen, der die Lösung ursprünglich gefunden hatte. Die Deutung solcher »Objektivierungen« als Anzeichen für Problemlösungen ist weitgehend davon abhängig, daß in der Deutungssituation die »gleichen« Elemente wie in der ursprünglichen Problemsituation gegeben sind. Daher kann subjektives Wissen, das sich durch »Anonymisierung« und »Idealisierung« von den räumlichen, zeitlichen und sozialen Aufschichtungen der alltäglichen Erfahrungen abgelöst hat, auf diesen Stufen der »Objektivierung« nicht an Andere vermittelt werden.

Auf der jetzt zu besprechenden Stufe der »Objektivierung«, auf der subjektives Wissen in Zeichen »übersetzt« wird, gilt diese radikale Einschränkung für die Möglichkeiten der Wissensvermittlung nicht. Auf dieser Stufe kann auch subjektives Wissen, das von den räumlichen, zeitlichen und sozialen Aufschichtungen der Erfahrungen, aus denen es sich ursprünglich sedimentiert hatte, abgelöst ist, an Andere vermittelt werden. Die Deutung ist von den vorgegebenen Elementen der Deutungssituation und von den Relevanzstrukturen der aktuellen Erfahrungen des Deutenden weitgehend unabhängig. So kann auch Wissen, das für den Deutenden nur hypothetisch relevant ist, übernommen werden. Durch Zeichen können auch »Problemstellungen«, nicht nur »Problemlösungen«, vermittelt werden.

Wie vorhin betont wurde, setzt die Vermittlung subjektiven Wissens auf den vor-zeichenhaften Stufen der »Objektivierung« nur einen gewissen Grad der Übereinstimmung der Erfahrungs- und

Relevanzstrukturen desjenigen, der die »Objektivierungen« hervorbringt, und desjenigen, der sie deutet, voraus, nicht aber, daß die beiden vor der Vermittlung eines spezifischen Wissenselements schon einen Bestand an gemeinsamem Wissen besitzen. Im Gegensatz dazu setzt die Vermittlung subjektiven Wissens durch Zeichen immer schon gemeinsames Wissen voraus: derjenige, der sein Wissen in Zeichen »objektiviert«, und derjenige, der die Zeichen deutet, müssen mit dem gleichen Zeichensystem vertraut sein. Nur dann finden die Vorgänge, in denen der eine sein subjektives Wissen in Zeichen übersetzt, in den Vorgängen, in denen der andere Zeichen in sein subjektives Wissen rückübersetzt, ihre Entsprechung.

Wenn wir uns fragen, wie subjektives Wissen vermittels von Zeichen an Andere weitergegeben werden kann, stoßen wir also notwendig auf das Problem der intersubjektiven Konstitution von Zeichen oder, wenn wir dieses Problem ausklammern wollen, auf das Problem der historischen Vorgegebenheit und der subjektiven Aneignung eines Zeichensystems. Diese Probleme werden eingehend an anderen Stellen untersucht.[12] Hier können wir nur auf die Hauptergebnisse dieser Untersuchungen hinweisen. Wir sagten vorhin, daß vermittels von Zeichensystemen auch subjektives Wissen, das von den Aufschichtungen der unmittelbaren Erfahrungen in der Lebenswelt des Alltags weitgehend abgelöst ist, vermittelt werden kann. Nun muß daran erinnert werden, daß die Konstitution von Zeichensystemen gerade eine weitgehende Ablösung der subjektiven Erfahrungen von den räumlichen, zeitlichen und sozialen Aufschichtungen der alltäglichen Erfahrungen voraussetzt. Diese Ablösung (»Anonymisierung« und »Idealisierung«) hat aber ihren Ursprung in den Vorgängen der intersubjektiven Spiegelung. Auf Grund dieser Ablösung können dann in der räumlichen und zeitlichen Gemeinsamkeit der Wir-Beziehung »Objektivierungen« subjektiver Vorgänge – und zwar solcher, die sich auf *gemeinsam* erfahrene »Objekte« beziehen – *ihrerseits* gemeinsam erfahren werden. So können sich »Objektivierungen«, die intersubjektiv gültig und wechselseitig deutbar sind, ausbilden. *Grundsätzlich* ist die Ausbildung solcher zeichenhafter »Objektivierungen« in jeder »echten« Wir-Beziehung vorstellbar. In der historischen Wirklichkeit liegen aber die Dinge anders. Jeder ein-

[12] Vgl. Kap. VI.

zelne findet schon fertige, voll ausgebildete Zeichensysteme vor. Historische Zeichensysteme sind ein »auferlegtes« Element der biographischen Situation; sie bilden einen wesentlichen Bestandteil des sozialen Apriori, in das jeder einzelne »hineingeboren« wird. Es ist nur noch anzufügen, daß die subjektive *Aneignung* historischer Zeichensysteme natürlich auch in Vorgängen der intersubjektiven Spiegelung – vor allem in den frühesten Wir-Beziehungen – stattfindet.

Wollen wir diese Überlegungen anhand einer Abwandlung des alten Beispiels veranschaulichen. Wenn A einen Fluß in einer ihm völlig unbekannten Gegend überqueren will, wird er eine Furt suchen. Er kann die Furt in »eigenständigen« Schritten des Wissenserwerbs zu finden suchen. Er kann beobachten, wie ein anderer die Furt sucht und findet, und kann ihm folgen. Er kann durch die Ausdrucksformen (Winken, Schreien usw.) eines Anderen auf die Furt hingewiesen werden. Er kann auch Pfähle, die in bestimmten Abständen in den Fluß eingerammt sind, vorfinden und schließen, daß vermutlich jemand mit ihrer Hilfe den Fluß überquert hat. Jedenfalls ist es klar, daß sich das Problem der Flußüberquerung für A in einer ihm völlig unbekannten Gegend erst dann stellt, wenn er an den Fluß gelangt, wenn also das Problem aktuell relevant wird. Ferner kann er B's Kenntnis der Furt nur dann übernehmen, wenn er B bei der aktuellen Anwendung dieser Kenntnis beobachtet oder wenn die Erzeugnisse des B in der aktuellen Situation in einen eindeutigen Zusammenhang mit dem Problem der Flußüberquerung gebracht werden können.

Nehmen wir aber nun an, A und B treffen in einem Gasthaus zusammen, das zehn Kilometer von dem Fluß – von dessen Existenz A noch gar nichts weiß, dessen Furten B aber genau kennt – entfernt ist. Nehmen wir ferner an, daß B aus der Richtung des Anmarsches von A entnimmt, daß A voraussichtlich an diesen Fluß stoßen wird und daß B aus bestimmten Gründen A eine stundenlange Suche nach der Furt ersparen möchte. Es ist ganz ausgeschlossen, daß er ihm vermittels vor-zeichenhafter »Objektivierungen« sein Wissen mitteilen könnte, da weder der Fluß noch die Furt in der aktuellen Situation »vorhanden« sind. Wenn A und B bei ihrer Begegnung kein gemeinsames Zeichensystem beherrschen, müßte also B, um A sein Wissen mitzuteilen, mit ihm zurück zum Fluß marschieren. In der dann aktuell relevanten Problemsituation könnte er ihm durch »Objektivierungen« auf der vor-zeichenhaften Ebene sein Wissen vermitteln, zum Beispiel ihm die Furt zeigen. Nehmen wir nun an, B weiß von einem zweiten Fluß, an den A vermutlich im Verlauf seiner Wanderung stoßen wird. Er kann dann versuchen, mit Hinweis auf den aktuellen Fluß, auf sichtbare Flußwindungen, Baumgruppen usw. und mit unmittelbarer »Überprüfung« der Deutungen seitens des A, mit A ein primitives kartographische System zu entwerfen. Mit Hilfe eines noch so primitiven Zeichensystems könnte er dann versuchen, A über die Furt am nächsten noch zu überquerenden Fluß zu unterrichten, ihm also schon »idealisiertes« und »anonymes« und für ihn nur hypothetisch relevantes Wissen zu vermitteln.

Wenn aber A und B schon kongruente Deutungsschemata für zeichenhafte »Objektivierungen« mitbringen, wenn sie zum Beispiel die gleiche Sprache sprechen oder, was in diesem Beispiel ausreichen würde, ein eingeschränktes kartographisches System beherrschen, kann A von B sowohl die Problemstellung wie auch die Problemlösung übernehmen. B braucht ihm nur zu erzählen, daß er, A, bald an einen Fluß stoßen wird und daß er diesen Fluß nur an einer bestimmten Stelle durchwaten kann, nämlich dort, wo bei der zweiten Flußwindung nach dem Austritt des Flusses aus dem Gebirge in die Ebene drei Trauerweiden stehen. Die Konstellation von hochanonymen und idealisierten Typisierungen (Flußwindung, Trauerweiden, zweite, drei usw.) ist sowohl von den konkreten Gegebenheiten und aktuellen Relevanzen der Situation, in der sich A und B gegenwärtig befinden (z.B. Wirtshaus), als auch von den Personen des A und des B abgelöst. Für A ist die Zeichenkonstellation als solche bedeutungsvoll. Er kann sie aus den Bedeutungsmatrizen des Zeichensystems in subjektives Wissen verwandeln, auch wenn er B nicht kennt, den Fluß nie gesehen hat und auch wenn er gar nicht vorhat, in dieser Richtung weiterzuwandern.

Es ist schwierig, sich die Motivierung zur Schaffung eines Zeichensystems eindringlich vorzustellen, wie es auch schwer ist, die Konstitutionsvorgänge selber zu veranschaulichen. Daher haben wir in unserem Beispiel nur davon gesprochen, daß A und B in intersubjektiven Vorgängen ein primitives und auf einen engen Anwendungsbereich beschränktes kartographisches »System« entwickeln. Nehmen wir aber nur ein zwar etwas romantisch vereinfachtes, aber durchaus anschauliches Beispiel der »Sprachkonstruktion«. Wenn ein Mann und eine Frau, zwei verschiedenen

Stämmen angehörend, verschiedenes (»eigenständig« erworbenes und sozial vermitteltes) subjektives Wissen mit sich bringend und verschiedene Sprachen sprechend an eine Insel verschlagen werden, erfordert es keine besondere Phantasie, sich die Motivierung zur Schaffung einer gemeinsamen Sprache vorzustellen. Hier handelt es sich nicht um die intersubjektive Konstitution eines Zeichensystems ex nihilo, sondern »nur« noch um die Konstruktion einer gemeinsamen Sprache. Obwohl die »mitgebrachten« Sprachmittel hierbei eine wichtige Rolle spielen dürften, sind dennoch die intersubjektiven Vorgänge, die »Objektivierungen« gemeinsamer Erfahrungen usw., entscheidend. Nachdem sie sich eine gemeinsame Sprache geschaffen hätten, könnten sie sich natürlich nicht nur neu erworbenes, sondern auch mitgebrachtes, nicht nur aktuell, sondern auch hypothetisch relevantes Wissen mitteilen.

Wir können zusammenfassen: Die Vermittlung subjektiven Wissens, das sowohl von den Aufschichtungen der subjektiven Erfahrungen, die am Wissenserwerb beteiligt waren, als auch von den aktuellen Relevanzstrukturen der Vermittlungssituation weitgehend abgelöst ist, setzt voraus, daß die Kenntnis des »gleichen« Zeichensystems in die Vermittlungssituation mitgebracht wurde oder daß in der Vermittlungssituation ein gemeinsames Zeichensystem geschaffen wird. Unter diesen Voraussetzungen kann subjektives Wissen in die »idealisierenden« und »anonymen« Bedeutungsmatrizen des Zeichensystems übersetzt werden und durch sinnentsprechende Rückübersetzung wieder in subjektives Wissen verwandelt werden.

Es wurde gezeigt, daß »Objektivierungen« auf den vorzeichenhaften Stufen auch unmotiviert sein können bzw. daß das Motiv, das bei der »Objektivierung« mitspielt, ein anderes als das der Wissensvermittlung sein kann.[13] Die Deutung der »Objektivierungen« und somit die Übernahme des Wissens ist natürlich auch auf diesen Stufen motiviert. Auf der Ebene von »Objektivierungen« subjektiven Wissens in Zeichen sind dagegen sowohl die Wissensvermittlung wie die Wissensübernahme motiviert. Das heißt, die Zeichensetzung steht für denjenigen, der die Zeichen setzt, im subjektiven Um-zu- bzw. Weil-Zusammenhang der Wissensvermittlung, und die Zeichendeutung steht für denjenigen, der die »Objektivierungen« deutet, im subjektiven Um-zu- bzw. Weil-Zusammenhang

[13] Vgl. Kap. IV, B 2 a, b u. c.

der Wissensübernahme. Von Ausnahmefällen, wie zum Beispiel einem Selbstgespräch, das überhört wird, kann hier abgesehen werden. Daraus ergeben sich bestimmte Folgen sowohl für den Zeichensetzenden wie für den Zeichendeutenden. Der Zeichensetzende nimmt an, daß der Andere die »Objektivierungen« dem Sinn der »objektiven« Deutungsschemata des Zeichensystems entsprechend interpretieren wird. Ferner nimmt er aber an, daß der Andere dies auf eine typische Art und Weise tun wird, gleichsam in jeweils typischen subjektiven Abweichungen von den »objektiven« Deutungsschemata. Je besser er den Anderen kennt, um so besser kann er seine typischen »Rückübersetzungen« vorwegnehmen. Solches Wissen geht in die ursprünglichen Akte der Zeichensetzung ein und kann diese, je nach dem subjektiven Um-zu- bzw. Weil-Zusammenhang, in dem diese stehen, verändern. Derjenige, der die Zeichen deutet, weiß wiederum, daß die »Objektivierungen« motivierte Akte des Zeichensetzenden sind, daß dieser also »kontrolliert«, was er mitteilt und wie er es mitteilt. Wissensmitteilung auf dieser Ebene hat also die formale Struktur wechselseitigen sozialen Handelns.

Daran müssen wir eine weitere Überlegung anschließen. Schon auf der vor-zeichenhaften Ebene können »Objektivierungen«, falls sie motiviert sind, zu gewissen Vorwegnahmen der Deutung durch Andere führen, ein Umstand, der sich sowohl in motivierten »Übertreibungen« als auch in motivierten »Täuschungen« auswirken kann. Bei der Wissensvermittlung auf der Ebene von Zeichensystemen tritt aber an die Stelle der mehr oder minder bewußten Steuerung der »Objektivierungen«, zum Beispiel des Gesichtsausdrucks, die Möglichkeit der motivierten Konstruktion und Vermittlung »falschen« Wissens. Je weiter die Vermittlungssituation von der Erwerbssituation entfernt ist, und je losgelöster das vermittelte Wissen von den Aufschichtungen der unmittelbaren lebensweltlichen Erfahrung ist, um so mehr entzieht sich das vermittelte Wissen einer alltäglich-pragmatischen Überprüfung durch denjenigen, der das Wissen übernimmt. Dies ist ein Umstand, der für den Charakter und die gesellschaftliche Funktion von »Fachwissen« nicht ohne Bedeutung ist.

Allerdings berühren diese Ausführungen ein Problem, auf das wir hier nur hinweisen können. Erstens ist zu bemerken, daß schon die Tatsache der Übersetzung subjektiven Wissens in die quasi-idealen und anonymen Bedeutungskategorien eines Zeichensystems notwendig eine »Verfälschung« dieses Wissens zur Folge hat. Der polythetische Aufbau des Wissenserwerbs und die spezifische Zeitdimension des subjektiven Wissens werden »überwunden«. Die Alternativen und die Sackgassen des Wissenserwerbs fallen fort. Die einzigartige biographische Konstellation der subjektiven Sinnstrukturen, in die die subjektiven Wissenselemente eingebettet sind, wird ausgeklammert. Die subjektiven Sinnzusammenhänge werden weitgehend durch den »objektiven« Bedeutungszusammenhang des Zeichensystems »ersetzt«. Dieser letztere gehört aber einer historisch-sozialen Wirklichkeitsschicht an, die den einzelnen – denjenigen, der die Zeichen setzt und denjenigen, der sie deutet – transzendiert. Für denjenigen, der sich diese Wirklichkeit angeeignet hat, für den sie eine Selbstverständlichkeit ist, verlieren alltäglich-pragmatische Kriterien der »Überprüfung« ihren Sinn. Auf der vor-zeichenhaften Ebene der »Objektivierung« kann ein lebensweltlich-pragmatisches Kriterium für die Unterscheidung zwischen »richtigem« und »falschem« Wissen als selbstverständlich angesetzt werden. Auf der zeichenhaften Ebene der »Objektivierung« wird aber subjektives Wissen zu historisch abgelagerten »idealen« Wirklichkeitsdimensionen in Bezug gesetzt, auf die der alltäglich-pragmatische Begriff der »Richtigkeit« oder »Falschheit« nicht mehr anwendbar ist. Da wir auf dieses Problem hier nicht eingehen können, wollen wir nur bemerken, daß die soziale Verbreitung von »falschem« Wissen auf den gleichen *formalen* Voraussetzungen beruht: der Anonymität, Idealität und Historizität der zeichenhaften Wirklichkeitsschicht, vor allem natürlich der Sprache.

Infolge seiner Übersetzung in ein anonymes Zeichensystem wird subjektives Wissen selbst anonymisiert. Wenn A ein in Zeichen »objektiviertes« Wissenselement von B übernimmt, erfaßt er es in seinem »objektiven« Sinn, seiner anonymen Bedeutung, weiß aber noch von seinem Ursprung in den subjektiven Erfahrungen des B. Das betreffende Wissenselement kann aber von A an C, D usw. weitergegeben werden, ohne daß sich der »objektive« Sinn des vermittelten Wissenselements wesentlich verändert, obwohl sein Ursprung für C, D usw. völlig anonym sein kann. Wenn hingegen der spezifische Ursprung eines bestimmten Wissenselements festgehalten werden soll, ist ein spezifischer Akt der »Historisierung« erforderlich, das heißt eine spezifische Aussage über dessen Ursprung, die sich ihrerseits der zeitlichen, räumlichen und personalen Kategorisierungsmöglichkeiten bedient, welche in den Bedeutungsmatrizen des Zeichensystems angelegt sind. (»Mein Freund hat mir erzählt, daß ...«, »Loki hat die Urväter die Schmiedekunst gelehrt.«) Es braucht kaum erwähnt zu werden, daß solche »Historisierungen« den »Tatsachen« entsprechen mögen, aber auch durchaus legendär oder fiktiv sein können. (»Nikolaj Tesla erfand die Glühbirne«, »Moses empfing die Zehn Gebote auf dem Berge Sinai.«) Solche »Historisierungen« gehen auf sozial bedingte Motive zurück. Falls solche nicht bestehen, nimmt das in Zeichen »objektivierte« und vergesellschaftete Wissen die Anonymität einer sprachlichen Selbstverständlichkeit, zum Beispiel einer routinemäßig angewandten semantischen Gliederung, die Anonymität eines Sprichworts, eines Rezepts an. (»Jedermann weiß, daß ...«, »So hat man es seit undenklichen Zeiten gehalten.«)

Die »Idealisierung« und »Anonymisierung« subjektiven Wissens, die bei der »Objektivierung« subjektiven Wissens in den Bedeutungskategorien eines Zeichensystems notwendig stattfinden, spielen bei der Einverleibung subjektiver Erfahrungs- und Auslegungsresultate in den gesellschaftlichen Wissensvorrat eine entscheidende Rolle. Der »objektive« Sinn von Wissenselementen kann relativ unabhängig von der biographischen Einzigartigkeit des Wissenserwerbs an andere vermittelt werden. Andere können den »objektiven« Sinn der vermittelten Wissenselemente in relativer Unabhängigkeit von ihrer einzigartigen biographischen Situation erfassen. Die Bedeutung des vermittelten Wissens ist von den konkreten Relevanzstrukturen und den einschränkenden räumlichen, zeitlichen und personalen Bedingungen des Wissenserwerbs, der Wissensvermittlung und Wissensübernahme weitgehend unabhängig. Die »Idealisierung« und »Anonymisierung« subjektiven Wissens im Verlauf seiner »Objektivierung« in einem Zeichensystem ist also die Voraussetzung für die gesellschaftliche Anhäufung des Wissens. Die gesellschaftliche Kumulierung des Wissens, *relativ* unabhägig von »Raum und Zeit«, ist aber wiederum die Bedingung für die Ausbildung »höherer Wissensformen«, das heißt für die Entwicklung von Systemen expliziter Wissenselemente auf einer höheren Stufe der »Idealität«.

Um einen weiteren Aspekt der »Objektivierung« subjektiven Wissens in Zeichensystemen hervorzuheben, müssen wir der Analyse der Vergesellschaftung des Wissens vorgreifen. Das zeichenhafte »objektivierte« Wissen kann nach seiner Vergesellschaftung entweder die spezifische Autorität eines legendären bzw. »historischen« Ursprungs oder die anonyme Autorität der »Vorväter« bzw. des »Jedermann« erhalten. Dadurch gewinnt das Wissen, das, wie wir gezeigt haben, letztlich auf subjektive Erfahrungs- und Auslegungsresultate zurückgeht, gegenüber dem einzelnen, gegenüber der Subjektivität seiner Erfahrungen und seiner Situation, eine überwältigende und zugleich selbstverständliche Selbständigkeit. Es braucht kaum erwähnt zu werden, daß die soziale Gültigkeit derart »objektivierten« Wissens seine ursprüngliche gesellschaftliche Relevanz überdauern kann. Dies ist ein Umstand, der für die Ausbildung von Traditionen und – darüber hinaus – für die Ausbildung einer historischen sozialen Wirklichkeit überhaupt (einer relativ-natürlichen Weltanschauung) von entscheidender Bedeutung ist. Diese Wirklichkeit, die zwischen das (hypothetische) vor-soziale Individuum und eine (hypothetische) vor-soziale Realität eingeschoben ist, trägt kaum noch Spuren ihres subjektiven Ursprungs.

Wir müssen nun noch einmal zur Feststellung zurückkehren, daß der einzelne, der sich ein historisches Zeichensystem, vor allem eine Sprache, angeeignet hat, in diesem sein subjektives, und zwar auch »eigenständig« erworbenes Wissen »objektivieren« kann. Genaugenommen gilt diese Feststellung nur für subjektives Wissen, das die Bedeutungskategorien des jeweils vorhandenen Zeichensystems nicht sprengt. Es ist klar, daß uns in diesem Zusammenhang regelmäßig wiederholte »Objektivierungen« schon vergesellschafteten Wissens (z.B. in Sozialisierungsvorgängen) nicht interessieren. Bei ihnen liegt offensichtlich kein »Objektivierungsproblem« vor, sondern ein Problem der institutionalisierten Wissensvermittlung. Aber auch »neues« Wissen mag nur »inhaltlich« neu sein, jedoch mit Bezug auf die »Objektivierungsmöglichkeiten« in den Bedeutungskategorien des jeweils vorhandenen Zeichensystems keine Probleme enthalten. Dies ist die Regel für »neues« Wissen, das für die Bewältigung von Problemen in der alltäglichen Lebenswelt relevant ist. Solches Wissen kann meist ohne Schwierigkeiten in einer für die praktischen Zwecke des Alltags zureichenden Weise vermittels des vorhandenen Zeichensystems an Andere weitergegeben werden.

Aber schon »neues« Wissen, das mit Bezug auf die Bedeutungskategorien des jeweils vorhandenen Zeichensystems auch nur relativ a-typisch ist, kann nur schwer »objektiviert« werden. Die routinemäßigen Objektivierungsmöglichkeiten des vorhandenen Zeichensystems reichen nicht aus, um das »neue« Wissen adäquat zu vermitteln. Das Zeichensystem kann allerdings auch nicht-routinemäßige Objektivierungsmöglichkeiten enthalten. Deren Verwendung erfordert gleichsam schöpferische Akte, in denen »neues« Wissen des einzelnen und die im Zeichensystem sedimentierte Geschichte der Gesellschaft mitspielen. Denken wir hier an die nahezu unerschöpflichen Möglichkeiten der Analogiebildungen, des metaphorischen Ausdrucks usw., die in einem differenzierten Zeichensystem wie der Sprache »vorhanden« sind.

Darüber hinaus kann aber radikal a-typisches und erst recht wesentlich »neuartiges« Wissen zu Veränderungen des jeweils vorhandenen Zeichensystems, im Grenzfall zur Konstitution neuer Zeichen und Zeichensysteme führen. Wir können als Beispiel wieder Sprachveränderungen anführen, die vom Bedeutungswandel einzelner Worte über die Bildung neuer Worte bis zur Entwicklung neuer Bedeutungsbereiche, »Fachsprachen« usw. reichen. Nun erfordert schon die Erfassung nicht-routinemäßiger »Objektivierungen«, zum Beispiel das Verständnis einer Analogie, gleichsam den Nachvollzug des ursprünglichen »schöpferischen« Akts. Dies gilt natürlich um so mehr, wenn es sich um die Übernahme von »neuem« Wissen, das in »neuen« Zeichen »objektiviert« ist, handelt. Im übrigen sei angemerkt, daß wesentlich »neuartiges« Wissen seinen Ursprung hauptsächlich in Erfahrungen hat, die sich auf nicht-alltägliche Wirklichkeiten beziehen. Wenn wir das Problem der »Objektivierung« wesentlich »neuartigen« Wissens weiter verfolgen wollten, müßten wir also vor allem die Rolle mythologischer, religiöser und poetischer und, auf bestimmten historischen Stufen der Entwicklung der »höheren Wissensformen«, auch philosophischer und wissenschaftlicher »Vorstöße« in nicht-alltägliche Wirklichkeitsdimensionen in Betracht ziehen.

Fassen wir nun zusammen. Die Grundvoraussetzung für die Einverleibung subjektiven Wissens in den gesellschaftlichen Wissensvorrat ist seine »Objektivierung«. Subjektives Wissen kann auf verschiedenen Stufen »objektiviert« werden, je nachdem wie stark seine Vermittlung an den Wissenserwerb gebunden ist, je nachdem, ob sich subjektives Wissen in lebensweltlichen Vorgängen oder Gegenständen verkörpert, und je nachdem, ob subjektives Wissen in ein idealisierendes und anonymisierendes Zeichensystem übersetzt wird oder nicht. Der gesellschaftliche Wissensvorrat enthält Elemente auf verschiedenen Stufen der »Objektivierung«. Er enthält Fertigkeiten (wie z.B. einen typischen Gehstil, Arbeitsstil usw.), die dem einzelnen im Verhalten und Handeln anderer musterhaft vorgegeben sind, er enthält Erzeugnisse, Rezepte und explizite Wissenselemente. Die letzteren sind in Zeichensystemen, vor allem in der Sprache, »objektiviert«. Zeichensysteme, wieder vor allem die Sprache, sind ihrerseits zugleich ein Bestandteil des gesellschaftlichen Wissensvorrats und das »Medium« der »Objektivierung« expliziter Wissenselemente. Sie sind daher die Voraussetzung für die gesellschaftliche Häufung des Wissens und für die Entwicklung »höherer Wissensformen«.

3) Die Vergesellschaftung »objektivierten« Wissens

a) Soziale Relevanz des Wissens

Subjektives Wissen muß in irgendeiner Form »objektiviert« werden, bevor es in den gesellschaftlichen Wissensvorrat eingehen kann. Aber die »Objektivierung« eines subjektiven Wissenselements allein reicht noch nicht hin, um dieses in den gesellschaftlichen Wissensvorrat einzuverleiben. Es ist zu bedenken, daß ohnehin nur ein Bruchteil aller subjektiven Erfahrungs- und Auslegungsresultate »objektiviert« wird. Aber auch von jenem subjektiven Wissen, das irgendwie »objektiviert« wurde, geht nur ein Bruchteil in den gesellschaftlichen Wissensvorrat ein. Außer der Grundvoraussetzung, nämlich der »Objektivierung« in irgendeiner Form, müssen offensichtlich auch noch andere Bedingungen erfüllt sein, bevor subjektives Wissen zu einem Bestandteil des gesellschaftlichen Wissensvorrats wird. Die Frage, die wir uns nun stellen müssen, ist also, wie es dazu kommt, daß bestimmte subjektive Wissenselemente nach ihrer »Objektivierung« vergesellschaftet werden, andere aber nicht. Um eine Antwort auf diese Frage zu finden, müssen wir uns zunächst noch einmal überlegen, welche Relevanzstrukturen einer ursprünglichen »Objektivierung« subjektiven Wissens sowie einer darauf folgenden Übernahme des »objektivierten« Wissens zugrunde liegen.

Wie gezeigt wurde, ist der subjektive Wissenserwerb von subjektiven – wiewohl weitgehend sozialisierten – Relevanzstrukturen bestimmt. Dagegen kann die »Objektivierung« des so erworbenen

Wissens auf der vor-zeichenhaften Ebene der »Objektivierung« unmotiviert sein, bzw. das Motiv der »Objektivierung« mag ein anderes sein als das der Wissensvermittlung. Nur die Übernahme des Wissens – also die Deutung der »Objektivierung« – ist auch schon auf dieser Ebene grundsätzlich motiviert. Das heißt, die »Objektivierung« wird vom Deutenden als eine Verkörperung eines aktuell oder hypothetisch relevanten Wissens erfaßt. Die Übernahme des Wissens auf der vor-zeichenhaften Ebene der »Objektivierung« beruht also auf der typischen Ähnlichkeit der Probleme bzw. Problemlagen für den, der die »Lösung« des Problems in »eigenständigen« Schritten gefunden hat, und für den, der von ihm die »Lösung« übernimmt.

Dies gilt auch für die Vermittlung subjektiven Wissens durch Zeichen – mit einem wichtigen Unterschied: die Vermittlung des Wissens ist – wie wir gesagt haben – gleichsam »beiderseitig« motiviert. Das typische Motiv für die ursprüngliche »Objektivierung« ist die Vermittlung des eigenen Wissens an Andere. Genauer, die Vermittlung ist das typische Um-zu-Motiv der »Objektivierung«, was immer der Weil-Zusammenhang, in dem die Vermittlung steht, auch sein mag (z. B. Sorge um einen anderen, Verpflichtungen gegenüber Anderen, Zusammenarbeit an bestimmten Problemen usw.). Es braucht kaum betont zu werden, daß die Um-zu- und Weil-Zusammenhänge der Wissensvermittlung weitgehend sozialisiert sind und sich von einer bestehenden Sozialstruktur ableiten lassen (Mütter, Lehrer usw.). Auf der zeichenhaften Ebene der »Objektivierung« beruht demnach nicht nur die Übernahme des Wissens, sondern auch schon die ursprüngliche »Objektivierung« auf der typischen Ähnlichkeit der Probleme. Derjenige, der sein subjektives Wissen an Andere weitergibt, nimmt auf Grund seines Wissens um einen bestimmten Anderen oder typische Andere an, daß das betreffende Wissenselement für dessen oder deren typische Probleme ebenso relevant ist oder sein wird, wie es für ihn relevant war.

Wir können sagen, daß auf allen Ebenen der »Objektivierung« die Übernahme »objektivierten« Wissens auf der typischen Ähnlichkeit der subjektiven Relevanzstrukturen beruht, und ferner, daß auf der zeichenhaften Ebene schon die Vermittlung des Wissens auf der *Annahme* typischer Ähnlichkeit der subjektiven Relevanzstrukturen beruht. Wissen, das »Lösungen« für typisch ähnliche Probleme des einen wie des anderen darstellt, ist intersubjektiv relevant bzw. – wie noch zu zeigen sein wird – zumindest im Ansatz auch schon sozial relevant.

Wollen wir versuchen, diese Überlegungen zu veranschaulichen, indem wir zu einem von uns schon wiederholt verwendeten Beispiel zurückkehren. B trifft A und teilt ihm mit, wo er den Fluß am besten überqueren kann. B hat dieses Wissen »eigenständig« erworben; es stellt für ihn die Lösung eines ehedem relevanten Problems dar. Er nimmt an, daß das »gleiche« Problem für A auch relevant werden wird (wenn er in dieser Richtung weitergeht), und weil er ihm aus irgendeinem Grund das Wissen vermitteln will (wir können unzählige Weil-Zusammenhänge als Beispiel anführen: weil er freundlich gesinnt ist, weil er am Fremdenverkehr interessiert ist, weil A sein Neffe ist usw.), teilt er ihm diese »Lösung« mit. Nun teilen A und B ein bestimmtes Wissenselement, das für sie die »gleiche« typische Relevanz hat. Die Lösung des Problems wurde »objektiviert« und übernommen. Können wir hier demnach schon von einem gesellschaftlichen Wissensvorrat reden? Obwohl zwei formale Voraussetzungen für die Sozialität von Wissenselementen schon gegeben sind, mag es uns dennoch widerstreben, hier diesen Begriff anzuwenden, weil A und B keine »Gesellschaft« bilden und weil es sich außerdem nur um ein einziges Wissenselement handelt.

Andererseits ist es aber unmöglich, zu den zwei formalen Voraussetzungen für die Sozialität eines Wissenselements ein quantitatives Kriterium hinzuzufügen. Wie viele Leute müßten ein Wissenselement teilen, um wie viele Wissenselemente müßte es sich handeln, bevor wir von einem gesellschaftlichen Wissensvorrat sprechen dürften? Es gibt Sprachen, die von wenigen Dutzend Menschen gesprochen werden, es gibt Gesellschaften, in denen nur »wenige« Wissenselemente zum Allgemeinbesitz gehören. Das soll natürlich nicht heißen, daß quantitative Fragen nicht von großer Bedeutung für kausal-historische Analysen der empirischen Wissenssoziologie wären. So stehen zum Beispiel Bevölkerungsgröße, Bevölkerungsdichte, Kommunikationsdichte usw., um nur einige Faktoren dieser Art herauszugreifen, unzweifelhaft in einem bestimmten Verhältnis zur Differenzierung des Wissensvorrats und zur sozialen Verteilung des Wissens. Daß aber die Sozialität von Wissenselementen auf dieser Basis nicht zureichend bestimmt werden kann, wollen wir mit Hilfe eines anderen, ebenfalls schon früher verwendeten Beispiels aufzeigen.

Wir hatten angenommen, ein Mann und eine Frau, aus verschiedenen Stämmen, ohne gemeinsame Sprache, wären an einer unbewohnten Insel gestrandet. Jeder bringt also einen anderen Bestand an sozialisierten Interpretations- und Motivationsrelevanzen mit. Es ist ihnen aber ein »gemeinsames« Schicksal auferlegt. Ein weiterer Bereich von typischen Problemen begegnet ihnen beiden. Wer immer die »Lösung« eines bestimmten alltäglichen Problems »eigenständig« findet – oder sie etwa schon »mitgebracht« hat –, kann sie dem anderen weitergeben. Zunächst wird dies wohl »Objektivierungen« auf der vor-zeichenhaften Ebene involvieren; im Laufe der kontinuierlichen Wir-Beziehungen, angesichts der zwingenden Motive und mit Hilfe der zwei »mitgebrachten« Sprachen dürfte sich jedoch eine gemeinsame Sprache entwickeln, in der sie sich wechselseitig auch verhältnismäßig »ideales« und »anonymes« Wissen mitteilen könnten. So haben wir gleichsam eine aus zwei Personen bestehende »Gesellschaft«: ein »gemeinsames Schicksal«, das heißt typisch ähnliche Probleme, eine faktische Sozialstruktur, in diesem Fall auf die Wir-Beziehung beschränkt, eine gemeinsame Sprache und einen gemeinsamen Bestand an Wissen.

Dieser gemeinsame Bestand an Wissen bezieht sich vornehmlich auf »gemeinsame« und typisch ähnliche Probleme. Er ist gleichsam »allgemeingültig«, obwohl die Allgemeinheit hier nur aus Zweien besteht. Neben den Wissenselementen, an denen beide teilhaben, hat jedoch jeder einen Bestand an subjektivem Wissen, der nicht »objektiviert« wurde, teils, weil er nicht leicht zu »objektivieren« sein mag, teils aber, weil er sich auf Probleme bezieht, die nur für den einen, nicht aber für den anderen relevant sind. Um ein Beispiel herauszugreifen: es gibt Probleme, die nur für die Frau als Frau, und Probleme, die nur für den Mann als Mann, relevant sind, und für die Weitergabe der jeweiligen »Lösungen« dieser Probleme besteht kein dringliches Motiv. Auf Grund *gemeinsamer* Relevanzen bildet sich jedoch aus subjektiven Wissenselementen ein gemeinsamer, quasi-sozialer Wissensvorrat aus. Daß aber dieser nicht schlicht die Summe subjektiver Wissenselemente ist, wird gerade an diesem Beispiel besonders deutlich.

Noch immer scheint der Begriff des gesellschaftlichen Wissensvorrats zur Bezeichnung dieses gemeinsamen Bestands an Wissenselementen nicht ganz am Platz. Das liegt aber nunmehr keineswegs an der Größe der »Gesellschaft« noch an der Quantität gemeinsamer Wissenselemente. Der Grund, daß wir diesen gemeinsamen Bestand an Wissenselementen nur als »quasi-sozial« bezeichnen, ist vielmehr darin zu suchen, daß diese »Gesellschaft« keine »Geschichte« hat, falls wir mit diesem Ausdruck nicht die Überschneidung der Biographien von A und B meinen wollen. Wenn A und B sterben, wird ihr gemeinsames Wissen mit ihnen aussterben. Die von ihnen erworbenen Problemlösungen könnten von anderen nicht übernommen, sondern müßten wieder »eigenständig« erworben werden. Wenn wir aber von einem gesellschaftlichen Wissensvorrat sprechen, denken wir grundsätzlich an eine Vermittlung des Wissens über die Generationen. Allerdings – das muß betont werden – kann auch hier kein brauchbares quantitatives Kriterium festgelegt werden.

Kehren wir nun zu unserem Beispiel zurück. Nehmen wir an, zu A und B kommt ein C: dem Paar wird ein Kind geboren. Im Gegensatz zu A und B bringt C, das Kind, weder sozialisierte Interpretations- und Motivationsrelevanzen »mit«, noch hat es Kenntnis eines Zeichensystems. Dafür sind ihm aber die Sprache und der (quasi-)soziale Wissensvorrat der Eltern vorgegeben. Sie sind Bestandteile des für C auch schon historischen sozialen Apriori. A und B haben ein dringliches Motiv, ihr Wissen an C weiterzugeben, insofern sie nämlich annehmen, daß die Probleme, die ihnen begegneten, auch C begegnen werden und somit ihre »Lösungen« auch für C relevant sein werden. C wiederum eignet sich dieses Wissen in den frühesten Wir-Beziehungen an. Da diese Vorgänge an anderer Stelle eingehend besprochen wurden[14], können wir uns hier damit begnügen, darauf hinzuweisen, daß die Sozialstruktur, die »hinter« den frühesten Wir-Beziehungen des C steht, nichts anderes als die Struktur der Wir-Beziehungen zwischen A und B ist. Wollen wir noch hinzufügen, daß sich diese Struktur durch das Hinzukommen von C und die sich daraus ergebenden neuen Relevanzen notwendig verändern muß. Dies ist jedoch eine Frage, die zu einer Analyse der Institutionalisierung des Handelns führen müßte. Hier wollen wir nur überlegen, was es heißt, wenn wir sagen, daß das Wissen von A und B an C weitergegeben wird.

Wir sagten vorhin, daß nicht alles, was für A relevant ist, auch für B relevant sein muß. Wissen, das ausschließlich auf den Relevanzstrukturen des A allein oder des B allein beruht, wird typisch gar nicht »objektiviert« und geht nicht in den gemeinsamen Wissens-

[14] Vgl. Kap. IV, A 1.

vorrat von A und B ein. Es kann auch Wissen geben, das für A und B relevant ist und ihnen gemeinsam ist, das für C nicht relevant ist bzw. von A und B als für C irrelevant angesehen wird. In diesem Fall besteht kein Motiv zur Weitergabe dieses Bereichs des gemeinsamen Wissensbestands. Als Beispiel für solches Wissen können wir »Lösungen« der Beziehung zwischen A und B anführen, die sich aus der Einzigartigkeit dieser Beziehung in der Auffassung von A und B ergeben haben. Andere »Lösungen« dieser Beziehung können aber von A und B als »Lösungen« typischer Probleme der Beziehung zwischen Mann und Frau angesehen werden und demnach, als für C hypothetisch relevant, an ihn weitergegeben werden.

Nun kann es aber auch Wissen geben, das nicht dem gemeinsamen Wissensvorrat von A und B angehört, weil es von A als irrelevant für B oder umgekehrt angesehen wurde, das aber jetzt von dem einen oder dem anderen als hypothetisch relevant für C betrachtet wird. Um ein Beispiel anzuführen: »Lösungen« von Problemen, die für A als Frau relevant waren, wurden von ihr als irrelevant für B, den Mann, angesehen, aber als hypothetisch relevant für C, die Tochter, betrachtet. Dieses Wissen wird nun sozusagen zum ersten Mal »objektiviert« und an C weitergegeben. Auf diese Weise tritt schon eine gewisse Differenzierung des sozialen Wissensvorrats ein: Wissen von A und B und C, Wissen von A und B, Wissen von A und C usw. Diese Differenzierung beruht offensichtlich auf bestimmten anonymisierenden Typisierungen. Manche Wissenselemente wurden als typisch relevant für A und B angesetzt, andere als typisch relevant für Leute vom Typ A und vom Typ B, manche als typisch relevant für Leute vom Typ A und Typ C, manche wiederum als typisch relevant für Leute vom Typ A, Typ B, Typ C, andere schließlich als typisch relevant für »jedermann«. Das hier angeschnittene Problem werden wir in der Analyse der sozialen Verteilung des Wissens unter einem anderen Gesichtspunkt eingehender zu besprechen haben.[15]

b) Soziale Vermittlung des Wissens

Wie klein und einfach eine »Gesellschaft« auch sein mag, es ist also immer schon gleichsam Vorsorge gegen das »Aussterben« von

[15] Vgl. Kap. IV, C.

Wissen, das für eine solche »Gesellschaft« relevant ist, getroffen. Dabei tritt auch eine erste Differenzierung des Wissens ein, je nachdem, für welche typischen Probleme und für welche typischen Personen das Wissen relevant ist bzw. als relevant angesehen wird. In dem vorhin verwendeten Beispiel (einer Gesellschaft von A, B und C) ist jedoch die soziale Relevanz und die Vermittlung des Wissens noch unmittelbar an die subjektiven Motive von A und B und deren subjektive Voraussicht, was typische Probleme für C darstellen könnte, gebunden. Dieser Umstand unterscheidet aber die »Gesellschaft« im vorigen Beispiel von historischen Gesellschaften. In historischen Gesellschaften ist sozial relevantes Wissen weitgehend von subjektiver Voraussicht und von subjektiven Relevanzstrukturen abgelöst. Was typische Probleme sind, um wessen typische Probleme es sich handelt, wer die Lösungen zu vermitteln hat und an wen die Lösungen vermittelt sind, ist in historischen Gesellschaften weitgehend vorentschieden. Die Antworten auf diese Fragen sind selber ein Element des gesellschaftlichen Wissensvorrats. Dadurch wird die Vermittlung sozial relevanten Wissens in der Sozialstruktur verankert.

Die »Sozialstruktur«, innerhalb der im vorigen Beispiel Wissen vermittelt wurde, beschränkte sich auf die Struktur der Wir-Beziehungen zwischen A, B und C. Innerhalb dieser Struktur erfolgte schon eine gewisse Differenzierung der Wissensvermittlung. So wurde »allgemeingültiges« Wissen – Wissen, das Lösungen von Problemen darstellte, die sowohl für A als auch B als auch C relevant waren – von C in sozialen Beziehungen zu A oder B übernommen. Wissen aber, das für Leute vom Typ A und C, aber nicht B relevant war, wurde von C in sozialen Beziehungen zu A übernommen, wie andererseits Wissen, das für Leute vom Typ B und C, aber nicht A relevant war, von C in sozialen Beziehungen zu B übernommen wurde. Schon in dieser einfachen Sozialstruktur erfolgt also eine erste Ablösung der Relevanz und »Gültigkeit« des Wissens von den hochspezifischen, »einzigartigen« sozialen Beziehungen zwischen A, B und C. Relevanz und »Gültigkeit« ist bestimmten Typisierungen (Leute vom Typ A, B, C) zugeordnet. Damit ist der Ansatz für die Zuordnung von Wissensbereichen zu sozialen Rollen gegeben. Diese Zuordnung wiederum ist die Vorbedingung für die Bindung der Wissens*vermittlung* an soziale Rollen. Noch ist aber in diesem Beispiel das Motiv der Vermittlung, noch sind die Typisierungen des Anderen (C), die den Annahmen der hypothetischen Relevanz eines Wissenselements für C zugrundeliegen, wesentlich von den subjektiven Relevanzstrukturen, das heißt den Motivations- und Interpretationsrelevanzen des A und B, bestimmt.

Wie stellen sich aber die Vorgänge der Wissensübernahme für C dar? Die Typisierungen, die von A und B zur Erfassung von C verwendet werden, bestimmen natürlich ihr Verhalten gegenüber C. Folglich werden diese Typisierungen von C am Verhalten von A und B abgelesen: die Typisierungen verwandeln sich in Vorgängen der intersubjektiven Spiegelungen in Façetten der Selbsttypisierung des C. Fremdtypisierungen, die der Vermittlung von Wissen von A und B an C (also dessen frühesten Wir-Beziehungen überhaupt) zu Grunde liegen, spielen daher eine entscheidende Rolle in der Ausbildung des Selbstbildes des C. Zugleich vermitteln aber diese Typisierungen an C auch ein erstes Wissen um die Gliederung der Sozialwelt. Denn diese Typisierungen – so wie sie von C erfaßt werden – enthalten schon eine rudimentäre Anonymisierung des A, B (und natürlich auch C). Sie sind daher prinzipiell zur Erfassung von D, E, F usw. verfügbar. C erfaßt sich selbst als Anderen typisch ähnlich – und als typisch bestimmten Wissens bedürftig – oder als von Anderen typisch verschieden. Es wird für C selbstverständlich, daß bestimmte Problemlösungen für Leute von einem bestimmten Typ relevant sind. Ferner erfährt C, daß bestimmte Wissensbedürfnisse typisch von bestimmten Personen (Vätern, Müttern usw.) befriedigt werden. Es wird zu einer Selbstverständlichkeit, bestimmtes Wissen an bestimmte Leute weiterzugeben. Die Einsicht in die hypothetische Relevanz bestimmter Wissenselemente für bestimmte Andere und das Motiv zur Weitervermittlung ist für C strenggenommen nicht mehr »eigenständig«, sondern sozial abgeleitet. Hinzu kommt, daß das Wie der ursprünglichen Wissensübernahme (von A und B) für C einen Präzedenzfall geschaffen hat, durch den auch die Art und Weise der Weitervermittlung des Wissens an D, E, F usw. vorbestimmt ist.

Mit diesen Überlegungen haben wir den Übergang zur Frage der sozialen Wissensvermittlung in historischen Gesellschaften gefunden. Denn in historischen Gesellschaften ist die Vermittlung sozial relevanten Wissens von subjektiven Relevanzstrukturen (Typisierungen und Vermittlungsmotiven) immer schon weitgehend abgelöst und bildet eine in der Sozialstruktur fest verankerte Selbstverständlichkeit. Was sozial relevant ist, für wen es relevant und an wen und wie es zu vermitteln ist, gehört zum Bestand »sozialisierter« Interpretations- und Motivationsrelevanzen. Bestimmte Bereiche des gesellschaftlichen Wissensvorrats sind als typisch relevant für bestimmte, mehr oder minder »anonyme« soziale Rollen angesetzt, und die Weitergabe des betreffenden Wissens ist mit sozialen Rollen verknüpft. Das bedeutet also, daß der gesellschaftliche Wissensvorrat einer historischen Gesellschaft ein »sozialisiertes« System hypothetischer Relevanzen enthält, das sich auf die im Vorrat abgelagerten »Problemlösungen« bezieht. So hat nicht nur die »Problemlösung« eine Verbindung zu sozialen Rollen, sondern auch die Weitergabe der »Problemlösungen«.

Die frühesten Wir-Beziehungen sind von entscheidender Bedeutung bei der Vermittlung »allgemein-gültigen« Wissens. »Jedermann« lernt in ihnen seine Sprache und zugleich bestimmte »allgemeine« Fertigkeiten und Verhaltensnormen. Nun sind die frühesten Wir-Beziehungen typisch von der Struktur des Verwandtschaftssystems bestimmt. Die Familie ist für das Kind typisch die erste unmittelbar erfahrene soziale Wirklichkeit – eine überschaubare Wirklichkeit, die aber schon durch die gesamte Sozialstruktur »hinter« der Familie bedingt ist.[16]

Die Vermittlung eines weiten Bereichs der grundlegenden Elemente des gesellschaftlichen Wissensvorrats, der allgemein-relevanten Problemlösungen, ist an die sozialen Rollen in der Familie gebunden. Neben Sprache und allgemeinen Verhaltensnormen und Fertigkeiten wird in der Familie auch Wissen weitergegeben, das für Probleme relevant ist, die wesentlich mit biographisch »auferlegten« Rollen verbunden sind, zum Beispiel geschlechtsgebundenen Rollen. So geben typische Mütter bestimmte andere »Problemlösungen« an Töchter weiter.

Hier müssen wir jedoch Vorsicht walten lassen. Historische Sozialstrukturen und relativ-natürliche Weltanschauungen sind außerordentlich verschieden, und zwar nicht nur im »Inhalt« des Wissensvorrats, sondern auch darin, wie die Wissensvermittlung in der Sozialstruktur verankert ist. Die Bedeutung der Familie in der Vermittlung grundlegender Elemente des gesellschaftlichen Wissensvorrats, die mit der entscheidenden Rolle der Familie in der frühen »Sozialisierung« der Person zusammenfällt, ist so gut

[16] Vgl. Kap. IV, A 1 a.

wie universell, obwohl es auch hier Ausnahmen gibt. Dennoch können auch »allgemeingültige« Wissensbereiche und solche, die mit »auferlegten« Rollen verbunden sind, außerhalb der Familienstruktur vermittelt werden. So werden zum Beispiel wesentliche Aspekte des Wissens, das für geschlechtsgebundene Rollen relevant ist, in manchen Gesellschaften von Männerbünden, in anderen wieder von mehr oder minder informellen Gruppen von Gleichaltrigen weitergegeben. Und in modernen Gesellschaften mit allgemeiner Schulpflicht werden weite Bereiche »allgemeingültigen« Wissens durch spezialisierte Institutionen der Wissensvermittlung, wie z.B. Volksschulen, weitergegeben.

Wissen, das für Probleme relevant ist, die im wesentlichen nicht an biographisch »auferlegte« Rollen gebunden sind, wie das zum Beispiel schon bei verhältnismäßig einfachen Gesellschaften für viele Berufsrollen der Fall ist, wird meist durch andere als Verwandtschaftsinstitutionen vermittelt. Allgemein kann folgendes gesagt werden: Wo immer sich Lösungen sozial-relevanter Probleme in routinemäßigen Handlungsformen niederschlagen, die ihrerseits mit einer institutionalisierten Rollenstruktur verbunden sind, wird typisch auch die Wissensvermittlung institutionalisiert und routinemäßig von bestimmten Rollenträgern übernommen. So gibt es Lehrer und Meister, »Ausbildungsunteroffiziere« und »Offiziere« im Bereich religiöser, wirtschaftlicher und politischer Institutionen. Wohlgemerkt: es handelt sich hier um Wissensvermittlung, die mit bestimmten Rollen verbunden ist; aber Wissensvermittlung ist nicht notwendig die ausschließliche Funktion solcher sozialen Rollen. Die Ausbildung sozialer Rollen, deren ausschließliche Funktion Wissensvermittlung ist, ist durchaus nicht universell. Eine institutionalisierte Verselbständigung der Wissensvermittlung tritt nur unter bestimmten sozialhistorischen Umständen ein. Die Ursachen und Zusammenhänge einer solchen Entwicklung aufzuklären, gehört zum Aufgabenbereich der empirischen Wissenssoziologie. Denn auch hier gilt die bezüglich der Verankerung der Wissensvermittlung in der Familie vorgenommene Einschränkung. Die außerordentlich große historische Variabilität institutionalisierter Wissensvermittlung erlaubt nur die *formale* Feststellung, daß sich in jeder historischen Gesellschaft die Vermittlung sozial relevanten Wissens von subjektiven Relevanzstrukturen ablöst und daß sie auf Grund von »sozialisierten« Relevanzstrukturen routinemäßig in der gesellschaftlichen Rollendifferenzierung verankert wird. Feststellungen, die in der Form »kausaler« Hypothesen darüber hinausgehen, müssen sich am ethnologischen und historischen Material ausweisen.

c) Soziale Anhäufung des Wissens

Die Verankerung der Vermittlung sozial relevanten Wissens in der Sozialstruktur gewährleistet dessen Erhaltung über die Generationen. Was geschieht aber nun mit Wissenselementen, die – nachdem sie in intersubjektiven Vorgängen »objektiviert« wurden – auf Grund ihrer sozialen Relevanz routinemäßig innerhalb der Sozialstruktur weitergegeben werden?

Die erste und ursprünglich »objektivierte« Lösung eines Problems war noch weitgehend von den subjektiven Relevanzstrukturen des einzelnen abhängig. Aber schon die »Objektivierung« in Zeichen unterwirft die Lösung einer anfänglichen Anonymisierung. Die wiederholte Anwendung des betreffenden Wissenselements in typisch ähnlichen – aber nicht völlig identischen – Problemsituationen seitens von Leuten, denen sich das Problem in typisch ähnlicher – aber doch nicht völlig identischer – Weise darstellt, schleift gleichsam die verbleibenden subjektiv bedingten Momente der Problemlösung unentwegt ab. Im Verlauf der gesellschaftlichen Weitergabe einer Problemlösung erfolgt so eine gewisse »Verbesserung« dieser Problemlösung – jedenfalls in Hinsicht auf ihre soziale Relevanz. Nehmen wir zum Beispiel an, das ursprüngliche Problem sei das Erlegen einer bestimmten Wildart gewesen. Die ursprüngliche Lösung mag sich zwei Jägern in der Weise dargestellt haben, daß der eine im Hinterhalt liegt, während der andere das Wild auf den Hinterhalt zutreibt. Wenn nun die Lösung an Andere weitergegeben wird, mögen die Anderen zunächst die ursprüngliche Lösung genau nachmachen. Im Verlauf wiederholter Anwendung kommt dann jemand auf den Gedanken, die Größe der nun beteiligten Gruppe von – sagen wir – zwanzig Leuten auszunutzen, um das Wild einzukreisen, so daß das Wild nur noch auf den Hinterhalt ausweichen kann. Von nun an wird die modifizierte Lösung, Treibjagd in größeren Gruppen, zum festen Bestandteil des gesellschaftlichen Wissensvorrats. Ein anderes Beispiel, das die »Verbesserung« von Wissenselementen über eine große Anzahl von Generationen eindringlich veranschaulicht, ist die Herstellung von Werkzeugen. Subjektive, für die allgemeine

Anwendbarkeit der Werkzeuge »zufällige« Formen des »ursprünglichen« Werkzeugs werden abgeschliffen, bis sich ein gesellschaftlicher Stil der »besten« Werkzeugform ausbildet.

Die »Verbesserung« von Wissenselementen im Verlauf ihrer sozialen Weitergabe steht jedoch im Widerstreit mit einem anderen Umstand, der die Erhaltung von Wissenselementen im gesellschaftlichen Wissensvorrat begleitet: der »Starre« der ursprünglichen Fixierung. Ein gesellschaftlicher Vorrat an Lösungen typischer Probleme hat ja vor allem die Funktion, den einzelnen von weiten Bereichen »eigenständigen« Wissenserwerbs zu entlasten. Für den einzelnen besteht im Normalfall kein Anlaß, für ein schon »gelöstes« Problem, ein Problem, dessen »selbstverständliche« Lösung sozial abgeleitet wurde, andere und »bessere« Lösungen zu suchen. Die gesellschaftliche Festlegung einer selbstverständlichen Lösung tendiert dazu, »eigenständige« Modifikationen bzw. die Übernahme der Modifikationen in den gesellschaftlichen Wissensvorrat zu verhindern. Das Maß der »Starre« bzw. »Offenheit« hängt jedoch mit der Sozialstruktur und allgemeinen Merkmalen der relativ-natürlichen Weltanschauung zusammen und kann nur in vergleichenden historischen und ethnologischen Studien festgestellt werden. Man denke zum Beispiel an den Konservatismus, der den Gebrauch einer Pflugform in einer Gesellschaft kennzeichnet, oder andererseits die rapide Ausbreitung der Elektrizität als einer alltäglichen Selbstverständlichkeit, um sich das Problem zu veranschaulichen.

Es muß im übrigen betont werden, daß wir hier nur von Lösungen alltäglicher Probleme reden. Die radikale Verschiebung von Perspektiven, das »Auf-den-Kopf-Stellen« von Problemen, die unter bestimmten Umständen religiöses, philosophisches und auch wissenschaftliches Denken kennzeichnen, sind der natürlichen Einstellung fremd. Radikale Verschiebungen dieser Art können jedoch mittelbar aus jenen Denk- und Wissensbereichen in den alltäglichen Wissensvorrat einer Gesellschaft einsickern.

Die Erhaltung von Wissenselementen im gesellschaftlichen Wissensvorrat – unbeschadet gewisser Modifikationen und »Verbesserungen« – setzt jedoch zweierlei voraus. *Erstens* muß die soziale Vermittlungskette, das heißt die Sozialstruktur, in ihren wesentlichen Zügen erhalten bleiben. Wenn radikale Veränderungen in der Sozialstruktur eintreten – ein Vorgang, der ohnehin mit tiefgreifenden Veränderungen im gesellschaftlichen Wissensvorrat verbunden ist –, kann die Vermittlungskette für bestimmte Wissenselemente und auch ganze Wissensbereiche unterbrochen werden. Diese geraten dann in Vergessenheit, versinken. Wenn das betreffende Wissen neben der Weitergabe in mündlicher Tradition auch noch in einer Weise fixiert ist, die von ununterbrochenen sozialen Vermittlungsketten unabhängig ist, zum Beispiel in der Form von Inschriften, Texten usw., kann dieses Wissen natürlich »wiederentdeckt« werden. Es hat aber aufgehört, selbstverständlicher Besitz des in die relativ-natürliche Weltanschauung sozialisierten einzelnen zu sein. Noch eine andere Möglichkeit ist zu erwähnen. Bei einer gewissen Komplexität der Sozialstruktur können bestimmte Wissenselemente und Wissensbereiche aus der »offiziellen« Vermittlung in der Sozialstruktur ausscheiden und dennoch in peripheren sozialen Gruppen oder Schichten gleichsam untergründig weitergereicht werden. Die Ideengeschichte bietet reichlich Beispiele für solche untergründigen Wissenstraditionen.

Die *zweite* Voraussetzung für die Erhaltung von Wissenselementen im gesellschaftlichen Wissensvorrat ist die fortbestehende Relevanz der Probleme, deren »Lösungen« die Wissenselemente darstellen. Wenn das Problem aufhört, sozial relevant zu sein, verblaßt die Lösung und wird, im typischen Fall, aus dem gesellschaftlichen Wissensvorrat ausgeschieden. Wenn Rehwild aus der Umwelt einer Gesellschaft verschwindet, besteht kein Motiv zur Wiedergabe von Wissen, das die Rehjagd betrifft.

Hier ist jedoch eine Einschränkung vorzunehmen. Was gesagt wurde, gilt vor allem für die ausgesprochen pragmatischen Techniken der Bewältigung alltäglicher Lebensprobleme. Je mehr es sich aber um Wissen handelt, das in der Nachbarschaft von Wissen über nicht-alltägliche Wirklichkeitsbereiche steht, zum Beispiel von religiösem Wissen, um so wahrscheinlicher ist die Beibehaltung dieses Wissens, wiewohl in veränderter, eventuell mythologisierter Form. Ferner ist anzumerken, daß es denkbar ist, daß Wissen, welches, pragmatisch gesehen, irrelevant geworden ist, routinemäßig weitergegeben wird, da ein sozialer Apparat zu seiner Weitergabe vorhanden ist. Erst wenn explizite, sozial relevante Motive zur Entfernung dieses Wissens aus dem gesellschaftlichen Wissensvorrat auftreten und sich gegenüber dem »Apparat« durchsetzen, wenn gleichsam eine »Reform« oder »Revolution« stattfindet, verschwindet dieses Wissen aus der routinemäßigen Weitergabe. Die Weitergabe sozial irrelevanten Wissens (wenn wir den Begriff der

Relevanz eng pragmatisch fassen) steht außerdem im Zusammenhang mit einem früher erwähnten Umstand. Wenn das ursprüngliche Wissenselement historisch oder legendär fixiert wurde, so nimmt es typisch in der Hierarchie des Wissensvorrats einen bedeutsamen Platz ein. Auch wenn es, streng pragmatisch genommen, sozial irrelevant geworden ist, bleibt es für das Selbstverständnis und Traditionsbewußtsein dieser Gesellschaft von Bedeutung und mag daher in der routinemäßigen Weitergabe sozial relevanten Wissens erhalten bleiben.

Nun müssen wir aber zu unserem Hauptthema zurückkehren. Der gesellschaftliche Wissensvorrat, der dem einzelnen vermittelt wird, entlastet ihn von der Notwendigkeit, eine ganze Reihe wichtiger alltäglicher Vorgänge »eigenständig« zu lösen. Infolge dieser Entlastung hat der einzelne prinzipiell die Möglichkeit, sich »neuen«, also noch nicht gelösten, vielleicht auch nicht einmal erfaßten Problemen zuzuwenden. Dies gilt im übrigen nicht nur für »neue« Probleme im Alltagsleben. Vielmehr ermöglicht eine solche Entlastung auch eine Zuwendung zu nicht-alltäglichen Problemen.

Die Ausnutzung dieser Möglichkeit, »eigenständig« neues Wissen zu erwerben, ist jedoch ihrerseits gesellschaftlich bedingt. Da jeder einzelne von »eigenständigen« Lösungen weiter Bereiche typischer alltäglicher Probleme durch den jeweiligen gesellschaftlichen Wissensvorrat befreit ist, könnte man grundsätzlich annehmen, daß aus subjektiven, mehr oder minder »eigenständigen« Lösungen »neuer« Probleme immer neue Elemente in den Wissensvorrat einfließen. (Entgegenwirkend würde man etwa nur die Notwendigkeit, zu arbeiten, ansetzen: Probleme müssen nicht nur gelöst, sondern immer wieder auch wirkend bewältigt werden.) Der Zuwachs neuen Wissens, die Anhäufung des Wissens im gesellschaftlichen Wissensvorrat ist jedoch als historischer Vorgang sowohl von der jeweiligen Sozialstruktur als auch von den jeweiligen Grunddimensionen der relativ-natürlichen Weltanschauung abhängig. Die historischen Vorgänge der Wissenskumulation können außerordentlich große Unterschiede aufweisen, sowohl im Tempo der Häufung als auch in den Sinnstrukturen, die sich »anhäufen«.

Nehmen wir zwei Extremfälle an: einen völlig stabilen gesellschaftlichen Wissensvorrat in einer Gesellschaft, für die alle Probleme schon »endgültig« gelöst sind und in der »eigenständige« Vorstöße des Wissenserwerbs nicht vorkommen, und einen gesellschaftlichen Wissensvorrat, der sich von Generation zu Generation von Grund auf neu aufbaut. Es ist deutlich, daß diese Extremfälle theoretische Konstruktionen sind. Keine noch so »primitive« Gesellschaft hat einen absolut starren Wissensvorrat; keine noch so revolutionär sich wandelnde Gesellschaft errichtet einen neuen Wissensvorrat von Grund auf. Verschiedene Gesellschaften bzw. Gesellschaftstypen können aber dem einen oder dem anderen Grenzfall verhältnismäßig nahe kommen. Man vergleiche zum Beispiel die Entwicklung der Steinaxt oder die Ausformung der »Volksweisheit« über unzählige Generationen mit der außerordentlich schnellen Veränderung weiter Bereiche des »gesunden Menschenverstands« unter dem Einfluß technologischer Revolutionen in den letzten Jahrhunderten.

Die Untersuchung der strukturellen Faktoren (z.B. der Kommunikationsdichte) und der Dimensionen der relativ-natürlichen Weltanschauung (z.B. der religiös verfestigten »Starre« mancher Traditionen), die in den historischen Vorgängen der Wissenskumulation eine entscheidende Rolle spielen, gehört zu den wichtigsten Aufgaben der empirischen Wissenssoziologie. Durch alle historischen Abwandlungen hindurch ist jedoch eine grundsätzliche Tatsache bemerkbar: Sobald die routinemäßige Vermittlung sozial relevanten Wissens durch eine Sozialstruktur gegeben ist, verkörpert sich im gesellschaftlichen Wissensvorrat gleichsam das Prinzip der Arbeitsteilung in der *historischen* Dimension, einer »Arbeitsteilung« zwischen den Generationen.

d) Über die Entwicklung höherer Wissensformen

Die Analyse der sozialen Relevanz des Wissens hat gezeigt, daß neben Wissen, das für »jedermann« relevant ist, auch Wissen, das nur mit Bezug auf Probleme, die mit spezifischen sozialen Rollen verbunden sind, relevant ist, in den gesellschaftlichen Wissensvorrat einverleibt wird.[17] Im Anschluß daran[18] ergab sich, daß allgemein relevantes Wissen routinemäßig an »jedermann« und Wissen, das für spezifische soziale Rollen relevant ist, routinemäßig nur an die betreffenden »Rolleninhaber« vermittelt wird. Kurzum, wie einfach man sich auch die Struktur einer Gesellschaft vorstellt, die

[17] Vgl. Kap. IV, B 3 a.
[18] Vgl. Kap. IV, B 3 b.

Konstitutionsanalyse gesellschaftlicher Wissensvorräte ergibt, daß diese notwendig eine gewisse Differenzierung aufweisen müssen. In diesem Zusammenhang sei nur noch darauf hingewiesen, daß die Ethnologie keine noch so »primitive« Gesellschaft kennt, die eine völlig »homogene Kultur« bzw. einen absolut undifferenzierten Wissensvorrat besäße.

Wenn wir schon auf dieser Ebene von einer Differenzierung des gesellschaftlichen Wissensvorrats sprechen, so meinen wir damit allerdings nur, daß die *routinemäßige* Vermittlung bestimmter Elemente des Wissensvorrats differenziert ist. Festgehalten werden muß aber, daß auf dieser Ebene noch der gesamte Wissensvorrat grundsätzlich »jedermann« zugänglich ist. Diese erste Form der Differenzierung ist hier jedoch insofern wichtig, als sie die Grundvoraussetzung für die Spezialisierung des Wissens und die Entwicklung »höherer Wissensformen« bildet.

Wollen wir nun fragen, was die weiteren Voraussetzungen für Wissensspezialisierungen sind. Eine abstrakte Antwort auf diese Frage ist leicht zu finden: der historische Vorgang der Wissenshäufung. Es ist jedoch deutlich, daß allgemein relevantes Wissen nur verhältnismäßig geringe und auch dann nur äußerst langsame Veränderungen aufweist. Allgemein relevantes Wissen ist hochanonym und stellt Lösungen von Problemen dar, die von »jedermann« immer wieder in der Routine des täglichen Lebens bewältigt werden müssen. Der »Umfang« solcher Probleme bleibt bei einer gegebenen Gesellschaft verhältnismäßig unverändert.

Anders verhält es sich mit den differenzierten Bereichen des gesellschaftlichen Wissensvorrats. Hier stehen Wissenserwerb und Wissensvermittlung in institutionalisierten Zweck- und Sinnzusammenhängen. Rollen-spezifisches Wissen neigt daher viel eher als der »gesunde Menschenverstand« zu einer gewissen Systematisierung und – wollen wir hier den Begriff mit Vorsicht verwenden – »Rationalisierung«. Das Verhältnis von Mitteln und Zweck ist bei rollen-spezifischen Problemen klarer umschrieben; die Problemlösungen können im allgemeinen in expliziter Weise weitergegeben und erlernt werden. Dadurch erhöht sich die Chance, daß diese Art von Problemen in den Griff reflektierenden Bewußtseins gerät. Und schließlich: während allgemein relevantes Wissen von »jedermann« an »jedermann« weitergegeben werden kann, wird rollen-spezifisches Wissen von spezifischen Rollen-Inhabern an andere spezifische Rollen-Inhaber weitergegeben. Dadurch ist die

Chance gegeben, daß sich rollen-spezifisches Wissen institutionell absondert. Auf diesen Punkt wollen wir gleich zurückkommen. Zunächst ist aber festzuhalten, daß die historischen Vorgänge der Wissensanhäufung die differenzierten Bereiche des gesellschaftlichen Wissensvorrats im allgemeinen stärker zu bereichern pflegen als die allgemein relevanten Bereiche.

Allgemein relevantes Wissen im gesellschaftlichen Wissensvorrat ist offenbar Wissen, das prinzipiell »jedermann« erlernen *kann.* Dies ist ein Umstand, der mit der vorhin erwähnten relativen Unveränderlichkeit des »Umfangs« des »gesunden Menschenverstandes« zusammenhängt. Die Anhäufung differenzierten Wissens im gesellschaftlichen Wissensvorrat hat jedoch zur Folge, daß bestimmte Wissensbereiche nicht mehr für »jedermann« übersichtlich sind. Nicht nur ist nicht »jedermann« dazu motiviert, sich bestimmtes rollenspezifisches Wissen anzueignen. Nicht nur wird nicht an »jedermann« alles differenzierte Wissen routinemäßig weitergegeben. Jetzt kommt noch hinzu, daß zur Aneignung immer langwierigere und umständlichere Lernvorgänge nötig werden. Daher kann sich der eine nur den einen, der andere nur einen anderen differenzierten Bereich des gesellschaftlichen Wissensvorrats aneignen. Formal ausgedrückt: die soziale Verteilung des Wissens wird wegen der Anhäufung differenzierten Wissens erforderlich. Es spielt hier keine Rolle, ob die Aneignung spezifischen Wissens sozial bestimmt ist, ob es sich also um gesellschaftlich »auferlegte« Rollen handelt, oder ob die Wahl der Rollen und die Aneignung rollen-spezifischen Wissens subjektiven Motiven anheimgestellt bleibt. Dies ist ein »strukturelles« Problem, das in verschiedenen Gesellschaftstypen verschiedene »Lösungen« findet. Auf jeden Fall ist die *routinemäßige* Vermittlung rollen-spezifischen Wissens in der jeweiligen Sozialstruktur verankert.

Daraus leitet sich ein weiterer Umstand ab. Da spezifisches Wissen (bzw. seine Anwendung) in der Sozialstruktur verankert ist, braucht es sich nicht »jedermann« anzueignen, um an dem pragmatischen Nutzen der Problemlösung teilzunehmen. Wenn dem Nichteingeweihten ein Problem begegnet, zu dessen Bewältigung sein eigenes Wissen nicht ausreicht, braucht er sich nur an einen Eingeweihten (den Schmied, den Arzt usw.) zu wenden. Die Voraussetzung hierzu ist nur, daß das Wissen, »wo« spezifisches Wissen zu Rate gezogen werden kann, ein Bestandteil des allgemeinen Wissens ist. Da aber solches Wissen offensichtlich allgemein relevant ist, wird es objektiviert und routinemäßig an jedermann weitergegeben. Umgekehrt wirkt aber das Wissen um die Möglichkeit, für spezifische Probleme »Spezialisten« heranzuziehen, als ein weiteres Motiv, differenziertere Wissensbereiche »Spezialisten« zu überlassen.[19] Die »Spezialisten« sind ihrerseits in anderen Problembereichen Nichteingeweihte, wenn sie nicht gar von der Lösung bzw. der alltäglichen Bewältigung gewisser »allgemeiner« Probleme, wie zum Beispiel Nahrungssuche, in der arbeitsteiligen Gesellschaft entlastet werden. Im letzteren Fall können sie sich um so intensiver ihrer »Spezialität« widmen. Dies wiederum fördert die weitere Anhäufung des Wissens in differenzierten Wissensbereichen.

Die »Entlastung«, von der soeben die Rede war, hat ihre institutionelle Basis in der Arbeitsteilung bzw. in der arbeitsteiligen Rollendifferenzierung. Sie führt aber ihrerseits zur institutionellen Verankerung differenzierter Wissensbereiche: Wissenserwerb Wissensvermittlung und Wissenspflege wird ausschließlich oder nahezu ausschließlich an spezifische soziale Rollen gebunden. Damit ist jedoch die Grundbedingung für eine weitere für die Entwicklung höherer Wissensformen entscheidende Systematisierung verschiedener Wissensbereiche geschaffen. Das Wissen, das mit spezifischen sozialen Rollen verbunden ist, das von diesen Rollen getragen wird und dessen Weitervermittlung zum Aufgabenkreis dieser Rollen gehört, kann nun aus dem unmittelbaren Handlungszusammenhang konkreter Problemlösungen herausgelöst werden: es kann zum Objekt der Reflexion werden. Bestimmte Problemlösungen können als auf typisch verwandte Probleme bezogen erfaßt werden; sie können auf ihre Verträglichkeit hin untersucht werden und somit in mehr oder minder systematische Sinnzusammenhänge eingeordnet werden. Je weiter diese – institutionell fundierte – Systematisierung fortschreitet, um so eindeutiger bilden verwandte Wissenselemente einen abgegrenzten Wissensbereich, dessen innere Sinnstruktur gegenüber anderen Wissensbereichen eine gewisse Autonomie gewinnt. In der Folge entwickelt ein solcher Wissensbereich gewissermaßen eine eigene Logik und eine eigene Methodik, wie er ja durch die Erfordernisse der rollengebundenen Wissensvermittlung eine eigene »Pädagogik« haben muß.

19 Vgl. Kap. IV, D 2 b.

Damit haben wir alle grundsätzlich notwendigen Voraussetzungen für die Entwicklung höherer Wissensformen angeführt. Es ist deutlich, daß es bis zu einem gewissen Grad willkürlich sein wird, auf welcher Stufe einer gegebenen historischen Entwicklung man von höheren Wissensformen sprechen darf. Wann immer die Grundvoraussetzungen erfüllt sind, ist schon eine gewisse Absonderung eines Wissensbereichs und eine gewisse Autonomie seiner Sinnstruktur gegeben. Es mag aber der sozialhistorischen Analyse überlassen bleiben, ob sie als Hauptkriterium die Ausformung einer eindeutig theoretischen Einstellung aus den mehr oder minder entpragmatisierten Handlungszusammenhängen des Wissens ansetzen will, oder ob sie sich an institutionelle Kriterien hält: Wird man von höheren Wissensformen schon im Denken der Vorsokratiker oder erst nach Schaffung der Akademien reden? Es braucht kaum betont zu werden, daß bei der Systematisierung eines Wissensbereichs, bei der »Pädagogik« des betreffenden Wissens usw. das Vorhandensein der Schrift gegenüber bloß mündlichen Traditionen eine bedeutende empirische Rolle spielt.

Wenn soeben von einer gewissen »Entpragmatisierung« des Wissens und der Ausformung einer theoretischen Einstellung die Rede war, so ist damit noch keineswegs die Entwicklung rein theoretischen Wissens gemeint. Die Verankerung auch weitgehend systematisierter Wissensbereiche in der Sozialstruktur bedingt zunächst, daß das Wissen aus dem unmittelbaren Handlungszusammenhang und den Erfordernissen seiner Anwendung in konkreten Situationen nur unvollständig herausgelöst wird. So bleiben »Wissensspezialisten« zunächst noch durchaus »Handlungsspezialisten«, gleichsam »praktische Ärzte«, um bei dem vorhin verwendeten Beispiel zu bleiben. Andererseits sind aber die besprochenen Vorgänge der institutionellen Spezialisierung, der Absonderung und Systematisierung von Wissensbereichen und der Beginn einer theoretischen Einstellung die Grundlage für eine weitere Möglichkeit historischer Entwicklung: die Absonderung des Wissens vom Handeln, der Theorie von der Praxis. Die Herauslösung von theoretischen Wissensgebieten aus lebensweltlichen Handlungszusammenhängen, die fortschreitende Entpragmatisierung, ist ein hochspezifischer sozial-historischer Vorgang, der auf der institutionellen, ökonomisch-politischen Absicherung »der Theorie« und der »Eigengesetzlichkeit« der Ideengeschichte beruht. Die Dialektik zwischen institutionellen und intellektuellen Bedingungen ist deutlich an der Rolle der alexandrischen Bibliothek für das Aufblühen der Wissenschaft im hellenistischen Zeitalter abzulesen. Es muß aber betont werden, daß die »Anwendbarkeit« theoretischen Wissens prinzipiell vorausgesetzt bleibt, auch wenn eine Reihe von institutionalisierten Stufen zwischen Wissen und Anwendung (»angewandte Wissenschaft«, »Praktiker« usw.) geschaltet sein mag.

Wollen wir noch anfügen, daß im Verlauf der Entwicklung höherer Wissensformen eine gewisse Trennung zwischen der »Technik« zur Bewältigung alltäglicher, im engeren Sinn pragmatischer Probleme und Wissensbereichen, die sich auf nicht-alltägliche Wirklichkeitsschichten beziehen, erfolgt. Zweifellos sind Art und Grad dieser Trennung unterschiedlich ausgeprägt (man denke z. B. an die praktischen und religiösen Momente des Denkens der Pythagoräer im Vergleich zur Auffassung der Mathematik nach Newton). Zudem verläuft die Trennungslinie zwischen alltäglichen und nicht-alltäglichen Wirklichkeitsschichten in verschiedenen Gesellschaften unterschiedlich. Es ist deutlich, daß in »primitiven« Gesellschaften eine mehr oder minder systematisierte »Technik« (der Jagd, der Landwirtschaft, der Kriegführung) im engen Sinnbezug zu nichtalltäglichen Wirklichkeitsebenen steht (z. B. Mythos, Magie). Es ist sogar fraglich, ob solche Sinnbezüge in der modernen Gesellschaft – trotz der »Zweckrationalität« ihrer Institutionen und der Kompetenzabgrenzung zwischen Technologie, Wissenschaft, Religion völlig aufgehoben worden sind.

Wir müssen uns hier damit begnügen, die allgemeine Beziehung zwischen der Differenzierung des Wissens im gesellschaftlichen Wissensvorrat, den historischen Vorgängen der Wissensanhäufung und der Institutionalisierung des Wissensspezialistentums einerseits und der Entwicklung höherer Wissensformen andererseits aufgewiesen zu haben. Eine Untersuchung der Verschränkung dieser Momente in konkreten historischen Vorgängen, und die Überprüfung kausaler und funktionaler Hypothesen über die Entwicklung höherer Wissensformen in verschiedenen Gesellschaften gehört jedoch zu den Aufgaben der empirischen Wissenssoziologie. Rühren wir nur einige der noch nicht genügend geklärten Probleme an: Welche Beschränkungen werden dem Tempo der Wissensanhäufung und der Systematisierung von Wissensbereichen durch die mündliche Überlieferung auferlegt? Was sind die wirtschaftlichen Minimalvoraussetzungen für die Institutionalisierung einer spezialisierten Wissensvermittlung, für die Schaffung von Schulen usw.? Welche Rolle spielt die Schrift für die Fixierung »wissenschaftlicher« Traditionen? Von welcher Bedeutung sind ökologische (Kommunikationstempo!), politische (z.B. dynastisch geförderte »Geschichtsschreibung«!) usw. Momente in der Entwicklung der höheren Wissensformen?

C. Die Struktur des gesellschaftlichen Wissensvorrats

1) Gesellschaftlicher Wissensvorrat und soziale Verteilung des Wissens

Der *subjektive* Wissensvorrat bildet sich aus sedimentierten subjektiven Erfahrungen der Lebenswelt. Die subjektiven Erfahrungen sind durch die Aufschichtungen der Lebenswelt bedingt, und die Sedimentierung der Erfahrungen im Wissensvorrat erfolgt auf Grund der subjektiven Relevanzstrukturen.[20] Die Struktur des subjektiven Wissensvorrats ist durch die Vorgänge des Wissenserwerbs bestimmt.[21] Die Anordnung von Elementen im subjektiven Wissensvorrat nach verschiedenen Graden der Glaubwürdigkeit, Vertrautheit, Bestimmtheit und Verträglichkeit verweist einerseits auf die Begrenztheit, andererseits auf die Einheit eines subjektiven Erfahrungsablaufs und einer Biographie.

Der *gesellschaftliche* Wissensvorrat weist jedoch nur mittelbar auf subjektiven Wissenserwerb zurück.[22] Selbstverständlich entspringen die Elemente des gesellschaftlichen Wissensvorrats den Vorgängen subjektiven Wissenserwerbs. Aber die Einverleibung subjektiv erworbener Elemente in den gesellschaftlichen Wissensvorrat setzt intersubjektive Vorgänge der Objektivierung und die Ausprägung sozialer Relevanzen voraus, und die historische Anhäufung des Wissens ist von institutionalisierten Vorgängen der Wissensvermittlung abhängig. Die Ausbildung eines gesellschaftlichen Wissensvorrats ist also der Entwicklung eines subjektiven Wissensvorrats keineswegs analog. Angesichts der vorangegangenen Analysen mag es unnötig erscheinen, daß wir diesen Punkt hier noch einmal betonen. Wichtig ist es jedoch, einen mit diesem Punkt zusammenhängenden Umstand festzuhalten: die *Struktur* des gesellschaftlichen Wissensvorrats hat nicht Dimensionen, die denen des subjektiven Wissensvorrats entsprechen. Da die Struk-

[20] Vgl. Kap. III, A.
[21] Vgl. insbes. Kap. III, A 2 b.
[22] Vgl. Kap. IV, B 1.

tur des gesellschaftlichen Wissensvorrats, die sich in Vorgängen der historischen Anhäufung des Wissens ausbildet, von den institutionalisierten Vorgängen der Wissensvermittlung bestimmt wird, entspricht sie der jeweiligen sozialen Verteilung des Wissens.

Aus diesen Überlegungen ergibt sich ein grundsätzliches Problem. Die Beschreibung des subjektiven Wissensvorrats und der Struktur des subjektiven Wissensvorrats konnte sich auf die Wesenszüge der Subjektivität überhaupt berufen. Die beschriebenen Vorgänge und Strukturen beruhen unmittelbar auf den zeitlichen, räumlichen und sozialen Aufschichtungen der subjektiven Erfahrungen von der Lebenswelt, auf der Struktur der subjektiven Relevanz, auf der Einheit des Erfahrungsablaufs und auf der Begrenztheit der Biographie. Wie soeben ausgeführt wurde, beruht aber die Struktur des gesellschaftlichen Wissensvorrats nur mittelbar auf den Wesenszügen der Subjektivität; sie kann aus ihnen nicht direkt abgeleitet werden. Die Struktur des gesellschaftlichen Wissensvorrats beruht *erstens* auf den Wesenszügen der Intersubjektivität, namentlich auf den Bedingungen der Kommunikation, das heißt der Wissensobjektivierung und der Wissensinterpretation. Wir wollen daher im folgenden sehen, inwiefern es möglich ist, aus den Bedingungen für die Entstehung gesellschaftlicher Wissensvorräte »überhaupt« Rückschlüsse auf die Struktur gesellschaftlicher Wissensvorräte »überhaupt« zu ziehen. Die Struktur historischer Wissensvorräte leitet sich jedoch *zweitens* aus spezifischen, historischen Vorgängen der Wissensanhäufung und der institutionalisierten Wissensvermittlung ab. Die Frage, wie die im gesellschaftlichen Wissensvorrat objektivierten Elemente innerhalb einer gegebenen Gesellschaft verteilt sind, welche konkreten Elemente routinemäßig nur an bestimmte, institutionell fixierte Typen von Personen (»Inhaber« spezifischer Rollen) weitergegeben werden, kann selbstverständlich nur im Rahmen der empirischen Wissenssoziologie beantwortet werden. Hier müssen wir uns damit begnügen, aus den allgemeinen Bedingungen für die Entstehung eines gesellschaftlichen Wissensvorrats »überhaupt«, formale Typen der sozialen Verteilung des Wissens zu entwickeln und somit die Variationsbreite der durch die Wissensanhäufung bedingten strukturellen Differenzierung historischer Wissensvorräte abzustecken.

2) Formale Typen der sozialen Verteilung des Wissens

a) Die Unmöglichkeit gleichmäßiger Verteilungen

Versuchen wir zunächst, einen formalen Typus der Wissensverteilung zu konstruieren, der bestimmten Annahmen der natürlichen Einstellung entspräche. An anderer Stelle[23] führten wir aus, daß die Erfahrung von Mitmenschen und von der Sozialwelt überhaupt von der Generalthese der wechselseitigen Perspektiven ausgeht: ich nehme an, daß die Mitmenschen, die im »wesentlichen« mir gleich sind, die Welt grundsätzlich in der gleichen Weise wie ich erfahren. Die uns hier interessierende Implikation dieser These ist die Annahme, daß die Mitmenschen das gleiche wissen wie ich und umgekehrt. Welche Struktur müßte nun ein gesellschaftlicher Wissensvorrat haben, um diesen Annahmen nicht nur ungefähr, nämlich ausreichend für bestimmte praktische Zwecke, sondern genau zu entsprechen?

Wenn A das gleiche wie B, C usw., B das gleiche wie A, C usw., C das gleiche wie A, B usw. wissen soll, muß der »Umfang« des gesellschaftlichen Wissensvorrats mit dem »Umfang« subjektiver Wissensvorräte identisch sein. Welche Voraussetzungen müßten für die Ausbildung eines solchen, völlig gleichmäßig verteilten gesellschaftlichen Wissensvorrats erfüllt sein? Erstens müßte alles subjektiv erworbene Wissen sozial relevant sein. Dies könnte jedoch nur dann der Fall sein, wenn alle Probleme, die A auferlegt wären, auch B, C usw. auferlegt wären, alle Probleme, die B auferlägt wären, auch A, C usw. auferlegt wären. Zweitens müßten die Bedingungen der Kommunikation in Raum und Zeit vernachlässigt werden: Wissensobjektivierung und Deutung der Objektivierung müßten völlig kongruent sein, um »Veränderungen« des Wissenselements im Verlauf seiner Weitergabe zu vermeiden. Drittens müßten die Auswirkungen der biographisch bedingten, subjektiv verschiedenen Abfolgen des Wissenserwerbs auf »Inhalt« und Verteilung von Elementen des gesellschaftlichen Wissensvorrats ausgeklammert werden. Und viertens müßte die Möglichkeit fortschreitender Wissensanhäufung völlig ausgeschaltet sein: Die Aufnahmefähigkeit für weiteres Wissen ist infolge der Erfordernisse der Praxis, der kontinuierlichen routinemäßigen Be-

[23] Vgl. Kap. II, B 5.

wältigung wiederkehrender, schon »gelöster« Probleme des täglichen Lebens nicht unbegrenzt. Nachdem der gemeinsame gesellschaftliche Wissensvorrat einen gewissen »Umfang« erreicht hätte, müßte jeder weitere Wissenserwerb abgebrochen werden, sofern wir nicht die noch unrealistischere Annahme hinzufügen, daß jeder Weitererwerb ein entsprechendes, gleichzeitiges und für alle identisches Abstoßen »alter« Elemente aus dem Wissensvorrat mit sich brächte.

Es ist also deutlich, daß die Konstruktion einer völlig gleichmäßigen Verteilung des Wissens auf unhaltbaren Annahmen beruht. Die Annahme einer unterschiedslosen »vorsozialen Natur« des Menschen ist wirklichkeitsfremd. Wie immer die Unterschiede zwischen Mann und Frau, jung und alt, stark und schwach usw. sozial ausgeprägt sein mögen, wir können nicht annehmen, daß ihnen alle Probleme gleich auferlegt sind, noch daß sich ihnen die »gleichen« Probleme in identischer Weise darstellen. Und die Ausklammerung einer sozialen Ausprägung unterschiedlicher Relevanzen widerspricht im übrigen den Ergebnissen der Analyse der sozialen Aufschichtungen der subjektiven Erfahrungen von der Lebenswelt wie auch der Analyse der subjektiven Relevanzstrukturen. Die Ausklammerung der biographisch bedingten Abfolgen des Wissenserwerbs und der intersubjektiven Bedingungen der Kommunikation steht im Widerspruch zu einer der wesentlichen Voraussetzungen für die Ausbildung gesellschaftlicher Wissensvorräte überhaupt. Das gleiche gilt für die Annahme, durch welche die notwendigen Auswirkungen der Wissensvermittlung auf Wissensanhäufung ausgeschaltet werden.

Daraus müssen wir folgern, daß es eine völlig gleichmäßige soziale Verteilung des Wissens nicht geben kann. Aber wollen wir für einen Augenblick übersehen, daß die Annahmen, die der Konstruktion eines solchen Typus der Wissensverteilung zugrunde liegen, sowohl wirklichkeitsfremd als auch mit den Bedingungen für die Ausbildung eines gesellschaftlichen Wissensvorrats überhaupt unverträglich sind. Sogar dann enthält die Konstruktion eines solchen Typus selbst den Ansatz zu einer wenn auch noch so geringfügigen Ungleichmäßigkeit der Wissensverteilung. Sobald A ein Wissenselement erwirbt und es an B vermittelt, ist das »gleiche« Wissenselement für A »eigenständig« erworben, für B aber »sozial abgeleitet«. Auch bei »inhaltlicher Gleichheit« unterscheidet sich also der subjektive Wissensvorrat von A vom subjektiven Wissensvorrat von B. Objektivierung und Interpretation aller weiteren Wissenselemente beruhen daher notwendig auf subjektiven Wissensvorräten und Relevanzstrukturen, die – wenn auch noch so geringfügig – differenziert sind. Die für die meisten praktischen Zwecke zureichende »Gleichheit« von Wissenselementen beruht aber auf Vorgängen der Idealisierung und Anonymisierung, die ihrerseits die intersubjektiven Bedingungen der Kommunikation und eine zumindest minimale Differenzierung der sozialen Relevanzen voraussetzt. Absolut homogenes Wissen ist also auf jeden Fall unvorstellbar.

b) Einfache soziale Verteilung des Wissens

Wie soeben ausgeführt wurde, sind die Annahmen, die einer völlig gleichmäßigen Verteilung des Wissens in der Gesellschaft zugrunde zu legen wären, unhaltbar. Wenn wir daran gehen, den formalen Typ einer durch möglichst geringe Ungleichmäßigkeit gekennzeichneten sozialen Verteilung des Wissens zu konstruieren, können wir jedoch von jenen Annahmen ausgehen. Sie sind nur schrittweise so weit aufzulockern, bis sie den Grundgegebenheiten der subjektiven Erfahrung von der Lebenswelt und den Bedingungen der intersubjektiven Kommunikation Rechnung tragen und bis sie mit den strukturellen Voraussetzungen für die Entstehung eines gesellschaftlichen Wissensvorrats verträglich sind. Sobald dies der Fall ist, können sie als die Annahmen gelten, die einer möglichst einfachen sozialen Verteilung des Wissens zugrunde zu legen sind.

Zum ersten ist eine wenn auch noch so geringe Differenzierung in der »vorsozialen Natur« des Menschen als gegeben anzusetzen. Die Frage, welcher ontologische Status dieser Differenzierung zukommt, braucht uns hier nicht zu bekümmern. Die darin enthaltenen Probleme der Leiblichkeit des Menschen gehören jedenfalls in den Fragenkreis der philosophischen und biologischen Anthropologie. Hier genügt uns die Feststellung, daß die Differenzierung in der »vor-sozialen Natur« des Menschen eine lebensweltliche Gegebenheit ist, die als Ausgangspunkt für die Ausprägung verhältnismäßig einfacher Unterschiede in den sozialen Relevanzen genommen werden darf. Daß »biologisch« fundierte soziale Relevanzen nicht schlicht auf biologische Unterschiede reduzierbar sind, braucht wohl kaum betont zu werden. Im vorliegenden Zusammenhang ist für uns nur von Bedeutung, daß die einfachsten Unterschiede in den sozialen Relevanzen auf »vor-soziale« Differenzierungen irgendwelcher Art fundiert sind. Von vielen konkreten Beispielen sei hier nur das nächstliegende angeführt, die Ausprägung differenzierter sozialer Relevanzstrukturen für Männer und Frauen.

Ferner ist als gegeben anzusetzen, daß die zeitlichen und biographischen Unterschiede in subjektiven Erfahrungsabläufen gleichsam einen individuellen Perspektivismus der sonst weitgehend »sozialisierten« Relevanzstrukturen mitbestimmen – der Relevanzstrukturen, auf Grund derer Erfahrungen im subjektiven Wissensvorrat abgelagert werden. Diese Unterschiede spielen eine Rolle bei den Vorgängen, in denen Elemente des gesellschaftlichen Wissensvorrats vermittelt werden; sie sind sozial relevant und werden in einem gewissen Sinn selber »sozialisiert«: Lernabfolgen werden in soziale Relevanzzusammenhänge eingebettet. Die Vermittlungsvorgänge differenzieren sich in der Dimension der *sozialen* Zeit und mit Bezug auf sozial umrissene biographische Kategorien. Hier ist ein naheliegendes konkretes Beispiel die sozial bestimmte Koppelung von Altersstufen, nämlich gesellschaftlich definierten, nicht etwa »biologischen« oder »psychologischen« Kategorien, mit Lernabfolgen.

Und zum letzten Punkt: Die Annahme eines völligen Abbruchs der Wissensanhäufung muß zwar fallengelassen werden; wir können jedoch bei der Konstruktion des formalen Typs einer einfachen sozialen Verteilung des Wissens annehmen, daß sich Wissen nur äußerst langsam anhäuft. Dementsprechend können wir annehmen, daß die Spezialisierung des Wissens nur geringe Ausmaße annimmt und sich keine quasi-autonomen »höheren Wissensformen« ausbilden. Daraus folgt ein Umstand, der bei der Kennzeichnung einer einfachen sozialen Verteilung des Wissens von größter Bedeutung ist: alles im gesellschaftlichen Wissensvorrat abgelagerte Wissen bleibt grundsätzlich jedermann zugänglich. Genauer: es gibt nichts in der *Struktur* des Wissens, was sich dem Erwerb des Wissens durch jedermann entgegenstellen würde. Wenn wir von institutionellen Schranken absehen, die etwa – aus Ursachen, die mit der Struktur des Wissens als solchem nichts zu tun haben – dem Erwerb bestimmten Wissens durch bestimmte soziale Typen entgegenstehen (z. B. »Geheimwissen«), beruht die ungleichmäßige Verteilung des Wissens noch ausschließlich auf der sozialen

Differenzierung der routinemäßigen Vermittlungsvorgänge.

Bei der Konstruktion des formalen Typs einfacher sozialer Verteilungen des Wissens, so können wir nun sagen, gehen wir davon aus, daß nicht alle Probleme allen gleich auferlegt sind und daß sie nicht jedermann gleichzeitig auferlegt sein können. Wenn sich dies in sozialen Relevanzstrukturen in noch so einfacher Form niederschlägt, wird dadurch eine Differenzierung der routinemäßigen Vermittlung der »Problemlösungen« bestimmt: erstens nach den sozial definierten Typen von Personen, für die die Lösungen relevant sind, und zweitens nach sozial definierten zeitlich-biographischen Momenten. Ein gesellschaftlicher Wissensvorrat, der nicht zumindest in diesen zwei Dimensionen eine Ungleichmäßigkeit der Verteilung seiner Elemente aufzuweisen hätte, ist schlechthin unvorstellbar.

Versuchen wir also, eine solche, den Grundgegebenheiten der subjektiven Erfahrung in der Lebenswelt und den Voraussetzungen intersubjektiver Kommunikation Rechnung tragende und dennoch denkbar einfache soziale Verteilung des Wissens mit Hilfe der vorhin erwähnten konkreten Beispiele zu veranschaulichen. – Der Grundbestand des gesellschaftlichen Wissensvorrats besteht aus Elementen, die für jedermann relevant sind. Diese Elemente werden an »jedermann« routinemäßig vermittelt, und die routinemäßige Vermittlung ist institutionell gesichert. Die Vermittlungsvorgänge werden zeitlich gestaffelt und zwar wiederum in einer institutionell abgesicherten und somit biographisch bedeutsamen Weise, zum Beispiel nach den Altersstufen »Jung« und »Erwachsen«. Zu jedem gegebenen Zeitpunkt besitzen also alle »normalen Erwachsenen« alle jene Elemente des gesellschaftlichen Wissensvorrats, die gesellschaftlich als für »jedermann« relevant festgelegt sind. Die Jungen besitzen hingegen jeweils nur einen Teil des Bestands an solchen Wissenselementen. Dieser Teil ist ebenfalls gesellschaftlich festgelegt. Zugleich wissen aber die Jungen, daß sie im Verlauf ihrer Biographie die ihnen noch fehlenden allgemein relevanten Wissenselemente erwerben werden, und zwar zu einem Zeitpunkt, der ebenfalls gesellschaftlich festgelegt ist. Je nach der relativen Komplexität des zu erwerbenden Wissens, je nachdem, wie wesensnotwendige Lernabfolgen aufeinander abgestuft werden müssen, kann es sich um verhältnismäßig kurze Einweihungsvorbereitungen mit institutionell festgelegten Übergängen (z.B. Pubertätsriten) oder auch schon um verhältnismäßig langwierigere

Lehr- und Lernperioden handeln.

Ferner gibt es in diesem gesellschaftlichen Wissensvorrat Elemente, die nur für Männer relevant sind, und solche, die nur für Frauen relevant sind. Die einen werden routinemäßig nur an Männer, die anderen nur an Frauen vermittelt. So wären »normale Männer« im Besitz sowohl des allgemein relevanten Wissens als auch des nur für Männer relevanten Wissens, »normale Frauen« im Besitz ebenfalls des allgemein relevanten Wissens und des nur für Frauen relevanten Wissens. Da aber auch für die »männlichen« und »weiblichen« Elemente die gesellschaftlich festgelegte zeitlich-biographische Differenzierung der Vermittlungsvorgänge gilt, kommt noch ein weiteres hinzu. Zu jedem gegebenen Zeitpunkt sind, genaugenommen, nur »normale erwachsene Männer« im Besitz der für jedermann relevanten und der für die Männer relevanten Wissenselemente, während »normale junge Männer« nur gesellschaftlich festgelegte Bruchteile des allgemeinen und des für Männer relevanten Bestands an Wissenselementen besitzen. Selbstverständlich gilt das gleiche auch für junge und erwachsene »normale Frauen«.

Obwohl wir in der Beschreibung der Struktur eines gesellschaftlichen Wissensvorrats mit einfacher sozialer Verteilung seiner Elemente die naheliegenden – und empirisch wohl auch wichtigsten – konkreten Beispiele von Altersgliederung und Geschlechtsunterschieden verwendet haben, muß betont werden, daß eine allgemein gültige *inhaltliche* Bestimmung von Bereichen im gesellschaftlichen Wissensvorrat nicht möglich ist. Es kann wohl gesagt werden, daß die Bedingungen, die einer einfachen sozialen Verteilung des Wissens zugrunde liegen, die Gliederung des gesellschaftlichen Wissensvorrats in »Allgemeinwissen« und »Sonderwissen« bestimmen. Was aber in einer Gesellschaft zu Sonderwissen gehört, kann in einer anderen Gesellschaft Allgemeinwissen sein. Und was in einer Gesellschaft zu einem gegebenen Zeitpunkt Sonderwissen ist, kann auch ohne Übergang zu einem komplexeren Typ der sozialen Verteilung des Wissens zu Allgemeinwissen werden, wie auch umgekehrt.

Auch wenn wir die in der Analyse des subjektiven Wissensvorrats entwickelten allgemeineren Kategorien verwenden, stoßen wir an die Unmöglichkeit einer inhaltlichen Bestimmung der Struktur des gesellschaftlichen Wissensvorrats. Allgemeinwissen wie auch Sonderwissen können Fertigkeiten, Gebrauchswissen, Rezeptwissen, und explizite Wissenselemente enthalten. Sicherlich gibt es bestimmte Fertigkeiten, bestimmtes Gebrauchswissen und bestimmtes Rezeptwissen, die so gut wie universell zum »normalen« Allgemeinwissen gehören: Gehen, typische Orientierungen in Raum und Zeit, »allgemeingültige« Verhaltensnormen. Mit der Sprache bilden sie den Grundbestand einer jeden relativ-natürlichen Weltanschauung. Darüber hinaus kann aber nichts gesagt werden, falls man sich nicht in den Aufgabenbereich der empirischen Wissenssoziologie begeben will. Und es braucht erst recht nicht betont zu werden, daß das historische und ethnologische Material die Vielfalt dessen, was an Fertigkeiten, Gebrauchswissen und Rezeptwissen im Bereich des Sonderwissens gehört, zur Genüge vorführt.

Noch eine Überlegung, die bei der Analyse der subjektiven Korrelate der sozialen Verteilung des Wissens wieder aufgegriffen werden soll.[24] Allgemeinwissen wird routinemäßig an jedermann, Sonderwissen routinemäßig nur an bestimmte soziale Typen weitergegeben; *grundsätzlich* ist aber alles Wissen jedermann zugänglich. Wenn auch kein Motiv für »jedermann« besteht, sich Sonderwissen anzueignen, wenn auch institutionelle Schranken einem solchen Erwerb entgegenstehen, »jedermann« weiß, bei einfachen sozialen Verteilungen des Wissens, welche sozialen Typen im Besitz welcher Formen von Sonderwissen sind. Mit anderen Worten, die soziale Verteilung des Sonderwissens ist ihrerseits ein Wissenselement, das zum Allgemeinwissen gehört. Bei einfachen sozialen Verteilungen des Wissens bleibt daher die Wirklichkeit, vor allem aber die Sozialwelt, noch für »jedermann« verhältnismäßig überschaubar.

c) Komplexe soziale Verteilung des Wissens

In der Beschreibung der einfachen sozialen Verteilung des Wissens wurde zwischen Allgemeinwissen, das gleichmäßig verteilt ist, und Sonderwissen, das eine rollenspezifische ungleichmäßige Verteilung aufweist, unterschieden. Gleichmäßigkeit oder Ungleichmäßigkeit der Verteilung war also geradezu ein Kriterium nach dem Allgemeinwissen und Sonderwissen bestimmt wurden. Wenn der formale Typ einer komplexen sozialen Verteilung des Wissens dadurch gekennzeichnet werden soll, daß gesagt wird, dieser wiese

[24] Vgl. Kap. IV, D.

auch in der Verteilung des Allgemeinwissens eine gewisse »Ungleichmäßigkeit« auf, muß erst näher erläutert werden, was mit einer solchen »Ungleichmäßigkeit« gemeint ist.

Erinnern wir noch einmal daran, daß Allgemeinwissen aus gesellschaftlich objektivierten Lösungen von solchen Problemen besteht, die für »jedermann« relevant sind. Was heißt aber hier »jedermann«? Es braucht kaum nochmals betont zu werden, daß auch Probleme, die »jedermann« begegnen, im einzelnen im Sinnhorizont einer »einzigartigen« Biographie erscheinen. Die vom einzelnen übernommenen, typischen und gesellschaftlich objektivierten Problemlösungen erfahren daher im »einzigartigen« subjektiven Sinnzusammenhang notwendig gewisse gleichsam idiosynkratische Abwandlungen. Hinzu kommt, daß die Vermittlung der Elemente im gesellschaftlichen Wissensvorrat in konkreten sozialen Beziehungen stattfindet, die für den einzelnen ebenfalls im Sinnhorizont der »Einzigartigkeit« stehen. Auch dies ist eine Quelle »idiosynkratischer« Abwandlungen der typischen Problemlösungen. All das heißt aber nur, daß absolute Gleichmäßigkeit in der Verteilung der Elemente des gesellschaftlichen Wissensvorrats grundsätzlich unmöglich ist – ein Umstand, auf den schon hingewiesen wurde. Solange es sich nur um »idiosynkratische« Abwandlungen handelt, die gleichsam erst »nach« der subjektiven Übernahme der gesellschaftlich objektivierten Wissenselemente zustande kommen, bleiben diese für die Struktur des gesellschaftlichen Wissensvorrats im wesentlichen bedeutungslos. Daher konnten wir berechtigt sagen, daß die einfache soziale Verteilung des Wissens unter anderem dadurch gekennzeichnet ist, daß Allgemeinwissen gleichmäßig (genauer: relativ gleichmäßig) verteilt ist: die unvermeidlichen Ungleichmäßigkeiten in der Verteilung des Allgemeinwissens sind hier nicht rollengebunden, sondern können – mit Bezug auf die Sozialstruktur und die Struktur des gesellschaftlichen Wissensvorrats – als »zufällig« gelten.

Solche bloß »zufällige« Abwandlungen des Allgemeinwissens, die für die Struktur des gesellschaftlichen Wissensvorrats irrelevant bleiben, können jedoch nur für äußerst einfache Gesellschaftsformen angenommen werden. Denn nur in Gesellschaften mit äußerst einfacher Arbeitsteilung und ohne verfestigte soziale Schichten stellen sich die »jedermann« auferlegten Probleme jedermann auch in wesentlich gleichen Auffassungsperspektiven und Relevanzzusammenhängen dar. Sobald aber die Arbeitsteilung auch nur einigermaßen weiterentwickelt ist, und sobald sich soziale Schichten verfestigen, wandeln sich auch die Perspektiven, in denen die »gleichen« Probleme aufgefaßt werden, ab. Hiermit ist nicht die mit fortschreitender Arbeitsteilung selbstverständlich auch fortgeschrittene Differenzierung des Sonderwissens gemeint. Vielmehr geht es hier darum, daß sich im Verlauf fortschreitender Arbeitsteilung ähnliche »Biographien« (d. h. ähnliche biographische Kategorien der subjektiven Erfahrung) entwickeln, die eine Grundlage jeweils mehr oder minder einheitlicher Auffassungsperspektiven bilden. Diese durch die Sozialstruktur bedingten Perspektiven werden ihrerseits gesellschaftlich verfestigt, so zum Beispiel als gemeinsame Relevanzstrukturen mehr oder minder ausgeprägter sozialer Schichten. Entsprechend differenziert sich auch die Vermittlung der Elemente des Allgemeinwissens. In der Analyse des »Filtereffekts« der Sozialstruktur »hinter« den frühesten Wir-Beziehungen wurden die grundlegenden Aspekte dieses Sachverhaltes bereits aufgezeigt.[25]

Ein naheliegendes Beispiel für die differenzierten Versionen und die differenzierte Vermittlung des Allgemeinwissens bietet die Sprache. Ein Bestandteil des Allgemeinwissens in jeder Gesellschaft, kann sie relativ gleichmäßig verteilt sein, während die subjektiven Abwandlungen in der Form von Idiolekten sozial irrelevant bleiben. Bei einer gewissen Komplexität der Sozialstruktur wandelt sie sich jedoch in sozial bedingten, sozial verfestigten und sozial vermittelten »Versionen« ab: als Dialekt, Hofsprache, »sozialer Dialekt« usw. Das gleiche gilt aber auch für andere Bereiche des Allgemeinwissens, von Fertigkeiten, wie zum Beispiel dem schichtmäßig differenzierten Gehstil (des Soldaten, des Städters usw.), bis zu expliziten Wissenselementen und Wissensbereichen, wie zum Beispiel dem »religiösen Wissen« (dem Katholizismus der Landbevölkerung, dem Katholizismus der Intellektuellen usw.).

Es ist jedoch deutlich, daß es sich hier nicht um rollenspezifisches Sonderwissen, sondern um Allgemeinwissen handelt, wenn auch das Allgemeinwissen in sozial differenzierten »Versionen« auftritt. Es handelt sich noch immer um Lösungen von allgemein relevanten Problemen, die in ihren Grundzügen allgemein verteilt sind. Nur in diesem eingeschränkten Sinn kann von einer »Ungleichmä-

[25] Vgl. Kap. IV, A 1 a.

ßigkeit« in der sozialen Verteilung des Allgemeinwissens die Rede sein. Gerade diese »Ungleichmäßigkeit« ist es aber, die ein wichtiges Merkmal der komplexen sozialen Verteilung des Wissens ist.

Ferner gehört zu einer komplexen sozialen Verteilung des Wissens eine weitere Aufgliederung und »Spezialisierung« des Sonderwissens. Dies kann, im Vergleich zu einer einfachen sozialen Verteilung des Wissens, zunächst als ein bloß quantitativer Unterschied angesehen werden. Bei fortschreitender Aufgliederung und »Spezialisierung« gewinnen jedoch die verschiedenen Bereiche des Sonderwissens eine gewisse, wenn auch beschränkte »Autonomie«. Die verschiedenen Bereiche des Sonderwissens »entfernen« sich immer deutlicher vom Allgemeinwissen. Der Abstand zwischen »Laien« und »Experten« wird größer. Einerseits schieben sich verhältnismäßig verwickelte und mehr oder minder langwierige sinnmäßige Voraussetzungen (Lernsequenzen) vor den Erwerb des Sonderwissens. Andererseits beruht immer mehr auch schon die Vermittlung des Sonderwissens auf rollenspezifischen Voraussetzungen. Das heißt also sowohl, daß die verschiedenen Bereiche des Sonderwissens als Sinnstrukturen »spezialisiert« werden, als auch, daß die Vermittlung des Wissens selbst institutionell spezialisiert wird.

Daraus folgt, daß der Erwerb von Sonderwissen notwendig immer mehr zur »Karriere« wird. Von institutionellen Schranken ganz abgesehen, verhindert nun die Endlichkeit der Einzelbiographie die Aneignung des Sonderwissens in seiner Gesamtheit. Daß der Erwerb des Sonderwissens in seiner Gesamtheit im konkreten Fall ohnehin unwahrscheinlich ist, da in der arbeitsteiligen Gesellschaft kaum ein Motiv dazu besteht, und daß ferner institutionelle Schranken den Erwerb bestimmter Bereiche des Sonderwissens nur typischen, sozial bestimmten Personen ermöglichen, steht hier nicht zur Diskussion. Vielmehr ist es von Bedeutung, daß bei einer komplexen sozialen Verteilung des Wissens Sonderwissen – in seiner Gesamtheit – auch *grundsätzlich* nicht mehr »jedermann« zugänglich ist.

Daraus ergibt sich eine weitere für komplexe soziale Verteilungen des Wissens charakteristische Folge. Die Tatsache, daß es verschiedene Bereiche des Sonderwissens gibt, gehört zwar zum Allgemeinwissen. Die faktische soziale Verteilung des Sonderwissens gehört jedoch nicht mehr zum Bestand des »gleichmäßig« verteilten Allgemeinwissens. Außerdem wird im allgemeinen die Kenntnis auch nur der Umrisse der Struktur des Sonderwissens und dessen Grundgehalts verschwommener. Das bedeutet erstens, daß der gesellschaftliche Wissensvorrat in seiner Gesamtheit für den einzelnen unübersichtlich wird, aber auch zweitens, daß diese Unübersichtlichkeit selbst innerhalb der Gesellschaft unterschiedlich »verteilt« ist. Welche Rückwirkungen dies auf die Sozialstruktur haben kann, ist eine Frage, die für die empirische Wissenssoziologie von größtem Interesse ist. Hier sei nur darauf hingewiesen, daß bei komplexen sozialen Verteilungen des Wissens Wissen immer mehr zu einem Machtfaktor werden kann. Gruppen von »Experten« bilden nun einen der institutionellen Katalysatoren der Machtkonzentration. Andererseits besteht aber zwischen verschiedenen Gruppen von »Experten« immer die Möglichkeit eines Konfliktes im Streit um das »Machtmonopol«. – Eine weitere wissenssoziologisch relevante Möglichkeit hochkomplexer sozialer Verteilungen des Wissens ist, daß manche »Experten« sozial nahezu völlig unsichtbar werden.

Die Hauptmerkmale einer komplexen sozialen Verteilung des Wissens sind demnach »Ungleichmäßigkeit« in der Verteilung des Allgemeinwissens, weitere Aufgliederung und Spezialisierung des Sonderwissens in verschiedene mehr oder minder »autonome« Bereiche und entsprechende institutionelle Spezialisierung der Vermittlung des Sonderwissens. Als subjektives Korrelat kommt noch die Unübersichtlichkeit des gesellschaftlichen Wissensvorrats in seiner Gesamtheit hinzu.

Da wir auch dort von einer komplexen sozialen Verteilung des Wissens sprechen können, wo vollentwickelte höhere Wissensformen fehlen, begnügen wir uns hier mit einem kurzen Hinweis auf das Verhältnis höherer Wissensformen zur komplexen sozialen Verteilung des Wissens. Wie in den Bemerkungen über höhere Wissensformen[26] schon ausgeführt wurde, birgt die Ausgliederung der Wissenselemente in »autonome« Sinnbereiche und deren institutionelle Spezialisierung die Möglichkeit fortschreitender »Entpragmatisierung« und »Theoretisierung« in sich. Wenn also der formale Typ der komplexen sozialen Verteilung des Wissens das Vorhandensein höherer Wissensformen nicht notwendig einschließt, so sind dennoch bei diesem Typ der Wissensverteilung die Grundvoraussetzungen zur Entwicklung höherer Wissensformen

[26] Vgl. Kap. IV, B 3 d.

schon vorhanden. Wenn sich dann höhere Wissensformen tatsächlich entwickeln, ist zunächst zu bemerken, daß diese eine rollenspezifische soziale Verteilung aufweisen, die der Verteilung hochspezifischer und relativ »autonomer« Bereiche des Sonderwissens im allgemeinen analog ist und daß die Vermittlung höherer Wissensformen institutionell hochspezialisiert ist. Wenn jedoch ein hoher Grad der »Autonomie« erreicht ist – was nur unter ganz bestimmten sozialhistorischen Voraussetzungen der Fall ist –, bilden die höheren Wissensformen gleichsam »ideelle Sinnzusammenhänge«, Strukturen »reinen Wissens«. Diese können sich von der Sozialstruktur bis zu einem gewissen Grad ablösen und von der routinemäßigen institutionellen Wissensvermittlung relativ unabhängig werden. Das bedeutet natürlich keineswegs, daß höhere Wissensformen nicht sozial bedingt, objektiviert und auch vermittelt werden. Aber in ihrer historischen »Eigengesetzlichkeit« als »reines Wissen« werden sie wiederum gleichsam »jedermann« zugänglich. Der einzelne, der die sinngemäßen »Lernsequenzen« nachvollzieht, kann – auch über Generationen hinweg und in den verschiedensten, sozial bedingten subjektiven Relevanzzusammenhängen – den objektiven Sinn dieses »reinen Wissens« erfassen. Auf die in den Kompetenzbereich der empirischen Wissenssoziologie gehörigen Fragen der sozialen Perspektiven, in denen der objektive Sinn »reinen Wissens« erfaßt wird, und der hierbei involvierten Formen der Objektivierung des Wissens (z. B. der gleichsam musealen Zugänglichkeit der »Texte«) kann hier nicht eingegangen werden. Außerdem braucht wohl kaum betont zu werden, daß diese Bemerkungen weder eine Theorie der »freischwebenden Intelligenz« andeuten sollen, noch notwendig den »ideellen Sinnzusammenhängen« einen besonderen ontologischen Status zuerkennen.

3) Über den Wandel der sozialen Verteilung des Wissens

Die Beschreibung der formalen Typen der sozialen Verteilung des Wissens ist im Rahmen der vorliegenden Untersuchung vor allem deswegen relevant, weil sie wichtige soziale Voraussetzungen für die Bildung typischer Unterschiede in subjektiven Wissensvorräten erhellt.[27] Zudem können aber die formalen Typen der sozialen Verteilung des Wissens auch für die empirische Wissenssoziologie einen gewissen heuristischen Wert haben. Wenn sie als »Modelle« bei der Analyse konkreter Strukturen gesellschaftlicher Wissensvorräte dienen sollen, müssen sie allerdings in »kausale« Erklärungsschemata für die historische Wechselwirkung zwischen Sozialstrukturen und gesellschaftlichen Wissensvorräten eingefügt werden. Auf die damit zusammenhängenden Fragen einzugehen, würde natürlich weit über den Rahmen der vorliegenden Untersuchung hinausgehen. Die vorangegangene formale Analyse kann jedoch als Ausgangspunkt für einige allgemeine Überlegungen dienen, die sich auf die Dynamik des Wandels der sozialen Verteilung des Wissens beziehen und somit auch für die empirische Wissenssoziologie eine gewisse Bedeutung haben mögen.

Es ist selbstverständlich, daß die »Proportion« des Allgemeinwissens zum Sonderwissen veränderlich ist. Bei einfachen sozialen Verteilungen des Wissens nimmt Allgemeinwissen im gesellschaftlichen Wissensvorrat einen viel breiteren Bereich ein als Sonderwissen. Die historische Häufung des Sonderwissens jedenfalls steht in einem notwendigen, wenn auch keineswegs einfachen Verhältnis zum jeweiligen Ausmaß des Allgemeinwissens.

Abgesehen davon wandelt sich der »Inhalt« sowohl des Allgemeinwissens als auch des Sonderwissens. Die Feststellung, daß zum Beispiel die Kenntnis eines (pragmatisch orientierten) Pflanzenklassifikationssystems bei einem Nomadenstamm zum Allgemeinwissen, Lesen und Schreiben aber zum Sonderwissen gehört, während die Dinge bei einer modernen industriellen Gesellschaft umgekehrt liegen, ist zunächst ebenso trivial wie die ideengeschichtliche Feststellung einer »Linie« von der babylonischen Astrologie zur modernen Astronomie. Wie aber ein solcher Wandel im »Inhalt« mit dem Wandel in den »Proportionen« von Allgemeinwissen und Sonderwissen zusammenhängt, und in welchem »kausalen« Verhältnis ein solcher Wandel zum Wandel der Sozialstruktur steht, wird von der Wissenssoziologie noch viel systematischer erforscht werden müssen.

Was in der einen Generation schlichtes Allgemeinwissen ist und routinemäßig an »jedermann« vermittelt wird, kann über kurz oder lang in stark unterschiedlichen, von der Sozialstruktur be-

[27] Vgl. auch Kap. IV, D.

dingten »Versionen« auftreten. Späterhin kann dieses Wissen zum Sonderwissen werden, das nur noch innerhalb einer sozialen Schicht, einer Sekte usw. weitergegeben wird. Und umgekehrt können »neue« Probleme auftreten, die potentiell »jedermann« angehen, deren Relevanz aber noch nicht von »jedermann« erfaßt wird. Die diesbezüglichen »Lösungen« mögen dann als Sonderwissen einer Expertengruppe sozial verfestigt werden. Unter welchen Bedingungen wird dieses Sonderwissen zum Allgemeinwissen? Bestimmte Institutionen können die Entwicklung des Sonderwissens zum Allgemeinwissen hemmen, unmöglich machen oder auch fördern. Es kann sich aber bei dieser Entwicklung auch um ein gleichsam automatisches Durchsickern des betreffenden Wissens von einer sozialen Schicht zur anderen handeln. Welchen Abwandlungen unterliegt der »objektive« Sinn des Wissens, welches dieser oder der entgegengesetzten Dynamik folgt? Offenbar kommt man nicht weiter, wenn man Kategorien wie »geistige Entwicklung«, »Regression« usw. verwendet.

Zum Abschluß sei noch auf ein besonders Problem hingewiesen. Die Differenzierung von »Versionen« des Allgemeinwissens kann unter bestimmten sozialhistorischen Voraussetzungen so weit fortschreiten, daß weite Bereiche des Allgemeinguts schließlich zum Sonderbesitz sozialer Gruppen, Schichten usw. werden, oft in der Form von »Ideologien«. Wenn, im Grenzfall, der Bereich des gemeinsamen Wissens und der gemeinsamen Relevanzen unter einen kritischen Punkt zusammenschrumpft, ist Kommunikation innerhalb der Gesellschaft kaum noch möglich. Es bilden sich »Gesellschaften innerhalb der Gesellschaft« heraus. Ob man dann noch von einer Gesamtgesellschaft sprechen kann, hängt natürlich nicht allein von der Struktur des gesellschaftlichen Wissensvorrats, sondern auch von der faktischen Sozialstruktur, vor allem aber von der Machtverteilung ab. Eine solche Differenzierung von »Versionen« des Allgemeinguts tritt im übrigen in den modernen industriellen Gesellschaften unter den verschiedensten ideologischen Gesichtspunkten, meist als »soziales« bzw. »politisches« Problem auf. Häufig wird daraufhin der Versuch gemacht, eine »gleichmäßige« Vermittlung wesentlicher Bereiche des Allgemeinguts und den »gleichen« Zugang zu den verschiedenen Bereichen des Sonderwissens durch die Schaffung hochspezialisierter Vermittlungsinstitutionen zu gewährleisten und somit den »Filtereffekt« der Familie zu vermindern.

D. Die subjektiven Entsprechungen des gesellschaftlichen Wissensvorrats

1) Der gesellschaftliche Wissensvorrat als subjektiver Besitz, als ideale Sinnstruktur und als Gegenstand subjektiver Erfahrung

Wir haben verschiedene Aspekte des Verhältnisses zwischen dem gesellschaftlichen und dem subjektiven Wissensvorrat – als einer Grunddimension der Dialektik zwischen Mensch und Gesellschaft – besprochen. Nach einer Analyse der Voraussetzungen und Grundstrukturen des subjektiven Wissensvorrats wurde die Entstehung gesellschaftlicher Wissensvorräte aus subjektivem Wissen beschrieben. Dann wurde gezeigt, wie Elemente des gesellschaftlichen Wissensvorrats in den subjektiven Wissensvorrat eingehen. Es bleibt aber noch eine Frage zu beantworten: Wie stellt sich der gesellschaftliche Wissensvorrat in der subjektiven Erfahrung dar?

Erstens ist zu bemerken, daß wesentliche Elemente des gesellschaftlichen Wissensvorrats in der subjektiven Erfahrung gar nicht als solche erscheinen. Das heißt, sie treten gar nicht als objektive gesellschaftliche Gegebenheiten – als Aspekte der faktischen Sozialstruktur, als »Konventionen« usw. – auf, sondern sind für den einzelnen selbstverständlicher Besitz, ein Bestandteil seiner Subjektivität. Die vom gesellschaftlichen Wissensvorrat abgeleiteten Gewohnheiten sind seine Gewohnheiten, die aus dem gesellschaftlichen Wissensvorrat übernommenen expliziten Wissenselemente sind sein Wissen, die dem gesellschaftlichen Wissensvorrat entstammenden Relevanzstrukturen wirken als seine Auslegungskategorien und Motive. Da dieser Punkt in den vorangegangenen Analysen eingehend untersucht wurde, brauchen wir hier nicht näher auf ihn einzugehen. Wir können uns damit begnügen, zu betonen, daß der gesellschaftliche Wissensvorrat, sofern er in den subjektiven Wissensvorrat eingegangen ist, für den normalen Erwachsenen in der natürlichen Einstellung des täglichen Lebens seines gesellschaftlichen Charakters entkleidet ist und in der Form selbstverständlichen subjektiven Besitzes erscheint.

Des weiteren können aber bestimmte Bereiche des gesellschaftlichen Wissensvorrats, so die quasi-autonomen Strukturen des Sonderwissens und vor allem die höheren Wissensformen, dem einzelnen als mehr oder minder ideale Systeme entgegenstehen, sogar dann, wenn sie als explizites Wissen in den subjektiven Wissensvorrat übernommen wurden. Auch dieser Punkt wurde schon eingehend besprochen. Wir wollen hier nur hervorheben, daß solche quasi-autonomen, mehr oder minder idealen Sinnstrukturen dem einzelnen in einer sowohl ihres gesellschaftlichen wie auch subjektiven Charakters entkleideten Weise erscheinen. Der Idealitätsgrad der Erscheinungsweise ist allerdings historisch wandelbar; er ist zugleich durch die Ideengeschichte des betreffenden Wissensgebiets und durch die strukturellen Voraussetzungen der Ablösung des Wissens von der Sozialstruktur bedingt. So kann die Sprache als subjektiver Besitz und als gesellschaftliche Gegebenheit erscheinen, kann aber auch unter bestimmten Voraussetzungen als ideales System auftreten, je nach der historischen – und biographischen – Situation des einzelnen. Man denke, um ein anderes Beispiel anzuführen, an die »Zunahme« der Idealität der Geometrie. Vor allem die abendländische Ideengeschichte enthält viele Beispiele der Entwicklung höherer Wissensformen zu Sinnstrukturen, die nur noch in »reiner« Idealität, als von Gesellschaft und Subjektivität abgelöster »Geist« auftreten. Schließlich gibt es jedoch auch eine Erscheinungsweise des gesellschaftlichen Wissensvorrats in der subjektiven Erfahrung, die sich ausdrücklich auf die Gesellschaftlichkeit des Wissens bezieht: die subjektiven Entsprechungen der sozialen Verteilung des Wissens. Jedermann, das heißt jeder normale Erwachsene, weiß, daß sein Wissen nicht »vollständig« ist, und er weiß, daß er manches besser, manches aber weniger gut weiß. Dieses Bewußtsein von Nichtwissen und von Wissen verschiedenartiger Qualität ist das Grundkorrelat der sozialen Verteilung des Wissens. Fragen wir zunächst, welchen Erfahrungen dieses Wissen entspringt, um uns anschließend der Beschreibung der spezifischen Ausprägungen dieses Wissens in ihrem Bezug zur sozialen Verteilung des Wissens zuzuwenden.

Der biographische Ablauf des subjektiven Wissenserwerbs enthält – auch wenn wir davon absehen, daß ein Großteil der subjektiven Wissenselemente sozial abgeleitet ist – in seinem Sinnhorizont die Implikation, daß der Wissenserwerb eigentlich nie »endgültig« abgeschlossen ist. Es treten neue Probleme auf, für die neue Lösungen gefunden werden müssen. Ferner verlangen manche Situationen, daß Wissenselemente, die im Wissensvorrat schon abgelagert sind, modifiziert werden müssen, zum Beispiel, daß sie in höhere Klarheitsgrade überführt werden müssen. Diese Implikation, die notwendig im Sinnhorizont des subjektiven Wissenserwerbs vorhanden ist, kann zur bewußten Erkenntnis führen, daß man nicht alles weiß und daß auch das, was man weiß, unzulänglich sein könnte. Diese Einsicht hat also schon in der subjektiven Erfahrung als solcher ihren Ursprung.

Hinzu kommt aber ein weiteres. Das erworbene Wissen ist nur zum Teil »eigenständig« erworben. Zum größeren Teil ist es sozial abgeleitet. Der einzelne weiß, daß er es von anderen gelernt hat. Da wesentliche Elemente des subjektiven Wissensvorrats von bestimmten Menschen vermittelt wurden, werden diese Mitmenschen vom einzelnen notwendig als Leute erfaßt, die »mehr« wissen oder »besser« wissen, zumindest zum Zeitpunkt, der der subjektiven Aneignung des betreffenden Wissens unmittelbar voranging. Solche Erfahrungen herrschen natürlich vor allem in den frühesten Wir-Beziehungen vor; die »Allwissenheit« der Eltern gehört typisch zu den frühen Phasen der Sozialisierung. Aber auch wenn der Wissensstand der Eltern erreicht wird, kann die Möglichkeit, daß andere Mitmenschen in der einen oder anderen Hinsicht »mehr« oder »besser« wissen, vom normalen Erwachsenen nicht verneint werden. Diese Möglichkeit bestätigt sich wiederholt in konkreten sozialen Situationen. Dies trifft in prägnanter Weise auf die subjektive Aneignung bestimmter Bereiche des Sonderwissens zu. Jedermann stellt fest, daß er in bestimmten Dingen von bestimmten Mitmenschen nicht nur etwas dazulernen kann, sondern oft auch dazulernen muß. Besonders häufig ist die Erfahrung, daß bestimmte Mitmenschen etwas, das man zwar im Umriß weiß, klarer, bestimmter, widerspruchsfreier wissen – mit anderen Worten, daß Elemente, die zum eigenen Bekanntheitswissen gehören, bestimmten Mitmenschen in der Form von Vertrautheitswissen zuhanden sind. Kurzum, die Sozialisierungsprozesse, sowohl die primären als auch die sekundären, führen zur Einsicht, daß sowohl das »Was« als auch das »Wie« des Wissens sozial verteilt ist. Diese Einsicht, wiewohl in verschiedenen Graden der Klarheit, ist ein unvermeidlicher Bestandteil der subjektiven Erfahrung in der alltäglichen Lebenswelt.

Nun heißt es auszuführen, welche spezifischen Ausprägungen dieses subjektive Grundkorrelat der sozialen Verteilung des Wissens erfährt. Denn das Wissen um die soziale Verteilung des Wissens ist, wie gezeigt wurde, nicht allein aus einer im Sinnhorizont des subjektiven Wissenserwerbs enthaltenen Implikation entstanden, sondern geht auch aus spezifischen Erfahrungen bestimmter Mitmenschen hervor. Schon aus diesem Grund muß das Wissen um die soziale Verteilung des Wissens aus spezifischen Wissenselementen bestehen, nämlich aus Typisierungen, die sich auf das Verhältnis des eigenen Wissens und Nichtwissens zum Wissen und Nichtwissen bestimmter Mitmenschen beziehen. Des weiteren müssen wir daran erinnern, daß das Wissen um die soziale Verteilung des Wissens *sozial* relevant ist. Es wird daher in jeder Gesellschaft objektiviert und routinemäßig an den einzelnen vermittelt. Dieses Wissen ist also keineswegs ein schlichtes und undifferenziertes Element im Sinnhorizont des subjektiven Wissenserwerbs und bleibt auch nicht auf Typisierungen individueller Mitmenschen beschränkt. Es besteht vielmehr auch aus Deutungsmustern, die sich auf den typischen Besitz typischen Wissens seitens typischer Gesellschaftsmitglieder beziehen.

In jeder Gesellschaft weiß der normale Erwachsene, daß er im Besitz typischer Wissenselemente ist, die ebenfalls im Besitz typischer Mitmenschen sind. Diesbezüglich erfaßt er sich selbst als diesen anderen typisch gleich. Er weiß aber auch, daß er im Besitz anderer typischer Wissenselemente ist, die noch nicht im Besitz anderer typischer Mitmenschen (z. B. Kinder) sind, oder in deren Besitz bestimmte typische Mitmenschen voraussichtlich nie gelangen werden (z. B. Frauen). Ferner weiß er, daß typische Mitmenschen (z. B. die Ältesten) im Besitz typischer Wissenselemente sind, von denen er in mehr oder minder unbestimmter Weise weiß, mit denen er aber noch nicht vertraut ist – und daß typische Mitmenschen (z. B. der Schamane) im Besitz typischer Wissenselemente sind, von denen er gehört hat, deren »Anwendung« er beachtet haben mag, die er aber kaum je wird erwerben können. Die Mitmenschen werden also sowohl mit Bezug auf den Besitz als auch auf die Weise des Besitzes typisiert. Und der einzelne weiß, daß nicht nur er seine Mitmenschen auf diese Weise erfaßt, sondern daß er von ihnen in entsprechender, auf sein eigenes typisches Wissen bezogener Form betrachtet wird.

Um diesen Sachverhalt noch weiter zu präzisieren, wollen wir auf den Unterschied zwischen Allgemeinwissen und Sonderwissen zurückgreifen. Da Allgemeinwissen von »jedermann« erworben wird, können wir sagen, daß Elemente des Allgemeinwissens als noch nicht erworben erfaßt werden können, sie aber als grundsätzlich erwerbbar gelten. Zu einer gesellschaftlich relevanten Differenzierung der Mitmenschen hinsichtlich des Besitzes von Allgemeinwissen besteht also kein Anlaß. Relevant ist nur eine Typisierung der Stufen des Erwerbs. Das soll natürlich nicht heißen, daß individuelle Unterschiede in der Aneignung auch des Allgemeinwissens grundsätzlich nicht vorhanden sein könnten, noch daß sie *als solche* nicht erfaßt werden.

Mit Sonderwissen verhält es sich anders. Bestimmte Bereiche des Sonderwissens mögen dem einzelnen als »grundsätzlich« unzugänglich erscheinen, aus spezifischen individuellen Gründen (die Schmiedekunst für den Einarmigen) oder wegen unüberwindbarer institutioneller Schranken (Geheimwissen). Andere Bereiche des Sonderwissens mag der einzelne schon erworben haben oder es für selbstverständlich halten, daß er sie sich aneignen wird (z. B. der Sohn des Schmieds die Schmiedekunst, in Gesellschaften mit vererblichen Berufen). Andere Gebiete des Sonderwissens wiederum mögen zwar als grundsätzlich zugänglich erfaßt werden, aber der einzelne mag es für unwahrscheinlich halten, daß er sich in ihnen vervollkommenen wird, da Leute seiner Art in dieser Gesellschaft Wissen dieser Art typisch nicht erwerben.

Eine gesellschaftlich hochrelevante Form der Fremd- und Selbsterfassung entwickelt sich im wesensmäßigen Bezug auf Sonderwissen: die typische Unterscheidung von Sachverständigen und Laien. Jedermann weiß, daß es für Probleme vom Typ A typische Leute gibt, die im Besitz des hierfür relevanten Sonderwissens sind: Sachverständige vom Typ A. Alle anderen sind bei Problemen vom Typ A Laien. Ferner weiß jedermann, daß es für Probleme vom Typ B Sachverständige vom Typ B gibt, während alle anderen, einschließlich der Sachverständigen vom Typ A, Laien sind. Einzelne Mitmenschen können also als Sachverständige vom Typ A, ansonsten als Laien, erfaßt werden, wie der einzelne erfährt, daß er von Mitmenschen in entsprechender Weise erfaßt wird, und wie er sich schließlich auch selbst erfassen kann. Eine wesentliche Dimension der Fremd-Erfahrung und Selbst-Erfahrung setzt sich aus typischen Verbindungen von Sachverständigkeit und Laientum zusammen.

Zum Typ »Sachverständiger« gehört ferner das Wissen, unter welchen typischen Umständen das Wissen der Sachverständigen übernommen werden kann. Wenn das betreffende Sonderwissen »grundsätzlich« unzugänglich ist, ist es von besonderer Bedeutung zu wissen, unter welchen typischen Umständen jenes Wissen vom Sachverständigen zu eigenen Gunsten *angewandt* werden wird. Sobald die Teilnahme an den »Ergebnissen« des Sonderwissens für Laien zur typischen Möglichkeit wird, wird jedoch auch das Motiv zur Aneignung grundsätzlich zugänglichen Sonderwissens abgeschwächt – jedenfalls solange man die Bedingungen, die die Sachverständigen stellen, erfüllen kann. So gehört zum Typ »Sachverständiger« auch eine Typisierung der Motive der Sachverständigen.

Fassen wir zusammen. Der gesellschaftliche Wissensvorrat tritt als selbstverständlicher subjektiver Besitz, als ein Element der Subjektivität auf. Bestimmte Gebiete des gesellschaftlichen Wissensvorrats können sich in der subjektiven Erfahrung als ideale Sinnstrukturen darstellen. In seinem spezifisch gesellschaftlichen Charakter erscheint aber der gesellschaftliche Wissensvorrat im subjektiven Wissen um die soziale Verteilung des Wissens. Unter diesem Aspekt, in der Form der Sachverständigkeit und des Laientums, bestimmt der gesellschaftliche Wissensvorrat eine weitere wesentliche Dimension der Selbst-Erfassung und Fremd-Erfassung – und somit der Orientierung in der Sozialwelt überhaupt.

2) Über den historischen Wandel der subjektiven Entsprechungen der sozialen Verteilung des Wissens

a) Subjektive Entsprechungen der einfachen sozialen Verteilung des Wissens

Das Wissen um die soziale Verteilung des Wissens ist ein Bestandteil des gesellschaftlichen Wissensvorrats. Es ist daher seinerseits sozial verteilt. Und da sich die soziale Verteilung des Wissens historisch wandelt, wandelt sich dementsprechend auch das Wissen um die soziale Verteilung des Wissens. Aus diesem Grund nehmen die subjektiven Entsprechungen der sozialen Verteilung des Wissens verschiedene historisch bedingte Formen an. Wir können uns daher mit der Beschreibung der Grundzüge der subjektiven Entsprechungen der sozialen Wissensverteilung nicht begnügen. In der Tat wird in jeder Gesellschaft der einzelne typische Unterschiede zwischen Sachverständigen und Laien erfassen, und in jeder Gesellschaft wird dies ein Moment der Selbst- und Fremderfahrung und der Orientierung in der Sozialwelt überhaupt sein. Die jeweilige historische Ausprägung der sozialen Verteilung des Wissens bestimmt jedoch die Formen und den Inhalt der Sachverständigkeit und bedingt das typische Verhältnis von Sachverständigkeit und Laientum und dessen Bedeutung für die subjektive Orientierung in der Sozialwelt. Mit dem historischen Wandel der strukturellen Grundlagen der sozialen Verteilung des Wissens prägen sich auch die Grundzüge der subjektiven Entsprechungen der sozialen Wissensverteilung in verschiedener Weise aus. Es braucht kaum betont zu werden, daß die Erforschung der historischen Vielfalt dieser Ausprägungen den Rahmen der vorliegenden Arbeit sprengen würde und vielmehr zu den Aufgaben der empirischen Wissenssoziologie gehört. Wir wollen uns damit begnügen, die für das vorliegende Problem relevanten Implikationen des ideal-typischen Unterschieds zwischen einfachen und komplexen sozialen Verteilungen des Wissens zu entwickeln.

Beginnen wir mit einer Betrachtung der einfachen sozialen Verteilung des Wissens. Diese wurde durch »Gleichmäßigkeit« in der Verteilung des Allgemeinwissens, durch Abwesenheit einer Vielzahl von entwickelten und quasi-autonomen Bereichen des Sonderwissens und durch geringfügige Spezialisierung der institutionellen Basis des Sonderwissens gekennzeichnet. Welche subjektiven Entsprechungen finden diese Merkmale?

Jeder normale Erwachsene ist im vollen Besitz des Allgemeinwissens. Diesbezügliche individuelle Unterschiede sind schwach ausgeprägt; jedenfalls haben sie kaum *soziale* Relevanz. Jeder normale Erwachsene kann typisch als hochkompetent angesehen werden. Da ferner nur ein verhältnismäßig geringer Teil des gesellschaftlichen Wissensvorrats aus Sonderwissen besteht, werden alle Probleme, die als »grundsätzlich« bewältigbar gelten, auch typisch von jedermann bewältigt. Die lebensweltliche Wirklichkeit ist für jedermann verhältnismäßig leicht zu überblicken, und die Orientierung (aber nicht notwendig zugleich das Leben) in der Sozialwelt ist *verhältnismäßig* unproblematisch. Wenn wir den Begriff des Sachverständigen nicht auf Experten in den verschiedenen Gebieten des Sonderwissens beschränkt wissen wollten, könnten wir sagen, daß im Anwendungsbereich des Allgemeinwissens jedermann ein Sachverständiger ist.

Es gibt jedoch nur wenige Sachverständige im eigentlichen Sinn des Wortes (z. B. Schamanen und Schmiede). Folglich können nur wenige einzelne in dieser Gesellschaft Sachverständige und Laien zugleich sein (z. B. die Schamanen bezüglich der Schmiedekunst). Die Mehrzahl der Gesellschaftsmitglieder sind nur Laien. Wichtig ist es aber zu bemerken, daß die Laien sich selbst und andere nur in wenigen scharf umgrenzten sozialen Beziehungen bzw. Problemlagen ausdrücklich als Laien erfassen. In der Routine des täglichen Lebens kommen Problemlagen, in denen das Moment des Laientums hervortritt, nur selten vor. In der Selbsterfassung muß also die Kompetenz im Allgemeinwissen eine vorherrschende Rolle spielen. Mit einer Ausnahme: in der Begegnung mit den wenigen Sachverständigen, deren Sachverständigkeit scharf hervorsticht. Die Laien finden sich gegenüber den – gesellschaftlich in vorzüglicher Weise sichtbaren – Sachverständigen in einer typisch ähnlichen Lage und stehen mit ihnen in typisch ähnlichen sozialen Beziehungen. Jedermann hat im wesentlichen das gleiche Wissen hinsichtlich der Sachverständigen: wer sie sind, welches ihr »Jurisdiktionsbereich« ist, welche typischen Motivationsstrukturen man ihnen zuschreiben kann. Jedermann weiß, wann wo und wie man sich an Sachverständige wendet. Mit anderen Worten: das Wissen um die soziale Verteilung des Wissens ist relativ gleichmäßig verteilt, und entsprechend sind die subjektiven Korrelate der sozialen Wissensverteilung für die Mehrzahl der Gesellschaftsglieder typisch gleich ausgeprägt.

Die Konturen des Wissens sind für die »Nur-Laien« identisch. Nur die Wissenskonturen der wenigen Sachverständigen weichen ab. Eine wichtige Folge des Umstands, daß sich die sozial bedingten Relevanzstrukturen der »Nur-Laien« so sehr ähneln – wenn wir von der sozialen Ausprägung biographischer Kategorien und des Unterschieds zwischen den Geschlechtern absehen –, ist, daß die Annahme seitens des einzelnen, die Mitmenschen seien ihm »gleich«, in sozialen Beziehungen immer wieder bestätigt wird. Nur die Sachverständigen sind nicht »gleich«; deren »Andersartigkeit« ist um so stärker profiliert.

Eine einfache soziale Verteilung des Wissens hat also, wie wir gezeigt haben, für Selbst- und Fremd-Erfassung und für die subjektive Orientierung in der Sozialwelt wichtige Folgen. Andererseits wirken aber die historisch spezifischen Formen der Selbst- und Fremd-Erfassung selbstverständlich auf die Sozialstruktur und die soziale Verteilung des Wissens zurück. Die Erforschung solcher

Rückwirkungen gehört wiederum zu den Aufgaben der empirischen Wissenssoziologie. Diese hat sich zum Beispiel mit der Frage zu beschäftigen, inwiefern die Abwesenheit einer sozial verfestigten und relevanten Wissensdifferenzierung bei den »Nur-Laien«, gekoppelt mit der stark ausgeprägten »Andersartigkeit« der das Sonderwissen monopolisierenden Sachverständigen, die Machtverteilung in der Gesellschaft beeinflußt.

b) Subjektive Entsprechungen der komplexen sozialen Verteilung des Wissens

Ein wichtiges Merkmal der komplexen sozialen Verteilung des Wissens ist die gesellschaftlich bedingte Ungleichmäßigkeit in der Verteilung des Allgemeinwissens: eine komplexe Sozialstruktur, vor allem in der Form hochentwickelter politischer und ökonomischer Institutionen, bedingt die Verfestigung herrschafts- und wirtschaftsbezogener gesellschaftlicher Schichten und schichtspezifischer Relevanzstrukturen. Aus diesen entstehen differenzierte Versionen des Allgemeinwissens. Hinzu kommt, daß die Vermittlung der differenzierten Versionen hauptsächlich in der sozialen Schichtung verankert ist. Das bedeutet, daß nicht jedermann in das »gleiche« Allgemeinwissen eingeführt wird, sondern sich die Version jener Schicht aneignet, in die er hineingeboren wurde. Diese Versionen werden in der Gesamtgesellschaft verschieden eingeschätzt; sie müssen keineswegs als »gleichwertig« angesehen werden. Dieser Umstand hat natürlich für die Orientierung in der Sozialwelt wie auch für Selbst- und Fremd-Einschätzung bedeutsame Folgen.

Aber auch abgesehen von der Sozialisierung in verschiedene typisch nicht als »gleichwertig« angesehene Versionen, bedingen Sozialstruktur und soziale Schichtung gesellschaftlich relevante Unterschiede in der subjektiven Aneignung des Allgemeinwissens. Während bei einfachen sozialen Verteilungen des Wissens Unterschiede in der Kompetenz im Allgemeinwissen wesentlich individueller Natur bleiben, hängen bei komplexen sozialen Verteilungen des Wissens die typischen Zugangschancen zum Allgemeinwissen von der Sozialstruktur und der gesellschaftlichen Schichtung ab. Solche Kompetenzunterschiede sind also gesellschaftlich »verursacht« und spielen als »sozial auferlegte« Merkmale in Selbst-Erfassung und Fremd-Erfassung eine bedeutende Rolle, vor allem als ein

Hauptmoment der Standes- und Klassentypisierungen, zum Beispiel als »die Sprache« (Wortschatz, Grammatik, Aussprache) der Bauern, der Bürger, der Aristokratie usw. Wie stark ausgeprägt die Unterschiede in der Kompetenz im Allgemeinwissen sind, hängt natürlich vom Ausmaß und der Art der strukturellen Beschränkungen des Zugangs zur Vermittlung des Allgemeinwissens ab.

Aus der Erfahrung sozial bedingter und sozial relevanter Unterschiede in der Kompetenz im Allgemeinwissen und aus dem Wissen um die Differenziertheit des Allgemeinwissens in typisch nicht »gleichwertige« Versionen entwickeln sich also charakteristische Selbst- und Fremd-Typisierungen und Selbst- und Fremd-Einschätzungen. Während diese auf die Sozialstruktur meist eine weniger direkte Rückwirkung haben, wie Selbst- und Fremd-Typisierungen unter dem Aspekt der Sachverständigkeit und des Laientums, sind sie für die subjektive Orientierung in der Sozialwelt nicht ohne Bedeutung. Wichtig ist vor allem, daß der einzelne die »Gleichheit« der Relevanzstrukturen seiner Mitmenschen nur noch bedingt und nur bis auf Widerruf annehmen kann. Dieser Umstand wird durch das bei komplexen sozialen Verteilungen des Wissens vielschichtige Verhältnis von Sachverständigkeit und Laientum nur noch verstärkt.

Je mehr sich das Allgemeinwissen in verschiedene Versionen aufspaltet, um so schwieriger ist es für den einzelnen, das Allgemeinwissen in seiner Gesamtheit – und dessen Anwendungsbereich: den Kern der alltäglichen Wirklichkeit – zu überblicken. Hinzu kommt, daß der Grad der Überblickbarkeit sozial verteilt ist. Diese Feststellung bezieht sich jedoch nur auf die gesellschaftliche Gesamtwirklichkeit; innerhalb der differenzierten »Teil-Welten« ist ein Vergleich hinsichtlich der Kompetenz im Allgemeinwissen unstatthaft. Innerhalb seiner »Welt« mag der Bauer ebenso kompetent oder kompetenter sein als der Städter innerhalb seiner.

Wenden wir uns nun den subjektiven Entsprechungen der für komplexe soziale Verteilungen des Wissens charakteristischen Ausformung verhältnismäßig spezialisierter und voneinander relativ unabhängiger Bereiche des Sonderwissens zu. Die strukturelle Grundlage dieser Entwicklung ist die fortschreitende Arbeitsteilung. Je arbeitsteiliger aber eine Gesellschaft, um so mehr wird jedermann zum Sachverständigen in einem bestimmten, für Handlungskomplexe in einem der verschiedenen arbeitsteiligen Institutionsbereiche relevanten Gebiet des Sonderwissens. Während bei einfachen sozialen Verteilungen des Wissens »Nur-Laien« zahlenmäßig vorherrschen, verringert sich deren Zahl bei fortschreitender Arbeitsteilung immer mehr, bis die Feststellung, daß jedermann nicht nur Laie, sondern auch Sachverständiger zugleich sei, uneingeschränkt für alle »normalen Erwachsenen« gilt.

Eine wichtige Folge der fortschreitenden Arbeitsteilung ist die Verschiebung in den Proportionen des Allgemeinwissens und des Sonderwissens im gesellschaftlichen Wissensvorrat. Mit der Ausbreitung des Sonderwissens nimmt die Bedeutung der Sachverständigkeit, als einer Dimension der Selbst- und Fremd-Typisierung, zu. Aber mit fortschreitender Arbeitsteilung verschiebt sich nicht nur die Proportion des Allgemeinwissens und Sonderwissens im gesellschaftlichen Wissensvorrat, sondern es verändert sich auch die Struktur des Sonderwissens. Das Sonderwissen setzt sich aus einer Vielfalt heterogener Bereiche zusammen, deren Sinnstrukturen nur lose, falls überhaupt, zusammenhängen. Es wird nun »grundsätzlich« unmöglich, Sachverständigkeit in allen Gebieten des Sonderwissens zu erwerben.

Ferner kann innerhalb jedes Gebiets des Sonderwissens die Komplexität der Sinnstrukturen zunehmen, als Folge der Quasi-Autonomie der Gebiete, der institutionellen Beschränkung des Anwendungsbereichs der einzelnen Wissensgebiete und der historischen Wissensanhäufung innerhalb der Gebiete. Entsprechend verändert sich der Charakter der Sachverständigkeit. Es ist zwar jedermann irgendwo und irgendwie ein Sachverständiger. Aber für die Mehrzahl der Gesellschaftsmitglieder beschränkt sich die Sachverständigkeit auf die durch die fortschreitende Arbeitsteilung institutionell immer stärker spezialisierten Handlungskomplexe. Handeln in den verschiedenen Institutionsbereichen erfordert immer mehr die Aneignung von Sonderwissen; korrelativ schränkt sich der Anwendungsbereich der einzelnen Gebiete des Sonderwissens ein. Obwohl die einzelnen Gebiete des Sonderwissens noch einheitliche Sinnstrukturen besitzen mögen, werden an die Mehrzahl der Gesellschaftsmitglieder nur noch spezifische, für beschränkte Handlungskomplexe relevante Teilbereiche des Sonderwissens vermittelt. Sachverständige bzw. – wie man vielleicht besser sagen sollte – »partielle« Sachverständige überblicken im allgemeinen auch ihr eigenes Gebiet der Sachverständigkeit nicht mehr in seiner Gesamtheit.

Zum Überblick über die Gesamtheit eines Gebiets des Sonderwissens gehören nunmehr verhältnismäßig langwierige und spezialisierte Lernvorgänge, in denen die Sinnstrukturen des Gebiets immer systematischer erfaßt werden; mit anderen Worten, eine »theoretische« Ausbildung. So differenziert sich Sachverständigkeit auch innerhalb eines gegebenen Gebiets des Sonderwissens. »Partielle« Sachverständigkeit und »volle« Sachverständigkeit haben nicht die gleiche soziale Relevanz und werden gesellschaftlich verschieden eingeschätzt. Es bilden sich traditionelle Einstufungen der Sachverständigkeit aus, deren Hauptkriterium die Anwendungsbreite des Wissens ist. Da aber die Anwendungsbreite sowohl von der Systematisierung des Wissensgebiets als auch der »Länge« der Ausbildung abhängt, kann Sachverständigkeit »professionalisiert« werden. Die Einstufungen der Sachverständigkeit werden in die schon bestehenden Einstufungen der Bedeutung der Institutionsbereiche im Verhältnis zueinander (z. B. Schmiedekunst über Jagd oder Religion über Wirtschaft) eingeordnet. So werden Kompetenzstufen der Sachverständigkeit sozial verfestigt und unter Umständen sogar institutionalisiert, zum Beispiel in Berufsständen. Kompetenzunterschiede in Sachverständigkeit gibt es natürlich auch bei einfachen sozialen Verteilungen des Wissens. Dort sind sie aber vorwiegend individueller Natur (guter Schmied, schlechter Schmied), soweit sie sich nicht auf verhältnismäßig einfache biographische Kategorien beziehen, die die Erwerbsstufen des Sonderwissens typisieren (z. B. junger lernender Schamane). Bei komplexen sozialen Verteilungen des Wissens sind jedoch Vermittlung und Erwerb des Sonderwissens im allgemeinen institutionell weitgehend spezialisiert, und die Stellung des Sachverständigen wird in hochanonymen institutionellen Kategorien »beglaubigt« (Fähnrich der Marineartillerie).

Sachverständigkeit wird demnach nicht nur nach der traditionellen Bedeutung des Institutionsbereichs, auf den sich das jeweilige Gebiet des Sonderwissens bezieht, differenziert, sondern auch nach der Funktion des betreffenden Handlungskomplexes im Institutionsbereich und nach dem Grad der sozial »beglaubigten« Kompetenz im Sonderwissen. Es entwickelt sich ein Geflecht von Selbst- und Fremd-Typisierungen, die auf Sonderwissen bezogen sind: eine sozial verfestigte, vom einzelnen weitgehend abgelöste anonyme »Berufsprestigeskala«. Diese spielt eine zentrale Rolle in der subjektiven Orientierung in der Sozialwelt und beeinflußt entscheidend die Ausformung des subjektiven Selbstbilds. Daß dieser ursprünglich von der fortschreitenden Arbeitsteilung, der sozialen

Schichtung und der Struktur des Sonderwissens bedingte Sachverhalt seinerseits auf Arbeitsteilung, soziale Schichtung und Sonderwissen zurückwirkt, braucht kaum betont zu werden.

Wenn es schon bei Sachverständigen im gleichen Gebiet des Sonderwissens sozial bedingte Unterschiede in Kompetenz und im Überblick über das Wissensgebiet gibt, so gilt das um so mehr für die in einem gegebenen Gebiet nicht Sachverständigen. Im allgemeinen sind die Gebiete des Sonderwissens für die Laien überhaupt nicht übersichtlich; das Wissen beschränkt sich typisch auf Rezepte für diejenigen Situationen, in denen die Anwendung des Sonderwissens, die Hinzuziehung von Sachverständigen relevant wird. So weiß typisch jedermann, daß es Ärzte gibt, an die man sich wenden soll, wenn man krank ist. Manche mögen aber auch noch wissen, daß sie sich in bestimmten Fällen an Internisten, in anderen an Chirurgen wenden müssen. Obwohl das Sonderwissen in seiner Differenziertheit für niemand mehr insgesamt überblickbar ist, ist der *relative* Überblick über das Sachverständigentum sozial verteilt. Hier spielen vor allem zwei Faktoren eine Rolle: die Gliederung der Institutionen bzw. die entsprechende Gliederung des Sonderwissens (man versteht etwas vom Nebenfach, aber nicht von fernliegenden Gebieten) und die soziale Schichtung (eine gewisse Orientierung im Sachverständigentum innerhalb einer Gesellschaft gehört typisch zu den »gebildeten« Versionen des Allgemeinwissens).

Hier berühren wir ein weiteres Problem. Infolge der Quasi-Autonomie, der inneren Differenzierung und Anhäufung der Sinnstrukturen, die die Aufschichtung der Sachverständigkeit begleiten, wächst der Abstand zwischen dem Laien und dem Sachverständigen. Zugleich greifen aber die »Anwendungen« und »Folgen« des Sonderwissens immer weiter in das tägliche Leben der Laien ein, häufig sogar in einschneidenderer Weise. Führen wir einige Beispiele aus der modernen Welt an. Die Auswirkungen der Technologie veranschaulichen den Sachverhalt am eindringlichsten. Jedermann benützt Elektrizität: man drückt auf einen Knopf; man steckt den Finger nicht in die Steckdose. Wenige »verstehen« aber, was Elektrizität ist; die meisten können kaum einen defekten Lichtschalter selber in Ordnung bringen. Man fährt Auto, ohne Automechaniker zu sein, vom Wissen um die dem Verbrennungsmotor zugrunde liegenden Gesetze gar nicht zu sprechen. Dies gilt aber nicht nur für den Bereich der Technologie. Man hinterlegt

Geld in Banken, ohne ein Volkswirt zu sein; man wählt, ohne ein politischer Sachverständiger zu sein usw. All diese Beispiele veranschaulichen die merkwürdige Verbindung zweier Momente: den wachsenden Abstand zwischen Sachverständigkeit und Laientum und die wachsende, nahezu kontinuierliche Abhängigkeit des Laien vom Sachverständigen.

In der subjektiven Erfahrung spielt sich dieser Sachverhalt in einer vielschichtigen, bei einfacheren sozialen Verteilungen des Wissens überhaupt nicht oder nur im Ansatz vorhandenen Verbindung von Nichtwissen, Halbwissen und Wissen, von »Macht« und Abhängigkeit. Jedermann ist Laie und Sachverständiger zugleich. Für jedermann ist daher zumindest die Möglichkeit gegeben, den Abstand zwischen Laientum und Sachverständigkeit bewußt zu erfassen. Wenn aber dies der Fall ist, erwächst ein starkes Motiv, die Abhängigkeit von Sachverständigen in Gebieten, in denen man Laie ist, die aber einschneidend ins tägliche Leben eingreifen, zu verringern. Der Erwerb all solchen Sonderwissens ist typisch unmöglich. Im Prinzip möglich ist es aber, gleichsam die »Perspektive«, die Hauptmethoden und die Grundvoraussetzungen der einzelnen Gebiete des Sonderwissens zu erwerben. Dies genügt, um sich an die »richtigen« Sachverständigen zu wenden, um sich über sich widersprechende Sachverständige ein Urteil zu bilden und mehr oder minder wohlbegründete Entscheidungen für das eigene Handeln zu treffen. Hier hätten wir es also mit einem Typ der Orientierung in der alltäglichen Lebenswelt zu tun, der zwischen Sachverständigkeit und Laientum liegt. Wollen wir diesen Typ den »Gutinformierten« nennen. Der Gutinformierte unterscheidet sich vom Laien vor allem dadurch, daß er nicht bereit ist, die Abhängigkeit vom Urteil des Sachverständigen unreflektiert anzunehmen, unterscheidet sich andererseits vom Sachverständigen durch die Abwesenheit spezifischen, expliziten Wissens im betreffenden Gebiet.

Bei komplexen sozialen Verteilungen des Wissens kann also die subjektive Orientierung in der sozialen Gesamtwirklichkeit idealtypisch durch die drei Typen des Laien, des Gutinformierten und des Sachverständigen erfaßt werden, wobei die Sachverständigkeit weitere sozial definierte Kompetenzgrade umfaßt. Das konkrete Verhältnis dieser drei Typen zueinander und die Folgen dieses Verhältnisses für Selbst- und Fremd-Erfassung werden durch die Sozialstruktur und die des gesellschaftlichen Wissensvorrats bestimmt.

Namen- und Sachregister

suhrkamp taschenbücher wissenschaft
Evolutionstheorie, Ethnologie, Kulturgeschichte, Religionswissenschaft

Arbeitsgruppe Ethnologie, Wien (Hg.): Von fremden Frauen. stw 784
Assmann/Hölscher (Hg.): Kultur und Gedächtnis. stw 724
Bachofen: Das Mutterrecht. stw 135
– *siehe auch Wesel*
Bateson: Geist und Natur. stw 691
– Ökologie des Geistes. stw 571
Berg/Fuchs (Hg.): Kultur, soziale Praxis, Text. stw 1051
Bilz: Studien über Angst und Schmerz. stw 44
– Wie frei ist der Mensch? stw 17
Childe: Soziale Evolution. stw 115
Devereux: Angst und Methode in den Verhaltenswissenschaften. stw 461
– Normal und anormal. stw 395
– Träume in der griechischen Tragödie. stw 536
Dilcher/Staff (Hg.): Christentum und modernes Recht. stw 421
Dodds: Heiden und Christen in einem Zeitalter der Angst. stw 1024
Douglas: Reinheit und Gefährdung. stw 712
Dux: Die Logik der Weltbilder. stw 370
– Die Zeit in der Geschichte. stw 1025
Eder: Die Entstehung staatlich organisierter Gesellschaften. stw 332
– Die Vergesellschaftung der Natur. stw 714
Eisenstadt (Hg.): Kulturen der Achsenzeit. 2 Bde. stw 653
– Kulturen der Achsenzeit II. 3 Bde. stw 930
Eliade: Schamanismus und archaische Ekstasetechnik. stw 126
Erdheim: Die gesellschaftliche Produktion von Unbewußtheit. stw 465
– Psychoanalyse und Unbewußtheit in der Kultur. stw 654
Evans-Pritchard: Hexerei, Orakel und Magie bei den Zande. stw 721
– Theorien über primitive Religion. stw 359
Geertz: Dichte Beschreibung. stw 696
– Religiöse Entwicklungen im Islam. stw 972
Giesecke: Sinnenwandel, Sprachwandel, Kulturwandel. stw 997
Goody: Die Entwicklung von Ehe und Familie in Europa. stw 781
Goody/Watt/Gough: Entstehung und Folgen der Schriftkultur. stw 600
Gould: Der Daumen des Panda. stw 789
– Der falsch vermessene Mensch. stw 583
– Wie das Zebra zu seinen Streifen kommt. stw 919

211/1/8.92

suhrkamp taschenbücher wissenschaft
Evolutionstheorie, Ethnologie, Kulturgeschichte, Religionswissenschaft

Granet: Das chinesische Denken. stw 519
– Die chinesische Zivilisation. stw 518
Groh, D.: Anthropologische Dimensionen der Geschichte. stw 992
Groh, R./Groh, D.: Weltbild und Naturaneignung. stw 939
Kippenberg: Die vorderasiatischen Erlösungsreligionen. stw 917
Kippenberg/Luchesi (Hg.): Magie. Die sozialwissenschaftliche Kontroverse über das Verstehen fremden Denkens. stw 674
Klibansky/Panofsky/Saxl: Saturn und Melancholie. stw 1010
Leiris: Ethnologische Schriften. 4 Bde. stw 574-577
– Bd. 1: Die eigene und die fremde Kultur. stw 574
– Bd. 2: Das Auge des Ethnographen. stw 575
– Bd. 3: Phantom Afrika 1. stw 576
– Bd. 4: Phantom Afrika 2. stw 577
Leroi-Gourhan: Hand und Wort. stw 700
Lévi-Strauss: Die elementaren Strukturen der Verwandschaft. stw 1044
– Mythologica I. Das Rohe und das Gekochte. stw 167
– Mythologica II. Vom Honig zur Asche. stw 168
– Mythologica III. Der Ursprung der Tischsitten. stw 169
– Mythologica IV. Der nackte Mensch. 2 Bde. stw 770
– Strukturale Anthropologie I. stw 226
– Strukturale Anthropologie II. stw 1006
– Traurige Tropen. stw 240
– Das wilde Denken. stw 14
Luckmann: Die unsichtbare Religion. stw 947
Luhmann: Funktion der Religion. stw 407
– *siehe auch Welker*
Malinowski: Eine wissenschaftliche Theorie der Kultur. stw 104
Mauss: Die Gabe. stw 743
Meillassoux: »Die wilden Früchte der Frau«. stw 447
Niemitz (Hg.): Erbe und Umwelt. stw 646
Oppitz: Frau für Fron. stw 731
– Notwendige Beziehungen. stw 101
Pannenberg: Wissenschaftstheorie und Theologie. stw 676
Parin/Morgenthaler/Parin-Matthèy: Fürchte deinen Nächsten wie dich selbst. stw 235
Peukert: Wissenschaftstheorie – Handlungstheorie – Fundamentale Theologie. stw 231
Rodinson: Islam und Kapitalismus. stw 584

211/2/8.92

suhrkamp taschenbücher wissenschaft
Evolutionstheorie, Ethnologie, Kulturgeschichte, Religionswissenschaft

211/3/8.92